Sexuelle Belästigung am Arbeitsplatz

Sexuelle Belästigung am Arbeitsplatz

Monika Holzbecher
Anne Braszeit
Ursula Müller
Sibylle Plogstedt

Band 260

Schriftenreihe des Bundesministers
für Jugend, Familie, Frauen und Gesundheit

Verlag W. Kohlhammer
Stuttgart Berlin Köln

In der Schriftenreihe des Bundesministers für Jugend, Familie, Frauen und Gesundheit werden Forschungsergebnisse, Untersuchungen, Umfragen usw. als Diskussionsbeiträge veröffentlicht. Die Verantwortung für den Inhalt obliegt der jeweiligen Autorin bzw. dem jeweiligen Autor.

Herausgeber: Der Bundesminister für Jugend, Familie, Frauen und Gesundheit
Postfach, 5300 Bonn 2

Gesamtherstellung: Druckerei Heinz Neubert GmbH, Bayreuth 1991

Verlag: W. Kohlhammer GmbH Stuttgart Berlin Köln

Verlagsort: Stuttgart
Printed in Germany
ISBN 3-17-011555-3

Gliederung

Verzeichnis der Tabellen

Verzeichnis der Abbildungen

Verzeichnis der Übersichten

Abkürzungen

a.a.O.	am angegebenen Ort
AiB	Arbeitsrecht im Betrieb
AP	Arbeitsrechtliche Praxis
ArbG	Arbeitsgericht
ArbGG	Arbeitsgerichtsgesetz
ArbStättV	Arbeitsstättenverordnung
AZO	Arbeitszeitordnung
BAG	Bundesarbeitsgericht
BBG	Bundesbeamtengesetz
BBiG	Berufsbildungsgesetz
BDO	Bundesdisziplinarordnung
BDH	Bundesdisziplinarhof
BetrVG	Betriebsverfassungsgesetz
BGB	Bürgerliches Gesetzbuch
BGH	Bundesgerichtshof
BfA	Bundesanstalt für Arbeit
BPersVG	Bundespersonalvertretungsgesetz
BRO	Bundesrechtsanwaltsordnung
DB	Der Betrieb
DÖD	Der öffentliche Dienst
Dok.Ber.	Dokumentarischer Bericht (des Bundesdisziplinarhofs)
EG	Europäische Gemeinschaft
EWG	Europäische Wirtschaftsgemeinschaft
GeWO	Gewerbeordnung
GG	Grundgesetz
HGB	Handelsgesetzbuch
JArbSchG	Jugendarbeitsschutzgesetz
KSchG	Kündigungsschutzgesetz
LAG	Landesarbeitsgericht
LG	Landgericht
LPersVG	Landespersonalvertretungsgesetz
m.w.Nachw.	mit weiteren Nachweisen
NJW	Neue Juristische Wochenschrift
NZA	Neue Zeitschrift für Arbeitsrecht
OEG	Opferentschädigungsgesetz
OVG	Oberverwaltungsgericht
Rdn.	Randnummer
RVO	Reichsversicherungsordnung
SGB	Sozialgesetzbuch

StGB	Strafgesetzbuch
StPO	Strafprozeßordnung
st.Rspr.	ständige Rechtssprechung
TVG	Tarifvertragsgesetz
VO	Verordnung
VwGH	Verwaltungsgerichtshof
WSI	Wirtschafts- und Sozialwissenschaftliches Institut (des DGB)
WuW	Wirtschaft und Wettbewerb
ZBR	Zeitschrift für Beamtenrecht
ZPO	Zivilprozeßordnung

Vorbemerkung

Dieser Bericht basiert auf der Arbeit einer Projektgruppe des Landesinstituts Sozialforschungsstelle Dortmund, der neben Prof. Dr. Ursula Müller und Dr. Sibylle Plogstedt als Leiterinnen Dipl.-Soz. Anne Braszeit und Dipl.-Psych. Monika Holzbecher angehörten. Die EDV-Arbeiten wurden von Jürgen Bonnekoh durchgeführt; die umfangreichen organisatorischen und Schreibarbeiten wurden von Ingrid Goertz übernommen, in der Anfangsphase von Gisela Fiza. Die Rechtsgutachten wurden von Gabriele Elstner und Barbara Degen in eigener Verantwortung, aber in Rücksprache mit der Projektgruppe erstellt. Ferner haben in verschiedenen Projektphasen mitgewirkt Claudia Kroll (Prozeßverläufe, Interviews mit juristischen Expert/innen) sowie Ursula Brandstedt und Heike Schamborsky (betriebliche Fallstudien). Sozialwissenschaftliche Untersuchungen wie die vorliegende sind nicht möglich ohne die Unterstützung und Mitwirkung eines großen Personenkreises, insbesondere dann, wenn es sich um ein so schwieriges und immer noch tabuisiertes Thema handelt wie die sexuelle Belästigung. Wir haben hier einer sehr großen Anzahl von Personen in Betrieben, Verwaltungen und Gewerkschaften zu danken, die uns auf vielfältige Weise unterstützt und teilweise unter erheblichem Einsatz unsere Arbeit möglich gemacht haben. Wir hoffen, sie durch unsere Ergebnisse für diese Mühe zumindest teilweise entschädigen zu können.

1. Einleitung

Der vorliegende Bericht befaßt sich mit einem Thema, das allenthalben auf Interesse stößt und zu spontaner Stellungnahme ermuntert. Wenn es aber darum geht, Vorannahmen, Vermutungen und auch Vorurteile genauer auf ihren Wirklichkeitsgehalt hin zu überprüfen, geht die Aufgeschlossenheit häufig schlagartig zurück. Das Thema „Sexuelle Belästigung am Arbeitsplatz" hat somit Ähnlichkeit mit anderen Themen aus dem Umkreis „Gewalt in Geschlechterbeziehungen", wie der Gewalt gegen Frauen oder dem sexuellen Mißbrauch von Kindern, insbesondere Mädchen. Das Problem ist immer schon da; solange seine Existenz jedoch nicht öffentlich diskutiert wird, gilt es in der Gesellschaft als nicht vorhanden.

Die sexuelle Belästigung am Arbeitsplatz hat heute bereits einige Etappen im allgemeinen Problembewußtsein hinter sich gebracht. Von jahrzehntelanger Tabuisierung über die Schuldzuschreibung an die Opfer, nämlich die belästigten Frauen, ist nunmehr die Einsicht gewachsen, daß die sexuelle Belästigung am Arbeitsplatz eine massive Einschränkung des persönlichen Wohlbefindens und der beruflichen Entwicklung von Frauen darstellt und deshalb wirksame Schutzmaßnahmen ergriffen werden müssen.

Diese Einsicht ist aber weder sozusagen naturwüchsig entstanden, noch ist sie bereits allgemein verbreitet. Vielmehr haben das gewachsene Unrechtsempfinden der Betroffenen, die größere Bereitschaft zu auch öffentlicher Gegenwehr und damit das erste Durchbrechen der Isolation der Opfer hierzu viel beigetragen. Im Ausland gibt es eine Diskussion über das Thema und teilweise auch schon entsprechende rechtliche Regelungen (siehe Kap. 6 dieses Berichts). Das Thema „Sexuelle Belästigung am Arbeitsplatz" wird, wie vielfältige Initiativen zeigen, ein wichtiges Thema der kommenden Jahre sein. Neben Initiativen auf EG-Ebene sind hier insbesondere die Aktivitäten der einzelgewerkschaftlichen Frauenausschüsse und -kongresse zu nennen sowie Aktivitäten auf DGB-Ebene.

Die bisherigen Diskussionen erhitzten sich zumeist an der Debatte über das Ausmaß und die Definition der sexuellen Belästigung. Häufig mußten sich diejenigen, die eine Problematisierung anstrebten und Maßnahmen zum Abbau der sexuellen Belästigung in den Betrieben forderten, den Vorwurf anhören, sich für ein Scheinproblem stark zu machen. Sexuelle Belästigung sei zum einen eine Ausnahmeerscheinung im betrieblichen Alltag und würde zum anderen durch die Überinterpretation einiger weniger Frauen unnötig als Problem aufgebauscht. Hier werde etwas als sexuelle Belästigung definiert, was von den Verursachern „ganz anders" gemeint sei, nämlich als harmloser Spaß, Flirt oder Kompliment.

In einigen Ländern des englischsprachigen (USA, England, Australien), aber auch des deutschsprachigen Raums (Österreich) sind in neuerer Zeit Untersuchungen mit dem Ziel durchgeführt worden, sexuelle Belästigung in einer Definition zu objektivieren, die die Perspektive der Betroffenen zur Geltung kommen läßt. Zugleich wurden auch Aussagen über das quantitative Ausmaß versucht. Für die Bundesrepublik Deutschland lagen außer der auf einer kleinen Stichprobe beruhenden Untersuchung von Plogstedt/Bode bisher keine Aussagen zum Thema vor.

Das Bundesministerium für Jugend, Familie, Frauen und Gesundheit hat daher das Landesinstitut Sozialforschungsstelle Dortmund mit einer Untersuchung zum Thema beauftragt, die folgende Aufgaben hatte:

- Erforschung der Erfahrungen sexueller Belästigung mit ihren subjektiven und institutionellen Folgen (qualitative Untersuchung)
- standardisierte Erhebung zur sexuellen Belästigung in Betrieben verschiedener Branchen (quantitative Untersuchung)
- Untersuchung der Rechtssituation, des Rechtsbewußtseins und der Rechtserfahrungen im Hinblick auf sexuelle Belästigung (internationaler Rechtsvergleich, Analyse deutscher Prozesse inklusive Prozeßbeobachtung)
- Entwicklung von Vorschlägen für die Verbesserung der innerbetrieblichen sozialen Kontrolle sowie Empfehlungen für die

Aufklärung der Öffentlichkeit, für politische und gewerkschaftliche Institutionen, Arbeitgeber und Gleichstellungsstellen.

Der bis zu diesem Zeitpunkt recht karge Stand der Forschung konnte durch die vorliegende sowie eine zeitlich parallel durchgeführte Untersuchung der Hamburger Leitstelle Gleichstellung der Frau erheblich erweitert werden. Das von uns erhobene und für diesen Bericht zugrunde gelegte umfangreiche Datenmaterial stützt sich auf folgende Erhebungsanlage:

Übersicht 1: Anlage der Untersuchung „Sexuelle Belästigung am Arbeitsplatz"

Intensivinterviews mit betroffenen Frauen	Betriebsbefragung und Berufsgruppen	Branchenübergreifende Erhebung	Rechtsgrundlagen
n = 26	schriftliche Befragung weibliche Beschäftigte in drei Betrieben n_1 = 320 n_2 = 687 n_3 = 607 schriftliche Befragung männlicher Beschäftigter in einem Betrieb n = 265 schriftliche Befragung "Sekretärinnen" n = 356 mündliche Befragung betrieblicher Personalverantwortlichen n = 44	schriftliche Befragung weibliche Beschäftigte in den Bereichen - Handel, Banken, Versicherungen - öffentlicher Dienst - Metallindustrie - Nahrung, Genuß, Gaststätten - Textil- und Bekleidung - Bau, Steine, Erden/ Glas, Feinkeramik - Erziehung und Wissenschaft - Chemische Industrie - Holz- und Kunststoffindustrie - Polizei n = 1981	Befragung von RechtsexpertInnen n = 6 Prozeßbeobachtung n = 1 Rechtsgutachten Arbeitsrecht Rechtsgutachten Strafrecht Internationale Rechtsübersicht

In unserer Untersuchung wurde sexuelle Belästigung als Ausdruck der immer noch durchgängigen sozialen und politischen Nachrangigkeit von Frauen gefaßt, die sich u. a. als geschlechtsspezifische Diskriminierung im Arbeitsleben ausdrückt. Diese läßt sich in der Zuweisung bzw. der Vorenthaltung von beruflichen Entwicklungschancen, von aufstiegsrelevanten Positionen und Qualifikationen nach Geschlecht erkennen, aber auch in der Unterbewertung „frauentypischer" Arbeitsplätze und Tätigkeiten in Tarifstrukturen und betrieblichen Hierarchien sowie in der Umbewertung ein und derselben Leistung, wenn sie nicht von einer Frau, sondern von einem Mann erbracht wird (Glöß 1985).

Eine betriebliche Hierarchie, in der fast ausschließlich Frauen Dienstleistungen für Männer erbringen – z. B. in Sekretärinnen-Positionen – und Männer durchweg die Arbeitsbedingungen von Frauen bestimmen und ihre Arbeitsleistungen beurteilen – wie z. B. in Bereichen der industriellen Massenproduktion – läßt die Hierarchie im Geschlechterverhältnis allgemein als strukturelle und quasi „natürliche" erscheinen. So kann die Sichtweise plausibel scheinen, das Berufsleben sei „eigentlich" ein männlicher Bereich, während sich die eher vorübergehende Anwesenheit von Frauen im Berufsleben in deren unteren Positionen niederschlage: der „eigentliche" Tätigkeitsbereich der Frau liegt im traditionellen Denken außerhalb des Berufslebens.

Wie Untersuchungen zeigen (z. B. Metz-Göckel/Müller 1986), ist dieses Denken noch längst nicht überwunden. Auch bei Männern, die den Wandel in der Situation und in den Lebenswünschen von Frauen explizit zur Kenntnis nehmen, ja deren zunehmende Orientierung auf den Beruf verbal begrüßen, ist meist ein tief begründetes Festhalten am Status quo der geschlechtsspezifischen Arbeitsteilung zu bemerken, d. h. an der traditionellen Hierarchie. So können sie sich beispielsweise eine Bundeskanzlerin vorstellen, einen Putzmann jedoch nicht (Glöß 1985).

Wie sich in Analysen zur Situation von „Frauen in Männerberufen" ergab, ist sexuelle Belästigung bzw. sexistisches Verhalten gegenüber Frauen u. a. als „Platzverweis" zu werten: dem Eindringling in die Männerwelt, z. B. der jungen Facharbeiterin, wird durch die herabsetzende Bezugnahme auf ihre Geschlechtszugehörigkeit bedeutet, daß hier kein Platz für sie sei.

Ist sexuelle Belästigung somit als eine Art Verteidigungsstrategie für männliche Bereiche zu sehen, die reaktiv auf die Verunsicherung durch Frauen folgt, die die gleiche berufliche Position wie Männer beanspruchen, so wird andererseits auch die These vertreten, daß Inferiorität der beruflichen Position einer Frau Belästigung fördern kann.

Wir gelangen somit zu zwei verschiedenen Bedeutungen, die sexuelle Belästigung im Arbeitsleben haben kann: die Bestätigung eines bestehenden Machtgefälles und die Anfechtung vorhandener oder beanspruchbarer Gleichheit mit sexuellen Mitteln. Während der „Machtmißbrauch" das Vorhandensein einer tatsächlich hierarchischen Beziehung voraussetzt – wo keine Macht vorhanden ist, kann sie auch nicht mißbraucht werden – stellt der zweite Typus eher den Versuch dar, eine verloren gegangene männliche Vorherrschaft wieder herzustellen. Im Grunde wird also versucht, mit Hilfe sexueller Belästigung berufliche oder sonstige Statuskonkurrenzen zugunsten von Männern zu klären.

Hierzu eignet sich das Mittel der sexuellen Belästigung in hervorragender Weise:

- Es wird noch nicht als rechtlich relevanter Tatbestand angesehen, dessen Zustandekommen auf den Verursacher nachteilig zurückfallen könnte.

- Das Mittel ist universell einsetzbar, hochwirksam und im Männerkollektiv stillschweigend legitimiert (vgl. Benard/Schlaffer 1980 sowie Kap. 4.3 dieses Berichts).

Belästiger können damit rechnen, daß ihr Verhalten die Belästigten nachhaltig verunsichert und sie zunächst daran hindert, eine Auseinandersetzung um den eigentlichen Konflikt – die Geschlechterkonkurrenz am Arbeitsplatz und die Probleme, die viele Männer immer noch mit dem Gleichheitsanspruch der Frauen haben – zu beginnen oder weiterzuführen.

Beide Bedeutungen von sexueller Belästigung haben gemeinsam, daß es eigentlich nicht um Sexualität geht. Analog zur Diskussion um sexuelle Gewalt können wir formulieren, daß es sich bei der sexuellen Belästigung am Arbeitsplatz weniger um einen fehlgeleiteten, weil aggressiven Ausdruck von Sexualität handelt als vielmehr um einen sexuellen Ausdruck von Aggression (Schmerl 1983). Der Bezug auf Sexualität ist lediglich ein Hilfsmittel, sozusagen ein Vehikel für den Transport nicht-sexueller Inhalte. Ein Indiz hierfür ist, daß nach Meinung der meisten Betroffenen, aber auch anhand der anderen hier vorliegenden Ergebnisse die Zielrichtung sexueller Belästigung nur in wenigen Fällen eindeutig sexuell ist. Auch im Fall einer durch Machtmißbrauch erreichten sexuellen Zuwendung muß angezweifelt werden, ob diese tatsächlich das Hauptziel war oder nicht vielmehr die Bestätigung der eigenen Machtposititon durch den Übergriff auf ein als wenig wehrhaft eingeschätztes Opfer.

Die Frauenforschung hat ferner darauf aufmerksam gemacht, daß sexuelle Belästigung auch der Stabilisierung eines Männerkollektivs auf Kosten von Frauen dienen kann (Benard/Schlaffer 1980). In diesem Fall zielt sie weniger auf die Ausgrenzung einer bestimmten Frau; vielmehr macht sie völlig unbeteiligte Frauen zum

Prüfstein für den Wert, die „Männlichkeit" eines auf sie zutretenden Mannes gegenüber seiner männlichen Bezugsgruppe, die entweder physisch anwesend oder aber in seiner Psyche präsent ist (Benard/Schlaffer a.a.O.).

Die sozialpsychologische Forschung und die feministische Linguistik liefern Hinweise darauf, wie verbreitet männliches Dominanzverhalten auf Kosten von Frauen als „normal" empfunden wird. In gemischtgeschlechtlichen Gesprächsgruppen drängen Männer Frauen an den Rand, unterbrechen und belehren sie und empfinden eine Gleichverteilung von Redezeit als Ungleichheit (Trömel-Plötz 1984). Schon im Vorschulalter profilieren sich kleine Jungen als Witzeerzähler, während kleine Mädchen zu Witze-Rezipientinnen werden (Kotthoff 1988). Große Teile des volkstümlichen Witzes haben Frauen als Zielscheibe; generell bevorzugen Männer bisher Witze, in deren Zentrum eine nach Geschlecht, Rasse oder sonstigen unveränderlichen Merkmalen spezifizierte Personengruppe als Zielscheibe steht, während Frauen absurde Witze, Ironie und Selbstironie, in jedem Fall aber Witze ohne Zielscheibe bevorzugen (Kotthoff a.a.O.). Diese Ergebnisse werfen ein Licht auf das Ausmaß, in dem bereits der „normale" Umgangston im Arbeitsalltag für Frauen problematisch sein kann.

Frauen, die sich gegen sexuelle Belästigung wehren, müssen dies in einer „vermachteten" Situation tun, d. h. in einem Kontext, der geprägt ist durch die höhere Durchsetzungsmacht der Situationsdefinitionen von Männern gegenüber denen von Frauen. Angesichts dieser Problemlage wird bereits die Frage, ob eine Frau ihrem Empfinden, durch Worte und Taten belästigt worden zu sein, trauen kann, zu einer Machtfrage, d. h. zu einem Problem, das aus dem Machtungleichgewicht von Frauen und Männern resultiert. Ihre Entscheidung, sich zu ihrer Verletzung durch Belästigung zu bekennen und entsprechende Schritte zur Gegenwehr zu unternehmen, wird stark von ihrer Einschätzung geprägt sein, wieviel Gegenwehr sie sich leisten kann und welche Aussichten auf Erfolg sichtbar sind.

Belege für diese Thesen liefern unsere Ergebnisse wie auch die der Hamburger Paralleluntersuchung. Betriebliche Personalverantwortliche, die ihr Eintreten für eine Betroffene in doppelter Weise von „Eindeutigkeit" abhängig machen – einer des Sachverhalts und einer der Beweislage, vgl. Kap. 4.1 dieses Berichts – verhelfen einer Strategie von Belästigern immer wieder zum Erfolg, die sich die bestehenden Unterschiede in der Chance, Situationsdefinitionen Geltung zu verschaffen, zunutze macht: sie reagieren auf eine entsprechende Reaktionen der von ihnen belästigten Frau mit Unschuldsmiene, äußern Bedauern über ihre „Empfindlichkeit" und versichern, so sei es ganz bestimmt nicht gemeint gewesen. Dabei zeigen unsere Ergebnisse, daß weibliche wie männliche Beschäftigte mehrheitlich davon ausgehen, Belästiger wüßten in der Regel, was sie tun: daß diese Flirt und Belästigung verwechselten und somit unschuldig zum Opfer von Beschuldigungen würden, halten die meisten für ausgeschlossen.

Diese einleitenden Bemerkungen sollten deutlich machen, daß sich sexuelle Belästigung nicht als Ausnahmeerscheinung in einem ansonsten durch faktische Gleichheit der Geschlechter gekennzeichneten Klima abspielt – dann wäre sie für die Betroffenen wohl auch kaum problematisch, da sie ohne weiteres auf Solidarität und Hilfe rechnen könnten – sondern Ausdruck einer immer noch vorhandenen Hierarchie zwischen den Geschlechtern in unserer Gesellschaft ist. Ihr könnte letztlich erst der Boden entzogen werden durch das Verschwinden dieser Hierarchie. Dies soll jedoch nicht eine Haltung legitimieren, die sich angesichts des drängenden Problems, das Belästigung für viele Frauen darstellt, tatenlos auf eine Zukunft verweist, in der sich Aktivitäten erübrigen würden. Vielmehr sollten heute Maßnahmen zum Schutz der Betroffenen ergriffen werden, die ihnen erlauben, mehr Gleichheit im Berufsleben zu verwirklichen.

2. Zusammenfassung

Sexuelle Belästigung am Arbeitsplatz ist ein aktuelles und zugleich heikles Thema, das von Verbänden, Gewerkschaften, betrieblichen Interessenvertreter(n)/innen, Gleichstellungsbeauftragten und Arbeitgeber(n)/innen auf Tagungen, Seminaren und Veranstaltungen kontrovers diskutiert wird.

Obwohl in den vergangenen Jahren immer mehr Frauen ihre Probleme mit sexuellen Belästigungen am Arbeitsplatz thematisiert haben, wurden bisher lediglich eher zaghafte Versuche unternommen, Frauen in den Betrieben ausreichend zu schützen.

Sexuelle Belästigung benennt ein Problem, das von Peinlichkeit, Angst, Scham und infolgedessen auch von Abwehr und Verdrängung überschattet ist und in der betrieblichen Wirklichkeit immer noch eher tabuisiert als offen angesprochen wird.

Im Vergleich zu anderen Ländern, z. B. USA, England, Australien, die in umfangreichen Studien eine hohe Betroffenheit nachweisen konnten und erste Konsequenzen in einer verbesserten rechtlichen Situation für Belästigungsopfer gezogen haben, steht die Bundesrepublik noch am Anfang einer umsetzungsorientierten Auseinandersetzung mit der Thematik.

Das Bundesministerium für Jugend, Familie, Frauen und Gesundheit hat daher das Landesinstitut Sozialforschungsstelle mit einer Untersuchung zur sexuellen Belästigung am Arbeitsplatz beauftragt, die u. a. das Ziel hatte, verallgemeinerungsfähige Aussagen über das Ausmaß und die Auswirkungen der sexuellen Belästigung in der Bundesrepublik zu gewinnen sowie Bedingungsfaktoren zu benennen, die sich begünstigend auf das Vorkommen sexueller Übergriffe auswirken.

Die folgende Übersicht zeigt die Anlage der Untersuchung:

Intensivinterviews mit betroffenen Frauen	Betriebsbefragung und Berufsgruppen	Branchenübergreifende Erhebung	Rechtsgrundlagen
n = 26	schriftliche Befragung weibliche Beschäftigte in drei Betrieben n_1 = 320 n_2 = 687 n_3 = 607 schriftliche Befragung männlicher Beschäftigter in einem Betrieb n = 265 schriftliche Befragung "Sekretärinnen" n = 356 mündliche Befragung betrieblicher Personalverantwortlichen n = 44	schriftliche Befragung weibliche Beschäftigte in den Bereichen - Handel, Banken, Versicherungen - öffentlicher Dienst - Metallindustrie - Nahrung, Genuß, Gaststätten - Textil- und Bekleidung - Bau, Steine, Erden/ Glas, Feinkeramik - Erziehung und Wissenschaft - Chemische Industrie - Holz- und Kunststoffindustrie - Polizei n = 1981	Befragung von RechtsexpertInnen n = 6 Prozeßbeobachtung n = 1 Rechtsgutachten Arbeitsrecht Rechtsgutachten Strafrecht Internationale Rechtsübersicht

Der bis zu diesem Zeitpunkt recht karge Stand der Forschung in der Bundesrepublik konnte durch die Untersuchung erheblich erweitert werden. Die Ergebnisse der schriftlichen Befragungen aus der Untersuchung zeigen, daß das Problem der sexuellen Belästigung am Arbeitsplatz weiter verbreitet ist als bisher angenommen, und zugleich das Interesse und die Bereitschaft von berufstätigen Frauen, sich mit dem Thema auseinanderzusetzen, relativ groß ist. Ungewöhnlich hohe Rücklaufquoten (bis über 30 %; vergleichbare Untersuchungen, z. B. im europäischen Ausland konnten meistens nur einen Rücklauf von 10 % erreichen) belegen Interesse und Motivation.

Obwohl die subjektiven Unterschiede im Erleben einer Definition der sexuellen Belästigung am Arbeitsplatz entgegenstehen, lassen sich einige übergreifende Merkmale herausstellen, die ein solches Verhalten kennzeichnen. Eine Frau wird durch die sexuelle Belästigung mit einem unerwünschten Verhalten konfrontiert, das sie als Frau abwertet, erniedrigt und/oder in eine Situation zwingt, in der ein ablehnendes Verhalten gegenüber dem Belästiger zu einer Beeinträchtigung der Arbeitsatmosphäre und Arbeitssituation führen kann.

Darüber, auf welche Situationen am Arbeitsplatz diese Kriterien zutreffen, besteht trotz der subjektiven Unterschiede eine große Definitionssicherheit. In sämtlichen in unserer Untersuchung erhobenen Stichproben (drei Betriebsfallstudien, eine Berufsgruppe, eine branchenübergreifende Befragung) stimmen die Bewertungen von Situationen am Arbeitsplatz als sexuelle Belästigung weitgehend überein: Anzügliche Bemerkungen über die Figur und das Privatleben, pornographische Bilder, Briefe oder Telefonanrufe mit sexuellen Anspielungen, Po-Kneifen oder Klapsen, aufgedrängte Küsse, Aufforderungen zum sexuellen Verkehr etc. – alles das wird mit mindestens Dreiviertelmehrheit als sexuelle Belästigung eingestuft, in den meisten Fällen zu über 90 %. Uneinheitlicher werden Verhaltensweisen wie „scheinbar zufällige Körperberührungen", „Hinterherpfeifen/Anstarren/taxierende Blicke" und „anzügliche Witze" aufgefaßt, die ca. jede dritte Frau als sexuelle Belästigung einordnet.

Bemerkenswert ist, daß die männlichen Befragten trotz gradueller Unterschiede zu Einschätzungen kommen, die denen der Frauen recht ähnlich sind. Daß ein Belästiger eigentlich nur flirten wollte, glaubt auch die Mehrheit der Männer in der schriftlichen Erhebung nicht. In den Fallstudien zeigte sich aber, daß diese allgemeine Haltung nicht zu einer Solidarisierung mit betroffenen Frauen führt.

Frauen empfinden ein Verhalten häufiger dann als sexuelle Belästigung, wenn es direkt auf die eigene Person bezogen ist oder wenn sie zu einer Reaktion gezwungen werden, die ihre Verunsicherung nach außen deutlich werden läßt und negative Folgereaktionen nach sich ziehen kann.

Das hohe Ausmaß der Problematik in den Betrieben zeigt sich darin, daß 93 % der Frauen persönliche Erfahrungen mit den im Fragebogen vorgegebenen „Vorkommnissen" im Betrieb nennen und 72 % der Frauen in zehn Branchen- und Beschäftigungsbereichen Situationen am Arbeitsplatz erlebt haben, die mehrheitlich (von mindestens 73 % der Befragten) als sexuelle Belästigung eingestuft werden. 40 % der befragten Frauen machten im Fragebogen nähere Angaben zu einer Belästigungserfahrung, die ihnen besonders in Erinnerung geblieben ist.

Die häufigsten Nennungen erhalten diejenigen „Vorkommnisse", die mehrheitlich eher nicht als Belästigung gewertet werden. Da jedoch immerhin jede dritte Befragte auch diese „Vorkommnisse" als belästigend empfindet, dürfen sie bei der Gesamtbetrachtung nicht vernachlässigt werden. Unsere Auswertungsergebnisse aus anderen Erhebungsteilen zeigen, daß es sich gerade bei diesen „uneindeutigen" Belästigungen um Situationen handelt, in denen es betroffenen Frauen besonders schwerfällt, ihre Ablehnung zu äußern. Die Frauen befürchten einer Fehlinterpretation oder Überempfindlichkeit beschuldigt zu werden, wenn sie sich gegen solche Verhaltensweisen zur Wehr setzen. Die Belästiger haben in diesen Verhaltensbereichen die Möglichkeit, eventuelle Anschuldigungen mit der Bemerkung von sich zu weisen, daß es ja „nicht so gemeint gewesen sei", wodurch letztendlich die Frau als diejenige dasteht, die sich angeblich unangemessen verhalten hat, indem sie den Vorfällen eine überzogene sexuelle Bedeutung beimißt.

Selbst wenn die übereinstimmend als Belästigung bewerteten Vorkommnisse mit zunehmender „Härte" bzw. „Gewalttätigkeit" prozentual weniger häufig genannt werden, ist das Ausmaß der sexuellen Übergriffe am Arbeitsplatz erschreckend hoch. Über die Hälfte der befragten Frauen wurde bereits am Arbeitsplatz mit anzüglichen Bemerkungen konfrontiert, die mehrheitlich als Belästigung eingestuft werden. Jede dritte Frau nennt das als stark belästigend bewertete „Po-Kneifen oder Klapsen". Ebenfalls jede dritte Frau ist pornographischen Bildern am Arbeitsplatz ausgesetzt gewesen. Selbst erzwungene sexuelle Handlungen und Erpressungen mit Androhung von Nachteilen oder Versprechen von beruflichen Vorteilen werden zu einem nicht unerheblichen Anteil genannt, wenn die Schwere dieser Delikte mitberücksichtigt wird. 3 %, das sind 59 von 1 981 der befragten Frauen, sind bereits bedroht und zu sexuellen Handlungen gezwungen worden.[1]

Den schriftlichen Befragungen lassen sich auch Hinweise auf „typische Opfer-Täter-Relationen" entnehmen. Betroffen sind überproportional alleinstehende Frauen im Alter von 20 – 30 Jahren, die erst kürzere Zeit im Betrieb sind. Nach unseren Ergebnissen werden Frauen dann häufiger zu Belästigungsopfern, wenn sie keine beruflichen Qualifikationen nachweisen können und wenn sie sich innerhalb des Betriebes in einer untergeordneten und möglicherweise leicht austauschbaren Position befinden.

Belästigung findet im ganz normalen Arbeitsalltag statt und meist dort, wo sich entweder der Belästiger oder die Belästigte besonders häufig aufhalten: in seinem bzw. ihrem Arbeitsraum. Es sind

---

[1] Diese Ergebnisse zu besonders provozierenden sexuellen Übergriffen stimmen mit den anderen bundesdeutschen Erhebungen weitgehend überein (vgl. Infas-Studie von Sybille Plogstedt und Kathleen Bode sowie die Untersuchung im Auftrag der Hamburger Gleichstellungsstelle.)

weder Nacht- noch Sonderschichten, noch abgelegene Lager- oder Kellerräume, die besonders eine sexuelle Belästigung am Arbeitsplatz provozieren. Eine Ausnahme bilden Betriebsfeste, die neben der alltäglichen Arbeit als Belästigungsschwerpunkt auszumachen sind, wenn auch nachrangig zur normalen Arbeit.

Frauen scheinen ebenfalls dann vermehrt sexuellen Belästigungen ausgesetzt zu sein, wenn sie versuchen, sich auf einer mittleren Hierarchieebene, auf der sie Aufgaben an andere Mitarbeiter/innen vergeben können, sie somit zur hierarchisch höhergestellten Vorgesetzten werden, gegenüber ihren Mitstreitern zu behaupten. Sexuelle Belästigungen werden hier u. a. als Mittel eingesetzt, um Frauen in ihren Karrierebestrebungen zu verunsichern und auf weniger verantwortliche Positionen zu verweisen.

Bei den Personen, die von den Frauen mit Angaben zu einem konkreten Erlebnis als Belästiger genannt wurden, stehen Kollegen (38 %), gefolgt von Vorgesetzten (21 %) und Kunden/Klienten/Patienten (14 %) auf den obersten Rängen. Belästiger gehören überproportional häufig der Gruppe der 30 – 50jährigen Männer an, sind mehrheitlich verheiratet und schon mindestens zehn Jahre im Betrieb. Jeder dritte Belästigungsfall, so zeigen auch die übereinstimmenden Ergebnisse aus den Betriebsfallstudien, geht von einem Mann aus, der für sein Fehlverhalten im Betrieb bereits bekannt ist.

Anlaß zu Besorgnis gibt die Gefährdung von Auszubildenden. Immerhin ein Viertel der Frauen haben als Auszubildende persönliche Erfahrungen mit sexueller Belästigung gemacht. Auch die Befristung eines Arbeitsverhältnisses sowie eine noch andauernde Probezeit scheinen Belästigern eine gewisse Gefahrlosigkeit zu signalisieren, wenn sie sich Übergriffe auf Frauen herausnehmen; die Gegenwehrmöglichkeiten der Frau sind durch ihre abhängige bzw. unsichere Position verringert.

Wie die Ergebnisse zu den Abwehr- und Folgereaktionen von sexueller Belästigung zeigen, werden Frauen durch die sexuellen Übergriffe ohne eigenes Verschulden in eine Situation hineingezwungen, in der es kaum eine Lösungsstrategie gibt, die nicht die Gefahr negativer Folgereaktionen für die Betroffenen enthält. Belästigte Frauen werden doppelt zum Opfer, zuerst durch die sexuellen Belästigungen und die damit einhergehende Herabwürdigung an sich, und wenn sie sich wehren, zum zweiten Mal durch

Schikanen, Anfeindungen und Verleumdungen. Während die Verursacher in den meisten Fällen ungestraft davonkommen, ja manchmal sogar ihr männliches Selbstwertgefühl im Kollegenkreis erhöhen, leiden die Frauen unter zahlreichen negativen Folgen. Sie haben häufig weniger Spaß am Beruf, können sich nicht mehr auf die Arbeit konzentrieren, sie reagieren mit Krankheitssymptomen und verlassen sogar den Arbeitsplatz, weil sie die belastende und bedrückende Arbeitsatmosphäre nicht mehr länger ertragen können. Nur 53 % der Frauen geben in der branchenübergreifenden schriftlichen Befragung an, daß ihnen an ihrem Arbeitsplatz keine Nachteile aufgrund der Belästigungen entstanden sind. Neben dem Betriebsklatsch und Schikanen wurde von 6 % der Frauen angegeben, daß sie infolge der Belästigungen das Arbeitsverhältnis gekündigt haben, 3 % der Frauen nennen die eigene Versetzung, 2 % erhielten schlechtere Beurteilungen oder Zeugnisse. Im Vergleich dazu gab es kaum schwerwiegende negative Folgen für den beschuldigten Mann. In 6 % der Fälle wurde er verwarnt, in 1 % versetzt und in 0,4 % kam es zu einer Entlassung. Auf die zugrunde gelegten 778 geschilderten Belästigungsfälle bezogen bedeuten diese Angaben, daß 46 Frauen gekündigt haben, während im Vergleich dazu 3 beschuldigte Männer entlassen worden sind.

Sexuelle Belästigung erweist sich als bedeutungsvoller Faktor, der Frauen daran hindert, ihre beruflichen Entwicklungsmöglichkeiten optimal zu nutzen. In den Intensivinterviews zeigt sich, daß der Verlust des Arbeitsplatzes, die Aufgabe des gelernten Berufes, Karriereabbrüche, Unzufriedenheit im beruflichen Alltag, Zweifel an der beruflichen Eignung und letztendlich Arbeitslosigkeit bedenkliche Folgen sexueller Belästigung sein können.

Betriebliche Personalverantwortliche und Interessenvertretungen haben die Bedeutung des Problems offenbar bisher kaum erkannt. Obwohl in den Betrieben meistens bekannt ist, daß sexuelle Belästigungen vorkommen und die betroffenen Frauen häufig diejenigen sind, die unter den negativen Auswirkungen zu leiden haben, wird Beschwerden von ratsuchenden Frauen oft nicht ernsthaft nachgegangen.

Zwar zeigen die meisten betrieblichen Experten eine große Entschiedenheit im Prinzipiellen, was die Abgrenzung von erwünschter und unerwünschter Annäherung oder die Verurteilung z.B. von sexueller Erpressung, insbesondere auch die Belästigung von

Auszubildenden angeht. Diese Entschiedenheit beschränkt sich aber meist auf die selteneren „harten" Fälle und vernachlässigt damit die große Mehrheit der auftretenden Probleme. Zugleich zeigt sich, daß verbale Entschlossenheit meist mit Handlungsunwillen und -unsicherheit in der Praxis einhergeht.

Das tatsächliche Verhalten im Beschwerdefall ist eher durch Ausweichen und Umdeutungsstrategien gekennzeichnet, die die Glaubwürdigkeit des beschuldigten Mannes mehr als die der belästigten Frau stützen. Wenn eine Belästigung – z. B. eine sexuelle Erpressung – tatsächlich vorgefallen ist, würden gegen den Belästiger entschlossen die betrieblichen Disziplinarmittel eingesetzt, können wir den Expertenäußerungen entnehmen. Die realen Beschwerdeverläufe in den untersuchten Betrieben zeigen ein anderes Bild. Denn: wie soll festgestellt werden, daß die behauptete Belästigung „wirklich" stattgefunden hat? Gerade für gravierende Fälle gibt es fast nie Zeugen, und weniger „schwere" Fälle, die in der Regel das Gros der Belästigungen ausmachen, werden von den Vorgesetzten – zumindest von den meisten männlichen – bagatellisiert und uminterpretiert.

Frauen, die sexuelle Übergriffe in den Betrieben thematisieren, werden mit einer Fülle von Schuldzuschreibungen konfrontiert. Als Opfer von Belästigungen wird ihnen vielfach Mitschuld unterstellt; Männer könnten freundliches und offenes Verhalten mißverstehen und sich herausgefordert fühlen. Lassen Frauen sich die Belästigungen nicht gefallen und üben Kritik, laufen sie Gefahr, übertriebene Reaktionen, Eigenschaften wie „zickig", „empfindlich", „prüde", „humorlos" usw. zugeschrieben zu bekommen. Bei Beschwerden erleben Belästigungsopfer häufig zusätzlich, daß ihre berufliche Eignung in Zweifel gezogen wird, weil eine Reihe von Personalverantwortlichen der Meinung sind, als gestandene Frau (Krankenschwester, Politesse etc.) sollte sie in der Lage sein, solche „Nichtigkeiten" selbst zu bewältigen. Scheuen Frauen aufgrund dieser möglichen Folgen die offene Auseinandersetzung durch ein Beschwerdeverfahren, kann ihnen nach Meinung vieler Personalverantwortlicher nicht geholfen werden, weil durch die fehlende offizielle Aussage eine Handhabe gegen den Beschuldigten nicht gegeben sei.

Aber selbst dann, wenn einer Beschwerde nachgegangen und der Beschuldigte zur Rede gestellt wird, bleibt eine Sanktionierung zumeist aus, da die Frau die geforderten Beweise nicht beibringen kann. In der Mehrzahl der erfaßten Beschwerdeverläufe ist es die Betroffene selbst, die sich, wenn möglich, versetzen läßt, oder ihren Arbeitsplatz aufgibt.

Ob ein Verhalten in einer konkreten Situation als Belästigung angesehen und einer Frau geholfen wird, ist davon abhängig, inwieweit es sich Männer – Kollegen, Vorgesetzte, Interessenvertreter – „leisten können", die Einschätzung der betroffenen Frau zu teilen, ohne selbst zum Außenseiter zu werden und negativen Konsequenzen ausgesetzt zu sein.

Die betrieblichen Verantwortlichen übernehmen im Beschwerdefall allzu leicht die dargestellte Sichtweise des Beschuldigten. Die Übergriffe werden beispielsweise als bedauerliches Mißverständnis ausgelegt oder die Anschuldigung der Frau als Racheakt dargestellt, weitreichende negative Folgen für das Opfer werden häufig ausgeblendet und nach einer Regelung gesucht, die den Ruf und das Ansehen des Täters unangetastet läßt.

Die Tendenz, den Weg des geringsten Widerstandes zu gehen und „Unruhe" im Betrieb zu vermeiden, geht fast immer zu Lasten der Belästigungsopfer, die sich allein gelassen fühlen und unter der gestörten Arbeitsatmosphäre, Schikanen oder weiteren Belästigungen leiden müssen.

Nur wenige Vorgesetzte und Interessenvertretungen lassen eine größere Sensibilität und Handlungsbereitschaft erkennen, sich für die betroffenen Frauen einzusetzen; hier gleichen sie in der Tendenz eher den befragten weiblichen Experten. Bei diesen wiederum zeigen sich Unterschiede in der Problemsicht, die mit dem Alter und den Zuständigkeitsbereichen korrelieren (ältere für den Arbeiterbereich zuständige Expertinnen neigen beispielsweise zur Reduktion der Belästigungsdefinition auf „harte" Fälle); allgemein hingegen unterscheiden sie sich von der Gruppe der männlichen Experten deutlich durch ihr Problembewußtsein, das oft auch durch eigene Betroffenheit beeinflußt ist. Daß dieses größere Verständnis für die Situation der belästigten Frau von den Betroffenen auch wahrgenommen wird, zeigt sich in unserer Untersuchung daran, daß diese sich in den Betrieben verstärkt weibliche Ansprechpersonen wünschen.

In den Betriebsfallstudien wird im Umgang mit konkreten Beschwerdefällen deutlich, daß die Thematisierung von sexueller

Belästigung auch bei Frauen in der betrieblichen Interessenvertretung Verunsicherung und Hilflosigkeit auslöst. Generell als Frauen erleben sie in der Arbeit, daß sie häufig nicht ernst genommen werden und für die Durchsetzung ihrer Ziele kämpfen müssen, wo es Männern leicht gemacht wird, ihren Problemschwerpunkten genügend Beachtung zu verschaffen. Zudem ist die betriebliche Interessenvertretung selbst kein „belästigungsfreier Raum". Sowohl in den Intensivinterviews als auch in den Expertengesprächen berichten Betroffene von sexuellen Belästigungen und Diskriminierungen aus den Reihen ihrer Kollegen in den Betriebs- und Personalräten.

Auch im Prinzip für die Betroffenen einsatzbereite Experten/innen haben große Probleme mit der oft von den Betroffenen gewünschten vertraulichen Handhabung der Fälle; hier verweisen die Ergebnisse auf die Bedeutsamkeit der informellen Regelungsebene im Betrieb. Oft hat es den Anschein, daß Betroffene und betriebliche Ansprechpersonen die gleiche Verunsicherung befällt, was den Umgang mit einer Belästigung betrifft; auch diejenigen Personen, die Belästigungsopfer unterstützen, bleiben von negativen Stellungnahmen und Androhungen nicht verschont. Besondere Fähigkeiten sind hier gefordert, die Unsicherheit und Angst vor Kritik nicht an der hilfesuchenden Frau „auszulassen", sondern auch eher ungewöhnliche Wege der Hilfe zu überdenken und ggfs. zu beschreiten. Zur Zeit, so scheint es, dominiert noch die Strategie der Personalverantwortlichen, den eigenen Handlungsspielraum als sehr begrenzt wahrzunehmen bzw. darzustellen und sich auf diese Weise der Verantwortung zu entziehen. Dies ist jedoch auch bereits in Untersuchungen zu den betrieblichen Bedingungen frauenfördernder Maßnahmen zutage getreten (BMA, 1989). Dem Bedürfnis der Belästigungsopfer, sich aussprechen zu können, aufgefangen zu werden und ein Gegenüber zu finden, das die ausgelösten Ängste und Verletzungen versteht, ohne offizielle Schritte zu fordern, wird kaum Rechnung getragen. Weibliche Ansprechpersonen zeigen sich hier eher bereit als ihre männlichen Kollegen, emotionale Unterstützung und Begleitung anzubieten.

Betriebliches Handeln ist bestimmt von den gewachsenen Regeln und Festschreibungen der jeweiligen Organisation. Es lassen sich in allen Betrieben Gesetzmäßigkeiten und Typisierungen beobachten, die die Kommunikation der Mitarbeiter/innen bestimmen und sich in der spezifischen Betriebskultur ausdrücken, die sich im Laufe der Betriebsgeschichte herauskristallisiert hat. Diese ungeschriebenen Gesetze des Miteinander-Umgehens legen fest, wie beispielsweise mit „Störungen", zu denen auch Beschwerden und die Kritik an diskriminierenden Verhaltensweisen gehören, umgegangen wird. Solche betrieblichen Strukturen, auch die des kollegialen Umgangs miteinander, sind häufig so weit verfestigt, daß es schwierig ist, diese Verhärtungen aufzubrechen. Insbesondere bei dem Problembereich der sexuellen Belästigung am Arbeitsplatz zeigen sich erhebliche Widerstände gegen mögliche Veränderungen. Sich der Problematik zu stellen, würde bedeuten, daß Männer bereit sind, sich kritisch mit ihren Umgangsweisen auseinanderzusetzen und ein mögliches Fehlverhalten zuzugeben.

Es würde darüber hinaus voraussetzen, daß Frauen als gleichwertige Kolleginnen ernstgenommen werden. Sexuelle Belästigung wird als Machtmittel eingesetzt, um Frauen als Konkurrentinnen auszuschalten. Verhaltensänderungen liegen nicht unbedingt im Interesse mancher Mitarbeiter, würde es doch auch bedeuten, Frauen gleiche Chancen einzuräumen und damit die eigenen Karrierewünsche zu gefährden. Engagierte Frauen, die beispielsweise als Vorgesetzte oder Interessenvertreterin gegen Diskriminierung anzukämpfen versuchen, werden, so zeigen die Ergebnisse unserer Untersuchung, häufig ausgegrenzt und in ihren Zielen abgeblockt. Sie bekommen die Abwehr gegen Veränderungsbestrebungen deutlich zu spüren, indem sie als „männerfeindliche Emanze" oder „prüdes Sensibelchen" abqualifiziert oder in ihren Fähigkeiten angezweifelt werden. Die unterstellte Fehleinschätzung und Schuldzuschreibung bleibt nicht ohne Wirkung. Manche Frauen beginnen an ihrer Wahrnehmung und beruflichen Handlungskompetenz zu zweifeln und ziehen sich resigniert zurück. Einzelne Frauen, die der Verunsicherungstaktik standhalten und weiterhin für ihre Rechte eintreten, haben es hier schwer, sich in der zugewiesenen Position als Außenseiterin zu behaupten und Maßnahmen durchzusetzen.

Die vorgestellten kurzgefaßten Projektergebnisse zur sexuellen Belästigung am Arbeitsplatz zeigen, daß aus der Diskrepanz zwischen dem hohen Ausmaß der Betroffenheit von Frauen durch belästigende Verhaltensweisen im betrieblichen Alltag und den unbefriedigenden Umgehensweisen mit sexueller Belästigung allgemein und Beschwerden im besonderen ein erheblicher Handlungsdruck entstanden ist.

Die Betriebsfallstudien sowie einige im Rahmen des Projektes durchgeführte Fortbildungsveranstaltungen und Seminare haben gezeigt, daß für eine präventive Verhinderung von sexueller Belästigung im betrieblichen Alltag zunächst eine Basis geschaffen werden muß, die den zu erwartenden Angriffen und Blockaden genügend Widerstand entgegensetzt. Die übliche Vereinzelung engagierter und durch sexuelle Belästigung betroffener Frauen muß aufgehoben werden. Dies kann nur dann geschehen, wenn Frauen die Möglichkeit erhalten, ihre Erfahrungen auszutauschen.

Belästigungen werden von den Frauen häufig als individuelles Schicksal hingenommen, an dem sie sich durch ihr fehlendes selbstbewußtes Reagieren mitschuldig fühlen. Das Selbstbewußtsein, sexuelle Belästigung als ein wirksames Machtinstrument zu entlarven, mit dem Männer ihre Vorrangstellung zu behaupten versuchen, fehlt noch weitgehend. Frauen beginnen erst allmählich, die Anerkennung ihrer Maßstäbe und Wertvorstellungen als berechtigte Forderungen in die betriebliche Auseinandersetzung hineinzutragen. Umgangsformen und Verhaltensmuster im Betrieb sind meist von männlichen Sichtweisen geprägt. Hier zeigt sich, daß wirksamer Schutz vor sexueller Belästigung eng zusammenhängt mit der Möglichkeit für Frauen, ihre Arbeitsbedingungen aktiv mitzugestalten. Denn Diskriminierungen werden häufig nicht mehr wahrgenommen, weil sie alltäglicher Bestandteil des Arbeitslebens sind und weil die Hoffnung auf mögliche Veränderungen fehlt. Die Frauen fühlen sich gezwungen, sich mit dem Vorhandenen zu arrangieren, wenn sie nicht riskieren wollen, sich im Kollegenkreis unbeliebt zu machen. Insbesondere in den sogenannten „Männerdomänen" fühlen sich Frauen häufig dem Druck ausgesetzt, sich den männlich geprägten Umgangsweisen anzupassen, um unter Beweis zu stellen, da sie den erwarteten Anforderungen gewachsen sind.

Es kann nicht erwartet werden, daß einzelne betriebliche Interessenvertreter/innen sich innerhalb ihres Wirkungskreises ungeschützt in die offene Auseinandersetzung begeben. Was zunächst geleistet werden muß, ist eine Vorbereitung für solche Konfrontationen, nämlich die Herausbildung des Themas aus der Tabuzone und Schaffung eines Unrechtsbewußtseins.

Wie schwer es auch Frauenbeauftragten fällt, diese Barriere des Schweigens und der Bagatellisierungen zu durchbrechen, zeigte ein während der Projektlaufzeit durchgeführter Workshop, der in einem Bericht gesondert dokumentiert wurde.

In einem unserer Fallstudienbetriebe wurden auch Männer über ihre eigenen Erfahrungen mit sexuellen Belästigungen befragt. Es wurde deutlich, daß auch sie sich am Arbeitsplatz sexuell belästigt fühlen. 19 % der Manner haben im Fragebogen detaillierte Angaben zu einer Belästigungssituation gemacht. Sie nennen ähnliche Erfahrungen wie die betroffenen Frauen. Die geschilderten Belästigungen reichen (in dem von der Mehrheit der Befragten als Belästigung definierten Bereich) von unerwünschten Einladungen mit eindeutiger Absicht, anzüglichen Bemerkungen, Aufforderung zum sexuellen Verkehr, pornographischen Bildern, Berühren der Genitalien bis zum Erzwingen sexueller Handlungen (die Reihenfolge der Nennungen erfolgt nach absteigender Häufigkeit). Die Belästigung durch eine Frau wurde hier am häufigsten genannt, gefolgt von Belästigungen durch einen Kollegen/Kunden/Patienten.

Der Vergleich mit den befragten Frauen macht deutlich, daß Männer zwar auch von sexuellen Übergriffen betroffen sind, sie die Vorfälle jedoch aufgrund der seltenen Abhängigkeit vom Täter als weniger einschneidend und belastend erleben. Es gelingt den betroffenen Männern daher besser, sich vor weiteren Belästigungen zu schützen. Sowohl körperlich-seelische Beeinträchtigungen aufgrund der Belästigungserfahrungen, als auch negative Auswirkungen auf die berufliche Situation werden von den Männern weitaus seltener angegeben als von den betroffenen Frauen.

Von den vorgesehenen Prozeßbeobachtungen konnte nur eine einzige von der Projektgruppe selbst durchgeführt werden. Dies hing wesentlich mit dem Umstand zusammen, daß Prozesse um sexuelle Belästigung so gut wie nie an ihrem jeweiligen offiziellen Verhandlungsgrund erkennbar sind. Die Gründe hierfür werden in den Rechtsgutachten deutlich: Tatbestandsdefinitionen sind in den Gesetzestexten nur in einer Form enthalten, die weiten Auslegungsspielraum zuläßt. Dieser wird meist im Sinne eines äußerst traditionellen Verständnisses von sexueller Normalität gegen die Betroffenen von sexueller Belästigung genutzt, das Übergriffe von Männern auf Frauen partiell als Normalität im alltäglichen Umgang der Geschlechter bagatellisiert.

Wie aus den beiden Rechtsgutachten deutlich wird, führt das Problem der sexuellen Belästigung am Arbeitsplatz bislang nicht nur beim Gesetzgeber, sondern auch in der juristischen Literatur ein Schattendasein und wird in seiner Bedeutung für die Erwerbsarbeit von Frauen unterschätzt. Die hier entwickelten Vorschläge für gesetzliche Änderungen erscheinen uns geeignet, mit den Sanktionsmitteln des Rechts das sexuelle Selbstbestimmungsrecht der Frauen wirksamer zu schützen und damit Frauen in ihrer außerhäuslichen Erwerbsarbeit weniger zu behindern. Jede Ausdehnung staatlicher Eingriffe in diesem Bereich hat mit Widerstand zu rechnen, zumal wenn – wie hier – die „Verrechtlichung" eines Bereiches vorgeschlagen wird, der bislang weitgehend „frei" ist. Straf- und arbeitsrechtliche Sanktionen werden dem Vorwurf ausgesetzt sein, in Intimbereiche und die Sexualsphäre des einzelnen eingreifen zu wollen, „Erotik am Arbeitsplatz" zu verhindern, eine inzwischen längst überholte Sexualmoral wieder einführen zu wollen und durch eine weite Defintion sexueller Belästigung und durch betriebliche und strafrechtliche Sanktionen eine „verklemmte", arbeitnehmerfeindliche Arbeitsatmosphäre zu schaffen, die letztlich auch den Frauen schaden würde.

Solange allerdings Sexualität und Abhängigkeit eng zusammenhängen und hierarchische Arbeitsverhältnisse den sexuellen Mißbrauch von Frauen miteinschließen, muß die sexuelle Selbstbestimmung als zentraler Bereich weiblicher Persönlichkeit geschützt werden, weil Strategien, die unter dem Gesichtspunkt scheinbarer Gleichheit den Schutz mißachten oder gar aufheben, Abhängigkeit und Diskriminierung verschärfen. Nicht zufällig steht im Grundgesetz das Verbot der Geschlechtsdiskriminierung in Art. 3 Abs. 3 GG in engem Zusammenhang mit dem Verbot der religiösen und rassistischen Diskriminierung. Sexismus und Rassismus als die beiden zentralen Unterdrückungsmechanismen sind verboten. Die Rechtsgutachten haben u. a. die Funktion, eine Diskussion darüber anzuregen, wie dieses Verbot wirksam im Erwerbsarbeitsbereich umgesetzt werden kann. Sie enthalten als Anregung eine Muster-Betriebsvereinbarung.

Ein Überblick über die Stellung der sexuellen Belästigung im internationalen Recht sowie Handlungsempfehlungen schließen den Bericht ab.

3. Die Sichtweise der Betroffenen

3.1. Vorbemerkungen und Charakterisierung der Stichprobe

Um Erkenntnisse über das subjektive Erleben und Verarbeiten von sexueller Belästigung am Arbeitsplatz zu erhalten und für weitergehende Fragestellungen nutzbar zu machen, wurden in der ersten Phase des Forschungsprojektes 26 Intensivinterviews mit Frauen aus dem gesamten Bundesgebiet durchgeführt, die von sexueller Belästigung am Arbeitsplatz betroffen sind. Die Interviews hatten eine durchschnittliche Dauer von drei bis vier Stunden, wurden in den meisten Fällen am Wohnort der Frauen geführt, auf Tonbandkassetten mitgeschnitten und anschließend vollständig transkribiert.

Für die Durchführung der Interviews ist ein teilstandardisierter Gesprächsleitfaden entwickelt worden, der überwiegend offene Fragen zum erlebten Belästigungsgeschehen und seinen Folgen, zur beruflichen Entwicklung der Frauen im Zusammenhang mit Belästigungserfahrungen sowie zu Einschätzungen und Meinungen über konkrete Maßnahmen zum Abbau des Belästigungsproblems enthält.

Kriterien für die Auswahl der zu befragenden Frauen waren ihre persönliche Betroffenheit und ihre Zugehörigkeit zu Berufsgruppen/Tätigkeits-bereichen, die ein möglichst breites Spektrum umfassen sollten, sowie ihre Bereitschaft, ein solches Interview mit uns zu führen.

Bereits der Zugang zu den Interviewpartnerinnen macht deutlich, wie tabuhaft und angstbesetzt das Belästigungsthema für betroffene Frauen immer noch ist. Angesichts der großen Hemmschwelle, offen über eigene Belästigungserfahrungen zu sprechen und sich auch noch für ein anonymes mündliches Interview zur Verfügung zu stellen, war die Ansprache betroffener Frauen oftmals nur über die Vermittlung durch ihnen bekannte Vertrauenspersonen möglich.

Hilfreich für Kontakte mit Interviewpartnerinnen waren hier insbesondere die Frauengleichstellungsstellen aus Städten und Kommunen verschiedener Bundesländer, die zuständigen Frauen aus Einzelgewerkschaften sowie eigene Informationsveranstaltungen über das Projekt. Nur wenige betroffene Frauen haben sich aufgrund von Informationen in den Medien von sich aus bei der Sozialforschungsstelle für ein Interview gemeldet.

Trotz der relativ kleinen Auswahl von 26 Interviewpartnerinnen repräsentiert die Gruppe der Befragten eine Vielzahl von Berufen, Beschäftigungsverhältnissen und damit verbundenen materiellen Lebenslagen. Die folgende Übersicht zeigt die berufliche Stellung der befragten Frauen zum Zeitpunkt der Interviews.

Tabelle 1: Aktuelle Beschäftigungssituation der Interviewpartnerinnen

		gesamt
Tätigkeiten ohne abgeschlossene Berufsausbildung		3
– Fabrikarbeiterin	2	
– Bürokraft	1	
Tätigkeiten in Lehr- bzw. Ausbildungsberufen	6	
– Techn. Zeichnerin	1	
– Versicherungsfachangestellte	1	
– Bankkauffrau	1	
– Polizeibeamtin	1	
– Bilanzbuchhalterin	1	
– Gerichtsprotokollantin	1	
Tätigkeiten mit Fachhochschul- oder Universitätsabschluß		6
– Dipl. Sozialpädagogin	1	
– Bewährungshelferin	1	
– wiss. Angestellte	2	
– Lehrerin	1	
– Ärztin	1	
Arbeitslos		4
– Sekretärin	1	
– Lagerarbeiterin (gelernte Industriekauffrau)	1	
– Gärtnerin	1	
– Textilfacharbeiterin	1	
Studentin		4
– nach vorheriger Berufstätigkeit	4	
Auszubildende		1
– im öffentlichen Dienst	1	
sonstige		2
– Rentnerin (früher Kontoristin)	1	
– Selbständige Ladenbesitzerin (früher Physiklaborantin)	1	
gesamt	26	

Über die Hälfte der Frauen arbeitete zum Zeitpunkt der Interviews nicht mehr in ihrem erlernten Beruf; einige der Frauen waren trotz abgeschlossener Berufsausbildung in geringer qualifizierten Anlernberufen tätig gewesen, bevor sie arbeitslos wurden oder eine Weiterqualifizierung begannen. Andere Frauen haben sich völlig von ihrem ursprünglichen Ausbildungsberuf entfernt und eine ganz neue Ausbildung oder ein Studium aufgenommen bzw. absolviert. – Auch viele derjenigen Frauen, die nach wie vor im erlernten Beruf tätig sind, haben bereits ein– oder mehrmals ihre Stelle gewechselt.

Die erkennbare Vielfalt in den beruflichen Werdegängen der befragten Frauen drückt sich auch in der Anzahl ihrer bisherigen Beschäftigungsverhältnisse aus: Die Hälfte der Frauen (13) ist zum Interviewzeitpunkt bereits in drei oder mehr Betrieben beschäftigt gewesen, jede fünfte Befragte hat Erfahrungen in zwei Beschäftigungsbetrieben gemacht und lediglich ein knappes Drittel der Frauen (8) gibt nur einen bisherigen Beschäftigungsbetrieb an. Damit finden sich bereits in dieser kleinen Stichprobe einige typische Merkmale von Frauenberufstätigkeit wieder, die heute in zunehmendem Maße weibliche Erwerbsbiographien kennzeichnen.

Inwieweit sexuelle Belästigung am Arbeitsplatz ein Auslöser für den Berufs–/Betriebswechsel oder den Arbeitsplatzverlust der Frauen gewesen ist, läßt sich relativ genau aus den Interviewgesprächen ablesen: Etwa die Hälfte der befragten Frauen (11) gibt an, daß ein wesentlicher Grund für ihre beruflichen Veränderungen die erlebten Belästigungen gewesen seien. In zwei Fällen ist den Frauen aufgrund krankheitsbedingter Fehlzeiten infolge ihrer nicht bewältigten Belästigungserfahrungen gekündigt worden; sie waren auch zum Zeitpunkt der Interviews noch arbeitslos. Fünf Frauen haben ihre Arbeitsstellen von sich aus gekündigt oder beabsichtigen es zu tun, nachdem sie eine neue Stelle in Aussicht haben; vier Frauen sind bereits vor einiger Zeit über Eigenkündigungen ganz aus ihren bisherigen Tätigkeitsbereichen ausgeschieden und haben sich entweder beruflich selbständig gemacht oder ein Studium absolviert.

Auf die Einkommenssituation der Frauen haben sich diese belästigungsbedingten beruflichen Veränderungen überwiegend negativ ausgewirkt. Während diejenigen Interviewpartnerinnen, die bisher relativ kontinuierlich in ihrem erlernten Beruf tätig sind, über ein durchschnittliches monatliches Nettoeinkommen von 2 000 bis

3 000 DM verfügen, liegt bei denjenigen Frauen, die mehrfach ihren Arbeitsplatz gewechselt oder ihren ursprünglichen Beruf ganz aufgegeben haben, das durchschnittliche monatliche Nettoeinkommen bei 1 000 bis 1 500 DM, in Einzelfällen bis 2 000 DM. Bei den arbeitslos gewordenen oder bei den mittlerweile studierenden Frauen ist das zur Verfügung stehende monatliche Nettoeinkommen so gering, daß kaum eine von ihnen ohne zusätzliche finanzielle Hilfen durch Angehörige ihren momentanen Lebensunterhalt bestreiten kann.

Die Angaben zu Alter, Familienstand/Kindern und zu den momentanen persönlichen Lebensverhältnissen der interviewten Frauen zeigen Merkmale auf, die sich auch in den späteren Fragebogenerhebungen wiederfinden.

Übersicht 1: Altersverteilung der Frauen aus den Intensivinterviews

unter 20 Jahre	1
21 bis 30 Jahre	7
31 bis 40 Jahre	9
41 bis 50 Jahre	5
über 50 Jahre	4

Der hohe Anteil der 20- bis 40jährigen Frauen, die sich zu dem Intensivinterview bereit erklärt haben, weist auf ein besonderes Interesse dieser Altersgruppe an dem Belästigungsthema hin; bemerkenswert ist aber auch, daß ein gutes Drittel der Befragten über 40 Jahre alt ist, während die ganz jungen Frauen in dieser Stichprobe nahezu fehlen. Dies hängt möglicherweise damit zusammen, daß viele der Interviewpartnerinnen einen höheren schulischen Bildungsabschluß haben (Abitur, Fachoberschulreife) und dementsprechend erst später in das Erwerbsleben eingetreten sind; zum anderen weist die geringe Bereitschaft der ganz jungen Frauen für ein mündliches Interview auch auf besondere Sprechbarrieren bezüglich erlebter Belästigungen bei Eintritt in das Berufsleben hin, die erst mit zunehmendem Lebensalter aufgebrochen werden. Diese Problematik wird in den Intensivinterviews von nahezu allen befragten Frauen bestätigt.

Im Hinblick auf Familienstand/Kinder und persönliche Lebensverhältnisse der befragten Frauen zeigt sich folgendes Bild:

Mehrheitlich sind die Interviewpartnerinnen nicht verheiratet (14), geschieden (6) oder verwitwet (2) und leben zum Zeitpunkt der Interviews allein, darunter sieben Frauen als Alleinerziehende mit einem oder zwei Kindern. Der geringe Anteil an verheirateten Frauen, die sich in unserer Stichprobe zu Belästigungserfahrungen äußern, deutet bereits eine Tendenz an, die auch in den nachfolgenden schriftlichen Fragebogenerhebungen zunehmend deutlicher wird: Es scheint so, als ob eine Ehe Frauen eher vor sexueller Belästigung am Arbeitsplatz schützt als der Status einer alleinstehenden Frau und zwar unabhängig davon, ob sie unverheiratet, geschieden oder verwitwet ist.

Mit den Intensivinterviews kann die Belästigungsproblematik sowohl in Klein- und Mittelbetrieben wie auch in Großunternehmen (z. B. der metallverarbeitenden oder der Textilindustrie) und in Einrichtungen des öffentlichen Dienstes näher erfaßt werden. Die Belästigungserfahrungen der interviewten Frauen beziehen sich zu gleichen Anteilen auf gewerblich-technische Arbeitsbereiche (in Fabriken, kleinen Gewerbe- und Handwerksbetrieben), auf kaufmännische oder Verwaltungsbereiche (z. B. in Steuerberatungsbüros, Banken, Versicherungen) und auf Dienstleistungsbereiche (z. B. in Krankenhäusern, Schulen, Polizei, Sozialberatung). Alle Interviewpartnerinnen haben hier ausnahmslos männliche Vorgesetzte. Die Dauer der Betriebszugehörigkeit der Frauen bis zu der als schwerwiegend erlebten Belästigung reicht in den meisten geschilderten Fällen von wenigen Tagen oder Wochen bis zu einer Zeitspanne von einem halben bis zu drei Jahren. Eher selten wird von Belästigungserfahrungen berichtet, die erst nach langjähriger Beschäftigungsdauer in einem Betrieb gemacht worden sind. Hier handelt es sich in der Regel um Übergriffe von männlichen Kollegen, die entweder neu in den Betrieb gekommen sind, mit denen nur gelegentlich arbeitsbedingte Kontakte bestehen oder die erst mit der Zeit gegenüber den betroffenen Frauen ein Fehlverhalten entwickeln (z. B. plötzlich einsetzende obszöne Telefonanrufe).

Am häufigsten werden Belästigungserfahrungen aus solchen Arbeitsbereichen berichtet, in denen die befragten Frauen überwiegend oder ausschließlich mit Männern zusammenarbeiten. Bei einem Viertel der geschilderten Belästigungsfälle ist die Anzahl von weiblichen und männlichen Kollegen der befragten Frauen etwa gleich und nur in vier Fällen geben die Interviewpartnerinnen an, zum Belästigungszeitpunkt überwiegend mit Frauen zusammen zu arbeiten.

Die Zusammensetzung des Kolleginnenkreises nach Männern und Frauen hat offenbar auch Einfluß auf die jeweilige Beschäftigungsdauer der interviewten Frauen in den einzelnen Betrieben. Es zeigt sich, daß die Betriebszugehörigkeit der Frauen, die nur mit Männern zusammengearbeitet hatten, oftmals sehr kurz ist. Im Gegensatz dazu ist die Beschäftigungsdauer der Frauen in gemischtgeschlechtlichen Arbeitsbereichen am höchsten. Die Arbeitssituation von Frauen in Männerdomänen scheint also, gemessen an der Fluktuation, besonders problematisch zu sein. In den Intensivinterviews wird deutlich, daß sexuelle Belästigungen dabei eine nicht zu unterschätzende Rolle spielen.

Die Beweggründe der Frauen für die Teilnahme an einem Interview sind durchweg eine Mischung aus Empörung, Resignation und persönlicher Verletztheit durch die erlebte Belästigung im Berufsleben. Bei vielen steht der Wunsch in Vordergrund, einen Beitrag zur Enttabuisierung des Problems zu leisten. Bis auf wenige Frauen, die über zurückliegende Belästigungserfahrungen berichten und erst jetzt darüber sprechen können, haben alle anderen sich schon einmal im Betrieb offen gegen den/die Belästiger gewehrt oder eine Beschwerde gemacht. Insofern ist die Gruppe der interviewten Frauen sicher nicht typisch für alle belästigten Frauen. Gleichwohl ist es auch den Interviewpartnerinnen oftmals schwer gefallen, konkret auszusprechen, was ihnen im einzelnen passiert ist. Das Erlebte überhaupt als sexuelle Belästigung zu bezeichnen, war für viele ein mühsamer Erkenntnisschritt und ist es für einige auch heute noch. Manchen Frauen diente das Interview sogar zu einer Selbstverständigung darüber, daß das Erlebte eine sexuelle Belästigung am Arbeitsplatz gewesen ist. Eine Frau hatte zum Beispiel monatelang obszöne Telefonanrufe von einem Kollegen erhalten und dies erst ein Jahr später für sich selber als sexuelle Belästigung begreifen können. Eine andere hatte jahrelang mit sich gekämpft, die ständigen Gefühlsausbrüche und verbalen Demütigungen ihres Chefs überhaupt in Worte zu fassen oder einfach als seine „Macke” abzutun, unter der sie aber sehr litt. Erst als sie anfing, sich vorsichtig und zögernd anderen Kollegen anzuvertrauen, bekam ihr Problem einen Namen für sie.

In der Überwindung der eigenen Sprechbarrieren können keine Unterschiede zwischen jüngeren und älteren Frauen festgestellt werden. Alle Interviewpartnerinnen machen deutlich, daß sie „ihre Zeit” gebraucht haben, um eigene Tabus, Hemmungen und Peinlichkeiten fallen zu lassen und erstmals über „intime Dinge am Arbeitsplatz” zu sprechen.

Von ihrem persönlichen Erscheinungsbild und Auftreten her wirkt keine der Interviewpartnerinnen extrem zurückhaltend oder selbstbewußt; auch zeichnet sich keine durch auffällige oder besonders graue Kleidung aus. Die Frauen, mit denen die Interviews geführt wurden, widerlegen eindrucksvoll das Vorurteil, es gebe nur bestimmte Frauentypen, die für Anmache und Belästigung am Arbeitsplatz besonders prädestiniert seien.

Dieses Vorurteil wird aber von nahezu allen Interviewpartnerinnen geteilt. So erhielten wir auf die Frage „Was glaubten Sie eigentlich vor der Belästigung, welche Frauen am ehesten belästigt werden?” durchgängig die Antwort „... vom Aussehen her, also die Frauen, die sich auftakeln oder sonstwie aufreizend verhalten...”.

Selbst haben die interviewten Frauen aber die Erfahrung gemacht, daß die persönlich erlebten Belästigungen am Arbeitsplatz vom eigenen Aussehen und Verhalten ganz unabhängig gewesen sind.

Besonders auffallend zeigt sich der Widerspruch zwischen eigenen Vorurteilen gegenüber Belästigung provozierenden Frauen und selbsterlebter Belästigung bei den Interviewpartnerinnen aus der gewerblichen Produktion. Sie sind einerseits aufgrund ihrer Arbeitskleidung im Betrieb sicher, daß ihre Belästigung „daran nicht gelegen hat”, sie sind andererseits aber die entschiedensten Vertreterinnen der Auffassung, daß Frauen, wenn sie belästigt werden, sich auch entsprechend kleiden.

3.2. Belästigungsopfer definieren sexuelle Belästigung

Sexuelle Belästigung zu definieren, fällt fast allen in den Intensivinterviews befragten Frauen nicht schwer. Sie unterscheiden deutlich zwischen erwünschten und unerwünschten Annäherungen mit sexuellem Bezug. Als Gradmesser dafür, ob sie ein Verhalten als belästigend einstufen oder nicht, dienen den Frauen die Empfindungen, die durch eine Annäherung entstehen. Im Gegensatz zur Belästigung bewirken erwünschte Kontakte in ihnen angenehme und schöne Gefühle. Ein Flirt „ist etwas Prickelndes", mit einem „kleinen erotischen Kribbeln" verbunden und wird auch am Arbeitsplatz von einigen Befragten als Bereicherung eines „grauen Arbeitsalltags" empfunden.

Belästigungen erleben sie dagegen als Beeinträchtigung, sie werden als „beleidigend", „erniedrigend" und „entwürdigend" beschrieben. Beziehen sich die Frauen in ihren Antworten auf körperliche Übergriffe, so werden diese zusätzlich als „eklig", „drekkig" und „schmierig" empfunden.

Die meisten befragten Frauen beschreiben erwünschte sexuelle Annäherungen als einen wechselseitigen Prozeß, als ein vorsichtiges Aufeinanderzugehen, wobei jeweils von beiden Seiten Signale gesetzt werden, die deutlich machen, was vom Gegenüber akzeptiert und gewünscht wird. Sich selbst sehen sie dabei in einer gleichberechtigten und aktiven Rolle; wenn eine Frau mit dem Kontakt einverstanden ist, wird sie den Mann in seinem Verhalten ermuntern. Erwartet wird, daß Männer auch indirekte Hinweise verstehen. Im negativen Fall soll nicht nur heftiges Wehren, sondern auch vorsichtigere Formen der Ablehnung wie Rückzug, Ignorieren und Nicht-Eingehen auf die Annäherungen als Grenzziehung respektiert werden.

Zu einer Belästigung wird das Verhalten dann, wenn solche Grenzen nicht eingehalten werden und der Mann sich über die Interessen der Frau hinwegsetzt. Dieser Prozeß wird in den Interviews wie folgt beschrieben:

> „Bis zu einem gewissen Grade lasse ich mir die Annäherung gefallen und wenn ich sage, bis hierhin und nicht weiter, muß diese Grenze akzeptiert werden, sonst fängt

die Belästigung an. Dabei ist es egal, an welchem Punkt die Grenze gesetzt wird."

Eine andere Befragte verweist in ihrer Definition der sexuellen Belästigung auf eine unterschiedliche Auslegung des „Flirtverhaltens":

> „Ja, wenn jemand ständig und stetig versucht, mich anzumachen, zu flirten. Und ich hätte ihm signalisiert und auch gesagt, ich will das nicht. Und der würde das immer wieder versuchen, dann würde ich das als Belästigung auffassen. Auch wenn er das unter der sanften Bezeichnung Flirt machen würde, dann wäre es für mich auch eine Belästigung."

Die Antworten der Betroffenen stimmen weitgehend überein:

> „Sexuelle Belästigung passsiert einseitig und gegen mein eigenes Wollen", „wenn nicht gehört wird, was ich sage oder wenn auf meine Abwehrreaktion überhaupt nicht eingegangen wird".

Ihrer Empfindung nach wird Frauen vom Belästiger ein Einverständnis unterstellt, das sie nie gegeben haben. Sie haben das Gefühl, „als Person mißachtet" und „sexuell und psychisch benutzt zu werden". Die Erfahrung, nicht als gleichwertiges Gegenüber wahrgenommen zu werden, ist enttäuschend und schmerzlich:

> „Die Kränkung war, daß es überhaupt nicht wichtig war, was ich will oder nicht. Ich zähle nicht. Es gibt nur meinen Busen und meine Vagina, . . ., es war klar, daß es nicht um mich geht. Ich bin für ihn etwas, das er benutzen kann."

Liebe, Zärtlichkeit und gegenseitige Akzeptanz beinhalten für die befragten Frauen mehr als eine ausschließlich auf Sexualität reduzierte Annäherung mancher Männer:

> „Es ist demütigend, nicht als Person, sondern nur als Geschlecht abqualifiziert zu werden", „Der Belästiger meint nicht den Menschen damit, er würdigt die Frau herab zum Objekt".

Für manche Frau ist daher auch der in der Art der Kontaktaufnahme gezeigte Respekt ein Indiz dafür, ob sie als gleichberechtigte Person angesehen wird. Abgelehnt werden solche Kontakte, bei denen die Frau spürt, daß versucht wird, sie in eine Position zu zwingen, in der sie unterlegen und verletzbar ist. Sexuelle Belästigungen begegnen ihnen als männliche Verhaltensweisen, bei denen die von Frauen gewünschte Wertschätzung als Kollegin und Mitarbeiterin in ein Unterordnungsverhältnis verkehrt wird, das es den Männern ermöglicht, Macht über Frauen auszuüben.

Körperliche Kontakte, wie z. B. Umarmungen oder „über die Wange streichen", werden von einigen Frauen nur dann als angenehm empfunden, wenn der betreffende Mann ihnen vertraut und sympathisch ist, wenn deutlich wird, daß sein Kontakt freundschaftlich gemeint ist. Bei der Mehrzahl der beruflichen Kontakte fehlt dagegen diese Voraussetzung. Hier wird den Frauen eine Nähe und Vertraulichkeit aufgezwungen, die ihrer Meinung nach nicht in den beruflichen Rahmen paßt. Wenn die Betroffenen spüren, daß private Fragen nur dem Vorwand dienen, Ansatzpunkte für Belästigungen und Verunsicherungen zu finden, verliert das „gute Arbeitsklima" seine positive Seite.

Das subjektiv unterschiedliche Erleben jeder einzelnen Betroffenen erschwert klare, abgrenzbare Definitionen bestimmter Verhaltensweisen als Belästigung. Eine Bemerkung, ein Witz, eine Einladung, scheinbar zufällige Körperkontakte oder offensichtliche Berührungen, alles das kann als belästigend empfunden werden. Der Unterschied zu erwünschten Kontakten liegt nicht allein in den Verhaltensweisen, sondern auch im Tonfall, der Wortwahl, den Gesten und Blicken des jeweiligen Mannes. Ausschlaggebend ist nicht nur das „was" geschieht, sondern „wie" ein Verhalten gemeint ist, „welche Absicht dahintersteckt". Eine Bemerkung über die Attraktivität einer Frau kann z. B. durchaus als Kompliment verstanden werden. Zur Belästigung wird sie erst dadurch, daß sie von lüsternen Blicken oder einem gewissen Unterton begleitet wird, aus dem nicht Bewunderung und Anerkennung, sondern etwa ein unerwünschter Besitzanspruch spricht.

Wenn Frauen sexuelle Belästigungen am Arbeitsplatz thematisieren, wird diese „Doppelbödigkeit" des Verhaltens genutzt, um Frauen mit „begrifflichen Haarspaltereien" vom Gegenteil zu überzeugen und die „Harmlosigkeit" der Vorkommnisse herauszustellen. Hier fühlen sie sich oft ein zweites Mal übergangen und in ihrem Erleben entwertet. Begriffe wie die Anrede „Schätzchen" werden beispielsweise aus der Perspektive des Mannes als Ausdruck seiner Sympathie für die Kollegin bezeichnet. Die Gefühle einer betroffenen Frau, die sich durch eine solche Ansprache als gleichberechtigte Kollegin mißachtet und herabgesetzt sieht, bleiben bei dieser Interpretation unberücksichtigt. Hat der beschuldigte Mann das Verhalten „nicht so gemeint", wird es auch von vielen verantwortlichen Ansprechpersonen in den Betrieben nicht als sexuelle Belästigung angesehen. Den Maßstab für die begriffliche Zuordnung liefert somit das Erleben der Männer. Weichen die Frauen von dieser „Norm" ab, indem sie das Verhalten mancher Kollegen kritisieren und sich im Betrieb beschweren, wird den Frauen selbst eine Fehlinterpretation angelastet. So verwundert es nicht, daß viele betroffene Frauen die Reaktionen von zuständigen Verantwortlichen auf eine Beschwerde ebenfalls als Belästigung erleben, wenn darin die Nichtachtung ihres Erlebens und somit ihrer Person zum Ausdruck kommt.

Definieren die Frauen sexuelle Belästigung gemäß ihrer eigenen Erfahrungen im Betrieb, werden die Übergriffe nicht nur als Fehlverhalten interpretiert, hinter dem sexuelle Absichten stehen. Die Belästigungen werden von einigen Interviewten als Versuche der Männer empfunden, Macht und Überlegenheit gegenüber Frauen zu demonstrieren. Übergriffe werden als Mittel eingesetzt, um Frauen „zu erniedrigen", „zu verunsichern" und sie auf diese Weise als Konkurrentinnen auszuschalten. Daß sexuelle Inhalte bevorzugt genutzt werden, um Gewalt gegenüber Frauen auszuüben, scheint darin begründet zu sein, daß sie in diesem (Intim-)Bereich besonders verletzbar sind. Sexuelle Belästigungen erweisen sich oft als wirksamste Methode, um Frauen ihr Selbstbewußtsein als gleichwertige Partnerin zu nehmen.

Sexuelle Belästigung kann also nur in bezug auf die Auswirkungen definiert werden, die der jeweilige Übergriff auf die betroffene Frau und die Arbeitsatmosphäre unter den übrigen Beschäftigten hat. Verhaltensweisen, die als belästigend empfunden werden, enthalten vier wesentliche Komponenten:

- Das Bedürfnis der Frau nach Distanz und Selbstbestimmung im Berufsalltag wird übergangen.

- Sexistisches Verhalten zwingt die Frau in eine unterlegene Position, die sie als herabwürdigend und verletzend empfindet.

- Der Betroffenen stehen oft keine Verhaltensmuster zur Verfügung, mit denen sie adäquat und zufriedenstellend reagieren kann.

- Aus der Belästigungssituation kann sich eine Betroffene häufig nicht befreien, ohne negative Folgereaktionen in ihrem beruflichen Umfeld zu riskieren.

Welche Verhaltensweisen von den Frauen als „besonders" einschneidende Belästigungen erlebt werden, ist davon abhängig, wo ihre persönliche Integrität größten Schaden nimmt. Je ohnmächtiger sich die betroffene Frau fühlt und je tiefer ihre Intimsphäre verletzt wird, desto belästigender empfindet sie das Verhalten des betreffenden Mannes. Dies wird in der Beschreibung der persönlichen Grenzen deutlich, die von den Frauen gezogen werden:

Dort, wo für die Frau die Möglichkeit besteht, wegzuhören und auszuweichen, oder dort, wo eine verbale Abwehr gelingt, empfinden die Frauen ein belästigendes Verhalten als weniger gravierend. Enthalten die sexuellen Anspielungen und Kommentare der Männer dagegen eine persönliche Ansprache, die auf das Intimleben der betroffenen Frau Bezug nimmt, wird das Verhalten als stark belästigend erlebt. Die Frau kann sich der Situation nicht entziehen. Auch durch „Ignorieren" läßt sich ihre Verunsicherung nicht verbergen. Da Frauen in solchen meist überraschend auftretenden Situationen keine passenden, entlarvenden Entgegnungen einfallen, erleben sie ihr Verhalten als Niederlage. Es gelingt ihnen nicht, die Männer in ihrem Verhalten zu beschämen. Manche Frauen haben im Gegenteil sogar das Gefühl, daß ihre eigene Verunsicherung von den Männern bemerkt und als willkommene Schwachstelle für weitere Belästigungen ausgenutzt wird.

Bei unerwünschten Berührungen und körperlichen Übergriffen wird die Grenzüberschreitung besonders deutlich. Das Gefühl der Verletzung und Demütigung ist hier besonders ausgeprägt, weil in diesen Situationen ein befriedigendes Abwehrverhalten nur schwer zu finden ist. Körperliche Belästigungen werden als ein so unglaublicher Eingriff in die Intimspäre gewertet, daß den Frauen oft keine ausreichende Gegenwehr gelingt, weil sie selbst daran zweifeln, ob das, was sie soeben erlebt haben, überhaupt wahr sein kann.

Da sie nicht wahrhaben wollen, daß ein Mitarbeiter sich ihnen gegenüber so „unglaublich" verhält, befürchten die Frauen, möglicherweise übertrieben zu reagieren. War es doch nur eine „zufällige Berührung", so ist es die Frau, der anschließend eine anmaßende Reaktion unterstellt wird, wenn sie den Mann zurechtgewiesen oder sich körperlich gewehrt hat.

War eine Frau am Arbeitsplatz bereits von sexuellen Belästigungen betroffen, verändert sich häufig ihre Wahrnehmung solcher Vorkommnisse. Einige Frauen berichten über eine zunehmende Sensibilisierung. Sie haben erlebt, daß ihre Signale nicht verstanden wurden, sind verletzt und reagieren deshalb heute heftiger, um sich vor weiteren Übergriffen durch Kollegen zu schützen. Ihre „Naivität" und „Unbefangenheit" im zwischenmenschlichen Umgang hat sich in „Mißtrauen" verwandelt. Die Art der Kontakte, die als sexuelle Belästigung begriffen werden, hat sich erweitert. Die Zwischentöne, die sie als Frau abwerten und als Person negieren, werden von ihnen schärfer wahrgenommen als früher.

Andere Frauen erleben dagegen einen „Abhärtungsprozeß". Das Verhalten der Männer, außer wenn es eine extreme Grenze überschreitet, nicht mehr als belästigend wahrzunehmen, erspart ihnen den ständigen Ärger über die Herabsetzung und die Frustration darüber, sich nicht adäquat wehren zu können; zumal die Frauen bei sämtlichen Stellungnahmen vermittelt bekommen, daß sie es sind, die „falsch" empfinden und auch in beruflicher Hinsicht ihren männlichen Kollegen unterlegen sind. Hier handelt es sich meist um Frauen, die keine Möglichkeit haben, einer durch Belästigung geprägten beruflichen Situation zu entkommen (etwa durch Weiterbildung oder Bewerbung bei anderen Arbeitgebern), und die infolgedessen gezwungen sind, sich mit den bestehenden Arbeitsverhältnissen „so gut es geht" zu arrangieren.

Manche Frauen, die fast ausschließlich mit Männern zusammenarbeiten, scheinen im Laufe ihrer Berufstätigkeit den „eigenen Maßstab" für ein belästigendes Verhalten zu verlieren. Der erlebte Druck, die vorgegebenen männlichen Normen als Maßstab anzuerkennen, läßt eine ernste Verletzung als Schwäche interpretieren und verdrängen. Frauen nehmen sexuelle Belästigungen nicht mehr als solche wahr, weil sie das Gefühl der Unangreifbarkeit brauchen, um sich im beruflichen Alltag gegenüber ihren männlichen Kollegen behaupten zu können.

Hier hat sich ein quasi selbstverstärkender Mechanismus ausgebildet, der das bestehende ungleiche Verhältnis zwischen den Geschlechtern festigt. Frauen können es sich meistens nicht leisten, die sie behindernden und belastenden Bedingungen am Arbeitsplatz anzuprangern, weil sie dadurch zeigen, daß sie verletzbar sind. Dieses Eingeständnis würde sofort genutzt werden, um den Frauen selbst die Schuld zu geben und ihre Position zu schwächen.

Die Fähigkeit, sexuelle Belästigungen nicht als solche anzuerkennen, läßt sich demnach u. a. als ein Mechanismus begreifen, mit dem Frauen ihre berufliche Stellung zu sichern und sich vor weiteren „Verletzungen" zu schützen versuchen.

3.3. Belästigungserfahrungen

Keine der befragten Frauen berichtet über Belästigungen am Arbeitsplatz, die nur einmal in ihrem bisherigen Berufsleben vorgekommen sind. In der Regel handelt es sich um wiederholt erlebte Belästigungen verbaler und/oder körperlicher Art durch eine oder mehrere Personen (Kollegen, Vorgesetzte), die häufig über Wochen, Monate oder auch Jahre angedauert haben.

Die Bandbreite der geschilderten Belästigungen reicht von einem sexistischen Arbeitsklima, das durch täglich erlebte anzügliche Bemerkungen, Gesten, Blicke oder auch pornographische Bilder gekennzeichnet ist bis zu aufgezwungenen Umarmungen, Küssen, Grabschereien und – in Einzelfällen – auch sexuellen Nötigungen und versuchten Vergewaltigungen.

Die häufigste Form der verbalen Belästigung besteht in anzüglichen und herabwürdigenden Bemerkungen gegenüber Frauen. Hierzu gehören sowohl allgemeine Redensarten und Witze, die als frauenfeindlich empfunden werden, als auch sexistische Äußerungen mit direktem Bezug auf die betroffenen Frauen, insbesondere Anspielungen auf ihr Sexualleben, Kommentare über ihr Aussehen, ihre Figur und ihre Kleidung sowie auch gezielte Fragen nach ihrem Intimleben.

Nicht selten wird in den Intensivinterviews auch berichtet, daß Frauen sich im Falle einer Scheidung, Trennung oder Verwitwung von Vorgesetzten oder Kollegen Bemerkungen über ihren angeblichen „sexuellen" Notstand anhören müssen, was durchweg von den Betroffenen als schockierend und schmerzlich empfunden wird.

Von verbalen Gruppenbelästigungen sind vor allem Frauen in Männerberufen (Technikerin, Polizeibeamtin, Gärtnerin, Facharbeiterin), Frauen in der gewerblichen Produktion und Frauen, die in Großräumen, z. B. bei Versicherungen oder Banken arbeiten, betroffen. Allen geschilderten Belästigungserfahrungen aus diesen Bereichen ist gemeinsam, daß das Fehlverhalten von Kollegen oder auch Vorgesetzten hier relativ offen und ungehindert im Betrieb gezeigt wird. Was den betroffenen Frauen besonders zu schaffen macht, ist die Unausweichlichkeit der belästigenden Arbeitsatmosphäre, sind die lauten und drastischen Ausdrucksweisen der belästigenden Kollegen und die ständige Zumutung, auf diese Belästigungen reagieren zu müssen, um ihre Selbstachtung als Frau zu verteidigen. Besonders krasse Beispiele für belästigende Alltagssituationen kommen aus dem gesamten Bereich der gewerblich-technischen Berufe und Anlerntätigkeiten, hier insbesondere in Großbetrieben. Frauen, die nicht mit einer ähnlich derben Sprache die anzüglichen Bemerkungen der Männer kontern können, werden offenbar besonders provoziert und erleben ein Spießrutenlaufen, wenn sie durch Werkhallen oder Fabrikhöfe gehen müssen, wo sich viele Männer aufhalten. Eine Produktionsarbeiterin aus der Automobilindustrie schildert hier beispielsweise:

> „Am schlimmsten ist es im Umkreis meiner Abteilung, weil da nur Männer arbeiten. Wenn da Frauen durchlaufen müssen, das ist eine Katastrophe für die. Die meisten Frauen laufen deshalb schon um das Gebäude herum, auch im Winter. Also dumme Bemerkungen sind gar kein Ausdruck für die Anmache dort. Das ist ein reines Anpöbeln. Da heißt es: Können wir die nicht mal bumsen, Mensch, hat die dicke Beine, hat die einen Arsch, den möchte ich gerne mal haben usw. Und im Sommer sitzen die Männer in den Pausen alle draußen und bilden eine regelrechte Straße. Die eine Hälfte sitzt da, die andere Hälfte sitzt da. Frauen, die da durchgehen, müssen sich echt was anhören und können nicht ausweichen. Ich glaube, die haben eine Gänsehaut . . . Wenn die Arbeiter da unter

sich sind, will der eine ja besser sein als der andere, und ihre Kommentare sind völlig unabhängig vom Aussehen der Frauen, die da gerade vorbeigehen . . . Die Frauen haben mittlerweile echt Angst vor dem Angepöbeltwerden, und die zeigen auch ihre Unsicherheit. Bei diesem Betrieb ist es gang und gäbe zu sagen: Arschloch, Rindvieh, Scheiße, entschuldigen Sie, aber das ist Tatsache. Und nur durch ähnliche Antworten schafft man sich da als Frau Respekt. Ich sage auch manchmal harte Sachen, z. B. Wichs' dich selbst! Anders geht es nicht. Wenn man als Frau da empfindlich ist, wird es um so schlimmer. Und gerade unsichere Frauen, die durch die Fabrikhallen müssen, die müssen noch mehr aushalten. . . . Ich rate den Frauen immer, auf die Barrikaden zu gehen, eine große Klappe zu haben. Denn auch der Betriebsrat steht nicht zu uns Frauen, sondern vertritt die Meinung, wir Frauen wollten doch nichts anderes haben, und die Männer machen doch nur Spaß. Am schlimmsten ist es für die, die neu eingestellt werden. Die können sich gar nicht wehren, die arbeiten ja noch nicht so lange unter Männern wie ich."

Trotz des notwendigen Abstumpfungsprozesses gegenüber einer Sprache, die hauptsächlich auf den Geschlechtsverkehr bezogen ist, erleben die hier interviewten Frauen doch immer wieder Anzüglichkeiten, die sie kränken. Es ist auch für die Betroffenen selbst in diesen Produktionsbereichen oft schwer festzumachen, von wem die verbalen Belästigungen im einzelnen ausgehen. Die interviewten Frauen sprechen häufig von Gruppen von Männern und beziehen ihre Vorgesetzten und Meister hier auch mit ein. Die Grenze des Erträglichen ist in diesen Bereichen für die betroffenen Frauen deutlich erreicht, wenn körperliche Übergriffe stattfinden, die das Berühren oder Zeigen der Geschlechtsteile betreffen. Es scheint in diesen Männerdomänen einen unausgesprochenen Konsens darüber zu geben, daß bei den verbalen Belästigungen nahezu alles geduldet werden muß, aber körperliche Übergriffe auf Frauen als Grenze gesehen werden, die auch im Betrieb nicht überschritten werden darf. Nur bei den öffentlich sichtbaren körperlichen Belästigungen haben die befragten Frauen den Mut gefunden zurückzuschlagen und sich offen im Betrieb zu beschweren. (Allerdings wurde in den Interviews hier nur von solchen Beschwerden berichtet, bei denen es sich um belästigende ausländische Kollegen handelte.) Die ausschließlich verbalen Belästigungen und der Gruppendruck scheinen dagegen so übermächtig für die Frauen, daß sie nur vereinzelt offen gegen bestimmte Bemerkungen angehen oder versuchen, so oft wie möglich den belästigenden Situationen auszuweichen. Auch denjenigen Frauen, die sich mit der Zeit eine ähnlich drastische Sprache wie die Belästiger angewöhnt haben, gelingt es nach eigenen Angaben letztendlich nie ganz, sich an den sexistischen Umgangston in ihrer Arbeitsumgebung zu gewöhnen.

Ähnlich stellt sich die Belästigungsproblematik auch bei den befragten Frauen aus gewerblichen Klein- und Mittelbetrieben dar. Die Gruppe der belästigenden Kollegen ist hier zwar überschaubar, gleichwohl mindert dies nicht den permanenten Druck auf die Frauen, sich mit schlagfertigen Antworten, verbalem Kontern oder auch körperlicher Gegenwehr immer wieder Respekt verschaffen zu müssen. Eine befragte Gärtnerin schildert z. B. mit einem gewissen Stolz, wie sie sich auf diese Weise als einzige weibliche Fachkraft in einem kleinen Männerbetrieb über einige Jahre hat durchsetzen können. Dennoch erlebte sie schließlich eine Beleidigung durch einen Kollegen, die sie dermaßen kränkte, daß sie letztendlich von sich aus in diesem Betrieb kündigte. Was sie heute noch bewegt, ist die Tatsache, daß sie nicht adäquat auf diese Beleidigung reagieren konnte. Adäquat wäre für sie eine Entgegnung gewesen, die den Mann genauso gedemütigt hätte.

Ein anderes Beispiel zeigt Parallelen. Eine befragte Lagerarbeiterin aus einem gewerblichen Mittelbetrieb hat ebenfalls über Jahre versucht, sich nicht anmerken zu lassen, wie betroffen sie von dem belästigenden Verhalten ihrer Arbeitskollegen war. Sie wollte sich keine Blöße geben und tat nach außen hin so, als beeindruckten sie die Belästigungen nicht. Auch sie hat mittlerweile ihre Arbeitsstelle wegen permanent erlebter frauenfeindlicher Äußerungen unter den Kollegen gekündigt, dies aber nicht als Kündigungsgrund angegeben. Auf keinem Fall möchte sie den Eindruck erwecken, als Frau in einem Männerberuf versagt zu haben.

Ähnlich ging es einer technischen Zeichnerin, die als Betriebsrätin die einzige Frau in der betrieblichen Interessenvertretung war (nicht freigestellt) und hier ein besonders belästigendes Klima unter den Betriebsratskollegen erlebte. Gleich nach ihrer Wahl zur Betriebsrätin hatten Sticheleien und anzügliche Bemerkungen über ihr Privatleben begonnen. Sie ist nicht verheiratet und lebt mit einem Partner zusammen. Da sie bei verbalen Anzüglichkeiten eine niedrige Schamgrenze hat, verlegen wird und nicht weiß, wie sie darauf reagieren soll, haben ihre Betriebsratskollegen hier einen Ansatzpunkt gefunden, sie zu verunsichern. Sie erklärt sich die Belästigungen vor allem damit, daß sie aus Sicht ihrer männlichen Kollegen als Frau in der betrieblichen Interessenvertretung nicht zu stark werden soll. Ihr Problem ist, daß sie einerseits für den Betriebsrat eine besondere Verantwortung gegenüber den Beschäftigten sieht, und zwar auch in bezug auf belästigende Übergriffe, daß sie andererseits aber erleben muß, wie ihr Vertrauen in dem Betriebsrat permanent dadurch enttäuscht wird, daß sie selber belästigt wird. Persönlich hat sie noch keinen Ausweg aus diesem Konflikt gefunden.

Im Unterschied zu den gewerblich-technischen Arbeitsbereichen stellt sich das belästigende Arbeitsklima im Bereich der verwaltenden und kaufmännischen Tätigkeiten (Banken, Versicherungen, Verwaltungsbetriebe) weniger drastisch und direkt dar. Beispielsweise hängen wesentlich seltener Pornoplakate offen aus, eher kursieren pornographische Hefte unter der Hand. Es wird seltener oder gar nicht über eine vorbeikommende Frau gegrölt, sondern sie wird eher mit Blicken taxiert und halblaut kommentiert. Anmache und Belästigungen von Frauen geraten hier nicht sofort in den Blick, und sind auch nicht so schnell hörbar wie beispielsweise im Fabrikbereich. Gleichwohl wird von den interviewten Frauen auch hier über unerträgliche langandauernde Belästigungen berichtet. Die folgenden zwei Beispiele verdeutlichen, wie unterschiedlich das Arbeitsklima sein kann, in dem hier Belästigungen stattfinden.

> Frau V. ist seit über zehn Jahren als Bürokraft in einer Verwaltungsabteilung tätig. Sie hat drei männliche und zwei weibliche Kollegen, mit denen sie sich gut versteht. Frau V. bezeichnet sich selber mit ihrer stets freundlichen Art als diejenige in der Abteilung, die am meisten einstecken kann und sich am wenigsten wehrt. Ihr Chef ist dagegen in der ganzen Verwaltung als pöbelnder und lauter Mensch bekannt, der Frauen wie Männer gleichermaßen abschätzig behandelt und besonders gegenüber Frauen eine penetrant phallische Sprache hat. Die männlichen Kollegen schweigen über diesen Chef und ziehen sich diskret zurück, wenn er gegenüber einer Kollegin ausfallend wird. Frau V. ist lange Zeit von diesem Vorgesetzten mit verbalen Demütigungen und auch unerwünschten köperlichen Berührungen belästigt worden und hat sich nach Jahren des Stillhaltens schließlich bei der Personalleitung be-

schwert. Dabei erhielt sie volle Zustimmung ihrer Kollegen. Bisher wagte jedoch noch kein anderer diesen Schritt, obwohl alle mit dem Chef unzufrieden sind. Da Frau V. sehr unsicher und nervlich angeschlagen ist, schreckt sie noch vor einer Dienstaufsichtsbeschwerde gegen den Belästiger zurück.

Auffallend ist hier die Diskrepanz zwischen einem „eigentlich" ganz guten Arbeitsklima und der Tatsache, daß der belästigende Vorgesetzte mit Wissen aller Kollegen seit Jahren offen sein Fehlverhalten zeigen kann, obwohl die formale Möglichkeit bestünde, ihn über eine Dienstaufsichtsbeschwerde empfindlich zu treffen.

Frau M. ist Gruppenleiterin in einer Sozialversicherung und seit ihrer Ausbildung in demselben Betrieb tätig. Sie möchte in ihrem Beruf noch weiterkommen, erlebt aber seit einiger Zeit ein zunehmend belastendes sexistisches Arbeitsklima unter ihren zumeist jungen männlichen Kollegen. Anzügliche Bemerkungen über ihr Privatleben, peinliche Fragen nach ihrer Unterwäsche oder auch unerwünschte körperliche Berührungen erlebt sie nahezu wöchentlich. Sie wehrt sich dagegen, spricht die Männer immer wieder an und weist sie in ihre Schranken, aber die Belästigungen werden dadurch nicht eingedämmt. Ihr Abteilungsleiter belästigt Frauen nicht; er hält sich aber auch aus Auseinandersetzungen heraus, wenn sie ihn auf die Zustände in seiner Abteilung anspricht. Frau M. will aufgrund der Belästigungserfahrungen in eine andere Abteilung versetzt werden, was aber nicht genehmigt wird, weil sie als gute Kraft für diese Abteilung gebraucht wird. Sie will sich jetzt wegbewerben.

Auffallend ist hier die Diskrepanz zwischen einem sexistischen Arbeitsklima im Kollegenkreis und einem Vorgesetzten mit integerem Verhalten, der von den Belästigungen weiß, aber nichts dagegen unternimmt. Er schätzt Frau M., will sie in der Abteilung behalten und müßte eigentlich wissen, daß sie gerade wegen der Zustände in dieser Abteilung weggehen will.

Der Übergang von Belästigungen durch Worte, Blicke oder Geste zu körperlichen Übergriffen ist in den meisten geschilderten Fällen nicht trennscharf. Berichtet wird überwiegend von Belästigungserlebnissen, bei denen unerwünschte Körperberührungen mit verbalen Anzüglichkeiten, Beleidigungen oder auch Drohungen verbunden sind.

Zu den erlebten körperlichen Übergriffen gehören u. a. „zufällige" Körperberührungen wie etwa das dichte Entlangstreifen am Rükken der Frau, wenn sie z. B. an einem Aktenschrank steht, gezielte Griffe an die Brust oder das Gesäß der Frau (Angrabschen), erzwungene Umarmungen und Küsse, Handgreiflichkeiten, plötzliches Herfallen über die Frau und Umklammern ihres Körpers, Nötigungen der Frau zum Ertragen sexueller Handlungen trotz ihrer Gegenwehr und versuchte Vergewaltigungen.

Körperliche Übergriffe, die bis zur sexuellen Nötigung oder versuchten Vergewaltigung gehen, haben vier der befragten Frauen erlebt: bei einer Auszubildenden, einer Fabrikarbeiterin und einer Sozialpädagogin geschah das jeweils ein Mal. Alle drei sind auch heute noch im jeweiligen Betrieb beschäftigt und haben sich seinerzeit offen bei der Betriebsleitung beschwert. Bei der vierten Frau liegt die Belästigung schon lange Zeit zurück und dauerte in krasser Form über vier Jahre an. Immer wenn sie in einem abgelegenen Raum zu tun hatte, überraschte sie ihr Vorgesetzter mit Umarmungen, Bedrängungen und versuchten Nötigungen und immer wehrte sie ihn ab, ohne darüber einmal offen im Betrieb sprechen zu können.

Andere körperliche Übergriffe werden sowohl aus dem Fabrikarbeiterbereich, aus Großraumbüros, aus gewerblichen Kleinbetrieben als auch aus kleinen Dienstleistungsbetrieben (z. B. Steuerberatungsbüros, Werbeagentur) berichtet, wo sie entweder in Anwesenheit von Kollegen oder in Situationen der Vereinzelung mit dem Belästiger passiert sind.

Ein Beispiel für körperliche Belästigungen, die in Anwesenheit von Kollegen stattfinden, ist die Schilderung der bereits erwähnten Gruppenleiterin aus einer Versicherungsverwaltung, die viele Parallelen zu den Schilderungen der anderen Interviewpartnerinnen aufweist. Die Befragte berichtet u. a. von folgenden Vorkommnissen, die sie selber in den letzten Jahren in einer Abteilung erlebt hat:

- ungewollte Küsse

- plötzliche Umarmungen von hinten

- in den Ausschnitt greifen
- fühlen, ob die Frau einen BH oder Schlüpfer trägt
- an die Taille oder das Gesäß fassen
- mit der Hand den Rücken hinunter in die Pofalte gleiten
- die Hand der Frau tätscheln.

Diese Vorkommnisse sind, obwohl sie sie immer wieder deutlich zurückgewiesen und die Belästiger zur Rede gestellt hat, bisher in keiner Weise unterbunden worden.

Mehrfach berichten die befragten Frauen auch von ihren Problemen mit scheinbar zufälligen körperlichen Berührungen durch Kollegen oder Vorgesetzte. Auch hier sei beispielhaft die Schilderung einer jungen Verwaltungsangestellten angeführt, die einen Weg gefunden hatte, mit dieser wenig eindeutigen Belästigungssituation umzugehen. Sie berichtete, daß sie sich öfter in der Nähe eines Vorgesetzten aufhalten mußte, der betont nahe hinter sie trat oder an ihr vorbei ging.

> „Er war auf Körperkontakt aus und ist, wenn ich am Karteikasten stand, immer an mir vorbei geschlürt, so mit seinem Unterkörper an mir vorbei, das war mir sehr unangenehm."

Nachdem sie mehrmals solche Situationen erlebt hatte und immer zurückgewichen ist, gelingt ihr schließlich eine ebenso verdeckte indirekte Form der körperlichen Gegenwehr. Sie berichtete:

> „Ich bin dann immer ein Stück zurückgewichen und habe ihm dann ganz zufällig mit dem Ellbogen in den Magen gehauen, damit er es nicht noch einmal macht . . . Danach habe ich mich dann entschuldigt und habe gesagt: 'Ach, Sie standen gerade hinter mir', und das hat gewirkt. Man muß da handeln, denn reden nützt wenig, gerade wenn es der Chef ist. Dann muß man es zeigen, diese Gegenwehr. . . . Aber er störte sich langfristig gesehen nur ein wenig daran. Die erste Zeit danach ging es zwar jeweils, aber dann mußte man es wieder machen, sonst hatte er es vergessen."

Ein besonderes Kapitel in der Belästigungsproblematik vieler befragter Frauen sind die Einladungen mit eindeutiger Absicht, also die Versuche von Vorgesetzten oder Kollegen, sie für eine Nacht oder eine Affäre „rumzukriegen". In nahezu allen hier geschilderten Fällen wird berichtet, daß das deutliche Nein der Frauen zu negativen Folgen geführt hat. Gehen die Annäherungsversuche von Vorgesetzten aus, so führt die Ablehnung der Frauen zunächst zu Schikanen und, wenn die Frau sich beschwert, zu Kündigungen.

Gehen die Annäherungsversuche von Kollegen aus, so hat die Ablehnung der Frauen meist zur Folge, daß sie vor anderen Kollegen herabgewürdigt werden (herabwürdigende Äußerungen in bezug auf ihre Kollegialität oder ihr allgemeines Sozialverhalten im Betrieb) oder daß die Frauen sich durch Blicke, Bemerkungen oder körperliche Gesten des Mannes nachträglich verunsichert oder bedroht fühlen.

In einem geschilderten Fall ist es zu einer sexuellen Erpressung mit Kündigungsandrohung durch einen Vorgesetzten gekommen. An diesem Fall wird die Problembreite des erlebten Machtmißbrauchs einer Vorgesetztenposition aus der Sicht der Betroffenen besonders deutlich. Betroffen war eine Bilanzbuchhalterin, die erst kurze Zeit als Büroleiterin in einem Steuerberatungsbüro tätig war; der Belästiger, dem dieses Büro gehörte, hatte die Betroffene selber eingestellt. Während abendlicher Überstunden überraschte der Belästiger sie mit körperlichen Annäherungsversuchen und der Aufforderung, mit ihm intim zu werden. Als sich die Betroffene weigerte und dem Belästiger deutlich sagte, daß sie das nicht wolle, drohte er ihr damit, sie zum nächstmöglichen Zeitpunkt hinauszuwerfen. Die Betroffene reagierte auf diese Drohung mit entschiedener Ablehnung und mit den Worten, „dann gehe ich, dann warte ich die Kündigung erst gar nicht ab." Sie ließ ihre Arbeit liegen, nahm ihre Tasche und verließ sofort das Büro. Am folgenden Tag meldete sie sich krank, suchte einen Arzt auf, erhielt eine Krankschreibung, die sie dem Vorgesetzten kommentarlos zuschickte. Während der Zeit ihrer Krankschreibung bemühte sie sich um eine neue Stelle, was aufgrund ihres qualifizierten Berufes auch relativ schnell und problemlos gelang. Als sie einen neuen Arbeitsvertrag hatte, bewirkte sie bei dem belästigenden Vorgesetzten die Kündigung im gegenseitigen Einvernehmen.

In diesem Belästigungsfall stellt der Verlust des Arbeitsplatzes zwar kein wirksames Drohmittel des Belästigers gegenüber der Betroffenen dar, weil die Betroffene berufliche Alternativen hat und sich dieser auch bewußt ist. Gleichwohl macht das Beispiel deutlich, in welch' ausweglose Situationen Frauen bei sexuellen Erpressungsversuchen durch Vorgesetzte geraten können: Sie haben weder eine rechtliche Handhabe gegen den Belästiger, weil Beweise fehlen, noch gibt es – insbesondere in kleinen Betrieben – übergeordnete Instanzen, die angerufen und zum Eingreifen aufgefordert werden könnten. Auch die Betroffene in diesem Belästigungsfall sieht sehr deutlich, wie eingeschränkt ihre Möglichkeiten der Gegenwehr bei der sexuellen Erpressung waren.

> „Hätte ich ihn anzeigen sollen? Auf was hätte sich solch eine Anzeige denn stützen können? Ich hätte doch keine Chance gehabt, irgendein Recht auf meine persönliche Würde durchzusetzen, wenn es überhaupt in dem Fall ein Recht gibt. Die hätten mich doch alle für verrückt erklärt und er hätte wahrscheinlich alles abgestritten. Im Grunde war sein Verhalten nicht schwerwiegend genug, als daß ich es hätte anzeigen können oder daß da eine Straftat bestand."

Als besonders kränkend hat sie empfunden, daß ihr Arbeitgeber ihre berufliche Abhängigkeit für seine sexuellen Absichten ausnutzen wollte.

> „Ich hatte eine unbändige Wut darauf, was er sich eigentlich als Arbeitgeber einbildet, wenn er versucht, jemand auf diese Art abhängig zu machen. Der wollte mich in ein totales Abhängigkeitsverhältnis reindrücken, und ich hatte vor allem die Wut darüber, was ein Mann davon hat, wenn man es unter Druck macht. Was hat man davon? Aber diese Reaktion und Wut kam erst nachher. Im Moment der Belästigung habe ich nur gedacht abzuhauen, weil ich ihn ekelhaft finde."

Ähnliche Reaktionen der Empörung, Ohnmacht und Enttäuschung kommen auch in den Schilderungen solcher als Belästigung eingestufter Erlebnisse zum Ausdruck, bei denen es um Arbeitsschikanen, um üble Nachrede und um Machtmißbrauch von Vorgesetzten nach Beendigung einer Liebesbeziehung mit den betroffenen Frauen ging. In zwei Fällen schilderten hier betroffene Frauen, mit welchen persönlichen Kraftanstrengungen sie die erlebte

Arbeitsplatzgefährdung als Folge ihrer Zurückweisung des Belästigers hatten abwenden müssen; beide Frauen waren schließlich gezwungen gewesen, mit Hilfe von Rechtsanwälten ihre Arbeitsplatzsituation abzusichern.

Eine weitere geschilderte Belästigungserfahrung bezieht sich auf eine eher indirekte Form des Machtmißbrauches von Vorgesetzten. Es handelte sich um die Zuweisung eines Arbeitsauftrages, durch den die betroffene Frau zwangsläufig mit sexistischen Arbeitsbedingungen konfrontiert worden war. Eine Interviewpartnerin schildert hier ihren beruflichen Ersteinsatz als Polizistin in Pornokinos, dem sie beruflich und reifemäßig noch gar nicht gewachsen gewesen war. Auch im Nachhinein wirkt diese Erfahrung noch als eine schockierende Erinnerung auf sie, und sie ist sich sicher, daß ihrem damaligen Vorgesetzten ihre Anfängerinnensituation durchaus bewußt gewesen war, als er ihr diesen ersten Diensteinsatz zuteilte.

3.4. Es gibt keine Warnsignale

In den Intensivinterviews wurden alle Frauen gebeten, sich an einen besonders schwerwiegend erlebten Belästigungsfall zu erinnern. Bis auf zwei Frauen, die als Hauptproblem in ihrem Betrieb die verbalen Gruppenbelästigungen oder die Pornos angaben, hatte keine andere hier Schwierigkeiten, konkret einen oder mehrere Belästiger zu nennen. Jeweils zur Hälfte der geschilderten Fälle gingen die Belästigungen von unmittelbaren Vorgesetzten oder von Kollegen aus und geschahen etwa gleich häufig in Situationen des Alleinseins mit den Belästiger oder wenn andere männliche Kollegen anwesend waren.

Die geschilderten Belästigungserfahrungen machen insgesamt deutlich, daß es keine eindeutig festzumachenden Zusammenhänge zwischen bestimmten Räumen/Orten, Zeitpunkten oder Anlässen des Arbeitsalltags und dem Zustandekommen belästigender Übergriffe gibt. Jeder Belästiger hat sich in den Fallbeispielen offenbar „seine" Gelegenheit für den belästigenden Übergriff danach ausgesucht, was er jeweils mit der betroffenen Frau konkret vorhatte und ob in seiner Arbeitsumgebung das belästigende Verhalten gegenüber Frauen allgemein toleriert war. Einzig die besonders „harten" bzw. strafrechtlich relevanten Formen körperlicher Übergriffe wie Nötigung oder versuchte Vergewaltigung sind in den geschilderten Belästigungsfällen ausschließlich in Situationen des Alleinseins mit dem Belästigungsopfern erfolgt. Alle anderen Formen belästigender Übergriffe fanden teilweise auch in Anwesenheit von mehreren Kollegen (in einzelnen Fällen auch Kolleginnen) statt.

Eine der aufschlußreichsten Fragen zum Belästigungsgeschehen ist in diesem Zusammenhang, ob es vorherige Anzeichen für die Belästigung gegeben hat.

Bei den körperlichen Übergriffen antworten alle Frauen hier mit einem deutlichen Nein. – Auch wenn im Betrieb bekannt war, daß der Belästiger gerne Frauen anmachte, war die erste körperliche Belästigung immer überraschend und unerwartet für die Frauen. Das plötzliche Umarmt-, Geküßt- oder Angefaßt-Werden geschah meist, wenn die Betroffene mit einem Arbeitsvorgang befaßt war, auf den sie sich ganz konzentrierte, wenn ein Gespräch mit dem Vorgesetzten/Kollegen unter vier Augen stattfand, wenn die Betroffene an einer Tagung oder Dienstreise teilnahm oder wenn in Arbeitspausen/Überstunden ein Kollege oder Vorgesetzter unerwartet zudringlich wurde.

Weniger häufig und überraschend passieren körperliche Belästigungen dagegen das erste Mal für die interviewten Frauen auf Betriebsfeiern und Ausflügen und wenn Alkohol im Spiel ist. Hier scheinen in den Betrieben die „Vorwarnungen" deutlich zu sein.

Die verbalen Belästigungen werden zwar auch in der Regel als unvermittelt und plötzlich erlebt, der Gewöhnungsprozeß scheint hier aber sehr stark zu sein. Hier ist es weniger die Nichterkennbarkeit der vorherigen Anzeichen, die den Frauen zu schaffen macht, als die Unmöglichkeit, den sexistischen Sprachgebrauch der Männer auf Dauer einzudämmen.

Auch bei den Pornoplakaten scheint sich in den Betrieben, wo sie dauerhaft hängen, bei den betroffenen Frauen eine Art Gewöhnung eingestellt zu haben. Dies läßt sich daraus schließen, daß sie nur selten direkt als Belästigung, sondern eher im Kontext allgemeiner Schilderungen von Diskriminierung genannt werden. Bei Pornoheften legen es die Belästiger nach den Schilderungen der Frauen immer wieder auf den Überraschungseffekt an. Es scheint allerdings, daß dieser Überraschungseffekt recht schnell verpufft, denn alle Interviewpartnerinnen, die hier unangenehme Erfahrungen gemacht haben, berichteten, daß sie die Pornohefte mittlerweile ignorieren, demonstrativ in den Papierkorb werfen oder „ganz cool" kommentarlos den Belästigern wieder zurückgeben.

Die „Einladungen mit eindeutiger Absicht" sind für die betroffenen Frauen am schwersten im Vorfeld zu erkennen. Diese Form der Belästigung erfolgt meist dann, wenn die Frau erst kurz im Betrieb tätig ist, wenn sie zum ersten Mal mit dem Belästiger eine Dienstreise macht oder wenn im Betrieb bekannt wird, daß die betroffene Frau zur Zeit alleinstehend, verwitwet oder in Trennung lebend ist. Bei diesen „Annäherungsversuchen" werden Unsicherheiten im Beruf oder in den privaten Lebensverhältnissen der Frauen offenbar mit in das Kalkül der Belästiger einbezogen. Was von den betroffenen Frauen hier oft nicht als problematisch erkannt wird, sind die zunehmende Vertraulichkeit und Intimität der Mitteilungen des Belästigers (z. B. über seine privaten Eheprobleme) und die Tatsache, daß sie durch seine Annäherungsversuche zeitweise von anderen kollegialen Bezugsgruppen im Betrieb isoliert werden. So wird nur in seltenen Fällen von den Interviewpartnerinnen berichtet, daß sie sich im Fall einer unerwünschten Einladung mit eindeutiger Absicht mit anderen Kolleginnen darüber ausgetauscht hatten und dabei erfuhren, daß sie nicht die einzigen gewesen waren, denen diese „Einladungen" gegolten hatten.

Insgesamt zeigt sich bei der Frage nach vorherigen Anzeichen für die Belästigung, daß erst bei wiederholt erlebten Übergriffen bei den Frauen eine Art „Lernprozeß" im Wahrnehmen und Deuten von Situationen und Signalen erfolgt. Eine Befragte schildert z. B., daß sie häufig in einem abgelegenen EDV-Raum arbeiten mußte und sich mit der Zeit „ein feines Gehör" für die Schritte ihres Chefs angewöhnt hatte, um diesen Raum schnell verlassen zu können, bevor er sie erreichte. Eine andere Befragte war mit der Zeit dazu übergegangen, besonders an Montagen den Umgang mit ihrem Vorgesetzten möglichst ganz zu vermeiden, denn je nachdem, wieviel Streit er am Wochenende mit seiner Ehefrau gehabt hatte, ließ er seine Frustrationen zu Wochenbeginn an der Betroffenen aus. Eine weitere Befragte schildert, daß sie die Arbeit an einem Karteikasten, der sich in der Nähe der Tür zu ihrem Arbeitszimmer befindet, dann meidet, wenn sie merkt, daß ihr

Chef hereinkommen will. Häufig hat sie die Erfahrung gemacht, daß er sie dann sofort von hinten berührt, umarmt oder „betatschen" will.

3.5. Formen der Gegenwehr und ihre Bewertung durch die Betroffenen

Das Verhaltensspektrum der Frauen in den geschilderten Belästigungssituationen reicht von der sofortigen deutlichen Zurückweisung des/der Belästiger oder dem Versuch, mit schlagfertigen Antworten auf verbale Belästigungen zu reagieren, über Ausweichmanöver und nur gelegentliche direkte Abwehrhandlungen bis hin zum langjährigen, fast stillschweigenden Ertragen der Belästigungen, das dann mit einer plötzlichen, fast explosionsartigen Gegenwehr oder der Kündigung der Stelle endet.

Häufig kommen Beispiele für offensive Umgehensweisen mit belästigenden Situationen (körperliche Gegenwehr, verbales Kontern) von den Interviewpartnerinnen aus der gewerblichen Produktion und aus den sogenannten Männerberufen. Deutlich wird, daß für diese Frauen in besonderer Weise ein Zwang zur Anpassung an den männlichen Umgangston in ihrer Arbeitsumgebung besteht, um im Kollegenkreis akzeptiert zu werden und sich nicht ständig in aufreibende Auseinandersetzungen zu begeben; dies betrifft sowohl die gewerblich-technischen Arbeitsbereiche als auch z. B. die Arbeit von weiblichen Polizeikräften, von Ingenieurinnen oder von weiblichen Fachkräften in Beratungsbüros oder Werbeagenturen. Andererseits besteht für die betroffenen Frauen ein ebenso starker Zwang, sich gegen die belästigenden Übergriffe in ihren Arbeitsbereichen zu wehren, um nicht als eine Kollegin da zustehen, die kein eigenes Standvermögen als Frau hat. Einen Ausweg aus diesen widersprüchlichen Verhaltenszumutungen sehen viele der befragten Frauen darin, den Belästigern mit schlagfertigen Antworten oder „ebenso dummen Sprüchen" zu verstehen zu geben, als Frau souverän mit der Situation umgehen zu können, nicht getroffen zu sein und die Belästiger im Grunde genommen nicht ernst zu nehmen. In den meisten geschilderten Fällen haben solche offensiven Reaktionsweisen jedoch nur dazu führen können, Kollegen oder Vorgesetzte in ihren verbalen Anzüglichkeiten für kurze Zeit zum Schweigen zu bringen. In keinem dieser Fälle sind die belästigenden Kollegen oder Vorgesetzten für eine ernsthafte Diskussion über ihr Fehlverhalten zugänglich.

Insgesamt wird aus den Intensivinterviews deutlich, daß die Art und Weise, wie auf den/die Belästiger reagiert wird, von vielen Faktoren abhängig ist. Das Alter und die Lebenserfahrung der Frau spielen eine Rolle, ihr Selbstbild als Frau und ihr Selbstbewußtsein, die Dauer ihrer Betriebszugehörigkeit und auch ihre Position und berufliche Abgesichertheit im jeweiligen Betrieb sind von Belang.

Das Beispiel von Frau G., die als junge, damals noch nicht volljährige Frau berufsfremd in einer Bank anfing, steht stellvertretend dafür, wie unsicher gerade Berufsanfängerinnen oder Frauen, die häufig auf Berufswechsel angewiesen sind, reagieren (können).

Frau G. wollte sich einerseits die geheimen Zudringlichkeiten ihres Chefs nicht gefallen lassen, sie wußte andererseits aber, daß kein Mitarbeiter der Bank sie in ihrer Gegenwehr unterstützen würde, weil auch dort anzügliche Witze über Frauen gang und gäbe waren. Über das Arbeitsklima insgesamt sagt sie:

> „Irgendwann war es dann so wie ein Spielchen mit den Kollegen, nach dem Motto, mal sehen, wann sie doch einmal sprachlos wird."

Ihre Gegenwehr gegen den Chef bestand in erster Linie darin, ihn körperlich abzuweisen, ihm die Hände oder das Gesicht zu zerkratzen, ihm die Krawatte zuzuziehen, um sich aus seinen Umschlingungen zu befreien, ihm auszuweichen, so gut es ging oder ihn, wenn die Situation gefährlich für sie wurde, in ein dienstliches Gespräch zu verwickeln, damit er gar nicht auf die Idee kam, sie anzufassen. Gegen die Zudringlichkeiten ihres Chef wehrte sich Frau G. nie öffentlich; sie traute sich auch nicht zu schreien, wenn er sie in abgelegenen Räumen überfiel, weil sie die Peinlichkeit, daß möglicherweise ein Kunde ihr Schreien hören könnte, noch mehr abschreckte als seine Belästigung. Andererseits war sie aber vor den Kollegen durchaus selbstbewußt und schlagfertig zu ihm.

Auffallend bei Frau G. ist, daß sie sich auch damals schon von ihrem Selbstbild als attraktive und erotische Frau her nicht „kleinkriegen lassen" wollte. Sie hat nichts gegen einen Flirt am Arbeitsplatz einzuwenden und sagt das auch offen. Sie hat aber auch ein feines Gespür dafür entwickelt, wenn ihr jemand unerwünscht zu nahe tritt – und das kann sie heute deutlich zeigen. Damals, in der Bank, war sie extrem verunsichert worden, ob und wo es überhaupt eine Grenze zwischen Flirt und Belästigung am Arbeitsplatz gibt. Diese Unsicherheit hat ihr Chef schamlos ausgenutzt. Ihre Gegenwehr schätzt sie aus heutiger Sicht zwar als viel zu zaghaft, hilflos und inkonsequent ein; dennoch steht sie zu ihrem damaligen Verhalten und weist den Gedanken an eine eventuelle Mitschuld deutlich zurück.

Ein anderes Beispiel zeigt, daß auch ein ganz anderes Verhalten als das von Frau G. Belästigungssituationen nicht eindämmen kann.

Frau S. hatte zum Zeitpunkt des Interviews ihren erlernten Beruf als Physiklaborantin aufgrund ihrer Belästigungserfahrungen bereits aufgegeben. Weniger die Belästigungen selbst als ihre ständigen Niederlagen bei den Versuchen, andere Kollegen auf das Fehlverhalten ihres Vorgesetzten aufmerksam zu machen, hatten sie aus dem Beruf vertrieben. Frau S. wirkt geradlinig, selbstbewußt und vor allen Dingen mutig. Diese Eigenschaften haben, so läßt sich aus dem Interview deutlich ablesen, ihren früheren Vorgesetzten immer wieder gereizt, sie verbal herabzuwürdigen und als Frau zu demütigen. Frau S. hat sich zwar gewehrt und im Betrieb offen über ihre Belästigung gesprochen, sie ist damit aber ins Leere gelaufen.

Bereits diese zwei Beispiele verdeutlichen, daß es für die Reaktionsweisen in Belästigungssituationen eigentlich keine erfolgversprechenden Strategien geben kann, solange betroffene Frauen mit den belästigenden Konfrontationen allein fertig werden müssen. So kann gerade eine offensive Gegenwehr ein ständiger Anreiz für den Belästiger sein, die Betroffene noch stärker zu provozieren. Andererseits kann ein zurückweichendes Verhalten dazu führen, daß sich der Belästiger noch „grenzenloser" fehlverhält. Ohne eine öffentliche Diskussion über das Belästigungsproblem, die sich auf konkrete Belästigungserfahrungen und die hier entwickelten Formen der individuellen Gegenwehr der betroffenen Frauen bezieht, bleiben Belästigungsopfer, so ist zu erwarten, auch weiterhin in der Situation, nachträglich verunsichert zu sein, welches Abwehrverhalten falsch oder richtig gewesen sein mag.

Bis auf die harten körperlichen Übergriffe, auf die die betroffenen Frauen nur noch mit Abwehr, Flucht oder Beschwerde reagieren konnten, haben alle befragten Frauen die Erfahrung gemacht, daß ihr spontanes Reaktionsvermögen nach den ersten Momenten der Sprachlosigkeit noch „stimmte".

Selbst diejenigen Frauen, die sich oft lange Zeit hilflos und gehemmt gegenüber dem Belästiger verhielten, haben zumindest einmal deutlich und unmißverständlich dem Mann/den Männern zu verstehen gegeben, daß sie ihr belästigendes Verhalten unterlassen sollen.

Auch wenn nur zwei der befragten Frauen letztendlich in der Lage waren, alleine mit dem Belästiger fertig zu werden und ihn dazu zu bringen, sein Verhalten abzustellen, so hat doch jede von ihnen einen Moment des eigenen Widerstandes erlebt. Dies zu unterstreichen, ist jeder Frau in den Interviews wichtig gewesen. Im Zusammenhang mit der in den Interviews auch gestellten Frage nach der immer wieder behaupteten „Mit-Schuld" der Frauen am Belästigungsgeschehen wird durchgängig die eigene Gegenwehr als noch viel zu gering eingeschätzt. Das eigene Nichtwollen der Belästigung wird klar und deutlich ausgedrückt. Und auch die wiederholte Belästigung ist für die betroffenen Frauen kein Ausdruck dafür, daß sie sich selber zu wenig gewehrt hätten, sondern daß die Männer trotz ihrer Abwehrsignale nicht von ihnen abgelassen haben.

Für einige Frauen wäre sicher ein konsequenteres Verhalten und ein stärkeres (Einüben im) Neinsagen gegenüber Männern günstig und hilfreich gewesen, um mit den Belästigungssituationen fertig zu werden. Alle Frauen bringen aber zum Ausdruck, daß unabhängig von ihrem Verhalten am Arbeitsplatz Männer kein Recht haben, sie zu belästigen.

Selbstzweifel und Unsicherheiten bezüglich des eigenen Verhaltens setzen bei den Frauen nicht in der unmittelbaren Konfrontation mit dem Belästiger ein. Hier ist die Linié klar – er begeht einen Übergriff, den sie nicht wünscht. Die Unsicherheiten der Frauen setzen vielmehr da ein, wo sie aus eigener Kraft nicht mehr in der Lage sind, die Belästigungen abzuwehren und sich an andere Personen oder Instanzen wenden müssen, um Schutz und Hilfe zu erhalten, und das heißt auch, die eigene intime Betroffenheit „öffentlich" zu machen.

Vor anderen zuzugeben, daß sie sich als Frau von einem Mann am Arbeitsplatz sexuell belästigt fühlt, kann ein schwerer Schritt sein. Das sexuelle Selbstwertgefühl als Frau wird zunächst vom Belästiger angegriffen und, wenn sie sich dann hilfesuchend an „Dritte" wendet, noch einmal empfindlich auf die Probe gestellt. Es ist kein „öffentliches Betrachtungs- oder Diskussionsgut", sondern gehört doch eigentlich nur ihr allein. Jetzt, in der Notsituation, muß sie aber offen darüber sprechen. Die Scheu vieler Frauen, Belästigern konsequent entgegenzutreten und notfalls auch andere mit einzuschalten, hat hier vielleicht einen wesentlichen Grund.

3.6. Reaktionen der Ansprechpersonen

Was geschieht nach der eigentlichen Belästigung, dann, wenn Frauen das Tabu brechen und sich rat- und hilfesuchend an zuständige Ansprechpersonen im Betrieb wenden?

Ca. 40% der in den Intensivinterviews befragten Frauen haben sich in den Betrieben offiziell über den Belästiger beschwert. Dieser Anteil liegt deutlich über dem in der schriftlichen Befragung ermittelten Wert von ca. 9% und erklärt sich durch die gezielte Auswahl von Interviewpartnerinnen, die über Erfahrungen mit betrieblichen Beschwerdewegen berichten konnten.

3.6.1. Begründungen und Ursachen für fehlende Beschwerden

Warum hat die Mehrheit der interviewten Frauen trotz gravierender Belästigungserfahrungen keine Schritte unternommen, offen gegen den Täter vorzugehen?

Die von den Frauen angeführten Gründe lassen sich im wesentlichen zwei verschiedenen Kategorien zuordnen.

Das erste Argument betrifft die betrieblichen Rahmenbedingungen. Frauen, die in kleinen Firmen ohne Betriebsrat arbeiten, nennen als einzigen Ansprechpartner ihren Vorgesetzten. Gewerkschaftszugehörigkeit wird in einigen dieser Betriebe als Angriff gegen den Firmeninhaber gewertet und stellt inoffiziell einen Kündigungsgrund dar, so daß sich die Frauen auf diesen Schutz nicht berufen können. Wenn die sexuellen Belästigungen vom Vorgesetzten ausgehen, so sehen sich die Frauen in einer fast ausweglosen Situation, in der ihnen nur die eigene Kündigung bleibt, wenn das Verhalten des Belästigers unerträglich wird.

Ähnlich ungünstig wird die Ausgangslage von manchen Berufsanfängerinnen bewertet, die die betrieblichen Beschwerdewege zu wenig kennen und aufgrund der Probezeit keinen ausreichenden Kündigungsschutz genießen.

Das zweite Argument bezieht sich auf die Arbeitsatmosphäre. Die Frauen haben kein Vertrauen zu ihren betrieblichen Ansprechpartnern. Ein sexistisches Arbeitsklima wird von den Interessenvertretern und Vorgesetzten häufig toleriert und sogar aktiv mitgestaltet. Die Frauen kennen die frauenfeindliche Haltung dieser Männer und nehmen sie als zuständige Interessenvertreter nicht mehr wahr. Die Kommentare „Eine Krähe würde der anderen kein Auge aushacken" oder „Die würden das nicht ernstnehmen, die machen ja selber blöde Sprüche, das würde für die nicht unter sexuelle Belästigung fallen" verdeutlichen das Mißtrauen der Frauen. Sie vermuten außerdem, daß eine Beschwerde sich im Betrieb schnell herumsprechen und erst recht Anlaß für anzügliche Bemerkungen und Herabwürdigungen bieten würde.

Insbesondere Frauen, die überwiegend oder ausschließlich mit Männern zusammenarbeiten, sehen kaum eine Chance, über betriebliche Ansprechpartner eine Verbesserung ihrer Situation zu erreichen. Diese Einschätzung bezieht sich nicht nur auf die üblichen „Männerdomänen" in Produktionsbetrieben. Gleiche Umgehensweisen werden z. B. auch bei Wissenschaftlern an Universitäten, bei Ingenieuren, Polizisten, in der Sozialarbeit oder in der betrieblichen Interessenvertretung beschrieben. Die Formen sexueller Gewalt über Frauen sind in Produktionsbereichen häufig direkter, während in qualifizierteren Berufsbereichen subtiler, aber nicht weniger verletzend und demütigend vorgegangen wird.

Übereinstimmend erleben die interviewten Frauen in diesen Bereichen, daß sie den Spielregeln der betrieblichen Männergesellschaft als Opfer ausgeliefert sind:

> „Ich möchte an dem Arbeitsplatz wirklich oft ein Mann sein. Ich muß (als Frau) auf so vielen Fronten kämpfen und oft ist der Widerstand fest wie eine Mauer. Und das finde ich widerlich."

Die Männerbündnisse machen es fast unmöglich für eine einzelne Frau, sich adäquat zu wehren oder auf Hilfe von außen zu hoffen. „Was würde es bringen, wenn ich mich beschwere?" lautet die rhetorische Frage, und als Antwort wird nachgeschoben „Das bringt nur Ärger". Eine Wissenschaftlerin, die nur mit männlichen Kollegen zusammenarbeitet, bemerkt dazu: „Im Zweifelsfall ziehe ich den kürzeren, ich stehe alleine da, es bringt mich in eine Isolation." Sie möchte nicht riskieren, von den männlichen Kollegen ausgegrenzt zu werden. Wenn sie beginnen würde, die sexuellen Belästigungen an ihrem Arbeitsplatz zu thematisieren, gäbe der zuständige Vorgesetzte ihr die Schuld und würde außerdem keinen ausreichenden Beschwerdegrund erkennen: „Man würde mich für verrückt halten". Sie befürchtet weiterhin, in ihrer weiteren beruflichen Qualifikation behindert zu werden, da sie im Universitätsalltag registriert, wie mit Frauen verfahren wird, die „radikaler" sind als sie:

> „Die kriegen keine Schnitte, das fängt bei Prüfungen an und geht weiter, wenn sie sich bewerben. Also, die sehen kein Land."

Selbst wenn weibliche Bewerber über bessere fachliche Voraussetzungen verfügten, werde durch die männliche Übermacht verhindert, daß freie Stellen mit engagierten Frauen besetzt würden.

Auch eine Interessenvertreterin vermutet ähnliche Auswirkungen. Wenn sie sich jemandem im Betrieb anvertrauen würde, bliebe das nicht geheim. Ihre männlichen Kollegen im Betriebsrat würden „sofort eine Kampagne" gegen sie starten: „Die Phantasie der Männer ist groß, die würden etwas tun, damit ich freiwillig aus dem Betriebsrat rausgehe," z.B. indem sie die Frau bei den Beschäftigten „schlechtmachen" und so eine Wiederwahl gefährden. Eine Weiterarbeit in der Interessenvertretung ist aus der Sicht der Befragten nur möglich, wenn es ihr gelingt, die Belästigungen anzuprangern, ohne die Männer zu verletzen.

Typisch für männerdominierte Arbeitsbereiche ist auch die Haltung der Frauen, daß selbst eine erfolgreiche Beschwerde (Versetzung oder Entlassung eines Belästigers) keine wesentliche Verbesserung bedeute, „denn die anderen Kollegen verhalten sich dadurch nicht anders" und der Belästiger „würde an einer anderen Stelle das Gleiche wieder tun".

Einige Frauen scheuen aber auch eine offizielle Beschwerde, weil sie darin für sich selbst eine Kapitulation sehen. Sich Hilfe bei betrieblichen Ansprechpartnern zu suchen, wird von den Männern als „Schwäche" ausgelegt und liefert ihnen die Bestätigung, daß die Frau den Arbeitsbedingungen nicht gewachsen ist. Wie unsere Gespräche mit betrieblichen Personalverantwortlichen zeigen, ist diese Angst durchaus begründet. Die Frauen wollen sich selbst und den Kollegen beweisen, daß sie „sich nicht kleinkriegen lassen" und sie sich in dem beruflichen Alltag behaupten können.

Eine an der Sozialforschungsstelle Dortmund durchgeführte Untersuchung zu Frauen in gewerblich-technischen Berufen (Glöß u.a. 1985) verweist auf den erhöhten Beweisdruck, den Frauen in solchen Arbeitsbereichen ausgesetzt sind. Die sexuelle Belästigung führt zu einer zusätzlichen Verunsicherung in einer Arbeitsatmosphäre, in der ihnen ohnehin ständig eine mangelnde Eignung vorgeworfen wird. Die Auszubildenden sehen sich dem Dilemma ausgesetzt, daß jede öffentliche Kritik an den Belästigungen zu einer Verärgerung der männlichen Kollegen führen kann. Eine offizielle Beschwerde scheint unter der Bedingung, daß die jungen Frauen auf die Unterstützung der männlichen Kollegen angewiesen sind, als eine mögliche Form der Gegenwehr häufig überhaupt nicht in Betracht gezogen zu werden.

3.6.2. Erfahrungen bei einer offiziellen Beschwerde im Betrieb

Welche Erfahrungen haben die Interviewpartnerinnen gemacht, wenn sie offiziell gegen den Belästiger vorgegangen sind? Insgesamt berichten hier nur wenige der befragten Frauen von überwiegend positiven Reaktionen.

Eine junge Auszubildende hat sich beispielsweise dem zuständigen Ausbilder anvertraut. Dieser informiert sofort die Polizei und steht der betroffenen Frau bei den daraus folgenden Ermittlungsschritten hilfreich zur Seite. Er fängt sie emotional auf und begleitet sie zu den ihr unangenehmen Befragungen durch die Polizei. Eine Strafanzeige wegen sexueller Nötigung wird gestellt. Verständnis und Unterstützung findet die Frau auch bei der zuständigen Jugendvertreterin, der sie sich anvertraut und die sich daraufhin engagiert (gemeinsam mit Frauenbeauftragten und der Gewerkschaftsvertretung) für eine weitere Klärung einsetzt.

Im Kollegen/innenkreis verurteilen alle den Täter; günstig wirkt sich hierbei aus, daß er erst seit einigen Tagen in dieser Abteilung eingesetzt und allgemein nicht sehr beliebt ist.

Der Mann wird zunächst beurlaubt und dann an einen anderen Arbeitsplatz versetzt, das angestrebte Verfahren wird später jedoch aus Mangel an Beweisen eingestellt.

Der Beschwerdeverlauf macht die Betroffene nicht zufrieden, sie kritisiert, daß zunächst von den Personalverantwortlichen keine Reaktion erfolgt sei:

> „Eigentlich hatte ich mir gedacht, daß es die Aufgabe des Amtes oder der Verwaltung ist, den Fall an die Ausbildungsleitung weiterzugeben. Oder daß die überhaupt mal zu mir kommen und fragen, was da war. Aber es kam nichts, gar nichts. Da war ich eigentlich enttäuscht drüber."

Das Gefühl, in dem Betrieb von den verantwortlichen Ansprechpersonen nicht ernstgenommen worden zu sein, verstärkt sich durch den Ausgang der Beschwerde:

> „Ich kann das nicht verstehen, daß der Mann weiter hier arbeiten darf. Da kommt man sich ja vor, als ob man irgendwie ein Märchen erzählt hätte, als ob ich spinnen würde oder geträumt hätte."

Ein zweites Beispiel zeigt Parallelen. Auch hier stehen alle Beteiligten, z.B. Personalratsvorsitzende, Abteilungsleiter, Kollegen/Kolleginnen hinter der betroffenen Frau, versuchen ihr in langen Gesprächen die Angst zu nehmen und sie seelisch aufzufangen.

Auffällig ist auch hier, daß der Belästiger im Betrieb aufgrund seines launischen Verhaltens nicht sehr beliebt ist. Er wird verwarnt und verhält sich seitdem „korrekt". Trotzdem wird die Frau kurz nach dem Vorfall krank und lebt heute noch in ständiger Angst vor eventuellen Wutausbrüchen des Mannes:

> „Ich weiß ja, wie er in Wirklichkeit ist, es ist jedenfalls nicht seine Art, sich so zu verhalten, wie er es jetzt tut. Es muß eine ungeheure Anstrengung für ihn sein."

Sie ist durch die Belästigungen und die Furcht, als Schuldige abgestempelt zu werden, emotional tief getroffen. Durch zusätzliche private Konflikte ausgelöst, hat sie eine Therapie begonnen, in deren Verlauf ihr ähnliche Verwundungen während ihrer Kindheit deutlich wurden.

Die wenigen Beispiele mit positiv erlebten Reaktionen im sozialen Umfeld zeigen, daß diese den Frauen das Leiden nicht ersparen und mindern können, zumal der Ausgang nur begrenzt, auch bei günstigen Voraussetzungen, die Frauen zufriedenstellen kann. Entweder fehlt es, so wird begründet, an Beweismaterial, um den Täter versetzen oder entlassen zu können – die Frauen sind dann gezwungen, weiterhin mit ihm zusammenzuarbeiten, oder er erhält eine Strafe, die den Frauen, im Verhältnis zu dem von ihnen ertragenen Leid, unangemessen niedrig erscheint.

Eine Interviewpartnerin empfindet es eher als Belohnung für den Belästiger (Schulrat), daß er zunächst hochbefördert und ein Jahr später frühpensioniert wird, denn dies kam seinen eigenen Wünschen entgegen:

> „Der macht jetzt keinen Finger mehr krumm, der hat jetzt einen schönen Lenz, der ist viel auf Reisen und dann schikaniert er mich noch weiter (durch Denunzierungen im Bekanntenkreis). Was tut eigentlich der Staat, um mich vor dem zu schützen?"

Einige Frauen, deren Belästigungserfahrungen in einem größeren Kreis öffentlich gemacht worden sind, empfinden ihren Gang durch die Instanzen als einen langen, zermürbenden Leidensweg.

> „Es war die Hölle", sagt eine Betroffene, die die Entlassung des Belästigers bewirkt hat, „ich würde es mir heute

hundertmal überlegen, ob ich das noch einmal durchmache."

Auch wenn hier manche Frauen objektiv Erfolge erzielen, z.B. die Versetzung oder Verwarnung des Belästigers, werden diese oftmals durch Racheakte, Drohanrufe und negative Kommentare relativiert.

Das Arbeitsklima hat sich im Verlauf des Beschwerdeverfahrens häufig geändert, der Kampf für ihre Interessen hat die Frauen viel Kraft gekostet, sie sind von Kollegen und Kolleginnen enttäuscht, die sich mit dem Belästiger solidarisiert oder sich als unparteiisch zurückgezogen haben. Einige Betroffene haben infolgedessen ihre Arbeitsstelle aufgegeben, obwohl kein Kontakt mehr zu dem Belästiger bestand.

Besonders gravierende Erfahrungen schildert eine ehemalige Auszubildende bei der Polizei. Sie hatte sich gegen sexuelle Belästigungen innerhalb ihrer Ausbildungsgruppe gewehrt und damit gegen die „herrschenden Spielregeln" verstoßen. Die Gruppe solidarisiert sich gegen sie und versucht, sie mit verbalen und körperlichen Angriffen und Drohungen „fertig zu machen". Die Ausbilder dulden dieses Verhalten und schreiten auch dann nicht ein, als sie Zeugen dieser Schikanen werden. Sie vernachlässigen damit eindeutig ihre Fürsorgepflicht. Die Betroffene beschwert sich schriftlich bei den zuständigen betrieblichen Ansprechpersonen, nachdem ihr Versuch, mit dem Hauptbelästiger selbst zu reden, erfolglos bleibt. Sie beschreibt die Umgehensweise ihrer Ansprechpartner mit ihrer Beschwerde zunächst als „Abwehren", wobei versucht wird, ihr die Schuld zuzuschieben. Später erlebt sie die Reaktionen als „Hinhaltetaktik". Alle Bemühungen haben, ihrer Meinung nach, das primäre Ziel, ein Bekanntwerden der Vorkommnisse außerhalb des Betriebes zu verhindern. Ein Vorgesetzter verweigert der Betroffenen ein Gespräch, um das sie ihn gebeten hat, ein anderer Vorgesetzter kündigt ihr erhebliche Nachteile an, wenn sie die Vorfälle nicht auf sich beruhen lasse.

Sie sieht sich diesem „Männersystem" schließlich machtlos ausgeliefert und ist froh, als sie nach der Ausbildung in einem Bereich eingesetzt wird, wo sie keine weiteren Belästigungen und Schikanen erlebt. Sie bezeichnet ihre Ausbildung als „die furchtbarste Zeit ihres Lebens", ihre positive Einstellung zum Polizeiberuf sei durch diese Erfahrungen „stark untergraben" worden.

Manche Frauen haben die ihnen zur Verfügung stehenden rechtlichen Mittel nur unzureichend ausgeschöpft und z. B. von einer Anzeige abgesehen und auf Zeugnisse und Abfindungen verzichtet. Sie haben die Grenzen ihrer Belastbarkeit erreicht, wollen endlich wieder zur Ruhe kommen und nicht mehr an das Geschehene denken. Insbesondere diejenigen Frauen, die schon einmal am Arbeitsplatz erlebt haben, daß sie mit einer Beschwerde nicht ernstgenommen wurden oder offizielle Schritte zu keinem erfolgreichen Abschluß geführt haben, wirken resigniert und haben keinen Mut mehr, die zur Verfügung stehenden rechtlichen Beschwerdewege zu nutzen.

Die meisten von ihnen haben sich an einen Vorgesetzten oder Betriebs-/Personalrat gewandt und ihm von den Belästigungen erzählt. Einige Frauen fühlen sich zunächst von ihren Ansprechpartnern ernstgenommen und verstanden, da diese sich empört und entrüstet über das Geschilderte zeigen. Doch kaum hat der Belästiger zu den Vorwürfen Stellung genommen, kommt es, so schildern einige Frauen, schlagartig zu einer Umkehr der Sympathien. Den Frauen werden z.B. die Konsequenzen verdeutlicht, wenn sie den Vorfall an die Öffentlichkeit bringen. Es wird argumentiert, daß der Belästiger und seine Familie durch den eventuellen Arbeitsplatzverlust und die Rufschädigung unangemessen hoch bestraft werde.

Eine andere Strategie besteht darin, die Risiken zu verdeutlichen, denen sich die Frau selbst aussetzt, wenn sie rechtliche Schritte einleitet, z.B. durch folgende Formulierung:

> „Wenn nur ein Wort von dem, was Sie hier sagen, falsch ist, dann sind Sie diejenige, die zu gehen hat."

Der betreffende Vorgesetzte, an den sich die Interviewpartnerin vertrauensvoll gewandt hat, unterstreicht diese Drohung, indem er Widersprüche in der Schilderung des Tathergangs durch die Frau aufzudecken versucht. Bei einem weiteren Gespräch, bei dem der Beschuldigte ebenfalls anwesend ist, bleibt es der betroffenen Frau unverständlich, wie sich die beiden Männer zum Abschluß der Beweisaufnahme fast freundschaftlich über ihre Urlaubspläne austauschen können. Die „Männerkumpanei" sei dadurch für die betroffene Frau erschreckend deutlich geworden. Sie sagt:

> „Ich hab gedacht, ich brech zusammen; ich war so ver-

zweifelt, wußte überhaupt nicht, wie ich weitermachen soll und die unterhalten sich über Urlaub. Das hat mich umgehauen."

Die Frau entschließt sich nach mehreren erfolglosen und eher demütigenden Gesprächen, in denen ihre Glaubwürdigkeit angezweifelt wird, zu einer Dienstaufsichtsbeschwerde. Dabei muß sie sich über die abwehrende Haltung ihres Anwaltes hinwegsetzen, der dieses Vorgehen als aussichtslos bezeichnet. Der jedoch zunächst erfolgreiche Ausgang – der Täter soll versetzt werden – wird durch eine Revision aufgehoben. Die betroffene Frau wird über den genauen Ausgang des Verfahrens nicht informiert und muß weiter mit dem Mann zusammenarbeiten, der nun versucht, ihr Unkorrektheiten nachzuweisen. Sie vermutet, daß er verwarnt worden ist und eine Geldbuße zahlen mußte. Nach mehreren Jahren ohne gravierende Zwischenfälle kommt es zu erneuten Belästigungen. Die Frau, die allmählich wieder zu ihrem alten Gleichgewicht zurückgefunden hat, fühlt sich zurückgeworfen und sieht sich vor der zermürbenden Aufgabe, wieder einen ähnlich frustrierenden Weg zu beschreiten. Eine Anzeige bei der Polizei und eine weitere Dienstaufsichtsbeschwerde bleiben ohne Erfolg, die Hauptzeugin der Betroffenen wird für unzurechnungsfähig erklärt. Die Betroffene hat die Hoffnung aufgegeben, jemals wieder unbelastet ihrer Arbeit nachgehen zu können. Sie sehnt sich nach einer anderen Arbeitsstelle, die sich jedoch in ihrem Tätigkeitsbereich nur schwer finden läßt.

Ebenfalls negative Erfahrungen macht eine Setretärin, die in einem Betriebsratsbüro für Organisation und Schreibarbeit der beiden männlichen Vorgesetzten zuständig ist. Sie wird von einem dieser Betriebsräte wiederholt belästigt und wendet sich daraufhin ratsuchend an eine Betriebsrätin, um sich bei ihr auszusprechen. Obwohl die Betroffene darum gebeten hat, zunächst keine offiziellen Schritte zu unternehmen und das Gespräch vertraulich zu behandeln, trägt die Betriebsrätin das Erzählte weiter. Es wird eine Sondersitzung des Betriebsrates einberufen, in der sich die Betroffene wie eine Angeklagte fühlt:

„Da habe ich gemerkt, daß das ganze Gremium gegen mich ist. Ich hatte ein Bombenverhältnis zu den Leuten gehabt; also, ich habe die Welt nicht mehr verstanden. Es war grad so, als ob ich goldene Löffel geklaut hätte."

Da sich die Frau völlig alleingelassen und von allen Seiten verurteilt sieht – auch die Betriebsrätin setzt sich nicht weiter für sie ein – informiert sie die Gleichstellungsstelle. Daraufhin erhält sie von ihrem direkten Vorgesetzten, dem Betriebsratsvorsitzenden, die Kündigung. Sein Kommentar:

> „Hier müssen immer die Frauen gehen, das ist hier nun mal so!" und als Anspielung auf die Gleichstellungsstelle: Sie habe sich „die falschen Bündnispartnerinnen gewählt."

Die Frau ist noch in der Probezeit, als Kündigungsgrund werden unzureichende Leistungen angegeben.

In einem anderen Fall wird der Betroffenen vom zuständigen Gewerkschaftssekretär nahegelegt, selbst zu kündigen. Er rät ihr ab, gegen den Belästiger vorzugehen, „da die Frauen vor Gericht ganz hart zur Sache genommen" würden und sie solle bedenken, „ob sie überhaupt in der Lage wäre, das nervlich durchzustehen". Derselbe Mann sagt ihrer Mutter, die sich bei ihm über seine Reaktion beschwert, sie solle ihrer Tochter nicht alles glauben. Später erhält der Belästiger bei seiner Klage auf Wiedereinstellung Rechtsschutz durch die Gewerkschaft; der betroffenen Frau wird dieser zunächst mit der Begündung verwehrt, sie sei ja selbst schuld daran, daß es soweit gekommen ist. Erst die Unterstützung des Frauenausschusses der Gewerkschaft und der Gleichstellungsstelle bewirkt, daß auch sie den nötigen Rechtsschutz bekommt. Bei dem anschließenden Prozeß geben ihr die sie unterstützenden Frauen im Besucherraum Sicherheit und das Gefühl der Solidarität. So führt sie die korrekte Vernehmung auf die Anwesenheit dieser Frauen zurück.

Auch in einigen anderen Interviews wird betont, wie wichtig solche „Verbündeten" für das Durchhalten und die Stärkung der eigenen Position sind. Freundinnen und Kolleginnen einerseits, aber zum Beispiel auch Anwältinnen oder Gleichstellungsfrauen verhindern die Isolation der Betroffenen, die sich zumeist vor einem Männergremium verteidigen muß. Sie geben der Sichtweise der Frau ein stärkeres Gewicht und ermöglichen erst so eine konstruktive Auseinandersetzung mit der Beschwerde.

In einem geschilderten Fall hat der für die Klärung zuständige Vorstandsvorsitzende seine Parteinahme für den Belästiger (die Anklage lautete auf versuchte Vergewaltigung) offen formuliert: es sei normal, daß ein Mann Gewalt über eine Frau haben wolle, das liege in der Natur des Mannes. Bei einem Folgetermin will er die Frau mit dem Belästiger konfrontieren und damit bewirken, daß sie ihre Anschuldigungen zumindest teilweise zurücknimmt. Die Betroffene wird, gegen den Wunsch des Vorsitzenden, zu diesem Gespräch von einer Kollegin und Anwältin begleitet und kann so erreichen, daß ihre Beschuldigungen gegen den Belästiger im vollen Umfang erhalten bleiben und auf die Gegenüberstellung mit dem Belästiger verzichtet wird. Der Mann wird schließlich entlassen. Als herauszustreichenden Erfolg in diesem Belästigungsfall kann zusätzlich eine positive Reaktion des direkten Vorgesetzten der Betroffenen bewertet werden. Er entschuldigt sich bei ihr dafür, daß er die Klärung an den Vorsitzenden abgegeben hat und bemerkt, daß er aus dem Fall sehr viel gelernt habe.

In den genannten Beispielen wird deutlich, daß die Reaktion vieler offizieller Ansprechpartner dem Anliegen und den Bedürfnissen der betroffenen Frauen nicht gerecht wird. In fast allen geschilderten Fällen gehen die negativen Reaktionen von männlichen Ansprechpartnern aus. Die Frauen verletzen ein Tabu, wenn sie in den Betrieben deutlich machen, daß sie sich von sexuellen Übergriffen gedemütigt und belästigt fühlen. Übliche männliche Verhaltensweisen werden durch ihre Beschwerde kritisiert und als Fehlverhalten entlarvt.

Die Gefühle der Frauen ernstzunehmen, setzt die Bereitschaft der Ansprechpersonen voraus, die bestehenden zwischenmenschlichen und betrieblichen Herrschaftsstrukturen als solche zu erkennen, sie infrage zu stellen und Raum für Veränderungen einzuräumen.

Diese Entwicklungsmöglichkeiten werden in den Betrieben häufig einseitig, zugunsten des beschuldigten Mannes, ausgelegt; die negativen Folgen einer Auseinandersetzung werden dramatisiert (Unruhe im Betrieb, Schädigung des Firmenansehens), so daß die Arbeitszufriedenheit der Frauen im Vergleich dazu an Bedeutung verliert.

In den genannten Beispielen wiederholen sich typische Abwehrstrategien, die das Ziel beinhalten, Veränderungsbestrebungen abzublocken. Es wird versucht, den Frauen die Grundlage ihrer

Beschwerde zu nehmen. Die sexuelle Belästigung wird als solche geleugnet oder als persönliches Problem der Frau (Überempfindlichkeit, Prüderie) abgetan. Frauen, die dennoch auf ihrem Standpunkt bestehen, werden verunsichert, isoliert und durch Verdeutlichung oder Kostproben der negativen Konsequenzen zum Rückzug gedrängt.

Die Wirksamkeit solcher Abblockmechanismen zeigt sich exemplarisch in der Einschätzung und den Erfahrungen der interviewten Frauen mit Gerichtsprozessen.

Die Befürchtung von Frauen, in einem Prozeß nicht zu ihrem Recht zu kommen und vor Gericht erneuten Demütigungen ausgesetzt zu sein, wird durch die Schilderungen in den Intensivinterviews nur teilweise bestätigt.

In zwei Fällen werden die von den Betroffenen angestrebten Verfahren mit der Begründung eingestellt, daß die Beweislage nicht ausreiche. Vier Frauen, die im Zusammenhang mit den Belästigungen in Gerichtsprozesse einbezogen sind, können zunächst (laut juristischer Definition) einen positiven Ausgang verbuchen: Der Mann erhält eine Geldstrafe, die Kündigung einer Betroffenen wird aufgehoben, in einem anderen Fall wird der beschuldigte Mann versetzt – in einem weiteren entlassen; wobei die Wiedereinstellungsklage des Belästigers abgewiesen wird.

Diese Urteile stellen für Frauen jedoch meistens nur einen Teilerfolg dar, weil die auftretenden Belastungen (Isolierung im Betrieb, Racheakte, weitere Zusammenarbeit mit dem Beschuldigten bei einer Verwarnung oder Geldbuße) sich durch den positiven Prozeßausgang nicht auflösen.

Über die Prozesse selbst gibt es kaum negative Äußerungen, die Frauen fühlen sich weitgehend fair behandelt. Dabei muß jedoch berücksichtigt werden, daß die mit einem Prozeß verbundene seelische Anspannung, das Bangen um einen erfolgreichen Abschluß und die Konfrontation mit einem urteilsfällenden Gremium eine hohe Belastung darstellen, auch wenn die befürchteten Schuldzuschreibungen ausbleiben. Für einige Betroffene wird die Belastung dadurch verstärkt, daß es sich in diesem Gremium fast ausschließlich um Männer handelt. Hinzu kommt die erneute schmerzliche Aktualisierung der Belästigungserlebnisse durch die Vernehmung vor Gericht.

Die Kritik der Interviewpartnerinnen bezieht sich vorwiegend auf die Einschüchterungsversuche mancher Ansprechpersonen im Vorfeld der Beschwerdeverläufe. Zwei der befragten Frauen waren mit ihren Anwälten unzufrieden, da diese die Anzeige zunächst als aussichtslos darstellten. Auch andere Ansprechpartner haben versucht, die Frauen mit Argumenten und Drohungen von ihrem Vorhaben abzubringen.

Eine Lehrerin hat sich gegen mehrfache Abwehrversuche durchsetzen müssen, bis das von ihr beantragte Disziplinarverfahren eingeleitet wird:

> „Der Schulrat ging zunächst sechs Wochen in Kur, er meinte, daß ich mir das noch einmal überlegen soll. Er hat das erst einmal abgewimmelt und hat versucht, mich klein zu kriegen (er wollte, daß sie sich versetzen läßt, d. V.). Er hätte dann die Sache nicht untersuchen müssen, ich wäre weg gewesen, Schwamm drüber. Nach diesem Schema hätte es gehen sollen. Er mußte seine Ermittlungen aufnehmen, weil ich mich nicht darauf eingelassen habe. Er nahm die Sache aber sehr widerwillig auf . . .".

Bei der folgenden Ermittlung ist sie durch die ständigen Denunzierungen des Beschuldigten (Schulleiter) gezwungen, einen großen Teil ihrer Freizeit für die geforderten schriftlich formulierten Gegendarstellungen zu opfern. Den Ausgang des Verfahrens – beide werden versetzt – hat die Befragte als ersten Erfolg verbucht. Danach erneut einsetzende Denunzierungen führen jedoch zu gegenseitigen zivilrechtlichen Klagen vor dem Landgericht und Oberlandesgericht, die in allen Fällen abgewiesen werden. Heute bereut sie, nicht sofort mit einer Verleumdungsklage gegen den Mann vorgegangen zu sein, da sie bei einem erfolgreichen Abschluß ihre Schmerzensgeldforderungen leichter hätte durchsetzen können. Sie hatte Angst, daß bei einem derart weitreichenden Schritt „etwas an ihr hängen bleibt."

In einem anderen Interview wird von der betroffenen Frau beklagt, daß sie als Zeugin nicht das Recht gehabt habe, Akteneinsicht zu nehmen, so daß sie nicht erfahren konnte, welche Strafe der beschuldigte Mann erhalten hat. Des weiteren bleibt es ihr unbegreiflich, wieso die bei ihrem Dienstherrn eingereichte Entschuldigung des Belästigers ausreichen konnte, eine zuvor beschlossene Versetzung des Mannes zurückzunehmen, zumal er die Frau jahrelang mit Anfeindungen und Belästigungen terrorisiert hatte. Absurd erscheint es ihr in diesem Zusammenhang, daß sie als Betroffene diese Entschuldigung weder einsehen konnte, noch gefragt wurde, ob sie bereit wäre, dieses Schreiben als Wiedergutmachung zu akzeptieren.

Die interviewten Frauen stehen dem komplizierten Rechtsgefüge meistens ratlos gegenüber. Wenn sie gegen den Belästiger klagen wollen, sind sie auf die Informationen ihrer Ansprechpartner angewiesen. Hier fehlt es häufig an einer kompetenten und einfühlsamen Beratung. Die Vor- und Nachteile der jeweils möglichen Rechtswege bleiben unklar. Die Frauen fühlen sich unzureichend informiert und sind enttäuscht, wenn die gewünschten Erfolge ausbleiben, bzw. Parallelprozesse durchgeführt werden müssen, um die entstandenen Unkosten oder Schmerzensgeld von dem Beschuldigten einzufordern.

Die doppelte Verunsicherung (Abschreckungsmanöver und ungenügende Transparenz der rechtlichen Situation) bleibt nicht ohne Wirkung, zumal sie durch Racheakte und Feindseligkeiten der Kollegen/innen oder dem Belästiger selbst vertieft wird.

Die Chancen für einen insgesamt positiven Prozeßausgang werden infolgedessen niedrig eingestuft. Die meisten betroffenen Frauen verzichten auf weitere rechtliche Schritte. Sie fühlen sich den erneuten Belastungen nicht mehr gewachsen, zumal sie auch in einem Folgeverfahren die volle Beweislast tragen müßten.

3.6.3. Erfahrungen mit vertraulichen Belästigungsmitteilungen

In der Beurteilung der Hilfestellungen wird von den interviewten Frauen deutlich zwischen informellen und formellen, bzw. offiziellen Gesprächen unterschieden. Alle Frauen haben privaten Ansprechpersonen (Freunden/innen, Partnern, Eltern) von ihren Belästigungserfahrungen erzählt.

Diese Gespräche haben für sie die Funktion, sich aussprechen zu können, Verständnis zu finden und im gemeinsamen Austausch

Strategien zu entwickeln, um sich gegen Belästigungen zur Wehr setzen zu können. Die meisten Frauen haben sich in den Gesprächen verstanden gefühlt. Einige berichten jedoch auch in diesem privaten Bereich von Enttäuschungen, z.B. wenn ihnen auch von der vertrauten Freundin eine Schuld an den Belästigungen unterstellt wird, sie auf Unverständnis stoßen oder „ungläubig angeguckt" werden, so als ob sie überempfindlich reagieren oder den Vorfällen zu viel Bedeutung beimessen würden.

Eine Frau ist betroffen darüber, daß die vertraulichen Inhalte eines Gesprächs von einer Freundin im Bekanntenkreis weitererzählt worden sind. Sie sagt:

> „Man ist sehr stark darauf angewiesen, daß sehr sensibel damit umgegangen wird." „Es ist wichtig zu wissen, daß das, was man erzählt, auch bei der Frau bleibt".

Die angesprochenen Personen im Privatbereich erweisen sich, von wenigen negativen Beispielen abgesehen, meistens als gute Zuhörer/innen, die die Empörung der Betroffenen über Belästigungen teilen. Die Gespräche geben den Frauen das Gefühl, sich aussprechen zu können und emotional aufgefangen zu werden. Bestehen bleibt jedoch häufig das Gefühl der Hilflosigkeit, da sie meistens keine konkrete, tatkräftige Unterstützung erwarten können.

Manche Betroffenen haben daher, oft nach jahrzehntelangem Schweigen, kompetente Ansprechpartner/innen außerhalb des Privatbereichs gesucht. Sie wählen bevorzugt Frauen, von denen sie glauben, daß sie dem Problem der sexuellen Belästigung gegenüber aufgeschlossen sind und die Bereitschaft mitbringen, sexuelle Übergriffe nicht länger zu dulden. Im Austausch mit Frauengruppen, mit Kolleginnen, mit Gleichstellungsbeauftragten, einer Betriebsrätin oder Gewerkschaftsvertreterin erleben die Betroffenen, daß auch andere Frauen ihre Sichtweise teilen.

> „Manchmal fragst du dich ja schon, bin ich jetzt so kleinlich oder du fängst selber an zu zweifeln", aber wenn andere Frauen dann sagen „Du hast keinen Schaden, das ist wirklich so schlimm", gibt dies den Frauen das Vertrauen in ihre eigene Wahrnehmung zurück.

Der Austausch und die Solidarität der Frauen untereinander gibt

Sicherheit und Rückenstärkung, sowohl für eigene erste Abwehrversuche als auch für die öffentliche Auseinandersetzung in den Betrieben oder vor Gericht.

Probleme ergeben sich, wenn bei diesen Kontakten die Grenzen zwischen privaten und offiziellen Zuständigkeitsbereichen verwischen. Die betroffenen Frauen wenden sich in ihrer Verzweiflung häufig an Ansprechpartner/innen in den Betrieben, um sich zunächst auszusprechen und beraten zu lassen. Sie erwarten auch hier, daß das Erzählte vertraulich behandelt wird und ihnen selbst die Entscheidung für weitere Handlungsschritte überlassen bleibt. Sie reagieren enttäuscht, wenn die Angesprochenen in ihrer betrieblichen oder beruflichen Funktion auf Öffentlichmachung drängen und dabei zu wenig berücksichtigen, welche negativen Folgen das offensive Vorgehen für die Frau haben könnte. Die Betroffenen wollen sich Zeit lassen für eine eigene Entscheidung. Sie fühlen sich übergangen, wenn Ansprechpartner/innen (auch in den Betrieben) Beschwerdeschritte einleiten, auf die sie selbst keinen Einfluß mehr haben. Die Frauen spüren, daß sie unter Repressalien zu leiden hätten, die ihnen niemand abnehmen kann, wenn sie es wagen würden, sich offen gegen Belästigungen zu wehren. Daran kann aus ihrer Sicht auch eine Betriebsrätin oder Gleichstellungsbeauftragte nichts ändern. Das genaue Abwägen und Entscheidenkönnen für eine erfolgversprechende Lösung ist den Betroffenen deshalb so wichtig.

Die geschilderten Erfahrungen betroffener Frauen mit zuständigen Ansprechpartnern können folgendermaßen zusammengefaßt werden:

- Frauen befürchten negative Konsequenzen, wenn sie sich offen gegen sexuelle Belästigung aussprechen.

- Die gemachten Erfahrungen geben ihnen recht.

- Ansprechparterinnen verhalten sich häufig nicht korrekt.

- Ihre Reaktionen beinhalten manchmal sogar erneute sexuelle Belästigungen für die betroffene Frau.

- Viele Ansprechpartner verstärken durch ihr abwehrendes Verhalten die ohnehin belastenden Erfahrungen betroffener Frauen.

- Frauen werden durch die Reaktion auf ihre Beschwerde eher entmutigt, sich offiziell gegen sexuelle Belästigung zu wehren.
- Das Verhalten der Ansprechpersonen trägt häufig dazu bei, daß sexuelle Belästigung in den Betrieben als „normale" Verhaltensweise stabilisiert wird.

3.7. Körperliche und seelische Auswirkungen

In den Intensivinterviews mit betroffenen Frauen interessierte uns nicht nur die Frage, wie die betroffenen Frauen die sexuellen Belästigungen und die häufig negativen Folgereaktionen im Betrieb erleben, sondern auch, ob und in welchem Ausmaß die Befragten aufgrund dieser Erfahrungen unter psychischen und körperlichen Folgeerscheinungen leiden.

In den Intensivinterviews zeigt sich eine auffällige Diskrepanz in den Antworten auf unsere konkreten Fragen nach gesundheitlichen Veränderungen und der Häufigkeit, mit der psychische und körperliche Folgeerscheinungen im Gesamtzusammenhang der Interviews genannt werden. Obwohl im Verlauf der Gespräche häufig von verschiedenen Symptomen im körperlich/seelischen Bereich berichtet wird, sind den Frauen selbst die Zusammenhänge zwischen den negativen Erfahrungen am Arbeitsplatz und diesen gesundheitlichen Veränderungen oft unklar. Wir bewerten dies u.a. als einen Hinweis auf mögliche Bewältigungsstrategien im Umgang mit sexueller Belästigung. So besteht insbesondere bei Frauen, die glauben, Belastungssituationen gewachsen zu sein, eine Abwehr, sich ihre Verwundbarkeit einzugestehen. Das vorgetäuschte Gefühl der Stärke und Unangreifbarkeit ermöglicht ihnen eine Weiterarbeit im Betrieb, auch unter verschlechterten Arbeitsbedingungen. Dies trifft besonders für die Frauen zu, die sexuelle Belästigungen verschiedener Art im Verlauf ihrer Berufstätigkeit als ein nicht veränderbares Übel hinzunehmen gelernt haben. Sie versuchen infolgedessen häufig, sich mit der Verhältnissen zu arrangieren, indem unangenehme Folgeerscheinungen weder beachtet noch mit den Belästigungen in Zusammenhang gebracht werden.

Körperliche und seelische Reaktionen auf die Belästigung können in zwei Phasen eingeteilt werden. Die unmittelbar auf eine Belästigungssituation folgenden emotionalen Veränderungen unterscheiden sich hierbei von den längerfristigen Auswirkungen. Die meisten Betroffenen berichten in dieser ersten Phase von einer unmittelbaren Betroffenheit. Die Frauen erleben sich ohnmächtig und hilflos einer Situation ausgeliefert, wo es für sie keine befriedigende Reaktionsweise gibt. Sie fühlen sich gedemütigt, verletzt und erniedrigt. Sie sind gleichzeitig unzufrieden mit sich, weil es ihnen nicht gelungen ist, sich adäquat zur Wehr zu setzen. Eine Befragte berichtet, daß selbst eine Ohrfeige nicht ausreichte, um die erlebte Erniedrigung zu überwinden:

> „Der Spruch war so hart, ich konnte mich nicht mit einem anderen Spruch revanchieren, und der Schlag allein hat mir nicht gereicht, um mein absolut mieses Gefühl los zu werden",. . . „das war wirklich das Endstadium, das war Ohnmacht, da wußte ich nichts mehr, was mir aus diesem Scheißgefühl hätte raushelfen können."

Die Frauen fühlen sich während oder nach einer Belästigung „genervt", „knatschig", „peinlich berührt"; sie spüren „einen Druck in der Magengegend", „Ekel und Brechreiz", andere empfinden Wut, Ärger oder werden aggressiv und gereizt.

Manchmal, insbesondere bei plötzlichen körperlichen Übergriffen, sind die Frauen so überrascht, daß sie zweifeln, ob ihnen das Erlebte überhaupt passiert ist. In einem geschilderten Fall hatte ein Kollege der Frau an die Brust gefaßt, als er ihr half, heruntergefallene Papiere aufzuheben. In dieser Situation wirkte die Belästigung, verbunden mit der gezeigten Hilfsbereitschaft, so „ungeheuerlich", daß die Frau den Vorfall zunächst als „zufällige Körperberührung" einzuordnen versuchte. Diese Wahrnehmungsverschiebung wurde ihr im Gespräch mit einer Zeugin bewußt und löste gleichzeitig eine Beschämung über ihre fehlende Gegenwehr aus.

Einige Betroffene haben die Belästigungen als schweren Vertrauensbruch erlebt. Das gute Arbeitsklima, in dem auch Anteil an persönlichen Problemen genommen wird und die Frauen sich von den Männern akzeptiert fühlen, geht verloren:

> „Das ist eine unheimliche Enttäuschung und Trauer, weil

> du denkst, du hast mit den Männern eine Vertrauensbasis, und die wird dann unheimlich verletzt dadurch."

Die unmittelbaren emotionalen Reaktionen klingen häufig nach kurzer Zeit wieder ab, auch dadurch, daß sich die Frauen solche Gefühle nicht leisten können, wenn sie weiterhin reibungslos ihre Arbeit verrichten wollen. Dieses Abblocken gelingt nicht immer und verursacht dadurch eine zusätzliche Unzufriedenheit. Eine Frau berichtet:

> „Das geht mir so nahe, das kann ich nicht wegpacken", „ich konnte an dem Tag kaum arbeiten und keinen klaren Gedanken fassen". Gleichzeitig ärgert sie sich darüber, „weil es bremst und von dem abhält, was wir eigentlich machen wollten".

Die Unzufriedenheit und der aufgestaute Ärger werden in die Freizeit hineingetragen. Die Frauen können sich auch nach Betriebsschluß nicht entspannen, das Erlebte beschäftigt sie weiter. Sie haben weniger Spaß an gemeinsamen Unternehmungen mit Freunden/innen, sondern ziehen sich lieber in ihren Privatbereich zurück. Die Unzufriedenheit und das anhaltende Nachdenken über die Belästigungen läßt keinen Raum für die Bedürfnisse und Probleme anderer. Manche Frauen erleben sich daher auch in ihrer Partnerschaft als weniger konfliktfähig und belastbar. Sie brauchen die Unterstützung des Partners, jemanden, der sie auffängt und bei dem sie sich aussprechen können, sie fühlen sich aber umgekehrt nicht in der Lage, dasselbe für andere zu leisten.

Die Folgen der sexuellen Übergriffe werden als weitere, fortgesetzte Beeinträchtigung empfunden, da sie den Frauen eine unbeschwerte Freizeit nehmen. Auch die Verarbeitung der Belästigungserfahrungen in Frauenarbeitskreisen wird kritisch bewertet. Die Frauen erleben ein Mißverhältnis; sie fühlen sich durch das Verhalten der Belästiger gezwungen, zusätzlich Zeit und Energie zu opfern, um die Folgen zu bewältigen. Die Schuldigen spüren dagegen, so erscheint es den Frauen, keinerlei Beeinträchtigungen, sexuelle Übergriffe steigern sogar ihr männliches Selbstbewußtsein und Überlegenheitsgefühl.

Gravierende sexuelle Übergriffe wie Nötigung und Vergewaltigung hinterlassen bei den Opfern tiefe seelische Verletzungen bis hin zur Zerstörung der persönlichen Identität (Weiss 1982). Die negativen Auswirkungen auf das sexuelle Empfinden sind hierbei besonders offensichtlich. Auch in einigen unserer Interviews finden sich Hinweise darauf, daß die sexuellen Belästigungen sich unmittelbar auf das sexuelle Erleben der Betroffenen auswirken. Durch die Übergriffe am Arbeitsplatz wird die Intimspäre der Frauen nachhaltig verletzt. Sie werden, auch bei weniger gravierenden Belästigungen, mit einem sexuellen Verhalten konfrontiert, das sie „anekelt" und „abstößt". Diese Gefühle werden im Privatbereich insbesondere dann wieder aktualisiert, wenn der Intimbereich angesprochen wird und können so eine zuvor positive Einstellung zur Sexualität negativ überschatten, wobei dem Partner häufig mit einem verstärkten Mißtrauen begegnet wird. Eine Frau berichtet z.B. darüber, daß sie sich an den Abenden nach erlebten Belästigungen im Betrieb auch in ihrer Partnerschaft von Sexualität „angewidert" fühlt. Die Vorstellung, daß noch gravierendere Belästigungen ihr insgesamt die Freude an der Sexualität nehmen könnten, macht sie wütend und betroffen zugleich.

Eine andere Befragte überprüft das Verhalten ihres Partners kritischer als vorher, um sich in dem Vertrauen zu bestärken, daß „er nicht zu denen gehört, die sich so (belästigend) gegenüber Frauen verhalten".

Bei den meisten der längeranhaltenden Auswirkungen läßt sich nicht deutlich abgrenzen, ob sie infolge der sexuellen Belästigungen an sich entstanden sind oder aufgrund der Art, wie auf eine Beschwerde reagiert wurde. Einige der Frauen, die wiederholt erlebt haben, daß ihnen nicht geglaubt und sogar versucht wurde, sie in die Rolle der Schuldigen zu drängen, haben die sich gegen sie richtenden und sie verurteilenden Reaktionen belastender erlebt als die konkrete Belästigungssitation. Das Gefühl, zu einem „Fall" gemacht zu werden, dessen Gegenstand ihr Intimbereich ist, der in der Betriebsöffentlichkeit Gesprächsthema wird, löst bei den Betroffenen zusätzlich Unbehagen und Angst aus.

Frauen, die im Betrieb sexuelle Belästigung thematisieren, werden als „Störerinnen des Betriebsfriedens", „Krawall-Madame", „Querulantentante" abgestempelt, als „hysterisch" und „überempfindlich" bezeichnet. Unter Kolleginnen und Vorgesetzten begegnen sie dem Vorwurf, selbst schuld an den Übergriffen zu sein. Sie hätten durch ihr sexuell aufreizendes Verhalten Belästigungen herausgefordert, seien den Männern zu freundlich begegnet oder hätten sich nicht genügend zur Wehr gesetzt. Manchmal werden

den Betroffenen auch Rachegelüste unterstellt, sie wollten dem Beschuldigten wohl „eins auswischen". Diese Vorwürfe „nagen", so berichtet eine betroffene Frau, „am Selbstbewußtsein":

> „Wenn Sie da so manches in die Schuhe geschoben bekommen, da glauben Sie dann auch nicht mehr so ganz an sich. Das ist eine Erkenntnis, die ich zu meinem Erschrecken feststelle an mir."

Die Frauen geraten in eine Konfliktsituation, das eigene Erleben steht im Kontrast zu den Reaktionen anderer.

Die meisten Frauen berichten über eine veränderte Beziehung zu ihrer Arbeit. Sie haben weniger Spaß und Freude an ihrem Beruf und gehen häufig nur noch mit Widerwillen ihrer Beschäftigung nach. Eine Frau erzählte, daß sie mehrmals in der Woche verschlafen habe, etwas, was ihr früher nie passiert sei, so als ob sich ihr Körper dagegen wehren würde, weiterhin in den Betrieb zu gehen.

Selbst die Arbeitsleistung leidet unter der veränderten Situation. Manche Frauen fühlen sich nicht mehr so leistungsfähig, sie sind vergeßlicher und weniger engagiert als vor der Belästigungserfahrung. Die Frauen können sich häufig nicht mehr auf ihre Tätigkeit konzentrieren. Eine Befragte äußerte beispielsweise über ihre männlichen Kollegen:

> „Man muß ständig auf der Hut sein, denn Du weißt nie, was am anderen Tag passiert, und Du weißt auch nicht, wie Du am anderen Tag drauf bist oder mit welchen Sachen Du Dich wieder auseinandersetzten mußt. Die versuchen Dich schon dahin zu bringen, wo sie Dich gerne haben wollen."

Die Frauen werden „wachsamer", achten auf alle Nebengeräusche, um gegen überraschende Belästigungen gewappnet zu sein. Dies führt bei einigen Frauen zu einer veränderten Arbeitseinteilung. Verhaltensweisen werden darauf abgestimmt, eventuelle Belästigungen zu reduzieren, den Kontakt mit dem Belästiger zu meiden oder betont sachlich zu halten. Diese Vorsicht wirkt sich auf Geprächsinhalte aus, persönliche Themen werden gemieden oder ins Fachliche umgelenkt. Im Betrieb werden Umwege in Kauf genommen, Arbeiten im Archiv oder an anderen abgelegenen Orten auf „günstige" Zeitpunkte verschoben und Vorgänge, bei denen die Frau dem Belästiger den Rücken zukehren muß, werden vermieden.

Frauen, die sich gegen die Belästigungen zur Wehr gesetzt haben, leben in immerwiederkehrender Angst vor Schikanen. Manche fühlen sich unter permanentem Druck, ihre Arbeit absolut fehlerfrei verrichten zu müssen, um keine Angriffspunkte für Racheakte zu liefern. Das veränderte distanzierte Verhalten vieler Kollegen und Kolleginnen und das Gefühl, im Betrieb nicht mehr beliebt zu sein, verstärken die Unzufriedenheit der Frauen. Der Wunsch nach beruflicher Veränderung wird immer wieder geäußert. So kündigen schließlich Frauen ihr Beschäftigungsverhältnis, obwohl sie noch keine Aussicht auf einen neuen Arbeitsplatz haben.

Die veränderten Bedingungen am Arbeitsplatz erzeugen einen psychischen Dauerstreß, dem die Frauen nicht gewachsen sind. Nahezu jede dritte befragte Frau ist infolge der Belästigungssituation krank geworden und dadurch mehrere Wochen bis zu einem Jahr arbeitsunfähig gewesen. Einige Frauen haben sich trotz heftiger Beschwerden nicht oder nur für eine kurze Zeit krankschreiben lassen, da sie Angst vor negativen Konsequenzen hatten. Lange Krankmeldungen begünstigen eine Kündigung durch den Arbeitgeber, wie sich in einigen Interviews zeigte.

Die Krankheitsbilder werden von den Frauen selbst als ihnen aus anderen Streß- und Belastungssituationen bekannte psychosomatische Reaktionen beschrieben. Häufig treten Magen- und Kreislaufbeschwerden auf, des weiteren werden Rückenschmerzen, allergische Reaktionen, Schlafstörungen verbunden mit Alpträumen, Gürtelrose, Harnwegerkrankungen und Herzschmerzen genannt. Einige Frauen nennen Eßstörungen und starken Gewichtsverlust. Eine Befragte hat unter extremen Schmerzen im Nierenbereich und Unterleib gelitten, die sich während eines Krankenhausaufenthalts als psychosomatische Reaktion herausstellten.

Psychische Veränderungen liegen bei den Befragten in einer stärkeren Empfindlichkeit, welche sich in einem größeren Mißtrauen, geringerer nervlicher Belastbarkeit und leichterer Reizbarkeit äußert. Die Frustrationstoleranz der Frauen ist herabgesetzt, sie weinen häufiger oder reagieren aggressiv. Manche Frauen berichten über ein „angeknackstes Selbstbewußtsein". Sie erleben es als persönliches Defizit und als Schwäche, wenn sie nicht zufriedenstellend mit den Belästigungssituationen umgehen können:

> „Weil, es waren letztendlich immer so Situationen, die haben mich voll an meine Grenzen gebracht, wo ich dann so Sachen von mir als totale Unzulänglichkeiten wahrgenommen habe."

Diese Betroffene hat sich mit ihren Belästigungserfahrungen niemandem anvertraut, weil es nicht mit ihrem eigenen Selbstbild zusammenpaßt, daß es Situationen gibt, in denen sie sich hilflos fühlt und zu keiner Reaktion fähig ist.

Einer anderer Frau wurde im Vergleich mit Pin-ups wiederholt deutlich gemacht, daß sie dem Schönheitsideal ihrer männlichen Kollegen zu wenig entspricht. Selbst schlagfertige Antworten und eine kritische Distanz konnten eine Beeinträchtigung des Selbstwertgefühls nicht verhindern.

Solche Verunsicherungen übertragen sich bei Berufsanfängerinnen häufig auf die Gesamtwahrnehmung ihrer Leistungen. Die Frauen beginnen zu zweifeln, ob sie den richtigen Beruf gewählt haben und den gestellten Anforderungen überhaupt gewachsen sind. Infolgedessen gibt es auffällig viele Frauen in unserer Stichprobe, die einen Branchen- oder Firmenwechsel vorgenommen oder, auch unter erschwerten finanziellen Verhältnissen, eine neue Ausbildung begonnen haben.

Neben den bereits beschriebenen, unmittelbar resultierenden Auswirkungen auf den Freundeskreis und die Partnerschaft berichten die betroffenen Frauen auch von längerfristigen Veränderungsprozessen in diesem Bereich. Obwohl die meisten Frauen zwischen den negativen Erlebnissen mit Belästigern und dazu im Gegensatz stehenden Erfahrungen mit Freunden, Partnern und Kollegen unterscheiden, gelingt häufig keine klare Abgrenzung. Es ist zu vermuten, daß sich hier zusätzlich die enttäuschenden Erfahrungen mit männlichen Ansprechpartnern auswirken. Manche Interviewpartnerinnen berichten, daß sie allgemein Männern gegenüber vorsichtiger und mißtrauischer geworden sind. Auch im Privatbereich verhalten sie sich distanzierter und abweisender, wobei sie mit ihren Reaktionen nicht immer zufrieden sind:

> „Ich bin da auch im Zwiespalt,. . ., einerseits möchte ich

nicht arrogant wirken, weil ich mich nicht so fühle, aber auf der anderen Seite glaube ich, daß es das Beste für mich ist,. . . es bietet mir einen gewissen Schutz."

Eine andere Frau berichtet darüber, daß sie sich einen „Gefühlspanzer" zugelegt habe, der erst jetzt, ca. ein Jahr nach den Belästigungserfahrungen, allmählich aufbricht, so daß sie spürt, wie sie wieder offener und „weicher" wird.

Viele Frauen reagieren inzwischen sensibler und heftiger auf sexuelle Anspielungen und körperliche Kontakte. Auch freundschaftlich gemeinte Berührungen sind einigen Betroffenen im Gegensatz zu früher unangenehm. Die Veränderungen werden zwar insgesamt positiv als Gewinn an Stärke, Durchsetzungsfägigkeit und Schutz gewertet, wirken andererseits aber auch verunsichernd. Manche Frauen fragen sich, ob sie nicht manchmal gegenüber Freunden übertrieben reagieren, ob sie ihnen nicht eventuell Unrecht tun. Sie befürchten, Männer mit ihrem Verhalten „fürchterlich vor den Kopf zu stoßen". Die in den Betrieben für sie notwendig und hilfreich gewordenen Abwehrstrategien führen im privaten Bereich unter Umständen zu Konflikten.

Auch am Arbeitsplatz erleben manche Frauen ihr verändertes aggressives Verhalten als „etwas Fremdes", das eigentlich nicht zu ihnen paßt. Es entspricht nicht ihren Ansprüchen an mitmenschliche Umgangsformen, sondern resultiert aus der Erfahrung, daß nur heftige Reaktionen zu eine Verbesserung der Situation führen: „Ich will nicht immer ausfällig werden und durch Brüllerei was bewirken" sagt eine Betroffene; besonders dann, wenn sie sich eigentlich „genervt" und „geknickt fühlt", bedeutet es für sie eine enorme Anstrengung, sich so zu „produzieren".

Einige Frauen haben unter so gravierenden psychischen Folgeerscheinungen gelitten, daß sie längere Zeit in neurologischer Behandlung waren und Psychopharmaka einnahmen. Sie fühlten sich „nervlich am Ende", hatten Weinkrämpfe und Angstzustände, sie waren „völlig antriebslos", haben „nur noch Löcher in den Himmel gestarrt" oder den Wunsch gehabt, sich „wie ein Tier zu verkriechen", um „nichts mehr zu sehen und zu hören". Bei einigen Befragten sind die Symptome bisher noch nicht vollständig abgeklungen, auch wenn die Belästigungen schon ein bis zwei Jahre zurückliegen. Die Frauen beschreiben sich als nervlich nicht mehr so stabil wie früher, als mißtrauisch und lustlos. Bei den zur Zeit der Befragung erwerbslosen Frauen führt der weiterhin labile Gesundheitszustand zusammen mit dem geschwächten Selbstvertrauen und Ängsten vor Wiederholungen an anderen Arbeitsstellen zu einer ungünstigen Ausgangsbasis für neue Bewerbungen und reduziert somit ihre Chancen für eine weitere Berufstätigkeit.

Aus den Umgehensweisen mit sexueller Belästigung können sich auch positive Aspekte für die Persönlichkeitsentwicklung ergeben. Voraussetzung dafür scheint jedoch zu sein, daß die Frauen in der Durchsetzung ihrer Interessen Erfolge erzielen konnten. Einige Frauen, die gelernt haben, sich in den Betrieben gegen Ungerechtigkeiten durchzusetzten und ihre Rechte durchzufechten, blicken auch mit Stolz auf ihre eigenen Veränderungen. Sie erleben sich heute selbstbewußter und stärker als in ihrer Berufsanfangszeit. Den Mut zu haben, sich offen im Betrieb gegen Mißstände auszusprechen und sexuelle Übergriffe als Belästigungen zu thematisieren, war für sie ein langer Lernprozeß. Mit ihrem offensiven Verhalten haben sie Stellung bezogen und sich Respekt verschafft. Diese Position ermöglicht es ihnen, auch für andere Frauen, z.B. Berufsanfängerinnen und Ausländerinnen, einzutreten und ihnen Anstöße für ein selbstbewußteres Auftreten im Betrieb zu geben.

In der Gesamteinschätzung nehmen die persönlichkeitsstärkenden Veränderungen einen sehr geringen Raum ein. Eine konstruktive Verarbeitung setzt voraus, daß die Betroffenen durch ihr eigenes aktives Handeln zu befriedigenden Lösungen beigetragen haben. Dies ist den meisten befragten Frauen im Umgang mit den Belästigungserfahrungen nicht gelungen. Vielmehr mußten sie erleben, daß ihr Bemühen, sich aus der Situation zu befreien, durch Ignorieren, Schuldzuschreibungen und Sanktionen bestraft wurde. Das vorher vorhandene Vertrauen in die eigene Durchsetzungsfähigkeit ist häufig einem Gefühl der Ohnmacht und des Ausgeliefertseins gewichen und beeinträchtigt dadurch in einem wesentlichen Maße das berufliche Engagement. Während die männlichen Kollegen (nicht selten die Belästiger) selbstsicher und durch erfolgreiches Agieren bestärkt ihren Aufstieg in den Betrieben planen, zweifeln die betroffenen Frauen an ihrer beruflichen Eignung und Durchsetzungsfähigkeit. Häufigere Arbeitslosigkeit, Branchenwechsel und neubegonnene Ausbildungsgänge infolge der Belästigungen verhindern einen geradlinigen Karriereverlauf und tragen so zu einer Stabilisierung des geschlechtsspezifischen Statusgefälles im beruflichen Alltag bei.

3.8. Sexuelle Belästigung am Arbeitsplatz im Kontext anderer sexueller Gewalterfahrungen und prägender Sozialisationsbedingungen

Das Problem der sexuellen Belästigung am Arbeitsplatz läßt sich nicht isoliert betrachten. Unsere Hypothese lautet, daß die Umgehensweisen der Frauen mit solchen Übergriffen nicht nur situationsabhängig sind und durch die jeweilige betriebliche Atmosphäre geprägt werden. Sexuelle Gewalt begegnet Frauen in verschiedenen Lebensbereichen. Forschungsergebnisse zeigen, daß solche Erfahrungen ebenfalls in der Kindheit vieler Frauen zu finden sind. Unsere Auswertung in diesem Abschnitt wurde also von der Frage bestimmt, wie die betroffenen Frauen frühere sexuelle Übergriffe erlebt und verarbeitet haben. Daran anschließend ergibt sich die Frage nach dem Gesamtzusammenhang: Haben sich aus den persönlichen Erfahrungen der Frauen mit sexueller Gewalt Bewältigungsmuster entwickelt, die ihren Umgang mit sexueller Belästigung in den Betrieben prägen?

Im Rahmen unserer Intensivinterviews mit betroffenen Frauen konnten nur Teilinformationen über sexuelle Gewalt gewonnen werden, die sie im Privatleben oder während ihrer Kindheit erfahren haben. Das Ansprechen intimer und unangenehmer Erfahrungen setzt oft eine fundierte Vertrauensbasis voraus, die sich nicht aufbauen läßt, wenn die Gesprächspartnerinnen im Rahmen eines zeitlich limitierten Interviews nur einen begrenzten Kontakt herstellen können. Der Gesprächsschwerpunkt mußte zudem auf die betrieblichen Erlebnisse mit sexueller Belästigung ausgerichtet bleiben; weitreichende Fragen nach Gewalterfahrungen in der Kindheit, nach Sexualität und Partnerschaft hätten hier zunächst befremdend wirken können.

Ein zweites Hindernis für eine das gesamte Feld der sexuellen Gewalt umfassende Recherche besteht darin, daß es sich bei sexuellen Übergriffen um einen Erlebensbereich handelt, der von den betroffenen Frauen häufig verdrängt, also scheinbar vergessen wird. Therapieverläufe von Frauen, die in ihrer Kindheit sexuell mißbraucht worden sind, zeigen, daß es äußerst schwierig und langwierig ist, solche verschütteten Erinnerungen wieder aufzudecken. Auch im Verlauf unserer Interviews wurden diese Mechanismen deutlich. Bei einigen Befragten kam es während der Gespräche zur Wiedererinnerung an weitere sexuelle Belästigungen am Arbeitsplatz, wobei die Betroffenen selbst überrascht und erstaunt darüber waren, daß sie diese Vorkommnisse vergessen hatten. Das Erlebte stimmt, so formulierte eine Interviewpartnerin, nicht mit ihrem eigenen Selbstbild überein. Die Belästigungen wurden verdrängt, um damit die resultierende Unsicherheit und Unzufriedenheit zu reduzieren. Damit würde es scheinbar ungeschehen gemacht werden. Da diese Reaktion selbst bei „weniger gravierenden" Belästigungen zu beobachten war, müssen wir davon ausgehen, daß der Zugang zu Kindheitserlebnissen mit sexueller Gewalt noch schwieriger ist. Trotzdem haben wir in unseren Intensivinterviews die Frage nach solchen Erfahrungen gestellt. Die tatsächliche Häufigkeit dürfte aufgrund der oben genannten Überlegungen die hier ermittelte Anzahl an sexuellen Übergriffen erheblich überschreiten.

Jede vierte der in den Intensivinterviews befragten Frauen berichtet von schwerwiegenden sexuellen Gewalterfahrungen während der Kindheit/Jugend oder als junge Erwachsene. Die Reaktionen, die die Frauen damals aus ihrer sozialen Umwelt erfahren haben, erinnern an die heutigen Umgehensweisen mit sexueller Belästigung in den Betrieben. Schon als Mädchen und junge Frauen haben die Befragten die Erfahrung gemacht, daß es keine Ansprechpartner/innen gibt, die ihnen in dieser Situation wirklich helfen. Entweder wurde das Geschehene heruntergespielt oder den Frauen wurde eine Mitschuld unterstellt.

Eine Interviewpartnerin war als Jugendliche im Urlaub am Strand fast vergewaltigt worden. Sie kann heute noch nicht verstehen, daß ein Zeuge ihr nicht geholfen hat und ihre Eltern keine Schritte unternommen haben, den Täter zu finden und z.B. die Polizei zu benachrichtigen.

Eine andere Frau war in ihrer eigenen Wohnung von einem Freund ihres Mannes sexuell bedrängt worden. Als sie versuchte, öffentlich gegen den Belästiger vorzugehen, wurde sie der Provokation beschuldigt: „Sie haben ihn wahrscheinlich herausgefordert." Die gleiche Reaktion hat sie auch später im Betrieb erfahren, als sie sexuelle Belästigungen thematisierte.

Viele negative Erlebnisse, von denen die Frauen erzählen, beziehen sich auf die Zeit ihrer ersten Flirts und Liebesbeziehungen. Manche Parties, Discobesuche und Nachhausefahrten sind den Frauen in schlechter Erinnerung geblieben. Sie haben hier die Erfahrung gemacht, entweder auf abendliche Unternehmungen verzichten zu müssen oder Belästigungen und sexuellen Übergriffen ausgesetzt zu sein. Durch vorbeugende Stategien, z.B. „sich die Männer ganz genau anzusehen" oder nur zu zweit zu trampen, haben sie versucht, negative Erfahrungen weitgehend auszuschließen, obwohl sie wußten, daß solche Sicherheitsvorkehrungen letztendlich nur beruhigen, aber nicht wirklich schützen können.

Veränderungen und Einschränkungen im eigenen Verhalten und Gespräche mit Freunden/innen, die die Betroffenheit teilen, sind im privaten Bereich häufig die einzig möglichen Bewältigungsformen.

Die Erfahrungen im Kontext mit sexueller Gewalt machen deutlich, warum es den Frauen auch in den Betrieben schwerfällt, sich an vorhandene Ansprechpartner/innen zu wenden. Eine Interviewpartnerin, die im Betrieb durchweg positive Reaktionen erlebt hat, nachdem sie über ihre Belästigungserfahrungen gesprochen hat, konnte es zunächst nicht glauben, daß ihr daraus keine Nachteile entstehen werden. Sie hatte während ihrer Kindheit ständig erlebt, daß sie als Person abgewertet wurde und fühlte sich minderwertig und schuldig für das, was andere ihr antaten.

In diesem Zusammenhang berichtet sie, daß der Großvater sie jahrelang sexuell mißbraucht hat. Diese Kindheitserfahrung wirkt auch heute noch in ihren sozialen Beziehungen nach und verhindert, daß sie aktiv und selbstbewußt für ihre Interessen eintreten kann. Da ihre Gefühle nie geachtet wurden und alle ihr wichtigen Vertrauenspersonen gegen sie entschieden haben, glaubt sie bis heute nicht, daß jemand für ihre Interessen eintreten könnte.

Auch wenn dieses Beispiel sicherlich nicht repräsentativ für die Kindheitserfahrungen aller Betroffenen ist, lassen sich Parallelen zu den Ausführungen anderer Frauen herstellen.

Eine Interviewpartnerin sieht ebenfalls einen Zusammenhang zwischen den ihr widerfahrenen Belästigungen im Betrieb und ihren Kindheitserlebnissen. Sie hat als Kind sehr unter ihrem Vater gelitten, der sie häufig brutal geschlagen hat. Diese Form der Gewaltanwendung und Erniedrigung ist für sie gleichbedeutend mit sexuellen Übergriffen. Daß sie an ihrem Arbeitsplatz, trotz ihres Unbehagens, ein Verhältnis mit einem Vorgesetzten eingegangen ist, führt sie auf diese Kindheitserlebnisse zurück. Der Mann hatte sie in auffallender Weise an ihren Vater erinnert. Sie hat den Wunsch entwickelt, Männer, die ihrem Vater ähnlich sind, zu ändern, ihnen ihre Härte zu nehmen und ihren liebevollen Kern zu enthüllen. Später, nachdem sie die Beziehung mit dem Vorgesetzten beendet hat, versuchte er mit allem ihm zur Verfügung stehenden Mitteln, sie zu schikanieren und aus dem Betrieb zu drängen.

Darüberhinaus werden in den Interviews übergreifende Sozialisationsbedingungen deutlich, die für Frauen typisch sind. Viele Frauen wachsen mit der Erfahrung auf, daß es günstiger für sie ist, sich bedingungslos anzupassen, nicht aggressiv zu sein und Mißstände hinzunehmen. Betrifft dies den sexuellen Bereich, fühlen sich die Frauen zusätzlich verunsichert, da ihre Empfindungen mit denen ihrer sozialen Umwelt, im Betrieb wie in der Familie, nicht übereinstimmen. Unbehagen und Abwehr, die sie spüren, wenn sie von sexuellen Übergriffen betroffen sind, werden von den betrieblichen und familiären Ansprechpartnern, wie auch von den Belästigern selbst, neutralisiert oder gar positiv umgedeutet. Übergriffe zu thematisieren und als Belästigung zu benennen, stößt auf Abwehr. Gleichzeitig wird den Mädchen und Frauen vorgehalten, daß sie selbst schuld an männlichen Übergriffen sind. Die Folge ist, daß Frauen auch bei späteren sexuellen Übergriffen ihren eigenen Empfindungen nicht mehr trauen. Sie haben Angst und scheuen davor zurück, aggressiv zu werden und eine deutliche Abwehr zu zeigen. Sie befürchten, öffentlich als jemand dazustehen, der „harmlose" und „neutrale" Geschehnisse aufbauscht und ihnen eine übertriebene und zusätzliche sexuelle Bedeutung beimißt. Das Gefühl, durch die nicht gezeigte Ablehnung möglicherweise mitschuldig an weiteren Übergriffen zu sein, verstärkt die empfundene Hilflosigkeit. In der sexuellen Belästigung begegnet uns so ein mehrfacher Verhinderungsmechanismus, der dazu führt, daß die Frauen das Thema weder ansprechen noch sich gegen die Belästigung wehren.

Manche Frauen erleben eine paradoxe Situation: Sie wurden dazu erzogen, freundlich, zurückhaltend und ausgleichend zu wirken. Im Beruf werden diese Eigenschaften ebenfalls von ihnen gefordert. Zugleich müssen sie feststellen, daß genau diese Merkmale dazu führen können, daß sie verstärkt sexuellen Belästigungen ausgesetzt sind, weil sie sich nicht in der Lage fühlen, heftig zu reagieren und sich Respekt bei männlichen Kollegen zu verschaffen.

> Eine junge Auszubildende hatte mehrfach versucht, den Schikanen eines Belästigers und der hinter ihm stehenden Gruppe mit Freundlichkeit und Gesprächsbereitschaft zu begegnen, anfangs hatte sie dem Mann als Versöhnungsgeste sogar ein kleines Geschenk mitgebracht. All diese Versuche, den Konflikt friedlich zu lösen, wurden mißachtet und machten sie noch angreifbarer für Aggressionen.

Die Zielsetzung, vermehrt Ansprechpartner/innen in den Betrieben zu schulen und einzusetzen, gewinnt vor dem Hintergund der verfestigten Kindheitsmuster eine neue Bedeutung. Viele betroffene Frauen werden sich erst dann an diese Personen wenden können, wenn sie ihr früher erworbenes Mißtrauen abbauen können. Solange Erfolge nicht vorzeigbar sind und betriebliche Ansprechpartner/innen nicht deutlich ihre Unterstützung signalisieren, werden sich die Frauen auf ihre bisherigen Erfahrungen und Gefühle berufen, die ihnen Vorsicht gebieten und von öffentlichen Schritten abraten. Bloße Lippenbekenntnisse und die häufigen negativen Erfahrungen von Frauen, die sich gewehrt haben, wirken bisher eher abschreckend und verhindern eine Vertrauensbildung.

3.9. Einschätzung von Hilfestellungen und Maßnahmen

Vor dem Hintergrund ihrer persönlichen Erfahrungen mit Belästigung kommen die Frauen zu den unterschiedlichsten Aussagen. Es muß etwas geschehen, an der momentanen Situation muß etwas geändert werden, so ist die übereinstimmende Meinung; die konkrete Ausgestaltung wird dagegen recht ambivalent beurteilt. Anlaufstellen und Vertrauenspersonen inner- und auch außerhalb der Betriebe werden als notwendig erachtet, können jedoch häufig nicht das halten, was sich die Frauen erhoffen. Zum einen wird beklagt, daß Institutionen in den Betrieben (Betriebs- und Personalräte) von diesen in gewisser Weise abhängig seien und sich daher nicht wirklich gegen die Interessen der Firmenmächtigen durchsetzen könnten. Außerdem seien die entscheidenden Positionen in diesen Anlaufstellen häufig mit Männern besetzt, die sich, so wird kritisiert, auf die Seite der Belästiger stellten und das Anliegen der Frauen nicht ernst nähmen.

Gebe es dagegen tatsächlich eine Frau in dieser Position, so habe diese häufig nur wenig Einwirkungsmöglichkeiten, da sie in ihrem Kollegenkreis oft eine untergeordnete Rolle spiele. Dies treffe genauso in den Gewerkschaften zu, wo die Frauenvertreterinnen doppelt kämpfen müßten: Einmal für sich selbst und zusätzlich für die Frauen, die sich hilfesuchend an sie wenden.

Frauengleichstellungsstellen sind manchen Frauen unbekannt und werden häufig nicht als mögliches Hilfsangebot wahrgenommen. Die Schwellenangst ist groß, sich mit dem als sehr privat empfundenen Problem an eine Institution zu wenden, zu der sich noch keine Vertrauensbasis ausbilden konnte. Teilweise scheint auch die Befürchtung dahinter zu stehen, die Einmischung einer solchen Institution werde noch mehr Öffentlichkeit und Gegenwehr heraufbeschwören. Eine Interviewte führt z.B. ihre schnelle Kündigung sogar auf das Einschreiten der Frauenbeauftragten zurück; es wurde ihr, ebenso wie einer weiteren Betroffenen, zum Vorwurf gemacht, daß sie sich an diese Stelle gewandt habe. Die Frauenbeauftragten werden in den Betrieben häufig in eine „Außenseiterposition" gedrängt, „wer zu denen geht, wird als Emanze abqualifiziert", äußert eine Befragte. Gleichzeitig jedoch wird von den Frauen bemerkt, daß sie sich von den Mitarbeiterinnen der Gleichstellungsstellen verstanden und seelisch unterstützt gefühlt haben. Manche Frauen meinen, daß es wenig helfe, wenn der Vorfall „an die große Glocke gehängt wird", das Problem solle in einem möglichst kleinen Kreis geklärt werden, um die Frau davor zu schützen, daß sie immer weiter „ins Abseits gedrängt wird".

Die betrieblichen Anlaufstellen müssen deutlicher als bisher ihre Beratungsbereitschaft herausstellen. Die Betroffenen befürchten, zu einem Fall gemacht zu werden, wobei die persönlichen Bedürfnisse der Betroffenen gegenüber den betriebspolitischen Interessen in den Hintergrund geraten.

Die Frauen benötigen zunächst seelische Unterstützung und Rükkenstärkung, ohne direkt zum Handeln gezwungen zu werden.

Frauen dürfen bei der Wahl ihrer Mittel, sich gegen die Belästigungen zu wehren, nicht entmündigt werden. Sie müssen unter Abwägung verschiedener Alternativen entscheiden können, in welcher Form sie gegen die Belästigungen vorgehen wollen.

So wünschen sie sich Informationsstellen oder auch Literatur/Broschüren, z.B. einen Wegweiser für Beschwerdefälle, der vorab genau über rechtliche Schritte und andere Einwirkungsmöglichkeiten sowie die sich daraus ergebenden Konsequenzen informiert. Der Verlauf ihrer Beschwerden könne so besser eingeschätzt und Gegenangriffe wirkungsvoller abgewehrt werden.

Einige Frauen sind der Ansicht, daß es bereits genügend Hilfsangebote gäbe, diese jedoch zu wenig bekannt wären, hier müsse für eine gezielte Information und verstärkte Öffentlichkeitsarbeit in den Betrieben gesorgt werden.

Wichtig ist es, so betonen einige Frauen, die Einstellung der Beschäftigten zu der Problematik der sexuellen Belästigung zu verändern. Der Wirkungsgrad vorhandener Anlaufstellen werde eingeschränkt, da im Bewußtsein der Männer, aber auch vieler Frauen, sexuelle Belästigung zumeist nicht existiere. Den Frauen werde häufig unterstellt, Gefallen an sexuellen Annäherungen zu haben. Die Belästiger verteidigten sich bei kritischen Anmerkungen mit dem Argument, daß man nur Spaß mache und für ein lokkeres Betriebsklima sorge. Frauen, die sich dieser Haltung nicht anschließen, würden automatisch zu Außenseiterinnen und Verräterinnen deklariert, die gegen die Spielregeln verstoßen. Unterstützt werde diese Verharmlosung der sexuellen Belästigung dadurch, daß sich in den Betrieben keine Steigerung, sondern ein genaues Abbild des üblichen sexistischen Frauenbildes finde. Wenn Frauen weiterhin vorwiegend als Sexualobjekte angesehen werden, was insgesamt durch die Medien unterstützt wird, wird sich, so ist die Meinung, sexuelle Belästigung nicht verhindern lassen.

Die Männer, denen teilweise nicht bewußt sei, wie sehr sie die Frauen verletzen, müßten zum Umdenken gebracht werden, schlugen einige Frauen vor. Damit Veränderungsprozesse in den betrieblichen Alltag hineingetragen werden können, müsse die bestehende und blockierende Tabuisierung des Problems aufgehoben werden, ebenso wie die Verurteilung von Frauen, die sich für eine Verbesserung des belastenden Arbeitsklimas einsetzen.

Frauen müßten zunächst lernen, offen über ihre Belästigungserfahrungen zu reden, damit das Problem überhaupt als solches begriffen werde. Einige Interviewte haben in Gesprächskreisen oder zusammen mit guten Freundinnen erstmals den Mut gefaßt, über solche Belastungen zu sprechen.

Außerdem fehle es an Solidarität. Die belästigten Frauen fühlen sich besonders von ihren Kolleginnen im Stich gelassen, die aus Angst vor Sanktionen schweigen oder sich sogar den Männermeinungen anschließen, um sich nicht unbeliebt zu machen.

Es sei wichtig, ein gut funktionierendes Netzwerk im Betrieb aufzubauen, lauten weitere Vorschläge. Frauen in verantwortungsvollen Positionen, Frauen in der betrieblichen Interessenvertretung und engagierte Mitarbeiterinnen müßten gemeinsam für Veränderungen eintreten. Solange die Frauen gegeneinander arbeiten und sich von den Männern entzweien lassen, werde sich das Problem der sexuellen Belästigung nicht lösen lassen. Mögliche Ansatzpunkte, um Veränderungsprozesse in die Betriebe hineinzutragen, werden auch bei den Personalvertretern und Vorgesetzten gesehen. Wenn diese Personen sexuelle Belästigung nicht länger tolerieren, könne im Betrieb ein anderes Arbeitsklima entstehen. „Druck von oben" sei notwendig, um ein „Unrechtsbewußtsein" bei den Beschäftigten zu erzeugen. Die Versuche einiger Frauen, selbst mit den Kollegen über das belästigende Verhalten zu diskutieren, seien meistens erfolglos und enttäuschend verlaufen, weil die Unterstützung der betrieblichen Verantwortlichen ausblieb.

Fast alle Frauen befürworten ein Gesetz, das sexuelle Belästigung unter Strafe stellt. Eine solche Rechtsgrundlage könne eine Basis bilden, auf die im Beschwerdefall zurückgegriffen werden kann. Außerdem erhoffen sich einige Betroffene von dem Gesetz eine abschreckende Wirkung. Teilweise wird jedoch bezweifelt, ob eine solche Maßnahme tatsächlich den gewünschten Erfolg erzielen könne. Es wird dabei auf die schwierige Beweislage verwiesen und auf die Behandlung der Frauen vor Gericht, wo sie häufig als Schuldige gesehen würden. Selbst die Sanktionierung des Belästigers, z.B. durch eine Geldbuße, würden die erlittenen Nachteile und Belastungen nicht ausgleichen, denen die betroffenen Frauen ausgesetzt sind.

4. Betriebliche Fallstudien

4.1. Problemwahrnehmung und Handlungsmöglichkeiten aus der Sicht der Personalverantwortlichen

4.1.1. Methodische Vorbemerkungen

Die Auswertung der Intensivinterviews mit Frauen, die sexuelle Belästigungen am Arbeitsplatz erlebt und im Betrieb thematisiert habe, lenkte den Blick immer wieder auf den unbefriedigenden Umgang der betrieblichen Ansprechpersonen mit auftretenden Belästigungsfällen.

Betroffene Frauen befinden sich hier oft, so lassen sich die Ergebnisse zusammenfassen, in einer belastenden Situation, aus der sie sich aus eigener Kraft nicht befreien können, ohne eine weitere Verschlechterung ihrer Arbeitsbedingungen, eine Versetzung oder gar den Arbeitsplatzverlust zu riskieren.

Es muß daher der Frage nachgegangen werden, wie Arbeitgeber und Arbeitgeberinnen hier zum Schutz der Betroffenen regelnd eingreifen und Hilfestellungen anbieten können, die zu einer angemessenen Lösung führen. Eine Erhebung mittels schriftlicher Fragebögen und mündlicher Interviews in ausgewählten Betrieben sollte der Aufhellung dieses Problembereichs dienen.

Die Planung der betrieblichen Fallstudien zielte zum einen auf eine Bestandsaufnahme üblicher Umgehensweisen mit Beschwerdefällen wegen sexueller Belästigung am Arbeitsplatz und den daraus resultierenden Erfolgen bzw. Mißerfolgen für die betroffenen Frauen. Zum anderen sollten Aufschlüsse darüber erlangt werden, ob und wie bestimmte Formen betrieblicher Hierarchie und geschlechtsspezifischer Aufgabenzuweisung durch betriebliche Arbeitsorganisation sexuelle Belästigung und sexistisch geprägte Arbeitsatmosphäre eher fördern oder eher hemmen können.

Erkenntnisse über Art und Ausmaß der sexuellen Belästigungen in Betrieben, über übliche Beschwerdeverläufe und über die Bewertung des Problems aus Sicht der Beschäftigten wie auch ihre betrieblichen Ansprechpersonen sollten schließlich dazu beitragen, Empfehlungen für präventive Maßnahmen zur Eindämmung des Belästigungsproblems zu skizzieren und zur Diskussion zu stellen. Der Wunsch nach Verbesserungen im betrieblichen Umgang mit Belästigungen und die Bereitschaft von verantwortlichen Personalzuständigen, sich der Problematik zu stellen, sind hier als wesentliche Voraussetzungen für konkrete Umsetzungsschritte der Fallstudienergebnisse zu werten.

Bei der Suche nach ansprechbaren Betrieben für die Fallstudien zeichnete sich relativ schnell ab, daß im Bereich der Privatwirtschaft die Zugangsverhandlungen zeitlich und organisatorisch zu aufwendig sein würden, um im Rahmen des Forschungsprojektes realisiert werden zu können. Wir konzentrierten uns daher auf Betriebe des öffentlichen Dienstes, wobei insbesondere die bereits bestehenden vielfältigen Kontakte zu regionalen und überregionalen Frauengleichstellungsstellen hilfreich waren. Gleichwohl gestalteten sich auch hier die betrieblichen Zugangsverhandlungen als langwieriger und schwieriger Prozeß, da die angesprochenen Betriebsleitungen dem Untersuchungsthema in der Regel skeptisch gegenüber standen. Hier galt es deutlich zu machen, daß die Beteiligung an unserer Untersuchung die Bereitschaft des Betriebes anzeigt, einen Beitrag zur Aufklärung über ein Tabuthema zu leisten und eventuell vorhandene Mißstände aufzudecken, um die Isolation der Betroffenen zu durchbrechen, ihnen Mut zu machen und an der Erarbeitung von Handlungshilfen mitzuwirken.

Die Bedenken gegen eine Untersuchungsbeteiligung seitens der von uns angesprochenen Betriebe verdeutlichten bereits im Vorfeld der Fallstudien Abwehrhaltungen, die auch in den späteren Gesprächen mit einzelnen Personalverantwortlichen spürbar wurden.

Eine häufig geäußerte Sorge bestand darin, daß das Ansehen des Betriebes leiden könnte, wenn die Untersuchungsbeteiligung in der Öffentlichkeit bekannt würde. Anonymität und Datenschutzfragen stellten hier besondere Barrieren für die Betriebszugänge dar.

- Auch wurde oft grundsätzlich gegen die Untersuchung eingewendet, daß sexuelle Belästigung kein Problem darstelle, ihre Thematisierung betrieben werde und nur unzureichend durch wenige Ausnahmefälle begründet sei. Wenn der Betrieb sich auf eine solche Untersuchung einlasse, könne dies auch eine Kritik der Beschäftigten an der Betriebsleitung auslösen, für solche Probleme Zeit und Energie aufzuwenden, wo doch dringendere betriebliche Aufgaben anstünden.

- Vereinzelt wurden auch Befürchtungen vor unerwünschten Auswirkungen einer solchen Untersuchung im Betrieb selbst geäußert: Wie gehen die Beschäftigten damit um, wenn ein bislang tabuisiertes, den Intimbereich betreffendes Thema offen angesprochen wird? Befürchtet wurde hier vor allem, daß sich die männlichen Mitarbeiter durch die vermeintliche Einseitigkeit des Themas angegriffen fühlen und es zu Unruhen unter den Beschäftigten kommen könnte.

- Als weiteres Gegenargument wurde schließlich auch angeführt, daß die Beschäftigten glauben könnten, ihre Abteilung oder ihr Arbeitsbereich würde nicht zufällig für die Untersuchung ausgewählt, sondern die Untersuchung diene einer von der Betriebsleitung veranlaßten Kontrolle einzelner Arbeitsbereiche oder Mitarbeiter/innen.

Trotz der genannten Vorbehalte waren die Zugangsverhandlungen schließlich in mehreren Betrieben erfolgreich. Hier sind wir den zuständigen Frauenbeauftragten der Betriebe, aber auch einigen engagierten Personalrätinnen und aufgeschlossenen männlichen Führungskräften sehr zu Dank verpflichtet; ohne ihre Unterstützung wäre die Durchführung der Fallstudien nicht realisierbar gewesen.

Die Fallstudien wurden in drei großen Betrieben des öffentlichen Dienstes durchgeführt. Die Betriebe hatten jeweils eine Größenordnung von ca. 30 000, von ca. 20 000 und von ca. 12 000 Beschäftigten, bei den ebenfalls einbezogenen drei Krankenhäusern differierte die Beschäftigtenzahl zwischen 2 600, 1 200 und 860 Frauen und Männern.

Alle Untersuchungsbetriebe hatten eine betriebliche Interessenvertretung mit freigestellten Mitarbeiter/innen, eine Stelle für arbeits- und disziplinarrechtliche Angelegenheiten und eine zentrale

Frauengleichstellungsstelle, die jeweils bei der Betriebsleitung angesiedelt war. Darüber hinaus verfügte jeder Betrieb über ein umfangreiches Aus- und Weiterbildungsangebot.

Diese gut ausgebauten betrieblichen Regelungssysteme übersteigen den in kleineren Betrieben üblichen Umfang an potentiellen Anlaufstellen für belästigte Frauen deutlich und müßten, so unsere Annahme, weitaus günstigere Voraussetzungen für einen erfolgreichen Beschwerdeverlauf bei Belästigungsfällen bieten und auch eine Überprüfung des Einflusses der betrieblichen Institutionen auf die Wahrnehmung und den Umgang mit den Belästigungsproblemen ermöglichen.

Die Fallstudien waren jeweils als kombinierte Erhebungsverfahren mit standardisierten schriftlichen Befragungen und ergänzenden Gesprächen mit betrieblichen Expertinnen und Experten angelegt. Insgesamt 44 betriebliche Personalverantwortliche wurden interviewt; Angaben zur schriftlichen Befragung der Beschäftigten enthält Kap. 4.2.1.

Die befragten Personalverantwortlichen stellten als Vorgesetzte, übergeordnete Führungskräfte, Ausbilder, Personalsachbearbeiter oder Mitglieder der betrieblichen Interessenvertretungen potentielle Ansprechpersonen für belästigte Frauen dar. Für diesen Personenkreis war bewußt die Bezeichnung Experte/Expertin gewählt worden, um deutlich zu machen, daß die Gespräche neben persönlichen Einschätzungen und Erfahrungen bezüglich des Belästigungsproblems auch der sachkundigen Information über betriebliche Rahmenbedingungen dienen sollten, um zu einer angemessenen Interpretation der Befragungsergebnisse zu gelangen.

Jeweils zur Hälfte wurden weibliche und männliche Personalverantwortliche befragt, wobei die weiblichen Vorgesetzten und Führungskräfte deutlich in der Minderzahl waren gegenüber weiblichen Mitgliedern der betrieblichen Interessenvertretung. Unter allen befragten betrieblichen Expertinnen fanden sich zehn leitende Führungskräfte, achtzehn Personalverantwortliche mit vorgesetzten oder leitenden Fachpositionen, drei Personalverantwortliche in Sachbearbeiterpositionen sowie dreizehn Mitglieder der betrieblichen Interessenvertretungen. Unter den befragten Expertinnen befanden sich in zwei Fallstudienbetrieben die jeweils zuständigen Disziplinarstellenmitarbeiter, Fort- und Weiterbildungsexperten und Mitglieder der Ausbildungsleitungen. In jedem Betrieb wurden ferner ergänzende Gespräche mit den zuständigen Frauenbeauftragten geführt.

Sowohl die Durchführung der schriftlichen Befragung wie auch die Gespräche haben in den Fallstudienbetrieben eine Vielzahl von Diskussionen unter den Beschäftigten ausgelöst und Anstöße zur Entwicklung eines Problembewußtsein vermittelt. In jedem einbezogenen Untersuchungsbetrieb wurde ein starkes Interesse an der Rückkopplung der Befragungsergebnisse geäußert. Dieses Interesse zeigt, wie stark im Rahmen dieser Untersuchung umsetzungsorienterte Aspekte in den Forschungsproze hineinragen. Die Auswertung der schriftlichen Fragebögen und der Gespräche konnte jedoch nur bedingt auf die konkreten Rückkoppelungswünsche der einzelnen Fallstudienbetriebe eingehen, da aus Gründen der Anonymitätszusicherung hier eine Querauswertung über die beteiligten Einzelbetriebe hinweg im Vordergrund stand.

Die Auswertung der Fragebögen und der Interviews mit betrieblichen Ansprechpersonen ließ, was das Anwortverhalten betraf, kaum auffällige Unterschiede zwischen den Betrieben erkennen. Differenzen im Antwortverhalten und den Schilderungen von Umgang mit konkreten Beschwerdefällen waren eher betriebsübergreifend auf die Position, das Geschlecht, die eigene Betroffenheit und Sensibilität der Befragten zurückzuführen. Die Zusammenfassung aller Interviews aus den Betrieben zu einer Stichprobe ermöglichte eine stärkere Gewichtung der Auffälligkeiten und eine Zuordnung von Faktoren, die sich begünstigend auf die geäußerten Einstellungen und Verhaltensweisen auswirkten. Es zeichneten sich typische Haltungen und Umgehensweisen ab, die unabhängig von der Betriebszugehörigkeit einen positiven oder negativen Beschwerdeverlauf beeinflussen.

In der Auswertung der Gespräche entsteht durch die quantitative Gewichtung der auffälligen Unterschiede im Verhalten der männlichen und weiblichen Ansprechpersonen teilweise der Eindruck, daß Männer per se in Beschwerdefällen unsensibler und abweisender reagieren als Frauen. Dieser Eindruck soll vorab korrigiert werden. Wir haben bei unserer Befragung auch mit Männern gesprochen, sowohl in Leitungspositionen, als auch in der betrieblichen Interessenvertretung, die sich einfühlsam und konstruktiv zu unseren Fragestellungen äußerten. In einigen Gesprächen hatten wir den Eindruck, daß diese Männer eher das Vertrauen betroffener Frauen genießen und mehr Verständnis für die Ängste der Frauen aufbringen als einige der weiblichen Ansprechpersonen. Auch in ihrem weiteren Umgang mit einer Beschwerde zeigten einige der Männer ein umsichtigeres und erfolgreicheres Verhalten.

Wenn also in den folgenden Auswertungstexten auf typisch männliche oder weibliche Sicht- und Verhaltensweisen hingewiesen wird, handelt es sich um Auffälligkeiten, um Tendenzen im Antwortverhalten, die nicht alle Befragte einschließt, sondern sich auf die Mehrheit der zugrundegelegten Gruppen bezieht.

4.1.2. Problemverständnis und Definition von sexueller Belästigung

Das allgemeine Problemverständnis von sexueller Belästigung am Arbeitsplatz ist bei den befragten weiblichen Personalzuständigen ausgeprägter als bei ihren männlichen Kollegen. Dies trifft auch für diejenigen Expertinnen zu, die eine eher distanzierte Haltung zeigten und das Belästigungsproblem für den eigenen Zuständigkeitsbereich als wenig bedeutsam einschätzen.

Übereinstimmend sahen die befragten Frauen sexuelle Belästigungen als unerwünschte, vom Mann ausgehende und gegen den Willen der Betroffenen gerichtete Verhaltensweisen an, die von Frauen als unangenehm, beleidigend oder auch nachhaltig verletzend empfunden werden.

Im Hinblick auf konkrete, als belästigend empfundene Verhaltensweisen hatten allerdings auch einige der weiblichen Vorgesetzten und Personalrätinnen Schwierigkeiten, weniger eindeutige Vorkommnisse wie etwa „zufällige" Körperberührungen, Witze oder „anrüchige Blicke" – so eine Expertin – als sexuelle Belästigung zu werten, „weil Blicke und Bemerkungen oft schlecht einzuordnen sind" oder „weil solche Alltagsbelästigungen immer passieren und Frauen, die das ignorieren, besser damit zurechtkommen, als wenn sie darauf eingehen."

Vor allem bei Frauen aus gewerblichen Arbeitsbereichen (Gebäudereinigung, Küchen- und Wirtschaftsbereiche) war hier die Toleranzschwelle relativ niedrig (einige hielten nur körperliche Übergriffe für sexuelle Belästigungen), während die Gesprächspartnerinnen aus dem Bereich der Krankenpflege z. B. eine sehr weitgefaßte Vorstellung von belästigenden Handlungen und Situationen äußerten.

Der Mehrzahl der männlichen Personalzuständigen war hingegen sowohl der Begriff der sexuellen Belästigung wie auch das allgemeine Problemverständnis im Hinblick auf unerwünschtes männliches (Fehl-) Verhalten weitgehend unklar. Alle Personalräte, aber nur ein kleiner Teil der anderen männlichen Befragten äußerten sich bei der Definitionsfrage ähnlich entschieden wie die befragten Frauen und benannten sexuelle Belästigung als aufdringliches Fehlverhalten, das dem Mann auch mehr oder weniger bewußt sei.

Die Mehrzahl wich jedoch einer Definition von sexueller Belästigung zunächst aus. Jeder Mensch habe eine andere Vorstellung davon. Was als unangenehm oder aufdringlich empfunden werde, sei individuell so verschieden, daß keine Verallgemeinerungen, geschweige eine Begriffsbestimmung vorgenommen werden können.

Das Argument, sexuelle Belästigung sei eigentlich nicht zu definieren, brachte eine starke Abwehr gegen die Vorstellung zum Vorschein, als Mann mit einem Thema konfrontiert zu werden, das kritisch männliches Fehlverhalten benennt und damit potentiell immer auch einen Angriff auf die eigene Person (bzw. die männliche Bezugsgruppe) darstellt. Oft gelang es erst im weiteren Verlauf der Expertengespräche, diese Abwehrhaltung ein Stück weit aufzubrechen und die Problemsicht der Befragten auch auf die Betroffenheit belästigter Frauen zu richten. Einigen befragten Vorgesetzten und Personalfachleuten war dies jedoch selbst bei den konkreten Falldiskussionen im Rahmen der Gespräche nicht möglich. Sie vertraten durchgängig die Auffassung, daß die Definition einer Belästigung immer nur situationsbezogen möglich sei und von der Person ausgehen müsse, die sich belästigt fühlt – und zwar bei jeglicher Form der Annäherung (unterhalb der Schwelle der Vergewaltigung). Männer, die belästigen, seien oft gar nicht in der Lage einzuschätzen, ob sie mit ihrem Verhalten zu weit gingen, wenn ihnen dies nicht von der Frau gesagt werde.

Frauen wurde grundsätzlich ein unberechenbares Verhalten gegenüber männlichen Annäherungsversuchen unterstellt, bei dem man(n) nie sicher sein könnte, ob sie die Annäherung letztendlich nicht doch wollten. Ein Befragter meinte z. B.,

> „Manche Frauen finden es schon belästigend, wenn ich ihnen einen Augenblick zu lange die Hand schüttele, während andere Frauen es nicht belästigend finden, wenn ich sie frage, ob sie mit mir ins Bett gehen wollen."

Andere betonten, aus der Perspektive des Mannes sei hier insbesondere das Vorfeld einer Belästigung problematisch, also die Zeit, in der Annäherung stattfindet, die noch nicht zurückgewiesen wird. Im Zweifelsfall müsse, so argumentieren einige, „unter den Beteiligten entschieden werden, wer als erster das Verhalten des anderen als belästigend empfindet" – und diesen Part habe in erster Linie die Frau.

Fast durchgängig wurde von den befragten männlichen Experten die Auffassung vertreten, daß es in „Grenzsituationen" immer Aufgabe der Frau sei, dem Mann deutlich zu machen, daß er mit seinem Verhalten zu weit geht.

> „Hier muß der Mann zurückgewiesen werden, um überhaupt zu merken, daß er sich belästigend verhält. Diesen einen Versuch muß er haben, sonst ist er kein Belästiger."

Nur wenige männliche Befragte gingen nach ihrer Bewertung konkreten Verhaltens gefragt, in ihren Vorstellungen relativ weit und bezogen ausdrücklich auch die weniger „sichtbaren" Übergriffe (z. B. scheinbar zufällige Körperberührungen) oder mehrdeutige Situationen (z. B. „von einem Mann mit Blicken ausgezogen werden") in ihre Definition belästigenden Verhaltens mit ein. Eine typische Äußerung für diese selten genannte sensible Problemsicht auch bei Männern war etwa:

> „Wenn eine Frau sich belästigt fühlt, dann ist Belästigung auch gegeben. Auch bei verbalen Äußerungen oder wenn z. B. der Chef dicht hinter der Frau entlangstreift."

Für die Mehrheit der Befragten war eine sexuelle Belästigung jedoch erst bei „eindeutig negativ zu bewertenden Verhaltensweisen" gegeben. Auch hier gingen die Vorstellungen weit auseinander: während einige auch verbale Übergriffe, z. B. Witze, „die unter die Gürtellinie gehen", oder eindeutige Angebote und das Ausnutzen einer beruflichen Stellung als Vorgesetzter nannten, war für andere eine sexuelle Belästigung erst als ein „handfester" körperlicher Übergriff denkbar. Typische Äußerungen waren hier etwa: „eine sexuelle Belästigung ist, wenn einer die Finger nicht bei sich behalten kann und z. B. einen Busen oder Hintern betatscht", oder „eine sexuelle Belästigung ist nicht das gierige Hinterherschauen, ganz bestimmt aber das Tatschen", oder es wurde klargestellt:

> „Die Grenze ist die körperliche Berührung! Anzügliche Bemerkungen sind keine sexuellen Belästigungen, weil die Frau das zwar als belästigend empfinden kann, aber nicht muß."

Von einigen männlichen Vorgesetzten wurden sogar nur gewaltförmige sexuelle Belästigungen, also nur solche Handlungen, die von der betroffenen Frau nicht aus eigener Kraft abgewendet werden können. („.. wenn man attackiert wird, einem der Freiraum genommen und in den Intimbereich eingegriffen wird"). Das Belästigungsproblem stellt sich hier nur aus der Perspektive eingeschränkter Gegenwehr der Frau dar: solange sie sich noch wehren kann, es aber nicht „deutlich" genug tue, sei das Verhalten des Mannes letztendlich kein „Übergriff" bzw. eine sexuelle Belästigung.

Ob das Verhalten des Mannes von der Frau als unerwünscht oder aufdringlich empfunden wird, bleibt im Probemverständnis dieser Befragten völlig außer Betracht. Auch in Gesprächen mit anderen männlichen Personalzuständigen erwies sich die Vorstellung, eine Frau könne auch unter anzüglichen Bemerkungen oder einem sexistischen Umgangston im Kollegenkreis leiden, als offenbar nicht vorhanden.

Daß die Schwierigkeit männlicher Experten, sexuelle Belästigung zu bestimmen, wesentlich mit deren Verständnis von „normaler" sexueller Annäherung zu tun hat, wurde auch deutlich bei der Abgrenzung von „Flirt" und „Belästigung". Während die befragten Frauen sich mehrheitlich sicher sind, daß belästigende Männer im Grunde recht genau wissen, was sie tun, und übereinstimmend eine klare Abrenzung zwischen Flirt und sexueller Belästigung vornehmen, trifft dies nur für etwa die Hälfte der befragten männlichen Personalverantwortlichen zu. Für viele von ihnen ist die Unterscheidung zwischen einer erwünschten Annäherung zwischen den Geschlechtern und einem Übergriff insofern ein Problem, als sie sich auch „Flirt" eher einseitig – im Sinne eines Werbens und Umworben-Werdens – vorstellen. Einige Personalverantwortliche geben relativ unumwunden zu, daß sie Mühe damit haben, sich einen Flirt als beidseitig aktive und damit auch selbstbewußte Annäherung zwischen Frau und Mann konkret vorzustellen und von einem einseitigen Annäherungsversuch des Mannes (oder der Frau) zu unterscheiden. Sie tendieren dazu, sexuelle Belästigung entweder auf ein provozierendes (Flirt-)Verhalten der Frau oder aber auf ein „natürliches" Erobererverhalten des Mannes zurückzuführen, wobei letzteres nicht selten mit Verweis auf das Paarungsverhalten in der Tierwelt erläutert wird. Oftmals äußern Befragte, die diese Haltung vertreten, auch ihre Scheu, offen und direkt über Sexualität und damit zusammenhängende Themen zu sprechen.

> „Es ist mir unangenehm, Leute im persönlichen Bereich auf sowas anzusprechen" oder „Wenn so etwas auch noch von Damen erzählt wird, gehe ich aus dem Raum" (beides Vorgesetzte).

Auffallend häufig lehnen diese Befragten auch Liebesbeziehungen unter den Beschäftigten grundsätzlich ab, wobei ihre Begründungen weniger mit betrieblichen Belangen, etwa der Loyalitätsproblematik von Beschäftigten in Vertrauenspositionen, zusammenhängen, als mit der Sorge um das Ansehen des in solchen Liebesverhältnissen verstrickten Mannes. Konkrete Beispiele, die hier immer wieder angeführt werden, behandeln bevorzugt den Problembereich „Frau verführt verheirateten Mann und mischt sich in eine gestandene Ehebeziehung ein". Meist geht es bei diesen Beispielen um Verhältnisse von Vorgesetzten und weiblichen Untergebenen (auch Berufsanfängerinnen). In der Darstellung der Befragten sind in allen diesen Beispielen die Beziehungen auf Initiative der Frau entstanden, während die Männer hier eher als Betroffene in Erscheinung treten.

Aber auch unter denjenigen männlichen Personalverantwortlichen, die sich sehr entschieden gegen eine Schuldzuschreibung an die Belästigungsopfer aussprechen, stellt die Frage nach der persönlichen Grenzbeziehung zwischen einem „flirtenden" und einem „belästigenden" Verhalten ein Problem dar. Sie verweisen dabei häufig auf Situationen, in denen ein Mann unerwartet von einer Frau zurückgewiesen wird, obwohl er sich nicht bewußt belästigend verhalten hat, sondern einfach nur eine Annäherung wünsche. Wenn sich ein Mann in eine Kollegin verliebe und diese wolle das nicht, so könne die Ablehnung der Frau dazu führen, daß der Mann „schnell in den Ruf gerät, ein Belästiger zu sein".

4.1.3. Vermutetes Ausmaß der sexuellen Belästigung am Arbeitsplatz

Bisher vorliegende Untersuchungen und unsere Auswertung der Intensivinterviews mit betroffenen Frauen geben deutliche Hinweise darauf, daß die meisten Frauen sich nicht beschweren, wenn sie an ihrem Arbeitsplatz sexuell belästigt werden.

In unseren Gesprächen mit betrieblichen Ansprechpersonen baten wir um eine Stellungnahme zu diesem Resultat: Wie wird die Dunkelziffer im eigenen Betrieb/Bereich eingeschätzt und welche Ursachen werden von den Befragten gesehen bzw. vermutet?

Die Mehrheit der Befragten, darunter alle weiblichen, aber auch 60 % der männlichen Ansprechpersonen, stellen die Existenz einer Dunkelziffer nicht infrage und nennen Gründe, die Frauen veranlassen könnten, Belästigungen stillschweigend zu erdulden. Als häufigste Begründung wird angegeben, daß es „unangenehm" und „peinlich" sei, über eine Belästigung zu sprechen.

Doppelt so viele Frauen wie Männer sehen in den befürchteten negativen Konsequenzen für die Betroffene eine Ursache: Eine belästigte Frau habe Angst, sich zu beschweren, weil sie ihre Versetzung oder Kündigung befürchte; sie habe Angst vor Schikanen durch den Belästiger, der sich durch schlechte Beurteilungen, üble Nachrede oder Zuweisung von Mehrarbeit an ihr rächen könne.

Frauen befürchten außerdem, so äußern einige Ansprechpersonen, das „Gerede im Betrieb", das „fehlende Verständnis" bei den Kollegen und Kolleginnen, die ihr eventuell Schuld geben oder eine Überempfindlichkeit nachsagen.

Einige der Befragten vermuten, daß Frauen das Vertrauen in eine Hilfestellung durch betriebliche Verantwortliche fehle. Entweder rechneten sie nicht damit, daß ihre Beschwerde ernstgenommen werde oder sie glaubten nicht, daß die betrieblichen Ansprechpersonen einflußreich genug sind, um die Situation positiv zu verändern und Verschlechterungen auszuschließen. „Es fehlt" hier, so betont eine Personalrätin, „an erfolgreich abgeschlossenen Fällen", die den Frauen Mut machen; die Frauen hätten keine „Vorbilder", auf die sie sich berufen könnten.

Darüberhinaus richten sich die Ängste der Betroffenen, so wird vermutet, auf die weiteren Verfahrensschritte, denn „was hinterher kommt, ist oft schlimmer als die Sache selbst", „da wird eine Menge schmutzige Wäsche gewaschen". Die Befragten beziehen sich hierbei auf Schuldzuschreibungen, peinliche Befragungen und Verleumdungen, bzw. eine Gegenklage durch den Belästiger.

Die meisten Befragten werten die Ängste der betroffenen Frauen zumindest in Teilbereichen als zutreffende Einschätzung der tatsächlich zu erwartenden Folgen im Betrieb.

Einige wenige Ansprechpersonen glauben, daß die Frauen ihre eigenen Möglichkeiten und Erfolgsaussichten unterschätzen. Es gäbe durchaus Mittel und Wege zu helfen, ohne eine Verschlechterung der Arbeitsbedingungen für die Betroffene zu riskieren. Die konkrete Umsetzung dieser Ansicht wurde nur vage ausformuliert. Z. B. könne im Gespräch mit der Abteilung klargestellt werden, daß die Frau keine Schuld trage und daß die betrieblichen Ansprechpersonen die Beschwerde voll unterstützen. So könne dem „Betriebsklatsch" entgegengesteuert werden.

Ca. 40 % der männlichen Ansprechpersonen leugnen grundsätzlich, daß sexuelle Belästigungen in ihrem Betrieb vorkommen. In den Begründungen wird Belästigung entweder als Flirt, also als erwünschte Annäherung interpretiert oder den Frauen ein eigenes Verschulden zugeschrieben. Kommentare wie: „Die Frauen wollen auf sich aufmerksam machen", „sie wollen wissen, ob sie Erfolg bei Männern haben", „sie haben Gefallen daran", „sie sind mit daran beteiligt". . . „warum sollten sie sich also beschweren" verdeutlichen diese Haltung.

Einige Männer sehen in den fehlenden Beschwerden im Betrieb den Beweis für ihre Einschätzung, daß eine Dunkelziffer nicht existiere. Ohne nach Ursachen für eine mögliche Dunkelziffer zu suchen, wird z. B. geäußert:

> „Ich wüßte nicht, warum eine Frau sich nicht beschweren sollte, wenn sie belästigt wird".

Um eine konkrete Einschätzung der Dunkelziffer für den Betrieb und den eigenen Zuständigkeitsbereich gebeten, sind es Männer in Führungspositionen, die das Problem der sexuellen Belästigung als nicht existent oder unbedeutend abwehren. Die meisten Ansprechpersonen (ca. zwei Drittel) vermuten, daß die Dunkelziffer im gesamten Betrieb oder in einigen Bereichen ein ernstzunehmendes Problem darstellt, streiten dies jedoch für den eigenen Zuständigkeitsbereich ab. Die Befragten glauben ihre Mitarbeiter/innen zu kennen, sie argumentieren mit dem guten Arbeitsklima und der vorhandenen Vertrauensbasis, die es Frauen erleichtere, sich jemandem anzuvertrauen.

Die positive Darstellung des eigenen Bereichs, z. B., daß Frauen, die sich in ihrem Zuständigkeitsbereich beschweren, keine Repressalien zu befürchten brauchen und sie sich auf die Hilfe der Ansprechperson verlassen können, weist auf eine Überschätzung der eigenen Kompetenz und Stellung als Vertrauensperson hin, zumindest dann, wenn sexuelle Belästigungen als Beschwerdegrund vorliegen. Auch ein gutes Vertrauensverhältnis und Arbeitsklima gibt den betroffenen Frauen, so zeigen unsere Untersuchungsergebnisse, noch nicht die Sicherheit, mit einer Beschwerde Erfolg zu haben. Die Tendenz, den eigenen Bereich beschönigend zu schildern, drückt sich u. a. auch darin aus, daß viele Befragte betriebsinterne Informationen zurückhielten, um nach außen eine Diffamierung des eigenen Bereichs zu vermeiden. Leitende Führungskräfte neigen besonders dazu, ihren jeweiligen Zuständigkeitsbereich positiv hervorzuheben, um, so wie es scheint, ihren Verdienst an einer gut funktionierende Abteilung nicht infrage zu stellen.

Betriebliche Interessenvertreter/innen definieren sich dagegen in ihrer Zuständigkeit eher über das Aufdecken und Abstellen von Mißständen. Sie haben daher weniger Vorbehalte, Problembereiche aufzuzeigen und geben häufiger an, sexuelle Belästigungen als ein ernstzunehmendes Problem auch in ihrem Zuständigkeitsbereich zu betrachten.

Nur eine geringe Anzahl der Befragten (überwiegend Frauen) äußert, daß sie eine bedeutende Dunkelziffer in ihrem Bereich vermuten. Auffällig häufig werden die Krankenhäuser genannt. In diesem „körpernah" eingestuften Bereich sei die Abgrenzung von berufsbedingten Kontakten und sexueller Belästigung schwierig. Besonders bei der Pflege der Patienten werde die Nähe für anzügliche Bemerkungen und körperliche Übergriffe ausgenutzt.

In den Antworten der übrigen Ansprechpersonen aus Krankenhäusern zeigt sich eine Unsicherheit in der Einschätzung der Dunkelziffer, sowie des Problems der sexuellen Belästigung allgemein: Eine klare Stellungnahme wird vermieden oder es wird betont, daß es zwar Belästigungen gäbe, das weibliche Personal jedoch durchaus in der Lage sei, unbelastet und „couragiert" mit solchen heiklen Situationen fertig zu werden. Dieses Argument dient den Befragten als Beweis, daß hier eigentlich kein Problem vorhanden sei, das nicht bereits zur Zufriedenheit aller bewältigt würde.

Vielfach erhoffen sich die weiblichen Personalverantwortlichen, daß durch die Untersuchung ein erster Schritt zur Enttabuisierung geleistet werden könne, indem das Belästigungsthema endlich ins Gespräch komme und insbesondere auch solche Frauen erreiche, die bisher über eigene Belästigungserfahrungen geschwiegen haben. Einige weibliche Vorgesetzte bezogen sich hier ausdrücklich auch selber mit ein und deuteten belästigende Erlebnisse in ihren bisherigen Berufslaufbahnen an, über die auch sie sich bis heute noch nicht offen geäußert haben. Teilweise empfanden sie die Machtposition des Belästigers nach wie vor als bedrohlich für die eigene berufliche Stellung, auch erinnerten sie sich ungern an die eigene Verunsicherung und Hilflosigkeit, mit der sie z. B. auf anzügliche Redensarten, körperliche Annäherungen von Vorgesetzten, die Konfrontation mit ihrer unmittelbaren Arbeitsumgebung reagiert hatten.

Einige Befragte – und hier besonders auch die Interessenvertreter/innen – wiesen auf belästigende Vorkommnisse in ihren Zuständigkeitsbereichen hin. Anhaltspunkte dafür seien z. B. gehäufte Versetzungsgesuche von Frauen aus bestimmten Abteilungen, in denen männliche Vorgesetzte für ein anzügliches Verhalten gegenüber Mitarbeiterinnen bekannt seien, aber auch vertrauliche Gespräche mit Kolleginnen, bei denen Hinweise auf Zudringlichkeiten, eindeutige Angebote und anzügliche Bemerkungen durch Vorgesetzte oder Kollegen gegeben wurden, sowie Eigenbeobachtungen der Befragten im Hinblick auf sexistisch gefärbte Umgangsweisen der männlichen Beschäftigten, die in manchen Arbeitsbereichen sehr verbreitet seien. – Hier sahen die Befragten in der Untersuchung eine Chance, Aufklärung über das tatsächliche Ausmaß der vermuteten oder beobachteten Belästigungen wie auch den Grad der persönlichen Betroffenheit der Frauen selbst zu erhalten. Begrüßt wurde in diesem Zusammenhang auch, daß die Untersuchung von einer außerbetrieblichen Institution durchgeführt werde und damit einen neutralen Charakter habe; dadurch könne den Anliegen belästigter Frauen auch gegenüber den „Gegnern" des Themas im Betrieb ein besonderer Nachdruck verliehen werden.

In den Gesprächen wurde den betrieblichen Verantwortlichen die Frage gestellt, ob sie sich selbst als Ansprechpersonen sehen und glauben, daß belästigte Frauen zu ihnen kämen. Ca. zwei Drittel der Befragten glauben, daß sich eine Betroffene an sie wenden würde. Selbst diejenigen männlichen Führungskräfte, die dem Problem „sexuelle Belästigung" keinerlei Bedeutung beimessen oder Frauen die Schuld zuschieben, sind dieser Überzeugung. Aufgrund ihres persönlichen Führungsstils stimme die „Vertrauensbasis", und es bestünde ein „guter Kontakt" zu den Mitarbeiterinnen; wenn jemand Probleme habe, könne er sich „jederzeit an ihn wenden", wird geäußert.

Betriebliche Interessenvertreter/innen begründen dagegen ihre Einschätzung, daß belästigte Frauen bei ihnen Rat suchen würden, nicht nur mit dem vorhandenen Vertrauen, sondern auch mit nachweisbaren Erfolgen. Frauen, die allgemein positive Erfahrung mit den Betriebs- und Personalräten dieser Beschwerdestellen gemacht hätten, würden sich auch bei sexuellen Belästigungen an diese Stelle wenden, wird argumentiert.

Einige Frauen aus der betrieblichen Interessenvertretung bemängeln, daß die im Betrieb gegebenen Bedingungen nicht ausreichen, um Frauen Mut für eine Beschwerde zu machen; die geringe Beschwerdezahl unterstütze diese Meinung. Belästigte Frauen bräuchten konkrete Hinweise darauf, daß sie mit ihrem Anliegen verstanden und ernstgenommen würden.

Frauen in der betrieblichen Interessenvertretung, die z. B. auf Veranstaltungen bereits nach außen hin deutlich gemacht haben, daß sie sexuelle Belästigungen verurteilen und bereit sind, sich auch bei auftauchenden Widerständen für die Frau einzusetzen, werden, so belegt unsere Auswertung, häufiger als andere von Betroffenen angesprochen. Wenn die Interessenvertreterin die Frau persönlich kennt und sie mit dem Arbeitsbereich der Betroffenen vertraut ist, so scheint die Bereitschaft, sich ihr anzuvertrauen, noch zu wachsen.

Diejenigen Befragten (ca. ein Viertel), die sich selbst nicht als Ansprechpersonen für betroffene Frauen sehen, begründen ihre Einschätzung mit fehlenden Voraussetzungen. Sie glauben z. B., daß sie aufgrund ihrer beruflichen Stellung zu wenig persönlichen Kontakt zu den Mitarbeiterinnen haben und dadurch die notwendige Vertrauensbasis fehlen würde. Einige Männer räumen ein, daß Frauen sich möglicherweise scheuen, sich einem Mann anzuvertrauen. Eventuell stünde sogar die Befürchtung dahinter, von einem Mann nicht ernstgenommen zu werden.

4.1.4. Ansichten über Belästigungsopfer und Täter bei Personalverantwortlichen

Gibt es Eigenschaften oder Typenmerkmale, die dazu beitragen, daß manche Frauen eher zu Belästigungsopfern werden und manche Männer eher Frauen belästigen als andere? Die Anworten auf diese Fragen geben Aufschluß über vermutete Hintergründe und Schuldzuschreibungen bei den betrieblichen Ansprechpersonen. In der Beantwortung ergeben sich auffallende Unterschiede zwischen männlichen und weiblichen Befragten.

Ca. ein Viertel aller befragten Ansprechpersonen lehnen eine Typisierung ab. Sexuelle Belästigung, so heißt es, „kann jede Frau treffen".

Interessanterweise mißverstehen die meisten Männer, die sich dieser Antwortkategorie zuordnen lassen, diese Frage. Sie beziehen sich in ihrer Antwort nicht auf Belästigungen, sondern auf Situationen, in denen sich ein Mann in eine Mitarbeiterin verliebt: Da gäbe es keine besonderen Strukturierungsmerkmale. Es sei ganz verschieden, „wo die Liebe hinfällt", welcher Typ Frau auf den betreffenden Mann „anziehend wirkt".

Die Mehrheit der befragten Ansprechpersonen nennen Eigenschaften oder Frauentypen, von denen sie glauben, daß sie sich auf sexuelle Belästigungen begünstigend auswirken.

Am häufigsten werden „attraktive" Frauen genannt, die meistens „jung" sind, „modisch und schick zurechtgemacht", „flott gekleidet", Frauen, die „aufgeschlossen wirken" und ein „offenes Verhalten" zeigen.

Während weibliche Ansprechpersonen eher vermuten, daß diese Frauen belästigt werden, weil Männer deren Offenheit falsch interpretieren und als sexuelles Entgegenkommen werten, zeigen die Antworten der Männer, daß diese Vermutung zutrifft. Sie unterstellen zumeist den Betroffenen eine Mitschuld, bzw. den Wunsch nach sexueller Annäherung: „Sie wollen wissen, ob sie begehrenswert sind". Der „attraktive" Frauentyp wird auch von Männern weitaus häufiger als „herausfordernd" und „bewußt provozierend" beschrieben. Frauen, die durch „knappe, aufreizende Kleidung" auffallen, dürfen sich, so kommt zum Ausdruck, nicht wundern, wenn sie belästigt werden.

Die Ansprechpartnerinnen nennen dagegen mehr als doppelt so häufig wie ihre männlichen Kollegen den Typ der „schüchternen, unsicher und ängstlich wirkenden" Frau, die den Eindruck eines „hilflosen" Opfers mache, das sich bei Übergriffen nicht zur Wehr setzt oder beschwert. Das Ausnutzen von Unsicherheiten und Machtpositionen betreffe auch Berufsanfängerinnen und Auszubildende, ebenso Frauen, die in den unteren Hierarchieebenen beschäftigt seien. Fehlender Einblick in die betrieblichen Stukturen, Anfangsunsicherheiten im ungewohnten sozialen Umfeld, aber auch die Abhängigkeit von Vorgesetzten oder Bewährungszeiten (Beurteilungen, Probezeiten, Übernahmewunsch nach der Ausbildung) werden als Faktoren genannt, die sich begünstigend auf das Vorkommen von sexuellen Belästigungen auswirken: Die Angst um ihren Arbeitsplatz lasse die Frau auch bei gravierenden Übergriffen schweigen.

Sexuelle Belästigung wird demnach nicht nur, aber deutlich häufiger von Frauen als Machtmißbrauch wahrgenommen, dessen Reiz in einer scheinbar gegebenen Risikolosigkeit – weil Machtlosigkeit des Opfers – liegt.

Nicht nur, aber weit überwiegend sehen Männer in der sexuellen

Attraktivität einer Frau das Hauptmotiv. Dies läßt den Mann zum Opfer werden und entlastet ihn bei eventuellen Schuldzuschreibungen von der Verantwortung.

Ein dritter Betroffenentyp wird fast ausschließlich von weiblichen Befragten benannt: Es würden auch solche Frauen häufiger belästigt, die sich „widerspenstig" geben, die „sich nicht alles gefallen lassen" und „Kritik üben". Sexuellen Belästigungen wird hier die Funktion zugeschrieben, Frauen „in ihre Grenzen zu verweisen", zu zeigen, wer „der Stärkere" ist – also eine Verhaltensweise von Männern, die eine befürchtete Konkurrenz durch fachlich gleichwertige oder überlegene Kolleginnen ausschalten wollen.

Diese Ansichten über die Motive der Belästiger werden durch unsere Frage „Warum belästigen Männer?" weiter konkretisiert.

Ca. 40 % der befragten Männer (fast alle in Leitungspositionen) sehen die Ursachen für Belästigungen im normalen sexuellen Verhalten, in der „Natur der Sache" liegend, im „männlichen Sexualtrieb" begründet. Differenzierungen zwischen erwünschten oder belästigenden Verhaltensweisen werden nur vereinzelt vorgenommen. Das Problem der sexuellen Belästigung existiert für diese Befragten nur dort, wo Männer in ihrem „normal werbenden" oder „flirtenden" Verhalten von Frauen abgewiesen werden.

Auch einige Frauen entschuldigen die Belästigungen der Männer mit dem typischen Rollenverhalten. Männer seien dazu erzogen worden, aktiv und fordernd gegenüber Frauen aufzutreten.

Gleich verteilt bei Männern und Frauen, wird das Verhalten der Belästiger als „Suche nach Selbstbestätigung", die „Demonstration von Erfolgen bei Frauen" gedeutet. Belästigungen werden als „Imponiergehabe" bewertet, mit dem Männer „auf sich aufmerksam" machen wollen und „Anerkennung bei Kollegen suchen". Auch allgemeine persönliche Probleme, z. B. Minderwertigkeitsgefühle, aber auch ein unausgefülltes Sexualleben werden von Männern und Frauen als Ursachen benannt.

Nur Frauen betonen jedoch auch in diesem Zusammenhang den Aspekt der Machtausübung: Belästigungen würden als Mittel eingesetzt, um Frauen zu unterdrücken, um Aggressionen und Frustrationen dort abzuladen, wo die geringste Gegenwehr möglich ist oder vermutet wird. Aus dieser Sicht sind es weniger sexuelle

Motive, die im Vordergrund stehen, sondern die Ausübung von Gewalt auf Unterlegene, die sich sexueller Inhalte bedient.

Die Bedeutung der betrieblichen Hierarchie spiegelt sich in den Antworten auf die Frage nach der beruflichen Position von Belästigern wieder: Werden Frauen häufiger von Kollegen oder von Vorgesetzten belästigt? Beide Gruppen werden zu gleichen Anteilen benannt. Frauen geben häufiger den Vorgesetzten an. Aufgrund seiner Machtposition brauche dieser weniger zu befürchten, daß die betroffene Frau sich wehre oder öffentlich beschwere. Im Gegensatz dazu wird von den Männern eher der Kollege als Belästiger genannt. Die Begründung lautet, Führungskräfte seien „gestandene und reife Persönlichkeiten", die sich ihrer „Vorbildfunktion durchaus bewußt sind". Sie würden es „nicht wagen, ihre Position zu gefährden", denn auch „ihr Ruf steht auf dem Spiel", wenn die Belästigung öffentlich wird.

Eine Frau wird in dieser Einstellung eventuell nur deswegen nicht belästigt, weil der Vorgesetzte um seine eigene Stellung und sein Ansehen im Betrieb fürchtet. Diese auf das eigene Interesse ausgerichtete Problemsicht steht bei einigen männlichen Befragten im Vordergrund, während sie die schwierige Position einer hierarchisch unterstellten Frau, sowohl bei einer Liebesbeziehung als auch bei Belästigungen, kaum wahrnehmen.

Die Antworten der Ansprechpartnerinnen vermitteln ein anderes Bild: Auch, wenn der Belästiger ein Kollege sei, befände er sich in der beruflichen Hierarchie häufig in einer übergeordneten Position und habe Einfluß auf die Arbeitsbedingungen der Frau. Frauen vertreten daher eher die Ansicht als Männer, daß Belästigungen auf allen Hierarchieebenen vorkommen und häufigere Belästigungen durch Vorgesetzte oder Kollegen lediglich auf das Ausmaß der berufsbedingten Kontakte zu den beiden Gruppen zurückzuführen seien. Im Bereich der Sekretärinnen komme es häufiger zu Belästigungen durch Vorgesetzte, während bei gleichrangigen Arbeitsbeziehungen, z. B. unter Sachbearbeiter/innen Übergriffe von Kollegen überwögen.

Bezogen auf den Belästiger lehnt die Hälfte der Befragten eine Typisierung ab, doppelt so viele wie bei den potentiellen „Belästigten". Männer geben hierfür keine genaueren Begründungen, während einige Frauen darauf hinweisen, daß es sich häufig bei Belästigungen um Verhaltensweisen handele, die von den Männern als

„normal" eingestuft werden und worauf Männer „sogar noch stolz sind". Da es sich als um ein durchaus übliches Verhalten handele, könne dem Belästiger auch keine besonderer Typ zugeordnet werden.

Diejenigen Männer, die Eigenschaften von Belästigern benennen, stülpen den Belästigern das Klischee des Sexualstraftäters über: Belästiger sind ihrer Ansicht nach „in der unteren sozialen Schicht" zu finden, sie haben „ein geringes geistiges Niveau", sind „Primitivlinge", bei „denen was nicht stimmt", die „irgendwie gestört sind", die „Minderwertigkeitskomplexe", ein „Defizit" haben. Die Ansprechpartner weisen mit dieser Einordnung mögliche Vorwürfe an eigene „Unkorrektheiten" im Verhalten zurück, sie grenzen sich eindeutig von dem „Belästigertyp" ab.

Einige Ansprechpersonen (Männer und Frauen) nennen den „selbstbewußten und agilen Typ", der sich für „unwiderstehlich hält", „manchmal nicht in der Gewalt hat" und „über das Ziel hinausschießt".

Weit häufiger wird jedoch von den Frauen der Typ „Otto-Normal-Verbraucher" angegeben, Männer, die „unauffällig", manchmal „bieder" wirken, mit einer „ganz normalen Familie" im Hintergrund, „Männer, denen man es nicht zutraut, weil sie so durchschnittlich sind". Nur gelegentlich äußern sich auch männliche Befragte in dieser Richtung: Anmache im Betrieb sei Ausdruck einer generellen Unoffenheit im persönlichen Verhalten.

Im Gegensatz zu einigen ihren männlichen Kollegen lehnen die meisten Frauen eine Pathologisierung des Belästigers ab, ebenso wie eine Verharmlosung als „fehlinterpretierter Flirt". Sie kennzeichnen sexuelle Übergriffe als ein in Betrieben durchaus übliches Fehlverhalten, das von „ganz normalen" Männern ausgeht, aber von Frauen als belastend empfunden wird.

4.1.5. Reaktionen auf vertrauliche Belästigungsmitteilungen

In den Gesprächen mit betroffenen Frauen und aus den Erfahrungsberichten von Gleichstellungsbeauftragten wurde deutlich, daß die Möglichkeit eines vertraulichen Gespräches mit einer kompetenten Ansprechperson für belästigte Frauen einen hohen Stellenwert besitzt. Aufgrund der eigenen Unsicherheit und Furcht vor negativen Reaktionen bei einer offiziellen Beschwerde suchen manche belästigte Frauen zunächst eine ihnen vertrauenswürdig erscheinende Gesprächsperson. Sie wollen sich zunächst aussprechen und weitere Schritte im gemeinsamen Gespräch vorsichtig abwägen können, ohne sofort handeln zu müssen. Einige der betroffenen Frauen empfinden es als einen schweren Vertrauensbruch und Verschlechterung ihrer Situation, wenn Ansprechpersonen in den Betrieben ihren Wunsch nicht respektieren und ohne ihr Einverständnis weitere Personen und Institutionen einschalten.

Von den Personalverantwortlichen in den Untersuchungsbetrieben wurde die vertrauliche Mitteilung als häufigste Beschwerdeform genannt, in der auf sexuelle Belästigung hingewiesen wurde.

Uns interessierte, wie die betrieblichen Verantwortlichen vertraulich gemachte Beschwerden einschätzen und damit umgehen.

Ein Fallbeispiel leitete diese Fragestellung ein:

> „Eine betroffene Frau kommt zu Ihnen, um sich auszusprechen. Sie besteht aber auf Geheimhaltung des Erzählten, weil sie Angst hat, daß der Belästiger sich bei ihr rächt, wenn er erfährt, daß sie sich beschwert hat.

Wie würden Sie reagieren?"

Häufig wurde bei der Beantwortung auf ähnliche Beschwerden im Betrieb, auch wegen anderer Vorfälle, bezug genommen. In der hypothetischen Weiterführung des Fallbeispiels wurden jedoch konstruktivere Lösungen angeboten, als sie bisher in der Praxis üblich waren. Zunächst zeigen sich auffällige Unterschiede in der Reaktion männlicher und weiblicher Ansprechpersonen auf unserer Fallbeispiel. Bei einigen Befragten, überwiegend Frauen, ist ein persönlicher Lernprozeß im Umgang mit solchen Belästigungen zu beobachten. Der unbefriedigende Ausgang bisheriger Beschwerden läßt diese Befragten eher nach neuen ungewöhnlichen Lösungen suchen.

Wendet sich die belästigte Frau an einen Mann, zeigen sich hier eher formale Verhaltensmuster. Diejenigen Befragten, die den Wunsch nach Geheimhaltung des Erzählten respektieren und betonen, daß „das in ihn gesetzte Vertrauen keinesfalls zerstört werden darf", fühlen sich dadurch häufig außerstande, sich für die betroffene Frau einzusetzen. Der Geheimhaltungswunsch liefert manchen Ansprechpersonen die Legitimation, so zeigen auch reale Beschwerdeverläufe in den untersuchten Betrieben, sich nicht verantwortlich zu fühlen und „der Sache" nicht weiter nachgehen zu müssen. Andere, auch hier überwiegend männliche Ansprechpartner, würden sofort versuchen, die Frau zu einer offiziellen Beschwerde zu überreden. Nur so bestünde die Möglichkeit, ihr wirksam zu helfen.

Einige Männer zeigen keinerlei Verständnis für die heikle Situation der Frau. Sie fühlen sich als Ansprechpersonen mißbraucht, wenn sie zum Stillschweigen verpflichtet werden. Antworten wie „Warum erzählt sie es mir dann, wenn ich nichts unternehmen soll," oder „dann soll sie es doch für sich behalten," bzw. „Ich bin doch kein Beichtvater" und „Ich würde um eine solche Aussage nichts geben" verdeutlichen diese Haltung. Daß dieses Verhalten der Frauen als Bestandteil der Probleme gewertet werden kann – Angst vor Repressalien des Belästigers – wird von den männlichen Ansprechpartnern mehrheitlich nicht wahrgenommen oder als unbegründet abgetan.

Auch einige weibliche Ansprechpersonen befürworten offizielle Schritte. Sie würden der Frau jedoch zunächst raten, sich möglichst viele Verbündete (Kolleginnen und Kollegen, Frauenbeauftragte, Interessenvertreter/innen, Vorgesetzte) zu suchen, um erst dann, unter dem Schutz dieses Rückhaltes, offiziell gegen den Belästiger vorzugehen.

Wenige Männer, aber die meisten weiblichen Ansprechpersonen verstehen den Wunsch der Frau nach Geheimhaltung und versuchen trotzdem, ihr helfend zur Seite zu stehen. Sie erkennen die Notlage der Frau und sehen darüberhinaus die Grenzen einer möglichen Hilfestellung:

> „Es gibt Arbeitsbereiche, wo ich die Frau nicht ausreichend schützen kann, wenn die Belästigung öffentlich wird",

äußert eine Interessenvertreterin. Sie bezieht sich mit dieser Aussage auf Belästiger in hohen Vorgesetztenpositionen.

Im Gegensatz zu der eingangs beschriebenen Gruppe der Personen, die es bei der vertraulichen Mitteilung belassen und keine weiteren Hilfestellungen leisten würden, bewerten diese Befragten die vertrauliche Beschwerde einer Frau als „Hilferuf". Sie versuchen, unter Wahrung des Vertrauensverhältnisses, indirekte Wege zu finden, um den Betroffenen zu helfen. Neben der Vereinbarung weiterer Gesprächstermine, die den Betroffenen signalisiert, ernst genommen zu werden und eine/n Verbündete/n zu haben, bieten sie weitere konkrete Vorgehensweisen an. Sie ermutigen z. B. die Frauen, Beweismaterial zu sammeln, z. B. Belästigungserlebnisse zu protokollieren, Zeuginnen und Zeugen oder weitere Betroffene zu finden.

Einige Befragte versuchen, häufiger in dem betreffenden Arbeitsbereich anwesend zu sein, um den beschuldigten Mann zu beobachten. Die Ansprechpartnerinnen geben an, daß sie die weiteren Gespräche mit der Betroffenen nutzen, um gemeinsam Verhaltensstrategien zu erarbeiten, mit denen sich die Betroffene vor weiteren Belästigungen schützen kann, indem sie z. B. selbstbewußter und bestimmter auftritt oder mit einer Beschwerde droht.

Von einer weiblichen Ansprechperson wird auch ein bisher unüblicher Weg empfohlen, um den betroffenen Frauen einen größtmöglichen Schutz zu gewähren: Sie plädiert dafür, daß auch anonyme, notariell beglaubigte Zeugenaussagen betroffener Frauen ernstgenommen werden und dazu führen müßten, daß die Disziplinarstelle diesen Hinweisen nachgeht. Bisher werden in ihrem Betrieb nur Beschwerden offiziell anerkannt, bei denen sich die Betroffene namentlich zu erkennen gibt.

Manche Ansprechpersonen fühlen sich in einer „Zwickmühle", sie sind unzufrieden damit, daß sie von der Frau zum Stillschweigen verpflichtet worden sind und sehen gleichzeitig die Nachteile, die der Betroffenen bei einer offiziellen Beschwerde drohen.

Eine weibliche Auszubildende war im Außendienst von einem ca.

50jährigen Mitarbeiter, zu dem sie keine direkte Arbeitsbeziehung hatte, belästigt worden. Während einer gemeinsamen Dienstfahrt war der Belästiger in einen Feldweg eingebogen und hatte die junge Frau darauf angesprochen, daß sie doch alleine wohne und er ihr gerne Gesellschaft leisten würde etc. Nach ihrer Zurückweisung „machte er sie" in der Folgezeit wiederholt vor Kollegen „an", woraufhin sie sich vertraulich an ihre zuständige Verwaltungsleiterin wandte. Die Vorgesetzte hörte der jungen Frau zu und wollte dann spontan den belästigenden Mann zur Rede stellen, dies lehnte die Betroffene jedoch ab, weil sie aus eigener Kraft mit der Situation fertig werden wollte. Der jungen Frau ging es vor allem darum, sich bei ihrer Vorgesetzten auszusprechen. Es blieb bei der vertraulichen Beschwerde; die Vorgesetzte wandte sich zwar informell an die Frauenbeauftragte des Betriebes und bat um Rat, wie sie weiter verfahren sollte. Die Frauenbeauftragte riet ihr jedoch, erst einmal weitere Gespräche mit der jungen Frau zu führen und ihren Wunsch nach Geheimhaltung zu respektieren. Die Vorgesetzte blieb in Kontakt mit der Betroffenen und gewann schließlich den Eindruck, daß sich die junge Frau mit der Zeit besser wehren konnte, so daß die Belästigungen aufhörten.

Obwohl dieser Fall aus Sicht der Vorgesetzten letztendlich gut für die junge Frau ausgegangen ist und zur Stärkung ihrer eigenen Gegenwehr und damit auch ihres Selbstbewußtseins beigetragen hat, ist sich die Vorgesetzte unsicher, ob es nicht richtiger gewesen wäre, den Mann doch anzusprechen. Er habe zwar von der jungen Frau „Kontra bekommen" und daraufhin in diesem einen Fall sein Verhalten geändert; er wisse jedoch nicht, daß auch seine Vorgesetzte von dem Vorfall informiert sei. Und dies müsse ihm eigentlich deutlich gemacht werden, um potentielle Gefährdungen für andere junge Frauen künftig auszuschließen.

Einige Befragte versuchen, die ratsuchende Frau zu dem Einverständnis zu bewegen, vertraulich mit weiteren Personen, z. B. dem Vorgesetzten des Beschuldigten sprechen zu dürfen, um hier gegebenfalls weitere Anhaltspunkte für eine aussichtsreiche Beschwerde zu erhalten. Auch dies gelingt jedoch nicht immer, wie das folgende Beispiel zeigt:

Ein Bezirksleiter belästigte mehrere seiner Mitarbeiterinnen mit unstatthaften intimen Befragungen. Die Frauen gingen schließlich nur noch zu zweit zu Besprechungen mit ihm und vertrauten sich der zuständigen betrieblichen Interessenvertretung an. Mehrere

Internessenvertreter/innen besuchten sie daraufhin unauffällig am Arbeitsplatz und fanden die Belästigungshinweise glaubwürdig. In der Folgezeit wurden die Frauen zu regelmäßigen Gesprächen mit der Interessenvertretung gebeten, um im Falle weiterer belästigender Übergriffe darauf hinwirken zu können, den Beschuldigten trotz seiner hohen Position zu versetzen. Die betroffenen Frauen berichteten zwar von weiteren Belästigungen, waren aber nicht bereit, im Rahmen einer offenen betrieblichen Beschwerde gegen ihn auszusagen, so daß keine formalen Schritte gegen den Vorgesetzten unternommen werden konnten.

Eine Interessenvertreterin praktiziert eine Hilfestellung unter Wahrung der Anonymität. Wenn die betroffene Frau ihr Einverständnis gibt, macht sie den beschuldigten Mann in einem vertraulichen Gespräch auf sein Fehlverhalten aufmerksam, ohne dabei ihre Informationsquelle preiszugeben. Gegebenenfalls droht sie mit einer öffentlichen Bloßstellung, wenn der Mann sein Verhalten gegenüber der Frau nicht einstellt.

Kritisch angemerkt wird hier jedoch, daß der Mann selbst bei einer anonymen Mitteilung häufig ahnt, wer sich über ihn beschwert hat und die betroffene Frau daher auch bei dieser Verfahrensweise nicht unbedingt von negativen Folgen verschont bleibt.

Ein befragter Interessenvertreter ist heute noch unzufrieden mit seiner Reaktion auf eine mehrere Jahre zurückliegende vertrauliche Mittteilung einer Auszubildenden wegen einer versuchten Vergewaltigung. Da er von ihr zum Stillschweigen verpflichtet worden war, sah er sich außerstande, sich aktiv für die Frau einzusetzen. Der Täter hat sich einige Zeit später in eine andere Stadt versetzen lassen, vermutlich deshalb, weil er denkt, daß andere von seiner Tat erfahren hatten. Der Befragte macht sich heute Vorwürfe, daß er sein Wissen für sich behalten hat, da er befürchtet, daß der Mann auch an seinem jetzigen Arbeitsplatz Gewalt gegenüber Frauen ausüben könnte. Gleichzeitig sieht der Befragte keinen Weg, der ihn damals aus dem empfundenen Dilemma herausgeführt hätte, ohne der betroffenen Frau noch mehr zu schaden.

Dieses Beispiel, das sowohl die Ängste der betroffenen Frauen als auch der Ansprechpersonen exemplarisch benennt, verdeutlicht die Aussichtslosigkeit, mit der übliche Beschwerdewege im Fall einer sexuellen Belästigung beurteilt werden. Selbst betriebliche

Verantwortliche können keine befriedigenden Lösungswege aufzeigen.

Einige Gesprächspartnerinnen deuten im Interview an, daß sie u. U. auch ohne die Zustimmung der Frau mit einer weiteren, ihnen vertrauenswürdig erscheinenden Person über die Beschwerde sprechen würden, insbesondere dann, wenn sie nicht alleine die Verantwortung für die weiteren Schritte tragen möchten. Dies gelte z. B. dann, wenn die geschilderten Vorfälle so gravierend sind, daß dringend nach einer Lösung gesucht werden muß. Es käme auch vor, daß die eigenen Einwirkungsmöglichkeiten selbst zu begrenzt seien, da die betroffene Frau sich zunächst nicht an die einflußreichste, sondern ihr vertrauteste Ansprechperson im Betrieb gewendet habe. Diese Befragten würden z. B. den Vorgesetzten des Belästigers bitten, auf dessen Verhalten zu achten und ihn gegebenfalls zu den Vorwürfen Stellung nehmen zu lassen.

Ein gut funktionierende Kontaktnetz habe, so wird ergänzt, schon oft dazu beigetragen, Mißstände aufzudecken, die eigentlich vertuscht werden sollten. Wenn z. B. darüber getuschelt werde, eine Frau werde belästigt, oder Verhaltensauffälligkeiten ein gestörtes Arbeitsklima durch Belästigungen vermuten ließen, könnten die Kontakte zu anderen betrieblichen Verantwortlichen genutzt werden, um solchen versteckten Hinweisen nachzugehen und sich abzusichern, bevor weitreichendere Schritte unternommen werden.

Die Anmerkung mancher Ansprechpersonen, daß in ihrem Betrieb selten etwas geheim bleibt, läßt vermuten, daß solche wahrscheinlich gut gemeinten Informationen an Dritte aber auch dazu führen können, daß die Beschwerde sich herumspricht und die Frau sich in ihrem Vertrauen enttäuscht fühlt.

Insgesamt verbleibt der Eindruck, daß nicht nur das Vorkommen sexueller Belästigungen in den Betrieben weitgehend geleugnet wird, sondern sich auch im betrieblichen Handeln ein „weißer Fleck" zeigt, der solche Vorfälle aus den sonst oft gut durchdachten Problemlösungsstrategien und Beschwerdewegen ausklammert.

4.1.6. Reaktionen auf offizielle Beschwerden

Das Ausmaß konkreter Erfahrungen mit Belästigungsfällen ist auch bei den betrieblichen Ansprechpersonen betroffener Frauen größer, als zunächst angenommen werden konnte.

Über zwei Drittel aller in den Fallstudienbetrieben befragten Personalzuständigen (einschließlich der Interessenvertretung) gaben an, daß sie bereits ein- oder mehrmals von einer belästigten Frau angesprochen und um Hilfe gebeten worden sind oder mit der (formalen) Regelung einer Belästigungsbeschwerde zu tun hatten.

Auch ein großer Teil derjenigen Vorgesetzten, die sexuelle Belästigungen als unbedeutend für den Betrieb einstuften (knapp die Hälfte der Befragten), war schon einmal mit entsprechenden Beschwerden von Mitarbeiterinnen konfrontiert worden (was jedoch meist von ihnen als „Einzelfälle" gewertet wurde).

Weibliche Vorgesetzte wurden öfter direkt von betroffenen Frauen ins Vertrauen gezogen, während bei männlichen Vorgesetzten die Ansprache häufig über Dritte erfolgt war (Personalrat, Vertrauensleute, Jugendvertreter), denen sich die betroffenen Frauen zunächst anvertraut hatten. – Da in allen untersuchten Betrieben auf der Vorgesetztenebene nur relativ wenig Frauen anzutreffen sind, die Anzahl der zur Verfügung stehenden männlichen Vorgesetzten also weitaus höher ist, erhält die häufige Inanspruchnahme der befragten weiblichen Vorgesetzten ein besonderes Gewicht. Belästigte Frauen wenden sich offenbar bevorzugt an weibliche Ansprechpersonen und verzichten möglicherweise sogar auf eine Beschwerde, wenn keine weiblichen Vorgesetzten zur Verfügung stehen (siehe auch Abschnitt 4.2.6.).

Die geschilderten Beschwerdefälle umfassen nahezu alle Belästigungsformen, die auch im schriftlichen Fragebogen unserer Untersuchung aufgelistet sind. Die häufigsten Beschwerden bezogen sich auf unerwünschte Annäherungsversuche und Zudringlichkeiten durch Kollegen oder Vorgesetzte, die sich sowohl in körperlichen Berührungen wie auch in verbale Anzüglichkeiten und Beleidigungen ausdrückten. Aber auch besonders „handfeste" körperliche Übergriffe wie z. B. das „Begrabschen" und Bedrängen einer Frau, plötzliche Umarmungen, Po-Kneifen oder Küsse hatten zu einer Beschwerde geführt.

Beschwerdefälle, bei denen es um besonders schwerwiegende Übergriffe wie etwa sexuelle Erpressung, Nötigung, Körperverletzung oder versuchte Vergewaltigung ging, wurden ebenfalls geschildert.

Aus Sicht der Befragten handelte es sich hierbei durchgängig um Ausnahmefälle. Im Vergleich aller Fallstudienbetriebe kann jedoch gesagt werden, daß strafrechtlich bedeutsame Belästigungsformen in größerem Umfang vorkommen und von betroffenen Frauen mitgeteilt werden, als gemeinhin in den Betrieben bekannt ist. Nur etwa die Hälfte der uns geschilderten Beschwerdefälle hat – insbesondere bei körperlichen Übergriffen und versuchter Vergewaltigung – zu formalen betrieblichen Beschwerdeverfahren gegen die Belästiger geführt. In den anderen Fällen waren die befragten betrieblichen Ansprechpersonen von den betroffenen Frauen zu vertraulichem Vorgehen oder sogar zum völligen Stillschweigen über die Belästigungsmitteilung verpflichtet worden und hatten sich daraufhin oftmals nur in der Lage gesehen, persönlichen Beistand und/oder Hilfen bei den Versetzungsgesuchen der Betroffenen anzubieten.

Auch bei den anderen geschilderten Belästigungsfällen kam die vertrauliche Handhabung von Beschwerden wesentlich häufiger vor als ein offenes, direkt an den Belästiger gerichtetes Vorgehen. Als besonders problematisch erweist sich hier, daß bei den meisten dieser nicht im Betrieb bekanntgewordenen Belästigungsbeschwerden auch den betrieblichen Ansprechpersonen unklar blieb, ob sich die betroffenen Frauen in der Folge auch tatsächlich aus der gefährdenden Situation (weitere Begegnungen oder Zusammenarbeit mit dem Belästiger) herausziehen konnten – sofern sie es nicht vorgezogen hatten, sich versetzen zu lassen.

Bei den betroffenen Frauen, die sich beschwert oder hilfesuchend an die Befragten gewandt hatten, handelte es sich überwiegend um einfache bis mittlere Angestellte (Verwaltungsfachkräfte, Sekretärinnen oder Bürogehilfinnen), um Krankenschwestern, um Auszubildende und etwas seltener um Arbeiterinnen, während Frauen in höher qualifizierten oder Laufbahnpositionen so gut wie gar nicht genannt wurden.

Bei den belästigenden Männern handelte es sich dagegen in den geschilderten Beschwerdefällen häufig um direkte Vorgesetzte (auch Ausbilder) und um ranghöhere Kollegen der Frauen, während gleichgestellte männliche Kollegen etwas seltener im Zusammenhang mit Belästigungsbeschwerden erwähnt wurden. Im Krankenhausbereich wie im Bereich der sozialen Dienste (z. B. offene Sozialhilfe, Familienfürsorge) und in Verwaltungsbereichen mit hohem Publikumsverkehr wurden zudem häufig auch belästigende Patienten, Klienten und männliche Besucher der Verwaltungsstellen erwähnt.

Die häufige Nennung von Vorgesetzten und höherrangigen Kollegen insbesondere bei vertraulichen Belästigungsbeschwerden verweist auf einen besonderen Problemdruck, unter dem betroffenen Frauen vor allem in hierarchischen Arbeitsbeziehungen (zum Belästiger) stehen. Je höher die Position des Belästigers im Betrieb angesiedelt ist und je „unangreifbarer" er aufgrund fachlicher Spezialisierung oder persönlicher Einflußmöglichkeiten auf betrieblichen Entscheidungsgremien ist, um so geringer scheint für betroffene Frauen die Möglichkeit zu sein, alleine bzw. ohne Einschaltung Dritter mit der Belästigungssituation fertig zu werden, um so eher tendieren betroffene Frauen aber auch zu vertraulichen Belästigungsmitteilungen und -beschwerden.

Im Krankenhausbereich zeigt sich z. B. die Tendenz, daß Belästigungsmitteilungen durch betroffene Krankenschwestern meist im Vorfeld einer Beschwerde bleiben, wenn es sich um belästigende Ärzte (oberhalb der Ebene von Stationsärzten) handelt. Die hierarchischen Strukturen der Arbeitsplätze und Positionen sind innerhalb der Ärzteschaft und besonders zwischen Ärzten und (weiblichem) Pflegepersonal besonders starr und bei den Beschäftigten verinnerlicht. Kommt es dennoch vereinzelt zu Belästigungsbeschwerden, so werden überwiegend weibliche Vorgesetzte in den Pflegedienstleitungen, leitende Stationsschwestern und gelegentlich auch zuständige Personalrätinnen ins Vertrauen gezogen. Von direkten Belästigungsbeschwerden bei den Personalleitern der Krankenhäuser wurde nur im Hinblick auf belästigende Pfleger berichtet.

Die Tatsache, daß sich in den Fallstudienbetrieben bisher noch keine Frau in einer Laufbahn– oder Vorgesetztenposition offen wegen belästigender Übergriffe geäußert oder beschwert hat, ist nicht gleichbedeutend damit, daß sie gar nicht von Belästigungen betroffen wären.

Auch die befragten weiblichen Vorgesetzten thematisierten eigene

Erfahrungen mit Diskriminierungen und sexuellen Übergriffen, die bis zu erlebten Einschränkungen in der Berufslaufbahn aufgrund der Verweigerung von eindeutigen Angeboten reichten. Die Zurückhaltung bei offenen Äußerungen im Hinblick auf eigene Belästigungserfahrungen scheint bei Frauen in gehobenen betrieblichen Positionen insbesondere auf ihrem nach wie vor bestehenden Minderheitenstatus zu beruhen. Sie haben in der Regel kaum selber Ansprechpartnerinnen in ebenengleichen Positionen und müssen, ähnlich wie engagierte Frauen in den Betriebspersonalräten, unter Umständen sogar mit negativen Folgen rechnen, wenn sie sich für belästigte Mitarbeiterinnen einsetzen.

In einem geschilderten Beschwerdefall drohte z. B. ein beschuldigter Chefarzt einer Vorgesetzten mit einer Verleumdungsklage, nachdem er erfahren hatte, daß sie sich um die Klärung einer Belästigungsmitteilung durch eine Krankenschwester bemühte. In anderen Fällen machten sowohl eine Personalrätin wie auch eine Vorgesetzte deutlich, daß sie von männlichen Kollegen und ihren eigenen Vorgesetzten sehr distanziert behandelt und zunehmend in ihrer Arbeit wie auch ihrem persönlichen Fortkommen im Beruf behindert werden, seit sie sich stärker für die Belange von Frauen einsetzen und sich offen gegen Diskriminierungen und sexuelle Belästigungen im Betrieb aussprechen.

Die geschilderten Beschwerdefälle waren in den Untersuchungsbetrieben häufig aktuellen Datums: über die Hälfte der Belästigungsmitteilungen und -beschwerden bezogen sich auf den Zeitraum des letzten Jahres, die anderen Fälle lagen zwei bis über acht Jahre zurück. In den Verwaltungsbetrieben zeigten sich auffällige Häufungen von geschilderten Belästigungsfällen besonders für solche Beschäftigtenbereiche, wo es infolge bekanntgewordener einzelner Beschwerdeverfahren und des engagierten Einsatzes einiger Personalrätinnen für die Schutzbelange der Kolleginnen zu einer erhöhten Aufmerksamkeit für das Problem bei den weiblichen (und männlichen) Beschäftigten gekommen war.

Auffallend selten wurden dagegen Belästigungsmitteilungen und -beschwerden von betroffenen Frauen durch die befragten Personalzuständigen in solchen Beschäftigungsbereichen erwähnt, die als „Männerdomänen" bezeichnet werden können (insbesondere Technische Betriebsdienste, Ingenieur- und Planungsbereiche, Hoch-/Tief- und Straßenbauverwaltungen) oder in denen Frauen überwiegend in ungeschützten Arbeitsverhältnissen und in den

Früh- und Spätstunden beschäftigt sind (Gebäudereinigung). Hier wurde in den Expertengesprächen vielfach auf Arbeitsbedingungen hingewiesen, die sexuelle Belästigungen zu begünstigen und gleichzeitig die offene Gegenwehr der betroffenen Frauen zu verhindern scheinen und die insbesondere den in diesen Bereichen vorherrschenden sexistischen Umgangston der männlichen Beschäftigten, aber auch die starke Vereinzelung von weiblichen Zeitarbeitskräften sowie die arbeitszeitbedingte schwere Kontrollierbarkeit von Schichtarbeiten (z. B. bei Putzkolonnen) betrafen.

Um einen Eindruck zu erhalten, wie die betrieblichen Verantwortlichen in vergleichbaren Beschwerdesituationen reagieren würden, wurden ihnen in den Expertengesprächen mehrere fiktive Fallbeispiele vorgelegt, in denen sich eine Frau wegen sexueller Belästigungen an die befragte Person wendet. Wir stellten hier jeweils die Frage, wie die Ansprechperson sich in dieser Situation verhalten würde und erhielten so, auch unter Einbeziehung ähnlicher „realer" Vorfälle in den Betrieben, einen Überblick über zu erwartende Verfahrensweisen in verschiedenen Belästigungssituationen.

Auswertungsergebnisse zu den Fallbeispielen

Knapp über 80 % der Frauen in den Untersuchungsbetrieben haben in der schriftlichen Erhebung mittels Fragebogen angegeben, da sie anzügliche Bemerkungen über die Figur und das Privatleben „eher belästigend" empfinden. In einem diese Situation aufgreifenden fiktiven Fallbeispiel wurden die betrieblichen Ansprechpersonen nach ihren Reaktionen befragt:

> Eine Beschäftigte kommt zu Ihnen und beschwert sich über einen Kollegen, der oft anzügliche Bemerkungen über ihre Figur und ihr Privatleben macht.

Wie würden Sie reagieren?

Ca. ein Drittel der befragten Ansprechpersonen versucht in ihrer Stellungnahme, die Angemessenheit der Beschwerde infrage zu stellen. Anzügliche Bemerkungen werden nicht als sexuelle Belästigung gewertet: Es sei sicherlich nicht so gemeint gewesen oder die Frau habe das Verhalten des Mannes wahrscheinlich herausgefordert.

Einige Ansprechpersonen kreiden es der betroffenen Frau selbst an, wenn sie nicht fähig ist, sich in der Situation zu behaupten. „Das muß sie lernen" ist eine immerwiederkehrende Antwort. Die Begründung, daß es immer nur einzelne Frauen sind, die Probleme äußern, liefert den Befragten den Beweis, daß hier wohl eine mangelnde Eignung bei den Frauen selbst vorliegt: Nur überempfindliche oder zu wenig durchsetzungsfähige Frauen würden sich wegen anzüglicher Bemerkungen beschweren.

Diese Argumente werden besonders dann angeführt, wenn es sich bei dem Belästiger um einen Patienten oder Kunden handelt. Von Frauen, die sich für bestimmte Berufe (z. B. Krankenschwester, Politesse, Sozialarbeiterin) entschieden haben, wird von männlichen und weiblichen Personalverantwortlichen verlangt, daß sie über solche verbalen Belästigungen hinwegsehen oder den Mann selbstbewußt zurechtweisen. Die Anmerkung einer Vorgesetzten, daß heute weniger Frauen sich wegen sexueller Belästigungen beschweren als früher, weil es inzwischen zum Selbstbild von Frauen gehört, Konflikte aus eigener Kraft zu lösen, kann auf dem Hintergrund unserer Auswertungsergebnisse auch anders interpretiert werden: Die Frauen glauben, daß von ihnen Durchsetzungsfähigkeit gefordert wird. Sie befürchten nicht zu Unrecht, wie die Kommentare einiger Ansprechpersonen zeigen, daß ihnen bei einer Beschwerde eventuell sogar die berufliche Eignung abgesprochen wird.

In einigen Betriebsbereichen (insbesondere Männerdomänen) gehören anzügliche Bemerkungen zum „üblichen", „alltäglichen Umgangston". Da diese Äußerungen häufig nicht nur von einem Mann ausgehen, sondern Ausdruck eines gemeinsamen Einverständnisses unter allen Männern sind und die Anerkennung des Wortführers in der Gruppe erhöhen, scheint es den meisten Ansprechpersonen unmöglich, sich hier aktiv für die Interessen einer Frau einzusetzen. Die Befragten befürchten, nicht ernstgenommen zu werden und die Akzeptanz in der Abteilung zu verlieren, wenn sie ein Verhalten als Belästigung verurteilen, das von den wortführenden Männern als „harmloser Scherz" angesehen wird.

Knapp die Mehrheit der Ansprechpersonen rät daher der betroffenen Frau in dem vorgelegten Fallbeispiel zur Selbsthilfe. Sie soll den Mann klar zurückweisen, ihm deutlich machen, daß sie solche Bemerkungen nicht wünscht. Einige Befragte machen ihre Unterstützungsangebote von der „Persönlichkeit" der Frau abhängig, davon, ob sie „selbstbewußt" und „couragiert" wirkt und dadurch in der Lage erscheint, selbst mit der Situation fertig zu werden. Mit dem Verweis auf ihre Durchsetzungsfähigkeit wird die Frau mit der Situation allein gelassen.

Diese Ansprechpersonen fühlen sich nur dann verpflichtet, einzugreifen, wenn es sich um eine „ängstliche", „unsicher" wirkende Frau handelt, also dann, wenn die Frau den Erwartungen an einen selbstbewußten Umgang im Kollegenkreis nicht entspricht. Manchen männlichen Vorgesetzten scheint es lästig zu sein, sich um solche „Bagatellen" kümmern zu müssen, wo die Frau doch eigentlich selbst in der Lage sein müßte, die Situation zu klären. Sie reagieren fast verärgert bei der Vorstellung, daß sie wegen solcher Nebensächlichkeiten in die Pflicht genommen werden könnten.

Eine weitere, wenn auch selten beschriebene Variante der Reaktion auf eine Beschwerde besteht darin, die Frau zur Gegenwehr zu ermutigen. Im Unterschied zu der oben angeführen Umgangsweise mit Tips zur Selbsthilfe lassen diese Ansprechpersonen die Betroffene nicht alleine. Sie nehmen die Beschwerde ernst. Sie überlegen gemeinsam mit der Frau passende Abwehrstrategien, die der Situation angemessen erscheinen, verabreden weitere Gesprächstermine und erkundigen sich über den Verlauf der besprochenen Aktionen.

Diese Ansprechpersonen stufen den weiteren Verlauf der Beschwerde wirkungsvoller ein, wenn es der Frau gelingt, das Problem selbst in ihrem Interesse zu lösen. Zum einen würde ihr Sebstbewußtsein steigen und zum anderen mache sie deutlich, daß sie nicht länger das hilflose Opfer sei, mit dem ein Belästiger „leichtes Spiel" hat.

Die Hälfte der Ansprechpersonen gibt an, daß sie den Mann auf sein Fehlverhalten aufmerksam machen würden. Sie würden sich insbesondere dann einschalten, wenn die Frau in ihrer Abwehr erfolglos bleibt. Die Ermahnung eines Beschuldigten setzt jedoch häufig voraus, so wurde in den Gesprächen deutlich, daß die Frau sich wiederholt beschwert hat und glaubhaft machen kann, daß sie den Belästiger bereits deutlich genug zurechtgewiesen hat.

Ob das Versprechen der Ansprechpersonen auch tatsächlich im konkreten Belästigungsfall eingelöst und sich die Situation dadurch für die Frau verbessern würde, ist vor dem Hintergrund unserer weiteren Auswertungsergebnisse fraglich. Bei der Frage nach der genauen Vorgehensweise weichen die Befragten häufig aus. Zahlreiche Einwände werden angeführt, in denen die zuvor geäußerte Unterstützung zurückgenommen wird: Es müsse für ein solch heikles Gespräch „eine günstige Gelegenheit" abgewartet werden. Es müsse „vorsichtig" und „diplomatisch" vorgegangen werden. Zum einen dürfe dem beschuldigten Mann „nicht Unrecht getan" werden, solange der Beweis für die Belästigungen nicht erbracht sei. Zum anderen wäre es ja auch für die verantwortliche Ansprechperson selbst peinlich, „wenn da was Falsches behauptet" werde, der eigene Ruf als kompetente Ansprechperson stünde auf dem Spiel.

Die Antworten lassen erkennen, daß manche der befragten Gesprächspartner/innen das Gespräch mit dem Beschuldigten scheuen und „sprachlos" werden, wenn es darum geht, die sexuelle Belästigung zu thematisieren.

Es wird von einigen Ansprechpersonen kritisch angemerkt, daß es auch darauf ankommt, wie der Personalverantwortliche die Belästigung im Gespräch mit dem beschuldigten Kollegen bewertet. Wenn die Frau beispielsweise auch von dem zuständigen Vorgesetzten als „Sensibelchen" dargestellt wird, auf dessen Überempfindlichkeit der Beschuldigte Rücksicht nehmen soll, wird der Betroffenen zusätzlich die Schuld zugeschoben und das Verhalten des Mannes lediglich als Kavaliersdelikt verharmlost.

In einem weiteren Fallbeispiel beschwert sich eine Frau über „Vorkommnisse" am Arbeitsplatz, die von über 80 % der mittels Fragebogen erfaßten Beschäftigten in allen untersuchten Betrieben als Belästigung eingestuft werden:

> Eine Beschäftigte beschwert sich bei Ihnen über einen Vorgesetzten, mit dem sie eng zusammenarbeitet. Er macht ihr gegenüber deutlich, daß er gerne mit ihr eine Nacht verbringen möchte und versucht ständig, sie zu ei-

ner Verabredung zu überreden. Er hat ihr auch schon einige Male in den Po gekniffen oder an die Brust gefaßt. Ihre Zurückweisungen werden von ihm ignoriert.

Die meisten Ansprechpersonen geben an, daß sie in diesem Fall, z. B. unter Einbeziehung weiterer Stellen und Personen (Disziplinaramt, Personalverantwortliche, Gleichstellungsbeauftragte, Interessenvertreter/innen), eine Klärung herbeiführen würden. Der Belästiger müsse zu den Vorwürfen Stellung nehmen und für sein Verhalten zur Rechenschaft gezogen werden. Falls erforderlich, müsse hier die Personalabteilung und Disziplinarstelle eingeschaltet werden.

Ungefär die Hälfte der Befragten äußert sich optimistisch über den weiteren Verlauf der Beschwerde. Die betroffene Frau könne damit rechnen, daß der „Fall" zu ihrer Zufriedenheit gelöst wird und der Beschuldigte sein Verhalten ihr gegenüber ändert. Diejenigen Personen, die der betroffenen Frau die bei einer offiziellen Beschwerde folgenden unangenehmen Ermittlungsschritte wie Anhörung und schriftliche Niederlegung der Beschwerde, sowie die Bloßstellung im Betrieb ersparen wollen, suchen nach informellen Wegen. Sie befürworten eine Klärung im kleinen Kreis, möglichst nur mit den beiden Beteiligten. Sie setzen die Hoffnung in die „heilende Kraft" des Gesprächs: Wenn der Belästiger merkt, daß eine andere einflußreiche Person von den Belästigungen weiß und die Übergriffe verurteilt, könne dies zu einer Verhaltensänderung führen.

Insbesondere von einigen weiblichen Ansprechpersonen wird jedoch kritisch angemerkt, daß die Belastungen für die betroffene Frau meistens nicht damit beendet sei, wenn der Mann die Belästigungen einstellt. Handelt es sich, wie in dem Fallbeispiel, um einen Vorgesetzten, gäbe es für ihn genügend Möglichkeiten, sich bei der Frau für die Zurückweisung und Bloßstellung zu rächen.

Fehlende, ihnen bekannte Handlungsalternativen lassen jedoch auch diesen Ansprechpersonen die Regelung im kleinen Kreis als bestmögliche Vorgehensweise erscheinen.

Ähnlich wie bei dem ersten Fallbeispiel sind es nur wenige Ansprechpersonen, und hier wieder überwiegend Frauen, die den Betroffenen eine beratende und unterstützende Begleitung anbieten. Sie würden auch nach einem klärenden Gespräch mit dem Belästiger den Kontakt zu der Frau suchen. Bei Hinweisen auf weitere Belästigungen und Schikanen müsse dem Mann mit negativen Sanktionen, z. B. einer Bloßstellung im Betrieb, gedroht werden.

Andere Befragte geben jedoch zu bedenken, daß diese Vorgehensweise nicht unproblematisch sei: Wenn sich der Belästiger sicher ist, daß die Frau die Belästigungen nicht nachweisen kann und sie im Betrieb eventuell sogar als Schuldige gesehen wird, sei eine Sanktionierung kaum möglich und könne daher auch nicht als „Drohfaktor" eingesetzt werden. Da vermutet wird, daß der Belästiger eine Verleumdungsklage gegen die beschwerdeführende Frau einleitet, müsse sogar mit einem Bumerangeffekt gerechnet werden. Die Frau werde zur Angeklagten. Diese antizipierten gravierenden Auswirkungen verstärken die Hilflosigkeit mancher Ansprechpersonen und verhindern jegliches Handeln.

Die Antworten auf unsere das Fallbeispiel erweiternde Frage „Was wäre, wenn der Mann, auf die Belästigungen angesprochen, die Vorwürfe abstreitet?" ließ den eingangs geäußerten Optimismus mancher Ansprechpersonen in einen erfolgreichen Beschwerdeverlauf sinken. Wenn die Frau in diesem Fall keine Beweise beibringen könne, so ist die überwiegende Meinung, wird die Beschwerde aussichtslos bleiben, die Ermittlungen würden eingestellt und die Frau werde sich, falls möglich, versetzen lassen.

Bei diesem Fallbeispiel, in dem fast alle Ansprechpersonen die Meinung vertreten, daß hier eindeutig eine sexuelle Belästigung beschrieben sei, zeigt sich die Aussichtslosigkeit der vorgeschlagenen Vorgehensweisen besonders deutlich. Mehrfach wird von Gesprächspartner/innen geäußert, daß in diesem Fall der Mann versetzt werden müsse. Die Frau dürfe nicht diejenige sein, die unter negativen Auswirkungen zu leiden habe. Demgegenüber sind nur wenige Ansprechpersonen der Meinung, daß die Frau mit einem erfolgreichen Beschwerdeverlauf rechnen kann, wenn die Belästigungen nicht bewiesen werden können.

Auch viele derjenigen Ansprechpersonen, die sexuelle Belästigungen als ein schwerwiegendes Problem erkennen und die Notwendigkeit von Veränderungen betonen, können keine befriedigenden Lösungswege aufzeigen. Die Fähigkeit, sich in die Situation der Frau einzufühlen, bewirkt beim Abwägen der zur Verfügung stehenden offizellen Schritte, so scheint es, erst recht das Gefühl der Hilflosigkeit. Jedes Eingreifen birgt die Gefahr für die

Frau, negativen Folgereaktionen ausgeliefert zu sein. Eine betroffene Frau, die sich offiziell wegen einer Belästigung beschwert, ist vielfältigen Belastungen ausgesetzt, z. B. Schuldzuschreibungen im Kollegenkreis, dem Betriebsklatsch, unangenehmen Ermittlungsgesprächen und der weiteren Zusammenarbeit mit dem Belästiger. Die Suche nach einem anderen Arbeitsplatz für eine Betroffene im Betrieb wird zum Schutz der Frau häufig als bestmögliche, aber unbefriedigende Lösung gesehen. Solche Versetzungen werden überwiegend informell geregelt, ohne die tatsächlichen Gründe offen zu legen. Da die Frau meistens die negativen Konsequenzen zu tragen hat, wenn ein „Belästigungsfall" im Betrieb bekannt wird, während der beschuldigte Mann unbehelligt bleibt, wird so versucht, das Ausmaß an Benachteiligungen für die Frau zu reduzieren.

Mehr als ein Drittel der Befragten würde, auf das Fallbeispiel bezogen, keine aktive Hilfestellung leisten, sondern der Frau zu einer weiteren, heftigeren Gegenwehr raten, bzw. auf eine andere Beschwerdestelle verweisen. Selbst bei diesem Fallbeispiel unterstellen einige männliche Ansprechpersonen der Frau eine Mitschuld: „Man weiß ja nie, wie es dazu gekommen ist", „wer schuld hat".

Für die meisten Frauen ist es kein leichter Schritt, sich in dem Betrieb einer verantwortlichen Ansprechperson anzuvertrauen (Ergebnis aus den Intensivinterviews). Für eine Frau, die diese Barriere überwunden hat, muß es enttäuschend sein, zu erleben, daß ihr Gegenüber ihr nicht glaubt oder „sich aus der Sache raus halten will" und sie an Institutionen verweist, die ihr zu wenig vertraut sind und die sie in den Folgereaktionen nicht einschätzen kann. Die zuständigen Ansprechpersonen sehen nicht, daß die Frau meistens lange gezögert hat, bis sie eine Person ihres Vertrauens angesprochen hat und daß es ihr noch peinlicher wäre, an anderer Stelle über die ihren Intimbereich berührenden Vorfälle zu sprechen.

„Fallübergreifende" strukturelle Aspekte im Umgang mit Beschwerden wegen sexueller Belästigungen

In der zusammenfassenden Beurteilung der Hilfestellungen muß zwischen dem Verständnis für betroffene Frauen, also dem Ernstnehmen der Beschwerde und dem weiteren Einsatz der Ansprechpersonen für die Interessen der Betroffenen unterschieden werden.

In den betrieblichen Experten/innengesprächen wurden in der Art und Weise der Argumentation einige übergreifende Faktoren deutlich, die den Umgang der Ansprechpersonen mit Belästigungsfällen prägen und die real vorhandenen Handlungsspielräume einschränken. Diese Gemeinsamkeiten im Verhalten und in der Argumentation mancher Gesprächspersonen in den Betrieben verweisen, zu Typisierungen zusammengefaßt, auf Rahmenbedingungen, die im Gesamtkontext unserer Fragestellungen wichtig sind.

Vorgesetzte, insbesondere in Leitungspositionen, haben objektiv betrachtet – soweit der beschuldigte Mann in einer untergeordneten Position arbeitet – gute Voraussetzungen für ein erfolgreiches Vorgehen. Sie können direkt Einfluß auf den weiteren Verlauf nehmen, wenn sie dem Beschuldigten zu verstehen geben, daß sie der Frau glauben, ein solches Verhalten nicht dulden und bei weiteren Vorfällen zu härteren Maßnahmen greifen werden. Vorgesetzte müssen ein großes Interesse haben, bei ihren Mitarbeitern/innen als kompetente Führungskraft anerkannt zu sein. Dazu gehört einerseits, daß sie „stets ein offenes Ohr" für die Probleme der Beschäftigten haben und ihnen bei einer Beschwerde hilfreich zur Seite stehen.

Zum anderen wird von Vorgesetzten gefordert, daß sie überlegt und sicher handeln und bei ihren Entscheidungen zu „gerechten" und in ihrem Bereich mehrheitlich akzeptierten Lösungen kommen.

Darüberhinaus liegt es im Interesse der Führungskräfte, nach außen, auch gegenüber anderen Abteilungen, den Eindruck zu vermitteln, daß sie ihre Abteilung sicher „im Griff" haben und keine Hilfe von „oben" benötigen.

Eine solche Haltung begünstigt ein „Kleinhalten" von Problemen. Vorgesetzte versuchen, Beschwerden zunächst mit den unmittelbar Beteiligten zu regeln. Diese Vorgehensweise kommt auch den Wünschen der meisten betroffenen Frauen entgegen, wenn dadurch erreicht wird, daß die Belästigungen aufhören und das „Gerede" im Kollegenkreis vermieden wird. Indem vermieden wird, daß der Fall „an die große Glocke gehängt wird" kann die Frau vor dem häufig einsetzenden „Rufmord" und peinlichen Befragungen geschützt werden.

Erschöpft sich der Einsatz der Vorgesetzten jedoch lediglich darin, die Frau zu beruhigen, zu beschwichtigen, ihr Tips zur Selbsthilfe zu geben oder ein „halbherziges" Gespräch mit dem Beschuldigten zu führen, ohne sich für den weiteren Verlauf zu interessieren, wird sich die Hoffnung der betroffenen Frau meistens nicht erfüllen.

Nach außen hin Stellung für die Frau zu beziehen, z. B. Belästigungen offen anzuprangern, kann Unruhe auslösen und Mißstände deutlich werden lassen, die der Führungskraft selbst angelastet werden. Engagement für Frauen zu zeigen, die sich belästigt fühlen, gilt häufig immer noch als „unmännlich" und Verrat an den Geschlechtsgenossen, beinhaltet also für den Vorgesetzten die Gefahr, Anerkennung und Souveränität zu verlieren.

Weibliche Vorgesetzte sind verstärkt dem Druck ausgesetzt, ihre Unparteilichkeit und einen an Fakten orientierten Entscheidungsstil unter Beweis zu stellen. Daraus erklärt sich möglicherweise die häufig vorsichtige oder auch abwehrende Umgehensweise mit Beschwerden über sexuelle Belästigung, wo offen bleibt, ob tatsächlich eine nachhaltige Verhaltensänderung eintritt oder die Belästigte versucht, sich mit der Situation zu arrangieren, da sie keinen anderen Ausweg sieht. Fehlen weitere Beschwerden, wird dies auch von weiblichen Vorgesetzten als als Hinweis gewertet, daß der Fall zur Zufriedenheit der Betroffenen gelöst worden ist.

Im Gegensatz zu den männlichen Vorgesetzten zeigten die Frauen jedoch eine größere Bereitschaft, sich intensiver mit den Beschwerdegründen auseinanderzusetzen und einer Frau, die sich aussprechen möchte, ohne zunächst offizielle Schritte zu unternehmen, als Gesprächspartnerin zur Verfügung zu stehen.

In den Gesprächen mit betrieblichen Interessenvertretern/innen wurden ebenfalls strukturelle Gegebenheiten sichtbar, die einen zufriedenstellenden Beschwerdeverlauf verhindern.

Obwohl die betrieblichen Interessenvertreter/innen aufgrund ihrer Position im Betrieb eher die Bereitschaft und das Interesse mitbringen als Vorgesetzte, Mißstände aufzudecken oder auf solche hinzuweisen, lassen sich auch bei diesem Personenkreis Blockaden erkennen, die eine Thematisierung sexueller Belästigungen verhindern.

Einer der Gründe scheint in diesem nach außen gezeigten Engagement, Mißstände aufzuheben, selbst zu liegen. Manche betroffenen Frauen vermuten, daß sie von den Interessenvertreter/innen entgegen ihren eigenen Wünschen gedrängt werden, den Fall an die Öffentlichkeit zu bringen, um auf diese Weise einen Handlungsdruck bei den betrieblichen Entscheidungsträgern zu erzeugen und ein Exempel zu statuieren. Sie befürchten, wenn ihre Aussage nicht beweiskräftig genug erscheint, letztendlich im gesamten Betrieb bloßgestellt zu werden und als Schuldige dazustehen, auch dann, wenn ihnen die volle Unterstützung der Interessenvertretung zugesichert worden ist. Viele Interessenvertreter/innen zeigen hier nicht deutlich genug, daß sie auch bereit sind, „diskrete" Hilfestellungen zu leisten und sich in ihrer Vorgehensweise den Bedürfnissen der Betroffenen anzupassen.

Darüberhinaus zeigen sich weitere „Verhinderungen" für einen angemessenen Umgang mit Belästigungsfällen:

Insbesondere die nicht freigestellten Interessenvertreter/innen fühlen sich in ihrer Arbeit überlastet. Ihnen bleibt meistens nur die Zeit, sich um Probleme zu kümmern, die keinen Aufschub dulden.

Beschwerden wegen sexueller Belästigungen sind selten und erscheinen den Befragten häufig nicht so gravierend, daß hier sofort eingegriffen werden muß. Da die Betroffenen selbst vor einer offiziellen Beschwerde zurückschrecken, wird zumeist abgewartet, ob die Frau selbst eine zufriedenstellende Abwehr gefunden hat. Die Bereitschaft, sich mit den häufigen eher versteckten Hinweisen auf eine Belästigung auseinanderzusetzen, ist angesichts der Arbeitsüberlastung noch geringer.

Selbst die freigestellten Interessenvertreter/innen fühlen sich häufig überfordert, die von ihnen beobachteten Diskriminierungen und subtilen Belästigungen anzuprangern, seien es frauenfeindliche Bemerkungen und Witze oder sexistische Poster, denen sie bei dem Gang durch manche Abteilungen kaum entgehen können.

Die Interessenvertreterinnen sehen sich hier dem gleichen Dilemma ausgesetzt wie die belästigten Frauen selbst. Schweigen, Erdulden und Darüber-hinweg-Sehen macht unzufrieden,

Sich-Wehren dagegen kostet Kraft und Sympathien. Die Abhängigkeit von der Gunst der Mitarbeiter bei einer Wahl verhindert u. U. eine klare Stellungnahme.

Einige Interessenvertreterinnen nehmen an, daß die Kollegen sich bei einer Neuwahl für eine/n Kandidaten/in entscheiden, bei dem/der sie nicht befürchten müssen, in ihrem Verhalten hinterfragt und kritisiert zu werden. Selbst weibliche Beschäftigte bewerten den Einsatz ihrer Interessenvertreterinnen kritisch, so wird geäußert. Manche Mitarbeiterinnen würden sich „in die Ecke gedrängt" fühlen, wenn eine außenstehende Interessenvertreterin von ihnen fordert, sich gegen Diskriminierungen zu wehren. Aus Angst vor negativen Reaktionen der Kollegen, mit denen die Frauen weiterhin zusammenarbeiten muß, würden solche Veränderungsbestrebungen häufig abgeblockt. Von den direkt betroffenen Frauen im Betrieb könne so nur eine beschränkte Unterstützung erwartet werden.

Einige Ansprechpartnerinnen (auch weibliche Vorgesetzte) thematisierten im Zusammenhang mit Beschwerdefällen ihre eigene persönliche Betroffenheit von sexuellen Übergriffen in den untersuchten Betrieben. Die Belästigungsarten reichen von anzüglichen Bemerkungen und Witzen, frauenverachtenden Abbildungen, lästigen Telefonanrufen bis zu Nachteilen, die durch die Verweigerung von eindeutigen Angeboten entstanden sind.

Die Angst vor Repressalien läßt auch diese Frauen zumeist vor einer offiziellen Beschwerde absehen. Sie versuchen stattdessen, mit einer vorsichtigen, aber wiederholten Kritik ihr Unbehagen zu äußern und die Männer zum Nachdenken zu bewegen. Da die betriebliche Interessenvertretung in einigen Bereichen immer noch eine „Männerdomäne" ist, in die weibliche Mitglieder erst langsam eindringen, sehen sich die Betriebs- und Personalrätinnen zusätzlich vor die schwierige Aufgabe gestellt, auch innerhalb der Interessenvertretung ein „Bewußtsein" für frauenspezifische Fragestellungen zu schaffen und solchen Themen einen wichtigen Stellenwert einzuräumen. Die Prioritäten z. B. in Sitzungen liegen häufig bei Problembereichen, die den Männern vorrangig erscheinen. Die frauenspezifischen Anliegen der Kolleginnen werden mit dem Hinweis auf gravierendere Probleme immer wieder vertagt.

Die Frauen erleben ebenso, daß sie auch in der Interessenvertretung nicht vor Diskriminierungen und Belästigungen geschützt sind. Insbesondere diejenigen unter ihnen, die eindeutig Stellung für Frauenrechte beziehen, müssen sich den Vorwurf der einseitigen und übertriebenen Sichtweise gefallen lassen und werden als „Emanze" zu isolieren versucht.

Einige Frauen, mit denen wir gesprochen haben, versuchen diesen Ballanceakt zwischen den verschiedenen widersprüchlichen Anforderungen auszugleichen, indem sie ihre Arbeit eindeutig in den Dienst der Schwächeren stellen, diejenigen zu schützen versuchen, die keine ausreichende Lobby haben, und das sind ihrer Ansicht nach die Frauen in den Betrieben.

Engagierte Männer haben es häufig leichter, so scheint es, sich wirksam für betroffene Frauen einzusetzen, da die Widerstände ihnen gegenüber nicht ganz so groß sind und sie durch ihre Parteinahme bei den Frauen an Ansehen gewinnen, ohne es in gleichem Ausmaß bei den Männern zu verlieren.

Eine weitere geschlechtsspezifische Problematik ergibt sich für Interessenvertreterinnen aus dem Postulat im Umgang mit Beschwerdefällen keine Arbeitnehmer/innenrechte zu verletzen. Nur so können sie in ihrer Arbeit glaubwürdig sein und sich das Vertrauen der Beschäftigten erhalten. Dazu kann gegebenenfalls auch gehören, daß sie die Entlassung eines Belästigers, entgegen ihrer persönlichen Meinung, verhindern müssen. Es kann eine Schwächung der eigenen Position in weiteren Entscheidungssituationen bedeuten, wenn sie hier entgegen ihrer sonstigen Argumentation das gewerkschaftliche Prinzip verletzen, Kündigungen zu verhindern, anstelle nach Lösungsalternativen zu suchen. Das hier geforderte Engagement für den Schutz des Arbeitnehmers überlagert das Bestreben, gerechte Lösungen für betroffene Frauen zu erreichen. Dies kann als Hinweis darauf gelten, ob in einer Interessenvertretung den Interessen der weiblichen Beschäftigten ein gleich hoher Stellenwert beigemessen wird wie denen der männlichen.

4.1.7. Auszubildende – eine besonders zu schützende Gruppe?

Die sexuelle Belästigung von Auszubildenden stellt für die meisten der befragten betrieblichen Verantwortlichen ein gravierendes Fehlverhalten dar, besonders dann, wenn die Belästigung von einem Ausbilder oder einem anderen Vorgesetzten ausgeht.

Der Aspekt der Machtmißbrauchs gegenüber einer Schutzbefohlenen, deren berufliche Weiterentwicklung von der Beurteilung des Belästigers abhängig ist, wird hier als schwerwiegender Verstoß betont. Sexuelle Übergriffe auf Auszubildende werden nicht nur stärker verurteilt, sondern es wird auch häufig ein „härteres Durchgreifen" gefordert als in den anderen Belästigungsfällen.

Eine weibliche Führungskraft benannte die weitreichenden Auswirkungen eines solchen Verhaltens auf die betroffenen Frauen: „Die Jugendlichen werden nachhaltig frustriert", wenn das „hohe Idealbild", das sie sich von ihrem Vorgesetzten machten, durch sexuelle Übergriffe „zerstört wird".

In der als realistisch eingeschätzten Sanktionierung eines Täters findet diese Einschätzung jedoch, trotz der vorhandenen Schutzvorschriften für Auszubildende, keine Entsprechung. Da bei dieser Betroffenengruppe auffällig häufig von gravierenden sexuellen Übergriffen, z. B. Nötigung bis hin zur Vergewaltigung, berichtet wird, ist dieses Ergebnis besonders erschreckend. Da Auszubildenden bzw. dem Arbeitgeber bei einer Beschwerdeführung die Beweislast aufgebürdet wird und Personalverantwortliche sich scheuen, die Glaubwürdigkeit eines bisher unbescholtenen Mannes anzuzweifeln und daraus Konsequenzen zu ziehen, kommt es meistens nur zu unbefriedigenden Lösungen für die betroffene Auszubildende.

Auch hier wird, wie bei anderen Belästigungsbeschwerden, bevorzugt der „Weg des geringsten Widerstandes" gewählt und nach einer adäquaten Arbeitsstelle für die Betroffene in einem anderen Bereich gesucht. Die Belästigung erhält häufig den Stellenwert eines „Einzelfalls" und wird als „Entgleisung" abgetan. Eventuell wird der Ausbilder noch einige Zeit „im Auge behalten", um sein Verhalten gegenüber anderen weiblichen Auszubildenden zu überprüfen.

Wenn mehrere Frauen glaubhaft von Belästigungen durch einen Ausbilder berichten, sind die Personalverantwortlichen gezwungen, weitreichendere Schritte zu unternehnem. Es zeigt sich, daß das nun nicht mehr wegzuleugnende Fehlverhalten häufig weiterhin isoliert betrachtet wird, dem Mann werden z. B. nur noch männliche Auszubildende anvertraut oder er darf nicht mehr alleine mit einer Frau arbeiten. Die fachliche und persönliche Eignung als Ausbilder bleibt dabei unhinterfragt.

Ein Interessenvertreter betont, daß in jedem sexuellen Übergriff auf Frauen ein Mangel an Führungsqualität zu erkennen ist; die Fähigkeit, Mitarbeiterinnen ernst zu nehmen, sei hier nicht erkennbar.

Leider gehen solche Sichtweisen bisher zu wenig in die betriebliche Praxis ein, obwohl die rechtlichen Grundlagen vorhanden sind (siehe Rechtsgutachten: Die gesetzlich verankerten Schutzvorschriften beziehen sich hierbei nicht nur auf Minderjährige. Im Berufsbildungsgesetz werden Anforderungen an Ausbilder definiert, die sich auf alle Schutzbefohlenen erstrecken). Sexuelle Belästigung wird dagegen in der betrieblichen Praxis immer noch als Kavaliersdelikt abgetan, auch wenn Auszubildende betroffen sind.

In den Gesprächen mit einigen betrieblichen Ansprechpersonen wird ein mangelndes Unrechtsbewußtsein beklagt: Von weiblichen Auszubildenden, z. B. in den Männerberufen, wird erwartet, daß sie sich an die „rauheren Umgangsweisen" anpassen. Als sexuelle Belästigungen werden lediglich drastische körperliche Übergriffe gewertet. Selbst dann wird zunächst nach dem Verschulden der Auszubildenden gefragt, ob nicht zu „knappe", „dünne" oder „enge" Kleidung auf den Mann herausfordernd gewirkt habe.

Einige männliche Befragte scheinen dem Beschuldigten sogar ein erhöhtes Verständnis entgegenzubringen, sie zeigen sich noch mehr als in anderen Fällen bereit, die Übergriffe mit den „provozierenden körperlichen Reizen" der jungen Frauen zu entschuldigen.

Der Aussage des Beschuldigten wird häufig mehr Bedeutung geschenkt als den Vorwürfen der Jugendlichen. In einem Belästigungsfall wurde die anfängliche Unsicherheit der Frau bei der Täteridentifizierung genutzt, um die Glaubwürdigkeit ihrer Schilderung anzuzweifeln. Die seelische Verfassung der Auszubildenden, die während des Tatgeschehens befürchten mußte, vergewaltigt zu werden, wird bei der Beurteilung ihrer Aussage nicht beachtet. In anderen Fällen erschien die Behauptung des Beschuldigten, die Auszubildende wolle ihm durch ihre Anschuldigung wegen einer schlechen Beurteilung „eins auswischen" oder von ihren Leistungsmängeln ablenken, ebenfalls glaubwürdiger als die Aussage der Betroffenen.

Wenn berücksichtigt wird, daß infolge einer Belästigung meistens Beeinträchtigungen der Leistungsfähigkeit auftreten, wirkt es grotesk, wenn eine Auszubildende bei einer Beschwerde damit rechnen muß, daß ihr diese Leistungsmängel sogar als Beweis für ihre angeblichen Verleumdungsabsichten vorgehalten werden können. Die Vorstellung, daß Auszubildende sexuelle Übergriffe erfinden könnten, um sich zu rächen, ist bei einigen Ansprechpartnern tief verankert.

Ein männlicher Befragter aus den Auszubildenenbereich versucht beispielsweise, heikle Gespräche nur im Beisein einer zweiten Mitarbeiterin zu führen, um sich gegen solche Anschuldigungen abzusichern.

In einigen anderen Gesprächen mit Führungskräften wird diese Furcht vor einem „Rufmord" ebenfalls erwähnt und mit Beispielen aus dem außerbetrieblichen Bereich belegt.

Ähnlich wie bei Vergewaltigungsprozessen oder Anschuldigungen wegen sexuellem Mißbrauch liegt hier eine Überbewertung von tatsächlich auftretenden Verleumdungen vor. Rechtsexperten und Gutachter/innen dagegen stufen den Anteil von Falschanschuldigungen als minimal ein.

Von einigen betrieblichen Verantwortlichen wird diese Einschätzung geteilt: Wenn eine Auszubildende den Schritt wagt, sich einer betrieblichen Ansprechperson anzuvertrauen, dann sei „an der Sache mit Sicherheit was dran". Keine Frau würde sich freiwillig, ohne eine tatsächliche Betroffenheit, den unangenehmen Ermittlungsschritten aussetzen.

Trotz der zunächst geäußerten Empörung bei Belästigungen von Schutzbefohlenen ist in der Gesamtschau der berichteten Fälle und Umgangsweisen in den untersuchten Betrieben nicht erkennbar, daß belästigte Auszubildende ausreichend geschützt sind und selbst im Beschwerdefall mit einem erfolgreichen Ausgang rechnen können.

Da die Betroffenen selbst eher eine Verschlechterung ihrer beruflichen Situation im Beschwerdefall befürchten und die ins Vertrauen gezogenen Ansprechpersonen keinen erfolgreichen Ausgang garantieren können, kann in diesem Bereich von einer erheblichen Dunkelziffer ausgegangen werden. Die Ergebnisse aus der schriftlichen Befragung der Beschäftigten in den untersuchten Betriebsbereichen stützt diesen Eindruck. Belästigungen während der Ausbildung oder Berufsanfangszeit wurden auffallend häufig angegeben.

Die in den Gesprächen mit betrieblichen Verantwortlichen thematisierten Belästigungsfälle lassen erkennen, daß die Auszubildenden meistens versuchen, die Situation selbst zu klären oder möglichst rasch in einen anderen Bereich zu wechseln, ohne die Gründe offenzulegen.

Eine Interessenvertreterin beklagt, daß es bisher keine Auszubildende in ihrem Bereich gewagt hat, offen gegen einen Ausbilder vorzugehen, obwohl sie duch informelle Kontakte von schwerwiegenden Verfehlungen (z. B. Erpressung zu sexuellen Handlungen, um einer schlechten Beurteilung zu entgehen) erfahren habe.

Die Betroffenen glauben nicht, so vermuten einige betriebliche Ansprechpersonen, daß ihnen im Betrieb bei einer Beschwerde keine Nachteile entstehen werden. Die zuvor beschriebenen Anschuldigungen eines Rufmords, die eine Frau treffen können, wenn sie sich nach einer schlechteren Beurteilung beschwert und von dem Erpressungsversuch oder stattgefundenen Belästigungen berichtet, bestätigen die Ängste der Auszubildenden. Zusätzlich sehen sie ihre Weiterbeschäftigung nach der Ausbildung gefährdet, wenn sie durch eine Beschwerde negativ auf sich aufmerksam machen.

Eine Befragte vertritt die Meinung, daß selbst dann, wenn eine Auszubildende zu ihrem Recht kommt, ihr Ansehen bei den zuständigen Verantwortlichen im Betrieb sinken wird, schon allein dadurch, daß sie die Vorgesetzten durch ihre Beschwerde gezwungen hat, sich mit einem unangenehmen und unbequemen Fall auseinanderzusetzen. Vertraulichen Mitteilungen durch betroffene Auszubildende verstärken die Hilflosigkeit der Ansprechpersonen. Sie fühlen sich verpflichtet, den Wunsch nach Geheimhaltung zu respektieren, selbst wenn sie mit dieser Lösung unzufrieden sind.

Mögliche Verbesserungen des Mißstandes werden daher von einigen Befragten ausschließlich in einer Bewußtseinveränderung bei den Auszubildenen selbst gesehen. Im Umgang der Verantwortlichen mit dem betrieblichen Nachwuchses läge eine Chance für langfristige Verbesserungen: „Lehrlingstugenden" wie „Anpassung", „Unterordung" und „Gehorsam" müssen abgelöst werden durch die Ermutigung zu mehr „Selbstbewußtsein" und „Zivilcourage".

Insbesondere in den Gesundheitsberufen werde immer noch die Fähigkeit geschult, sich selbst zurückzustellen und sich für das Wohlergehen anderer „aufzuopfern". Mit dieser eingeübten Haltung falle es schwer, das eigene Empfinden in den Vordergrund zu stellen und sich gegen Belästigungen zur Wehr zu setzen.

Eine Befragte bemüht sich, bei Neueinstellungen solche Auszubildenden zu bevorzugen, die den Eindruck vermitteln, daß sie durchsetzungsfähig sind und sich „nicht alles gefallen lassen".

Darüberhinaus, so wird gefordert, müsse die Unterrichtsplanung Raum lassen für die Schulung von sozialen Kompetenzen im Umgang mit Kollegen und Vorgesetzten. Die Thematisierung des Betriebsklimas, der Umgang mit Überlastung und anderen Konfliktsituationen am Arbeitsplatz würde in der Ausbildung weitgehend fehlen.

Im rechtlichen Raum werden, speziell für Auszubildende, keine Veränderungsvorschläge gemacht; der unbefriedigende Verlauf der Beschwerden wird in den Zweifeln an der Glaubwürdigkeit der Aussage und dem teilweise fehlenden Unrechtsbewußtsein bei sexuellen Belästigungen gesehen. Ein konsequentes Ausschöpfen der rechtlichen Mittel würde so verhindert.

Ähnlich wie bei den anderen Belästigungsbeschwerden in den Betrieben ziehen sich die betriebliche Verantwortlichen häufig mit dem Verweis auf die ungünstige Sachlage aus der Verantwortung, ohne ihrer Fürsorgepflicht wirklich nachzukommen. Die Versetzung der Auszubildenden und eventuelle Verwarnung des Ausbilders als einzige Schutzmaßnahmen können das Ausmaß weiterer sexueller Belästigungen gegenüber Schutzbefohlenen nur geringfügig verringern.

Die Bevorzugung durchsetzungsfähiger Nachwuchskräfte bei der Einstellung schafft eventuell langfristig Veränderungen, benachteiligt jedoch Jugendliche, die diese neu definierte berufliche Voraussetzung nicht erfüllen und fordert von den potentiellen „Opfern" Verhaltensänderungen, ohne die tatsächlichen Ursachen zu bekämpfen.

4.1.8. Das Standard-Lösungsmuster: Die Versetzung der Betroffenen

Unabhängig von der jeweils gewählten Reaktion und weiteren Vorgehensweise nach einer Belästigungssituation wird die Versetzung der Frau als häufigste Lösung genannt.

Manche Frauen stellen einen Versetzungsantrag, ohne die zuständigen Ansprechpersonen über die eigentliche Ursache zu informieren. Manchmal ahnen die Angesprochenen, daß die genannten Gründe nur vorgeschoben sind. Im vertraulichen Gespräch oder über informelle Kontakte erfahren die Ansprechpersonen manchmal im nachhinein von sexuellen Belästigungen, in deren Folge sich die Frauen um eine andere Arbeitsstelle bemüht haben. Die Ansprechpersonen vermuten, daß die Betroffenen eine Beschwerde, zu der die Beweise fehlen, als aussichtslos ansehen oder sie sich den weiteren Belastungen einer offiziellen Ermittlung nicht gewachsen fühlen.

Ähnliche Begründungen werden auch von Frauen genannt, die sich mit einer vertraulichen Mitteilung an eine Ansprechperson wenden und um die Unterstützung bei einer Versetzung bitten. Das Angebot der Befragten, sich offiziell für die Frau einzusetzen, wird häufig ausgeschlagen, weil die Betroffenen keine Hoffnung haben, daß sie an diesem Arbeitsplatz jemals wieder unbelastet tätig sein können.

Selbst wenn der beschuldigte Mann, so wie es üblicherweise geschieht, in einem vertraulichen Gespräch ermahnt und zu einem veränderten Verhalten gegenüber der Frau aufgefordert wird, ist dadurch die Situation nicht immer für die Frau bereinigt. Ein Mann, der sein Fehlverhalten nicht einsieht und die Beschwerde als Angriff empfindet, wird dies die Frau spüren lassen, insbesondere dann, wenn es ihm gelingt, die anderen Mitarbeiter/innen auf seine Seite zu ziehen.

Einer Frau, die eine für sie unerträgliche Arbeitsatmosphäre oder eine weitere Zusammenarbeit mit dem beschuldigten Mann beenden möchte, bleibt auch dann nur der Ausweg, die eigene Versetzung zu beantragen oder den Betrieb zu verlassen.

Nicht nur die betroffenen Frauen, sondern auch die meisten Gesprächspersonen halten das Arbeitsverhältnis, unabhängig von der jeweiligen Beweislage und Schuldzuschreibung, für nachhaltig gestört. Eine gute Zusammenarbeit sei nicht mehr möglich. Als Lösung des Problems wird daher häufig auch von betrieblichen Verantwortlichen die Trennung der Arbeitsbereiche beider Beteiligten angestrebt.

In den meisten Fällen ist es auch dann, wenn zuständige Ansprechpersonen um Unterstützung gebeten werden, die Frau, die infolge einer Belästigung ihren Arbeitsplatz wechseln muß und in eine andere Abteilung oder an einen anderen Arbeitsbereich versetzt wird.

Da die Beweislage in den meisten geschilderten Fällen ungeklärt bleibe, bestünde keine Möglichkeit, den Mann mit einer Versetzung zu sanktionieren.

Selbst bei einer nachgewiesenen Belästigung wird jedoch häufig die Frau versetzt.

Insbesondere in den untersuchten Krankenhäusern wurde von Abteilungen berichtet, in denen Vorgesetzte für ihr herabwürdigendes Verhalten bekannt sind. Die Fluktuation der weiblichen Beschäftigten in den Bereichen ist entsprechend hoch, aber es würden dort immer wieder neue weibliche Arbeitskräfte eingesetzt, anstelle den Mann für sein Verhalten zu sanktionieren.

Da die Frau oft in der Untergebenenposition arbeitet, ist es für den Betrieb unproblematischer, für sie einen vergleichbaren Arbeitsplatz zu finden bzw. sie durch eine neue Arbeitskraft zu ersetzen. Schwieriger ist es dagegen, einen „Fachmann" auszutauschen, der in der Abteilung mit speziellen Aufgaben betraut ist und aufgrund seines Fachwissens an dieser Stelle gebraucht wird.

In einem Fall, wo sich zwei Reinigungskräfte wegen der Zudringlichkeiten eines Hausmeisters beschwert hatten, wurde für die beiden Betroffenen ein anderer Arbeitsplatz gesucht, obwohl der Beschuldigte die Belästigungen zugab. Als Begründung für die Entscheidung wurde angegeben, daß schnell gehandelt werden mußte und sich in absehbarer Zeit kein anderer Arbeitsplatz bzw. Ersatz für den Mann finden ließ.

Von der Mehrheit der befragten männlichen Vorgesetzten wird die Versetzung als Ausgang einer Beschwerde bereits als Erfolg angesehen. Der „Betriebsfrieden" gilt als wiederhergestellt und die Frau werde vor weiteren Übergriffen durch diesen Mann geschützt.

Diese Ansprechpartner glauben einen Belästigungsfall zur allgemeinen Zufriedenheit gelöst zu haben, wenn sie der Frau einen anderen Arbeitsplatz anbieten können. Es wird nicht gesehen, daß der eigentlich Schuldige unbehelligt bleibt, während die „Geschädigte" bei einem solchen „erfolgreichen" Abschluß unangenehme Veränderungen inkaufnehmen muß.

Von einigen Ansprechpersonen werden solche Versetzungen kritisch beurteilt: Die Frauen würden aus ihren gewohnten Arbeitszusammenhängen herausgerissen, müssen sich mit ungewohnten Aufgabengebieten und einem neuen kollegialem Umfeld vertraut machen. Darüberhinaus würden Versetzungen von den Mitarbeiter/innen meist als negative Sanktion bewertet. Die Frau werde somit indirekt doch zur Schuldigen erklärt. Eine Personalrätin setzt sich deshalb dafür ein, daß in solchen Fällen der Frau bei einer Versetzung Vorteile entstehen, sie z. B. mit einer Beförderung verbunden ist.

Die meisten weiblichen und auch einige männliche Ansprechpersonen wollen sich mit einer Versetzung der Frau als Lösung nicht zufrieden geben. Versetzungen als eine, in der betrieblichen Praxis, akzeptable Lösung darzustellen, sei verfehlt. Durch eine Versetzung würde die Problematik zu Lasten der Frauen lediglich kaschiert, aber nicht konstruktiv angegangen.

Diese Lösungsform stelle lediglich „den Weg des geringsten Widerstandes dar". Der Schuldige werde weder zur Verantwortung gezogen, noch würde er sein Verhalten gegenüber anderen Frauen, die mit ihm zusammenarbeiten müßten, grundlegend ändern. Durch den für ihn positiven Ausgang der Beschwerde würde der Mann zudem die Gewißheit erhalten, daß seine Übergriffe auch in Zukunft ungestraft bleiben.

Einige Befragte betonen, daß es nicht den betrieblichen Realitäten entspräche, Versetzungen als eine praktikable Lösung bei Belästigungen hervorzuheben. Es sei recht unwahrscheinlich, daß sich in den meisten Fällen in einem angemessenen Zeitraum ein mindestens gleichwertiger, freier Arbeitsplatz für die Frau finden lasse, abgesehen davon, daß in kleinen Betrieben solche Angebote überhaupt nicht gemacht werden könnten. Diese Vermutung wird durch die Intensivinterviews bestätigt. Betroffene Frauen in Betrieben, in denen keine Versetzungen möglich sind, ertragen Belästigungen aus Angst vor der Arbeitslosigkeit häufiger über einen längeren Zeitraum oder kündigen, wenn die Situation für sie unerträglich wird.

4.1.9. Erwartbare Resultate bei Belästigungsbeschwerden

Die in den Gesprächen mit betrieblichen Verantwortlichen gestellte Frage „Was kann eine Frau tatsächlich erreichen, wenn sie sich offiziell im Betrieb wegen einer sexuellen Belästigung beschwert?" löste Stellungnahmen aus, die sich zwei verschiedenen Perspektiven zuordnen lassen.

Eine Argumentationslinie orientiert sich an den im Betrieb vorhandenen Beschwerdewegen und daraus ableitbaren rechtlichen Schritten und Sanktionsmöglichkeiten. Es wird beschrieben, wie eine betroffene Frau im Beschwerdefall vorgehen kann, um zu ihrem Recht zu kommen und welche Konsequenzen sich aus diesen Verfahrensschritten für den beschuldigten Mann ergeben können. Bei den Ausführungen wird von den meisten Befragten, die hierbei die Ansicht vertreten, daß eine Frau mit einem erfolgreichen Beschwerdeausgang rechnen kann, vorausgesetzt, daß gravierende

Übergriffe, z. B, Nötigung oder Vergewaltigung zu der Beschwerde veranlaßt haben.

Aus der anderen Perspektive wird auf die real einschätzbaren Erfolge/Mißerfolge im Beschwerdefall verwiesen und auf Verhinderungstendenzen aufmerksam gemacht, die einen die betroffene Frau zufriedenstellenden Beschwerdeausgang eher unwahrscheinlich machen, auch dann, wenn alle zur Verfügung stehenden rechtlichen Mittel eingesetzt worden sind.

Hier werden außerdem übliche Belästigungen durch pornografische Bilder oder beleidigende und herabwürdigende Äußerungen angeführt, die in dem jeweiligen kollegialen Umfeld als „normal" angesehen werden. Eine Frau, die deswegen eine Beschwerde einreicht, würde, so wird argumentiert, mit ihrem Anliegen überhaupt nicht ernstgenommen.

Zur Unterstreichung der genannten Argumente beziehen sich die Befragten häufig auf Beschwerdeverläufe, von denen sie im Laufe ihrer Berufstätigkeit gehört haben oder bei denen sie selbst als Ansprechperson beteiligt waren.

Aus der zuerst genannten Sicht, die sich an den faktisch vorhandenen rechtlichen Möglichkeiten orientiert, z. B. einer Beschwerde bei der Disziplinarstelle, werden hohe Erfolgsaussichten für die belästigte Frau erwartet. Die Betroffene kann, je nach Schwere des Deliktes, erreichen, daß der Belästiger eine Abmahnung erhält, versetzt wird oder eine Kündigung erhält. Handelt es sich bei dem Beschuldigten um einen Beamten, kann ein Vergehen auch mit Gehaltskürzungen oder Geldbuße geahndet werden.

Wenn differenzierter nachgefragt und reale Vorfälle im Betrieb rekonstruiert werden, relativiert sich dieser Optimismus.

Bei den ohnehin seltenen Fällen, in denen eine Frau sich an eine Disziplinarstelle gewandt hat oder diese im Verlauf der Ermittlungen eingeschaltet wurde, gab es kaum Resultate, die als zufriedenstellend beurteilt werden können. Meistens wurden die Verfahren wegen der nicht erwiesenen Schuld des Mannes eingestellt.

Doch selbst dann, wenn dieser Nachweis erbracht werden kann, ist die Entlassung eines Beamten in der Praxis der Rechtssprechung, auch bei schweren Vergehen, kaum durchzusetzen. Das Urteil in einem Disziplinarverfahren muß hierfür die Haftstrafe von einem Jahr überschreiten. Meistens liegt die ausgesprochene Strafe unter dieser Grenze, so daß sich aus dem Strafmaß keine rechtliche Möglichkeiten für eine Kündigung ergeben. Ein Disziplinarverfahren hat somit, selbst auf gravierende Fälle bezogen, bestenfalls die Versetzung des Beschuldigten zur Folge. Bis zum Abschluß eines Verfahrens vergehen häufig 4 bis 5 Jahre; ein Zeitraum, der für die belästigte Frau durch das gestörte Arbeitsverhältnis zu einer ständigen Belastung werden kann.

Von einigen Ansprechpersonen wird betont, daß die Position des Belästigers im Betrieb bei der Beurteilung eines Falles eine entscheidende Rolle spielt. Im Arbeitsfeld Krankenhaus wird der Einfluß der hierarchischen Zuordung für den weiteren Umgang mit Belästigungen besonders deutlich. Wenn Patienten zudringlich werden, wird unter den Krankenschwestern häufig offen darüber gesprochen und gemeinsam nach Lösungen und geeigneten Abwehrstategien gesucht. In „harten Fällen" kann dem Patienten mit Ausweisung aus der Klinik gedroht werden.

Bei der Belästigung durch einen Krankenpfleger wird die Trennung durch veränderte Arbeitszeiten oder eine Umsetzung des Mannes in einen andern Bereich für unproblematisch gehalten.

Handelt es sich bei dem Belästiger jedoch um einen Arzt, hat die betroffene Krankenschwester, so ist die übereinstimmende Meinung, bei einer Beschwerde kaum Aussicht auf Erfolg. Selbst dann, wenn Mitarbeiter/innen die Übergriffe bezeugen können, finde sich niemand bereit, um die Frau in ihrer Aussage zu unterstützen. Die Angst vor Sanktionen sei so groß, daß selbst Ärzte es nicht wagen, einen Vorgesetzten (z. B. Chefarzt) zu beschuldigen. Auch eine Strafanzeige verspreche hier keinen befriedigenden Ausgang für die Frau: In einem geschilderten konkreten Belästigungsfall war der beschuldigte Arzt lediglich dazu verpflichtet worden, sich bei der Frau für sein Verhalten zu entschuldigen.

Die im Betrieb vorhandenen rechtlichen Möglichkeiten werden nach Ansicht mancher Ansprechpartner/innen nur im „Idealfall" ausgeschöpft. Als Vorrausetzungen dafür, daß eine Beschwerde wegen sexueller Belästigung ernstgenommen wird und es zu weiteren offiziellen Ermittlungsschritten kommt, werden im Gespräch unterschiedliche Kriterien angegeben.

Aussicht auf Erfolg, wenn eine betroffene Frau den rechtlichen Weg beschreitet, hat sie nur dann, so lassen sich die Aussagen zusammenfassen, wenn es wiederholt zu gravierende Belästigungen gekommen ist, wenn die Frau Beweise für ihre Anschuldigungen beibringen kann, d. h. auch andere Frauen von dem Mann belästigt worden sind oder aussagebereite Zeugen/innen zur Verfügung stehen.

Außerdem sei mitentscheidend, wie die Frau von ihren Kollegen/innen und den zuständigen Ansprechpersonen beurteilt werde, ob ihr z. B. eine Mitschuld unterstellt wird, weil sie sich „aufreizend gekleidet" oder „provozierend verhalten" hat.

Es lassen sich in den Fallschilderungen leicht Anhaltspunkte finden, mit denen ein Beschuldigter den Vorwurf der Belästigung entkräften kann. „Miniröcke", „enge" T-Shirts, „durchsichtige" Arbeitskittel, eine „lockere Einstellung" zur Partnerschaft und Sexualität; alles das reicht manchen Ansprechpersonen als plausible Begründung dafür aus, daß der Beschuldigte sich nicht in der Gewalt haben und das Einverständnis der Frau voraussetzen konnte.

Bei der Einschätzung der Glaubwürdigkeit beziehen sich diese Befragten immer wieder auf die gezeigten Reaktionen der betroffenen Frau. Es wird erwartet, daß sie sich heftig zur Wehr setzt, z. B. dem Belästiger „eine knallt" oder „Klartext redet". Da Frauen sich in der Belästigungssituation oft gelähmt und handlungsunfähig erleben oder aus Angst vor anschließenden Vorwürfen und Repressalien zu keiner drastischen Abwehr fähig sind, findet kaum Beachtung. Die fehlende Gegenwehr kann im Gegenteil, auch wenn die Frau sich bei nachfolgenden Übergriffen anders verhalten hat, als Beweis herangezogen werden, daß sie mit den Handlungen einverstanden war.

Die Glaubwürdigkeit des Mannes wird lediglich danach beurteilt, ob er sich bisher am Arbeitsplatz „Unkorrektheiten" hat zuschulden kommen lassen. Lassen sich keine Zeugen finden, die Nachteiliges über den Mann aussagen, erscheint seine Version des Tathergangs zumeist glaubwürdiger. Da gravierende sexuelle Übergriffe vorwiegend im Verborgenen geschehen oder dort, wo sie in der Öffentlichkeit passieren, oft nicht die Grenze des scheinbar „Normalen" übersteigen, bleibt der Ruf des Mannes meistens unangetastet. Die Bereitschaft der Mitarbeiter, gegen einen Vorgesetzten oder guten Kollegen auszusagen und dadurch dessen berufliche Position zu gefährden, ist nur selten vorhanden.

Insbesondere männliche Verantwortliche sind schnell davon überzeugt, daß es sich bei den angeblichen Belästigungen um beidseitig erwünschte Kontakte gehandelt hat oder daß der Beschuldigte aufgrund eindeutiger Signale davon ausgehen mußte, daß die Frau mit den Annäherungen einverstanden war.

Wenn diese Erklärungsmuster nicht greifen, wird der Frau häufig vom Beschuldigten ein Racheakt unterstellt. Auch diese Begründung erscheint den meisten männlichen Vorgesetzten durchaus akzeptabel und glaubwürdig.

Da es der Frau ohne engagierte Zeuginnen und Zeugen kaum gelingen kann, diese Unterstellung zu entkräften, wird die Beschwerde üblicherweise eingestellt, weil die Schuld des Täters nicht einwandfrei ermittelt werden konnte.

In einem real geschehenen Fall war der betroffenen Frau von dem Vorgesetzten, an den sie sich hilfesuchend gewandt hatte, unterstellt worden, daß sie „es wohl darauf angelegt habe", daß es zu den Übergriffen gekommen sei. Die Frau hat aus Angst vor weiteren ähnlichen Reaktionen auf eine weitere Beschwerde verzichtet und sich an einen anderen Arbeitsplatz versetzen lassen.

In einem anderen Fall mußte der Beschuldigte sogar wieder eingestellt werden, nachdem er Revision gegen die beschlossene Entlassung eingelegt hatte und die anfangs vorhandenen Zeugen „umkippten" und nun die Version des Mannes unterstützten, der behauptete, daß es im gemeinsamen Einverständnis zu dem Vorfall gekommen sei.

In mehreren Fällen, bei denen weibliche Auszubildende sich beschwert hatten, wurden die Vorwürfe mit einem „aufreizenden Verhalten" entkräftet, auf Widersprüche in der Schilderung des Vorfalls verwiesen oder ein möglicher Racheakt unterstellt.

Da selbst bei scheinbar eindeutigen Fällen und als aussichtsreich eingeschätzten Beschwerden meist kein erfolgreicher Ausgang für das Belästigungsopfer zu beobachten ist, werden die bestehenden rechtlichen Möglichkeiten von den Frauen kaum genutzt.

Hinzu kommt, daß Frauen, die eine Belästigung anzeigen, mit weiteren negativen Konsequenzen rechnen müssen. Dazu gehören Schikanen oder eine Gegenklage des Beschuldigten. Rechtliche Schritte zu unternehmen, erfordert, so betont eine Interessenvertreterin, „ein hohes Maß an Belastbarkeit und Durchhaltevermögen" bei der betroffenen Frau.

Wenn lediglich, auch bei günstigen Prognosen, erreicht werden kann, daß der Beschuldigte verwarnt wird, werden die Risiken, denen eine Frau sich ein einer Beschwerde aussetzt, meistens als zu hoch empfunden.

Hinzu kommt, daß oft bereits im Vorfeld einer Beschwerde Barrieren überwunden werden müssen, die für Belästigungsopfer unzumutbar sind.

Manche Vorgesetzte verlangen mit Hinweis auf die Vorschriften, daß die betroffenen Frau ein schriftliches Protokoll anfertigt, in dem sie ihre Vorwürfe detailliert ausformuliert. Nur so könne ihre Beschwerde an die Personalleitung weitergegeben werden. Unberücksichtigt bleibt, daß es manchen Frauen nicht gelingen kann, tabuisierte, ihren Intimbereich betreffende Inhalte zu Papier zu bringen und den betrieblichen Beschwerdestellen anzuvertrauen.

Andere Befragte, auch Interessenvertreter/innen, bevorzugen eine Gegenüberstellung der Kontrahenten. Die betroffene Frau muß im Beisein des Beschuldigten ihre Vorwürfe wiederholen und glaubhaft machen.

Die ungleich schwerere Position der Frau, die hier kaum beweisbare, peinliche Vorfälle im Beisein des Belästigers beschreiben muß, während der Beschuldigte sich durch Leugnen unangreifbar machen kann, wird häufig nicht berücksichtigt.

Wenn die beteiligten Ansprechpersonen die Frau nicht ausreichend schützen, ist sie bei der Gegenüberstellung den Vorwürfen und oft beleidigenden Unterstellungen des Beschuldigten hilflos ausgeliefert. Ein Vorgesetzter sieht diese Barrieren sogar als wichtige Filterfunktion. Frauen werden seiner Ansicht nach durch die erschwerten Bedingungen davon abgehalten, ein Verfahren in Gang zu setzen, wenn sie sich nicht „wirklich" belästigt fühlen.

Angesichts dieser zahlreichen Verhinderungen und erschwerten Bedingungen ist es nicht verwunderlich, daß es in den untersuchten Betrieben bisher kaum zu offiziellen Beschwerden gekommen ist, bei denen die Personalabteilung und Disziplinarstelle einbezogen wurden. Die wenigen erfolgreichen Abschlüsse sind auf günstige Rahmenbedingungen zurückzuführen:

> In einem Fall ist einem Mitarbeiter gekündigt worden. Für die Entscheidung gaben andere Verfehlungen den Ausschlag. Die sexuellen Belästigungen wurden hier als zusätzliche Verfehlung angeführt, um die ohnehin angestrebte Entlassung des unzuverlässigen Mannes zu beschleunigen.
>
> In einem anderen Fall ist eine Saisonkraft, ohne festen Arbeitsvertrag, nicht wieder eingestellt worden.
>
> In einem weiteren Fall haben sich sich mehrere Auszubildende über einen Ausbilder beschwert. Es wurde bewirkt, daß er in Zukunft nur noch Männer ausbilden darf.

In der betrieblichen Praxis ist es aufgrund der fehlenden Erfolge und zusätzlichen Belastung der betroffenen Frau üblich, Beschwerden zunächst im kleinen Kreis zu regeln, meistens unter Einbeziehung eines Vorgesetzten und/oder des zuständigen Personalrates. Der Beschuldigte wird zu einem persönlichen Gespräch geladen. Er wird ermahnt, sein Verhalten zu ändern, manchmal unter Androhung negativer Konsequenzen, wenn er die Belästigungen fortsetzt. Solche vertraulichen Gespräche werden von den Befragten als „Warnsignal" eingesetzt, als Ausdruck ihrer Mißbilligung. Wenn der Beschuldigte sein Verhalten ändert, hat die Belästigung (außer dem eventuell unangenehmen Gespräch) keinerlei negative Folgen für ihn. Erst wenn die Frau sich wiederholt beschwert, kann es zu einer Eintragung in der Personalakte des Mannes kommen. Auffällig häufig wird das vertrauliche Gespräch unter vier Augen, von Mann zu Mann, von männlichen Vorgesetzten als erfolgversprechend eingestuft.

In einigen konkreten Belästigungsfällen scheint diese Vorgehensweise durchaus erfolgreich gewesen zu sein, insbesondere dann, wenn mit negativen Folgen gedroht werden konnte. Es wird andererseits aber auch von Fällen berichtet, in denen die Betroffene sich um eine Versetzung bemüht oder den Arbeitsplatz verlassen hat, da das veränderte Arbeitsklima für sie unerträglich geworden war.

In einigen wenigen Gesprächen mit betrieblichen Verantwortlichen wurde deutlich, daß möglicherweise auch ohne den von anderen Befragten angeführten „Beweiszwang" eine Bestrafung des Belästigers erreicht werden kann. Vorgesetzte machen es sich zu einfach, wird kritisiert, wenn sie ihren mangelnden Einsatz für die Interessen der Frau mit fehlenden Beweisen entschuldigen. Es sei die Aufgabe von Vorgesetzten, sich ein Urteil zu bilden, dazu zu stehen und gegebenfalls einen begründeten Versetzungsantrag für den Beschuldigten an das Personalamt zu richten. Auch wenn dieses Anliegen möglicherweise durch die zuständigen Verantwortlichen im Personalamt abgelehnt wird, zeigt sich in dieser Initiative eine Bereitschaft, sich für belästigte Frauen einzusetzen, die über das übliche geäußerte Maß der verantwortlichen Befragten in Leitungspositionen deutlich hinausgeht. Mangelnde Erfolge werden aus dieser Perspektive nicht mit blockierenden Rechtsstrukturen entschuldigt, sondern auch auf die fehlende Initiative der zuständigen Führungskräfte zurückgeführt.

Von erfolgreichen Beschwerdeausgängen bei einem informellen Vorgehen berichten einige Befragte in einflußreichen Führungspositionen. Sie haben es vorgezogen, die Fälle möglichst unauffällig zu lösen. Die Beschuldigten wurden versetzt, ohne daß die Gründe dafür offen genannt wurden und die Belästigung sich in der Abteilung herumsprach. In einem Fall hatte der Befragte dem Beschuldigten nahegelegt, selbst nach einem anderen Arbeitsplatz zu suchen, um hier zu einer möglichst „diskreten" Lösung zu kommen.

Anhand solcher Fälle ist erkennbar, daß Vorgesetzte sich stärker für betroffene Frauen einsetzen können, als es bisher üblich ist. Beschwerden ernstzunehmen und Belästigungen als Verfehlung, als strafbaren Tatbestand anzuerkennen, stellt einen wesentlichen Grundstein für den erfolgreichen Einsatz dar. Die Verhinderungen liegen zwar auch im rechtlichen Rahmen, doch bei der Bewertung der Beweislage kann die Beurteilung und Stellungnahme des Vorgesetzten einen entscheidenden Einfluß ausüben und bewirken, daß nicht die Frau, sondern der Mann die negativen Folgen zu tragen hat.

Kritisch angemerkt werden muß jedoch, daß die Verschleierung der Versetzungsursache die Gefahr birgt, daß der Belästiger sein Verhalten an der neuen Arbeitsstelle nicht ändert. Wäre bekannt, daß er wegen sexueller Belästigungen versetzt worden ist, würde es einer betroffenen Frau leichter fallen, sich zu beschweren, da sie eher damit rechnen könnte, daß ihr geglaubt wird.

Ein weiterer Fall zeigt, daß es auch bei weniger „eindeutigen" Belästigungen für betriebliche Verantwortliche möglich ist, „klimatische" Veränderungen im kollegialen Umfeld zu bewirken.

Eine Frau, die nur mit Männern zusammenarbeitet, wurde von ihren Kollegen schikaniert und mit anzüglichen Kommentaren abgewertet und beleidigt. Der Verantwortliche, dem sie von diesen Belastungen erzählt, führte daraufhin mit ihrem Vorgesetzten ein Gespräch. Er veranlaßte ihn, sich verstärkt im Team für die Frau einzusetzen, ihre Leistungen anzuerkennen und im Beisein der anderen hervorzuheben. Indem der Vorgesetzte durch sein verändertes Verhalten Stellung bezog und die ablehnende Haltung der Kollegen nicht mehr unterstützte, wurde die Position der Frau aufgewertet, wodurch sich das Arbeitsklima wesentlich für sie verbessert hat.

Nahezu alle Vorgehensweisen, bei denen der Arbeitgeber die Verantwortung für die Beweisführung übernimmt und die betroffene Frau entlastet, indem sie rechtlich nicht mehr als Klägerin, sondern als Zeugin auftritt, werden von den betrieblichen Verantwortlichen in unseren Fallstudienbetrieben nicht angesprochen. Diese Vorgehensweise würde ein Problemverständnis voraussetzen, daß bisher in den Betrieben noch weitgehend fehlt. Die üblichen Zweifel, ob nicht dem Beschuldigten möglicherweise „Unrecht getan wird", verhindern ein engagiertes Eintreten für belästigte Frauen. Das Unrecht, das den Belästigungsopfern damit geschieht, wird geleugnet, durch das Unterstellen eines Mitverschuldens gerechtfertigt oder mit der unklaren Beweislage zu entschuldigen versucht.

Im Arbeitsrecht wird, entgegen der Ausführungen der meisten betrieblichen Verantwortlichen, deutlich auf rechtliche Schritte verwiesen, die eine Sanktionierung des Beschuldigten ermöglichen, auch dann, wenn „eindeutige" Beweise fehlen. Es genügt u. U. ein „Beweis des ersten Anschein" oder ein „Glaubhaftmachen" der Anschuldigungen (siehe arbeitsrechtliches Gutachten, Kapitel 6.2.4.3.3. Die Beweissituation).

Lediglich in der zuletzt beschriebenen Variante eines verantwortungsvollen Vorgesetztenverhalten wird auf diese Verfahrenswege hingewiesen. Zusammenfassend läßt sich erkennen, daß vorhandene rechtliche Möglichkeiten, insbesondere solche, bei denen Frauen keine unzumutbaren Belastungen entstehen, weitaus besser genutzt werden könnten, wenn betriebliche Verantwortliche den Schutz betroffener Frauen genauso ernst nehmen würden wie den der beschuldigten Männer. Die unterschiedliche Gewichtung der Aussagen und fehlende Bereitschaft, sexuelle Belästigungen als strafbaren Tatbestand in den Betrieben öffentlich hervorzuheben und zu sanktionieren, führen überwiegend zu Lösungen, bei denen die Frauen die Benachteiligten sind.

Dieses Resultat wird von männlichen Befragten in Leitungspositionen auffällig häufig nicht wahrgenommen. Sie sind der Meinung, daß eine Frau mit der „vollen Unterstützung" aller Beteiligten rechnen kann und sie selbstverständlich „zu ihrem Recht kommt", wenn sie sich in ihrem Zuständigkeitsbereich wegen sexueller Belästigungen beschweren würde. Diese Haltung ermöglicht es den Befragten gleichzeitig, das Problem zu negieren. Die logische Folgerung lautet dementsprechend: Wo keine Beschwerden vorliegen, kann es auch keine Belästigungen geben. Mit dieser Einstellung erübrigt es sich für diese Befragten, sich überhaupt ernsthaft mit der Thematik auseinandersetzen zu müssen.

4.1.10. Hilfestellungen und Maßnahmen für die Zukunft

Wie in der schriftlichen Befragung die Beschäftigten baten wir auch die betrieblichen Ansprechpersonen in den Expert/innengesprächen um eine Einschätzung, welche der von uns vorgelegten Maßnahmen aus ihrer Sicht dazu beitragen könnten, belästigten Frauen wirksam zu helfen. Den nun folgenden Auswertungsergebnissen wird als Überschrift die zur Diskussion stehende Hilfestellung oder Maßnahme vorangestellt.

1. „Es müßte dafür gesorgt werden, daß der Frau im Betrieb keine Nachteile durch die Belästigung entstehen."

Daß Frauen keine Nachteile entstehen dürfen, wenn sie sich im Betrieb über sexuelle Belästigungen beschweren, wird von der überwiegenden Mehrheit der Befragten (sowohl der verantwortlichen Ansprechpersonen als auch der durch die Fragebögen erfaßten Beschäftigten) als selbstverständlich angesehen.

Die über diese Forderung hinausgehenden Stellungnahmen der betrieblichen Experten/innen zu der Fragestellung enthüllen unterschiedliche Ansichten über die Beurteilung und Einschätzung des Problems der sexuellen Belästigung für den Betrieb.

Es sind fast ausschließlich Männer, die auch bei dieser Fragestellung die Existenz von sexuellen Belästigungen leugnen oder die Überzeugung vertreten, daß betroffene Frauen im Beschwerdefall keinerlei negative Auswirkungen zu spüren bekommen.

Die meisten Befragten (Männer und Frauen) sind jedoch der Ansicht, daß Frauen unter negativen Folgen zu leiden haben, wenn sie sich offiziell im Betrieb beschweren. Die befragten Verantwortlichen (überwiegend Männer in Leitungspositionen) verweisen dabei gleichzeitig auf ihre eigene Machtlosigkeit: Es lasse sich nicht verhindern, daß eine Frau nach einer Beschwerde negativen Auswirkungen ausgesetzt sei. Insbesondere der „Betriebsklatsch" könne kaum vermieden werden.

Von einigen weiblichen Befragten werden weiterreichende Folgen gesehen: da eine Betroffene im Betrieb häufig „mit einem Makel behaftet bleibt", von Mitarbeitern/innen als Schuldige gesehen werde und unter dem Klatsch und der Ausgrenzung im Kollegenkreis zu leiden habe, werde sie nach einiger Zeit versuchen, ihren Arbeitsplatz zu wechseln. Das Risiko, arbeitslos zu werden, werde in Kauf genommen, um der bedrückenden Arbeitsatmosphäre zu entkommen.

Ca. ein Drittel der Befragten, davon aber nur wenige männliche Ansprechpartner, fühlen sich persönlich dafür verantwortlich, die Frau vor negativen Folgen zu schützen. Sie geben an, daß sie beispielsweise mit den Kolleg/innen sprechen würden, gegebenenfalls mit der gesamten Abteilung. Sie würden den Schritt zu einer offiziellen Beschwerde gutheißen, damit die Frau nicht als Schuldige dastehe. Andere Ansprechpersonen würden die betroffene Frau entlasten, indem sie stellvertretend die Auseinandersetzung mit den verschiedenen Beteiligten übernähmen, z. B. im Gespräch mit Vorgesetzten die Unterstützung der Betroffenen fordern und eventuellen Schuldzuschreibungen entgegenwirken würden.

2. „Es müßte ein Gesetz geben, daß sexuelle Belästigung am Arbeitsplatz unter Strafe stellt."

Ein Gesetz, das sexuelle Belästigung unter Strafe stellt, wird von ca. 40 % der befragten Ansprechpersonen in den Betrieben befürwortet. Dieses Ergebnis stimmt mit der Einstellung der Beschäftigten im Betrieb überein, die durch unsere Fragebögen erfaßt wurden.

Ein Gesetz wird von den meisten Männern (über 70 %) abgelehnt, bei den Frauen vertritt nur knapp ein Drittel der Befragten diese Ansicht.

Die weiblichen Ansprechpersonen begründen die Notwendigkeit eines Gesetzes mit seiner Schutzfunktion. Der Rückhalt bei einer Beschwerdeführung werde verstärkt, wenn die Einhaltung eines Gesetzes verlangt werden kann. Ein Gesetz biete eine Grundlage, auf die betroffene Frauen sich berufen können. Außerdem könne durch ein Gesetz ein Unrechtsbewußtsein bei den betrieblichen Verantwortlichen erzeugt werden.

Ein Gesetz könne ferner dazu beitragen, die Willkür zu mindern, durch die der bisherige Verlauf von Beschwerdeverfahren gekennzeichnet sei.

Weitere Vorteile werden in einer Abschreckungsfunktion für Belästiger gesehen und darin, daß durch die rechtliche Definition ein Beitrag geleistet werden könne, sexuelle Übergriffe zu benennen und aus der Tabuzone herauszulösen.

Die meisten Männer geben keine Begründungen für ihre Befürwortung, sie relativieren ihren Standpunkt eher: Ein Gesetz sei zwar wichtig, könne sexuelle Belästigung aber nicht verhindern. Mehrere befragte Frauen argumentieren in ähnlicher Weise. Sie sehen in einer gesetzlichen Regelung einen eher unterstützenden Beitrag zur Verhinderung von Belästigungen. Die Grundsteine für Veränderungen müßten dagegen in den Betrieben selbst gelegt werden.

Die „Ablehner/innen" halten hingegen die bestehenden Rechtsmittel für ausreichend; ob einer Beschwerde nachgegangen werde, sei nicht von der Existenz eines neuen Gesetzes abhängig; die vorhandenen Rechtsmittel würden lediglich zu wenig angewandt.

Andere Ansprechpersonen sehen in einem Gesetz oder einer Bestrafung kein Regulativ für die Häufigkeit von Belästigungen: Gesetze erhöhten, so wird begründet, nicht die Akzeptanz der Rechtsvorschriften und würden daher an der Problematik nichts verändern. Den Belästigern sei ja nicht bewußt, daß sie sich rechtswidrig verhalten.

Aus der Sicht einiger Frauen kann nur eine gezielte Aufklärung in den Betrieben zu einem Unrechtsbewußtsein bei den Männern beitragen. Eine offene Thematisierung sei für Veränderungsprozesse notwendig, ein Gesetz allein könne das nicht bewirken.

Ein Fünftel der befragten Männer sehen keinen „Handlungsbedarf", weil sie sexuelle Belästigung ohnehin nicht als ein ernstzunehmendes Problem erkennen oder ihnen die Abgrenzung zu einem erwünschten sexuellen Kontakt nicht gelingt.

3. „In Betrieben müßten Anlaufstellen eingerichtet werden, an die sich belästigte Frauen vertrauensvoll wenden können (z. B. Frauenbeauftragte)."

Fast 80 % der befragten Ansprechpersonen in den Betrieben stimmen der Forderung nach Anlaufstellen für betroffene Frauen in den Betrieben zu. Dieses Ergebnis entspricht weitgehend der Meinung der erfaßten Beschäftigten in den Betrieben.

Von den Ansprechpersonen wird überwiegend die Ansicht vertreten, daß solche Institutionen in ihrem Betrieb bereits vorhanden sind. Es wird in diesem Zusammenhang auf die Arbeit einer engagierten Interessenvertretung, insbesondere Frauen in dieser Funktion, verwiesen. Um eine effektive Arbeit zu ermöglichen, sei es unumgänglich, diese Beschäftigten freizustellen und für jeden größeren Arbeitsbereich solche Frauenbeauftragte zu benennen. Diese Meinung wird besonders in ausgelagerten Arbeitsbereichen vertreten, die kaum Kontakt zu der zentralen Verwaltung und den dort angesiedelten Beschwerdestellen haben. Die Hemmschwelle, sich im Belästigungsfall an diese Einrichtungen zu wenden, sei zu groß. Dringend erforderlich sei es dagegen, „vor Ort" kompetente Frauen als zuständige Ansprechpersonen zu benennen, die das Vertrauen der Beschäftigten besitzen.

Die Nähe einer Beschwerdestelle zu den Beschäftigten stellt demnach ein wichtiges Kriterium dar, ob betroffene Frauen es wagen, sich jemanden im Betrieb anzuvertrauen.

Die Frauengleichstellungsstellen werden in diesem Zusammenhang ambivalent beurteilt. Von manchen Männern, insbesondere eines Untersuchungsbetriebes, wird die Arbeit dieser Einrichtung negativ bewertet. Den Frauenbeauftragten wird vorgeworfen, daß sie „ungeschickt vorgehen", „Probleme aufbauschen" oder dort welche „hineininterpretieren", „wo eigentlich keine vorhanden sind". Insgesamt würde dadurch das Vertrauen der Mitarbeiterinnen in die möglichen Hilfestellungen durch die Gleichstellungsstelle fehlen.

Diese Kritik wird von einigen weiblichen Befragten als eine „negative Stimmungsmache" gegen „mutige Frauen" gewertet. Die Abwertung verhindere, daß die Frauenbeauftragten mit ihren Forderungen ernstgenommen würden: „Sie haben dadurch einen schweren Stand", wenn sie Änderungen durchsetzen wollen.

In einem anderen Betrieb beklagten überwiegend weibliche Befragte die fehlende Nähe der Gleichstellungsstelle zu den Beschäftigten, ebenso den zu geringen Bekanntheitsgrad. Diese Institution sei vom betrieblichen Alltag zu weit entfernt. Es würde zu wenig signalisiert, daß betroffene Frauen dort mit ihrem Anliegen an der richtigen Adresse seien. Manche Frauen würden das Beratungsangebot der Gleichstellungsstelle nicht wahrnehmen, sondern lediglich ein übergreifendes betriebspolitisches Interesse erkennen. Die formale Zuordnung dieser Institution zur Betriebsleitung schaffe eine weitere Barriere. Es gehöre zu den ungeschriebenen Gesetzen des betrieblichen Umgangs, Probleme zunächst im eigenen Bereich zu klären und nicht sofort die „höchste Ebene" einzuschalten. Frauen würde ein fehlendes Vertrauen zu ihrem Vorgesetzten vorgeworfen, wenn sie sich mit einem Problem nicht an ihn, sondern eine betriebliche Instanz außerhalb des eigenen Bereichs wendete.

Die Einschätzung der Frauenbeauftragten durch die betrieblichen Ansprechpersonen findet ihre Entsprechung darin, in welchem Ausmaß diese Einrichtungen von ratsuchenden Frauen aufgesucht werden, und wie auf diese Belästigungsbeschwerden reagiert wird.

Während es in der als „zu weit entfernt" bezeichneten Anlaufstelle kaum Hinweise auf konkrete Belästigungsfälle gab, waren die negativ beurteilten Frauenbeauftragten des zuerst genannten Betriebes schon häufiger von belästigten Frauen angesprochen worden. Sie hatten sich mehrfach gegen eine angestrebte Niederlegung der Beschwerde aus Beweismangel zur Wehr gesetzt. Sexuelle Belästigung wurde von dieser Stelle bereits öffentlich im Betrieb thematisiert und angeprangert.

In der Abwertung durch die befragten Männer zeigt sich möglicherweise die uns häufiger begegnende Abwehrstrategie, daß Personen, die sich schützend hinter belästigte Frauen stellen und Partei ergreifen, ebenfalls der Fehleinschätzung und einer generellen Männerfeindlichkeit bezichtigt werden.

Fast alle weiblichen und auch einige männliche betriebliche Ansprechpersonen trennen ihre eigene Bewertung der Gleichstellungsstellen von der kritischen Einschätzung, der sie bei manchen Beschäftigten im Betrieb begegnen. Sie selbst sehen in diesen Institutionen eine sinnvolle Anlaufstelle für ratsuchende Frauen und richten ihre Kritik lediglich auf Teilaspekte, z. B. den zu geringen Bekanntheitsgrad und die unzureichnede Kompetenzen. Um wirksam helfen zu können, müsse eine Frauenbeauftragte, so wird betont, mit Mitzeichnungsbefugnis und einem Anhörungsrecht ausgestattet sein.

Diejenigen betrieblichen Verantwortlichen, die keinen Bedarf für Anlaufstellen erkennen, begründen ihre Haltung mit fehlenden Belästigungen und damit, daß sie sich selbst als kompetente Ansprechpersonen für ratsuchende Frauen sehen.

4. „Es müßte eine anonyme Beratungsstelle außerhalb des Betriebes geben, die die Probleme belästigter Frauen ernst nimmt und persönlichen Beistand anbietet."

60 % der Ansprechpersonen befürworten eine anonyme Beratungsstelle außerhalb des Betriebes.

In der schriftlichen Befragung lehnt dagegen die Mehrheit der Beschäftigten eine solche außerbetriebliche Institution ab.

In der Haltung der betrieblichen Ansprechpersonen zeigt sich die Unsicherheit im Umgang mit Beschwerdefällen. Die Befragten fühlen sich überfordert, hier eine Entscheidung zu treffen, die allen Beteiligten gerecht wird. Der eigene Einfluß auf einen erfolgreichen Beschwerdeverlauf wird von dieser Gruppe der betrieblichen Ansprechpersonen häufig als gering eingestuft. Auch die Begründungen der Befragten selbst stützen dieses Ergebnis:

Beratungsstellen außerhalb des Betriebes bieten Anonymität, wird hervorgehoben. Betroffene Frauen bräuchten nicht befürchten, daß sich die Beschwerde im Betrieb herumspreche. Bereits der Gang zum Vorgesetzten oder zur Interessenvertretung würde manchmal ausreichen, um den „Betriebsklatsch" zu schüren.

Einige Befragte glauben auch, daß eine Kritik „von außen" im Betrieb „ernster" genommen wird und eher zu befriedigenden Lösungen für eine betroffene Frau führt als Einwirkungsversuche „von innen".

Ein weiteres Plus wird in der kompetenten Beratung gesehen. Eine spezialisierte Beratungsstelle könne umfangreicher und gezielter informieren als jede Ansprechperson im Betrieb. Wichtig erscheint es einigen befragten Verantwortlichen, daß betroffene Frauen aus ihrer Isolation herausfinden. Im Kontakt mit Frauen aus anderen Betrieben, die ähnliche Erfahrungen gemacht haben, könnten Frauen Schuldgefühle abbauen und einen selbstsicheren Standpunkt entwickeln. Die größere Minderheit der betrieblichen Ansprechpersonen, die die Installierung von Anlaufstellen außerhalb des Betriebes ablehnen, bzw. den Nutzen einer solchen Einrichtung bezweifeln, begründen ihre Meinung durchgängig mit der fehlenden Anbindung an den Betrieb. Es sei nicht möglich, von außen eine wirksame Hilfestellung zu leisten; die Probleme müßten dort angegangen werden, wo sie entstanden sind. Ein Einblick in die jeweiligen betrieblichen Strukturen sei unumgänglich, um effektive Lösungsschritte zu finden. Ferner vertreten einige Befragte die Ansicht, daß es bereits genügend Beratungsstellen außerhalb der Betriebe gäbe, die sich des Problems der sexuellen Belästigung am Arbeitsplatz annehmen könnten, z. B. Vereine wie „Frauen helfen Frauen", die sich auf Beratungs-, Therapie- und Fortbildungsangebote für Frauen spezialisiert hätten.

5. „Arbeitgeber/innen müßten im Rahmen ihrer „Fürsorgepflicht" sexuelle Belästigung am Arbeitsplatz verhindern."

Fast alle Ansprechpersonen (über 90 %) stimmen der Forderung zu, daß Arbeitgeber/innen im Rahmen ihrer Fürsorgepflicht sexuelle Belästigungen am Arbeitsplatz unterbinden müßten. Von den im Fragebogenrücklauf erfaßten Beschäftigten vertraten nur ca. 30 % diese Meinung. Möglicherweise wirkt sich hier die resignative Haltung mancher Beschäftigten aus, die bisher umsonst auf eine klare Stellungnahme der Betriebsverantwortlichen gewartet haben und im betrieblichen Alltag immer wieder mit verfestigten diskriminierden Strukturen konfrontiert werden, die kaum noch veränderbar scheinen.

Unterschiedlich beurteilt wird von den betrieblichen Ansprechpersonen, inwieweit es gelingen kann, den Anspruch auf die Fürsorgepflicht des Arbeitgebers einzulösen. Einige Gesprächspartner/innen betonen, daß kaum Einwirkungsmöglichkeiten durch die Firmenleitung bestehen. Der „rauhe Umgangston" in einigen Männerdomänen beispielsweise lasse sich nicht „verbieten". Wenn da eine Anweisung von der Firmenleitung käme, würde das doch keiner ernstnehmen, bzw. es würde überhaupt nicht verstanden, warum bestimmte Umgangsweisen nicht mehr erwünscht seien.

In der Mehrzahl sind es Frauen, die Vorstellungen zum Abbau der sexuellen Belästigung durch Aktivitäten der Arbeitgeberseite äußern:

Vorgesetzte müßten in ihrer Wahrnehmungsfähigkeit bezüglich sexueller Belästigungen sensiblilisiert und in die Lage versetzt werden, kompetent mit Beschwerden umzugehen.

Einige Führungskräfte glaubten, bereits ihrer Fürsorgepflicht nachgekommen zu sein, wenn sie die betroffene Frau an einen anderen Arbeitsplatz versetzt haben, wird kritisiert. Um solche Haltungen aufzubrechen, müsse in den regelmäßig stattfindenden Dienstbesprechungen verstärkt auf das Problem der sexuellen Belästigung und die meistens unbefriedigenden Beschwerdeverläufe hingewiesen werden.

Ein Gesetz, Betriebsrichtlinien oder Hinweise im Arbeitsvertrag könnten ebenfalls dazu beitragen, daß Arbeitgeber/innen, aber auch Beschäftigte ihre Verantwortung deutlicher sähen. In diesem Zusammenhang wird auf eine gesetzliche Regelung verwiesen, nach der ein Arbeitgeber bei unterlassener Hilfestellung verklagt werden könne. Dieser Rechtsweg sei zu wenig bekannt und werde daher bislang nur selten genutzt (siehe hierzu auch Rechtsgutachten).

6. „Betriebs- bzw. Personalräte, Vorgesetzte und Ausbilder/innen müßten eigens dafür geschult werden, dem Problem der sexuellen Belästigung am Arbeitsplatz zu begegnen."

Ca. 90 % der betrieblichen Ansprechpersonen (darunter alle weiblichen Befragten) sprechen sich für die Einrichtung von innerbetrieblichen Schulungen zum Thema der sexuellen Belästigung am Arbeitsplatz aus. Die meisten Ansprechpersonen im Betrieb seien unsicher und hilflos, wenn sie auf Beschwerden wegen sexueller Belästigungen reagieren müßten. Seminare könnten dazu beitragen, den „Blick" für Belästigungen und die negativen Auswirkungen für die betroffenen Frauen „zu schärfen". Ein wichtiges „Lernziel" wird in einer „Bewußtseinsänderung"gesehen, nämlich darin, sexuelle Belästigung als solche wahrzunehnen und als Belastungsfaktor in den Betrieben zu erkennen.

Um einen kompetenteren Umgang mit Beschwerden zu ermöglichen, sollten die Seminare Techniken vermitteln, z. B. über Videofeedback, wie Ansprechpartner im Beschwerdefall optimal vorgehen können.

Von einigen Ansprechpersonen wird ergänzt, daß es zwar wichtig sei, gezielt Schulungen anzubieten, diese jedoch nur dann besucht würden, wenn Anwesenheitspflicht bestünde. Da viele Ansprechpersonen dem Problem keine Bedeutung beimäßen, würden sie sich bei einer freiwilligen Teilnahme nicht anmelden.

Kontroverse Ansichten werden über die Zielgruppe solcher Seminare geäußert. Damit ergibt sich gleichzeitig ein Einblick in das teilweise gespannte Verhältnis zwischen betrieblicher Interessenvertretung und Führungskräften. Die Vorwürfe der gegenseitigen Inkompetenz sprechen für getrennte Seminare.

Einige Frauen fordern zusätzlich eine Geschlechtertrennung; eine Atmosphäre der gegenseitigen Akzeptanz, die ein offenen Ansprechen, auch einer eigenen Betroffenheit, ermöglicht, lasse sich im Beisein von Männern nicht herstellen.

Viele Befragte halten es für wichtig, daß alle Mitarbeiter/innen in den Betrieben Fortbildungsangebote zu der Problematik der sexuellen Belästigung wahrnehmen können. Den Frauen müsse in eigens eingerichteten Kursen vermittelt werden, wie sie selbstbewußter mit sexuellen Belästigungen umgehen können. Informationen über vorhandene rechtliche Mittel, Hinweise auf wirkungsvolle Beschwerdewege und kompetente Anlaufstellen sollten das Angebot ergänzen.

Einige Befragte äußern weiterführende Gedanken über mögliche Umsetzungsschritte. Es könnte sich u. U. negativ auswirken, wenn ein Seminar speziell zu dem Thema der sexuellen Belästigung angeboten würde. Manche Frauen könnten befürchten, daß sie allein schon durch ihre Anmeldung spöttischen oder ironischen Bemerkungen in ihrer Abteilung ausgeliefert seien. Es wäre daher sinnvoller, übergreifendere Themen zu wählen, z. B. „Frau und Arbeit", „Verhalten in Konfliktsituationen" oder „Zwischenmenschliche Probleme im Arbeitsalltag", um den Mitarbeiterinnen den Einstieg in solche Seminare zu erleichtern.

Ähnlich könne auch bei Seminaren für Führungskräfte vorgegangen werden, denn auch hier bestünde eine Scheu, sich zu einer Veranstaltung mit dieser heiklen Thematik anzumelden.

Mehrere Männer (Leitungsfunktionen) lehnen Schulungen in den Betrieben ab. Aus ihrer Sicht müsse erst der Bedarf für solche Angebote geklärt werden. Es gäbe bereits genügend Fortbildungsveranstaltungen für Vorgesetzte, in denen im aktuellen Fall auf die Problematik hingewiesen werden könne.

7. „Für Frauen, die unter den Folgen einer Belästigung leiden, müßte es medizinisch-therapeutische Angebote oder Selbsthilfegruppen geben."

Vier Fünftel der befragten betrieblichen Verantwortlichen stimmen der Forderung nach medizinisch-therapeutischen Angeboten für betroffene Frauen zu, wobei der Schwerpunkt auf die therapeutisch beratende Ergänzung zur vorhandenen ärztlichen Betreuung gelegt wird. Es sei wünschenswert, Gesprächskreise, Selbsthilfegruppen und persönliche Beratungstermine anzubieten, um betroffenen Frauen über die psychischen Folgen hinwegzuhelfen.

Es bleibt offen, ob es günstiger sei, solche Maßnahmen auch in den Betrieben selbst, z. B. im Rahmen vorhandener psychosozialer Betreuungsdienste zu etablieren, oder ob Angebote außerhalb des Betriebes erweitert werden sollten.

Das teilweise zögernde Antwortverhalten, insbesondere bei einigen männlichen Befragten, die sich prinzipiell zustimmend zu therapeutischen Angeboten äußern, zeigt, wie schwer es häufig noch fällt, tiefgreifende seelische oder körperliche Beeinträchtigungen als Folge von sexueller Belästigung zu sehen. In Antworten wie „wenn die Folgen tatsächlich so gravierend sein sollten" oder „wenn ein Bedarf nachweisbar ist" klingt die Einstellung mit, daß hier eventuell doch ein Problem heraufbeschworen werde, das es in dieser Bedeutung nicht gibt. Zwei Männer befürworten die therapeutische Hilfestellung aus einer Sicht, die ihre persönliche Einstellung zum Belästigungsproblem deutlich widergibt und keines weiteren Kommentars bedarf: Sie halten Frauen, die sich belästigt fühlen, für „prüde", „verklemmt" und „zu sensibel". Sie sehen in einer Therapie die Chance, dem abzuhelfen und den Frauen ein „gesundes" und „normales" Empfinden zu vermitteln.

4.2. Erfahrungen und Handlungsanforderungen aus der Sicht der weiblichen Beschäftigten

4.2.1. Methodische Vorbemerkungen

In allen Fallstudienbetrieben wurden in ausgewählten Beschäftigungsbereichen anonyme schriftliche Befragungen der weiblichen (in einem Betrieb auch der männlichen) Beschäftigten durchgeführt. Mit Ausnahme eines einbezogenen Krankenhauses, in dem eine anonyme Zufallsstichprobe gezogen wurde, handelte es sich bei allen schriftlichen Befragungen um Totalerhebungen.

Bei der Auswahl der in die schriftliche Befragung einzubeziehenden Betriebsbereiche waren folgende Kriterien berücksichtigt worden:

- die Größe des jeweiligen Betriebsbereichs
- der jeweilige Frauenanteil unter den Beschäftigten
- das zahlenmäßige Verhältnis von Frauen und Männern in bestimmten Beschäftigtengruppen (z. B. bei Verwaltungsfachkräften, bei Ärztinnen, bei technischen Bediensteten, bei Ingenieurinnen etc.)
- die personelle Verteilung von Frauen und Männern nach Hierarchiestufen (untere, mittlere, gehobene, höhere und Leitungspositionen sowie Hilfsdienste) sowie
- die allgemeine Aufgaben- und Funktionsverteilung einzelner Beschäftigtenbereiche in „typische Frauenarbeitsbereiche" (z. B. Sekretariate/Schreibdienste, medizinische oder technische Assistenzberufe, Pflegetätigkeiten), „klassische Männerdomänen" (z. B. Ingenieur- und Planungswesen) und eher „gemischt-geschlechtliche Tätgkeitsbereiche" (z. B. allgemeine Verwaltungsbereiche, Beratungstätigkeiten).

Die Entscheidung darüber, welche Beschäftigtenbereiche in den einzelnen Fallstudienbetrieben anhand dieser Kriterien konkret in die Befragungen einbezogen werden sollten, erfolgte jeweils nach umfangreichen Informations- und Beratungsgesprächen, an denen sowohl die Betriebsleitungen, die betrieblichen Interessenvertretungen wie auch die zuständigen Frauenbeauftragten der einzelnen Untersuchungsbetriebe beteiligt waren. – Insgesamt wurden mit der schriftlichen Befragung folgende Beschäftigtenbereiche erfaßt:

- zentrale Verwaltungseinheiten mit oder ohne Publikumsverkehr
- Gesundheitsdienst
- Sport- und Bäderwesen
- Straßenbau, Hoch- und Tiefbauverwaltungen
- Bauordnungs- und Planungswesen (einschließlich Vermessungs- und Ingenieurbereiche)
- Rechtsverwaltungen
- Sozialämter (einschließlich Familienfürsorge)
- Grünflächenämter (einschließlich gewerblich-technischer Bereiche)
- Reinigungs- und andere Hilfsdienste (z. B. in Küchen und Wäschereien)
- Sekretariatsarbeit und Schreibdienste
- Theater

sowie insbesondere in den Krankenhäusern

- ärztliche Dienste und
- Krankenpflegebereiche.

Je nach Größe der einbezogenen Beschäftigtenbereiche wurden in den Fallstudienbetrieben einschließlich der einbezogenen Krankenhäuser unterschiedlich hohe Anzahlen von Fragebögen verteilt. Der Gesamtumfang der schriftlichen Erhebungen lag im ersten Fallstudienbetrieb bei 3 784 Fragebögen, im zweiten Fallstudienbetrieb bei 3 097 Fragebögen und im dritten Fallstudienbetrieb bei 1 640 Fragebögen. In den einbezogenen Krankenhäusern differierte die Zahl der verschickten Fragebögen zwischen 1 640 Exemplaren, 888 Exemplaren und 527 Exemplaren.

Die schriftlichen Befragungen wurden jeweils in einem Zeitraum von 14 Tagen durchgeführt. Die Untersuchungsankündigung bei den Beschäftigten war von seiten der Betriebsleitungen sehr unterschiedlich gehandhabt worden: Während in einem Fallstudienbetrieb alle Beschäftigten eine offizielle Mitteilung über die bevorstehende Befragung erhielten, wurden in den beiden anderen Fallstudienbetrieben bewußt nur die direkt in die Befragung einbezogenen weiblichen Beschäftigten angesprochen und mit einem gesonderten Schreiben über die Untersuchungsbeteiligung des Betriebes informiert.

Auch die Art der Fragebogenverteilung unterschied sich in den einzelnen Fallstudien erheblich und hat offenbar einen bedeutenden Einfluß auf das jeweilige Antwortverhalten gehabt. Die Rückläufe der verschickten Fragebögen differierten in den einzelnen Fallstudienbetrieben sehr stark; sie lagen bei 15 %, bei 22 % und bei 27 %. In dem Betrieb mit der niedrigsten Rücklaufquote waren die Fragebögen in einigen ausgewählten Betriebsbereichen nur zögernd verteilt worden, so daß die Rücksendefristen zum Teil bei Erhalt für die Adressatinnen bereits abgelaufen waren. – In dem Betrieb mit der mittleren Rücklaufquote waren die Fragebögen über eine zentrale Verteilstelle direkt in die Post bzw. Dienstfächer der weiblichen Beschäftigten gelangt. In dem Betrieb mit der höchsten Rücklaufquote waren die Fragebögen an die Privatadressen der Frauen verschickt worden. Die erhöhte Antwortbereitschaft ist hier möglicherweise darauf zurückzuführen, daß sich die Frauen zu Hause in Ruhe mit den Fragen befassen konnten, ohne sich durch eventuell belustigte Kommentare oder abwertende Äußerungen der Kollegen beeinflussen zu lassen.

In den nun folgenden Abschnitten präsentieren wir einen ersten Einblick in die quantitativen Ergebnisse der Betriebsbefragungen; sie ermöglichen eine Einschätzung, welches zahlenförmige Abbild die in Kap. 3 dargestellten Meinungen und Erfahrungen in den Betrieben bzw. der Berufsgruppe „Sekretärinnen" haben. Die Ergebnisse der Befragung werden im folgenden jeweils nach den Erhebungsbereichen getrennt dargestellt. Dabei bedeutet:

1: weibliche Beschäftigte Betrieb 1

2: weibliche Beschäftigte Betrieb 2

3: weibliche Beschäftigte Betrieb 3

4: Sekretärinnen (Berufsverbandsbefragung)

4.2.2. Problemverständnis und Definitionen von sexueller Belästigung

Tabelle 2: „Nur wenige Frauen werden am Arbeitsplatz sexuell belästigt." (in %)

Gruppe stimme	1	2	3	4
voll zu	14	16	10	24
etwas zu	29	29	27	35
weniger zu	36	40	44	34
überhaupt nicht zu	21	15	19	8

Mit Ausnahme der Sekretärinnen (Gruppe 4) sind die Frauen der Betriebsstudien mehrheitlich der Meinung, daß sexuelle Belästigung nicht nur wenige Frauen betrifft. Auffällig ist, daß der Bereich der abgeschwächen Antworten – „stimme etwas bzw. weniger zu" – besonders häufig gewählt wird.

Tabelle 3: „Männer, die belästigen, wollen eigentlich nur flirten." (in %)

Gruppe stimme	1	2	3	4
voll zu	5	8	6	9
etwas zu	19	23	24	21
weniger zu	37	35	42	39
überhaupt nicht zu	39	34	29	31

Bei der Abgrenzung des Flirts von der Belästigung hingegen zeigt sich große Übereinstimmung: alle sind sich mehrheitlich einig, daß Belästiger meist wissen, was sie tun; die Unterscheidungsfähigkeit, die schon in den Intensivinterviews eindrucksvoll zum Ausdruck kam, scheint hier wieder auf.

Tabelle 4: „Wenn eine Frau am Arbeitsplatz sexuell belästigt wird, gibt es für sie genug Mittel, sich zu wehren." (in %)

Gruppe stimme	1	2	3	4
voll zu	20	21	12	27
etwas zu	22	25	22	23
weniger zu	38	33	41	38
überhaupt nicht zu	20	22	25	13

Die Mehrheit in jeder Gruppe ist nicht der Meinung, eine Frau habe genug Mittel, sich gegen sexuelle Belästigung zu wehren. Auffallend selten sind die Beschäftigten in Betrieb 3 dieser Meinung.

Tabelle 5: „Eine Frau, die am Arbeitsplatz sexuell belästigt wird, hat das fast immer selbst herausgefordert." (in %)

Gruppe	1	2	3	4
stimme				
voll zu	5	7	3	9
etwas zu	16	17	12	25
weniger zu	34	35	40	33
überhaupt nicht zu	45	42	45	33

Bemerkenswerte Übereinstimmung zeigt sich in dieser Frage. Eine eigene bzw. alleinige Schuld des Opfers wird in allen Gruppen von deutlichen Mehrheiten abgelehnt. Diesem Ergebnis zufolge müßten Betroffene eigentlich gute Chancen haben, bei Kolleginnen und Kollegen auf Solidarität zu stoßen. Diese Vermutung wird von dem folgenden Ergebnis gestützt:

Tabelle 6: „Sexuelle Belästigung ist ein Machtmißbrauch gegen Frauen." (in %)

Gruppe	1	2	3	4
stimme				
voll zu	54	61	61	56
etwas zu	22	23	23	25
weniger zu	16	8	10	11
überhaupt nicht zu	8	8	7	8

Rund drei Viertel der Befragten jeder Gruppe, teilweise noch mehr, bestimmen sexuelle Belästigung als Machtmißbrauch gegen Frauen und ordnen sie damit eindeutig dem Problemkreis der Hierarchie in den Geschlechterbeziehungen zu. Daß Belästigung als harmloses Delikt betrachtet würde, muß klar zurückgewiesen werden. Diese allgemeine Äußerung und das konkrete Verhalten scheinen sich jedoch nicht unbedingt zu decken; daß auch auf der Ebene der Einstellungen Solidarität nicht unbedingt vorausgesetzt werden kann, zeigt sich in der folgenden Tabelle.

Tabelle 7: „Viele Frauen verschaffen sich durch sexuelle Beziehungen im Betrieb berufliche Vorteile." (in %)

Gruppe stimme	1	2	3	4
voll zu	10	10	7	9
etwas zu	35	34	32	46
weniger zu	36	37	42	31
überhaupt nicht zu	19	19	20	13

Bei dieser Behauptung dominiert das Mittelfeld der Antwortmöglichkeiten; offenbar wollen die meisten Befragten nicht abstreiten, daß es das Phänomen gibt; daß dies aber, wie die Frageformulierung unterstellt, massenhaft der Fall sei, wollen die meisten nicht behaupten. Allerdings zeigt das Ergebnis, daß von Belästigung betroffene Frauen sich möglicherweise zunächst dem Verdacht ausgesetzt fühlen, sich durch sexuelle Beziehungen berufliche Vorteile sichern zu wollen.

Tabelle 8: „Frauen leiden unter sexueller Belästigung am Arbeitsplatz, sie trauen sich aber nicht, darüber zu sprechen." (in %)

Gruppe	1	2	3	4
stimme				
voll zu	43	42	47	37
etwas zu	39	37	38	37
weniger zu	14	16	12	23
überhaupt nicht zu	5	5	4	4

Insbesondere bei den Frauen aus den Untersuchungsbetrieben ist die Vermutung, Belästigungsopfer trügen häufig einsam ihre Erfahrungen mit sich herum, sehr ausgeprägt. Aber auch die Sekretärinnen teilen diese Ansicht, mit einer nicht ganz so klaren Mehrheit.

Tabelle 9: „Wenn sich eine Frau gegen sexuelle Belästigung am Arbeitsplatz wehrt, muß sie mit negativen Konsequenzen rechnen." (in %)

Gruppe	1	2	3	4
stimme				
voll zu	36	34	32	35
etwas zu	41	42	43	35
weniger zu	15	16	17	24
überhaupt nicht zu	8	8	8	6

Hier ist die Mehrheit in allen Gruppen der Meinung, das Belästigungsopfer habe bei Gegenwehr mit negativen Konsequenzen zu rechnen. Dabei erstaunt der Umstand, daß die Befragten selbst ja auch zum potentiellen Umfeld einer betroffenen Frau gehören. Sie scheinen entweder sich hier nicht selbst einzubegreifen und sehen sich deshalb auch nicht als Ansprechpartner/innen, die negative Konsequenzen abwehren könnten oder würden; oder sie nehmen die Perspektive des Opfers ein und gehen – analog der breiten Zustimmung zu „sexuelle Belästigung ist Machtmißbrauch" – davon aus, daß der Belästiger tatsächlich auch Macht besitzt.

Tabelle 10: „Wegen sexueller Belästigung darf ein Kollege im Betrieb nicht bloßgestellt werden." (in %)

Gruppe stimme	1	2	3	4
voll zu	17	14	12	10
etwas zu	7	8	10	9
weniger zu	22	20	20	24
überhaupt nicht zu	54	58	58	57

Über drei Viertel der Frauen wenden sich gegen den Schutz des Belästigers im Betrieb, davon die Mehrheit ganz entschieden.

Tabelle 11: „Ängstliche Frauen werden eher belästigt." (in %)

Gruppe stimme	1	2	3	4
voll zu	39	33	38	39
etwas zu	32	33	33	28
weniger zu	16	20	22	24
überhaupt nicht zu	14	14	7	9

Die Mehrheit in allen Gruppen geht davon aus, daß ängstliche Frauen eher Opfer von Belästigung werden. Über ein Drittel ist sogar jeweils davon völlig überzeugt. Dies stimmt überein mit der starken Zustimmung zu der Ansicht, sexuelle Belästigung sei ein Machtmißbrauch gegen Frauen, wirft aber auch ein Licht auf die Vorannahmen über eine Typik der Opfer (und der Täter), die nur zum Teil auf realen Erfahrungen bzw. Beobachtungen beruhen dürften.

Wir wenden uns nun der Frage zu, was die Befragten unter sexueller Belästigung verstehen. Unsere Antwortvorgaben deckten das Spektrum von unerwünschter Aufmerksamkeit bis zur direkten körperlichen Gewalt ab. Wir stellen die Ergebnisse in der Reihenfolge dar, wie sie der Anordnung im Fragebogen entspricht.

Tabelle 12: Zweideutige Gesten und Äußerungen (in %)

Gruppe	Hinterherpfeifen, Anstarren taxierende Blicke ist Belästigung	Anzügliche Witze ist Belästigung	Anzügliche Bemerkungen über Figur oder sexuelles Verhalten im Privatleben ist Belästigung
1	41	39	84
2	31	30	77
3	38	36	86
4	23	32	82

Während bezogen auf das Hinterherpfeifen und Anstarren die Meinungen geteilt sind – die Mehrheit wertet dieses Verhalten nicht als Belästigung, größere Minderheiten jedoch wohl –, herrscht große Übereinstimmung bezogen auf die „anzüglichen Bemerkungen": rund vier Fünftel – bei kleineren Abweichungen nach oben oder unten – werten anzügliche Bemerkungen eindeutig als sexuelle Belästigung. Die Interpretation bietet sich an, daß anzügliche Witze es mehr im Ermessen von Betroffenen lassen, ob sie sich persönlich berührt fühlen bzw. zeigen sollen oder nicht, während dieser Spielraum, der auch Distanzierung ermöglicht, bei anzüglichen Bemerkungen den meisten nicht gegeben scheint. Ähnlich auch die Bewertung von „Hinterherpfeifen, Anstarren, taxierende Blicke": auch hier gibt es die Möglichkeit, sich selbst als nicht gemeint zu empfinden. Ferner handelt es sich um einen diffuseren Bereich, was die Bewertung angeht: in einer Situation mag es eine Belästigung sein, in anderen nicht.

Tabelle 13: Handlungen mit eindeutig sexuellem Bezug (in %)

	Pornographische Bilder am Arbeitsplatz	Unerwünschte Einladungen mit eindeutiger Absicht	Telefonate, Briefe mit sexuellen Anspielungen
Gruppe	ist Belästigung	ist Belästigung	ist Belästigung
1	71	90	95
2	66	82	96
3	70	87	98
4	78	83	95

Je näher und eindeutiger eine belästigende Handlung auf eine bestimmte Person gerichtet ist, so können wir hier sehen, umso eindeutiger fällt auch das Votum aus, daß es sich um eine Belästigung handele. Die eindeutige Bewertung der „unerwünschten Einladungen mit eindeutiger Absicht" erstaunt hier in gewisser Weise, da es sich hier auch um das Randgebiet eines diffusen Bereichs – Interesse bekunden, Möglichkeiten einer näheren Bekanntschaft ausloten, „Versuchsballon starten", „man kann ja mal fragen" – handelt, ähnlich etwa dem „Anstarrren" (s. o.) oder der „zufälligen" Körperberührung (s. u.), die beide mehrheitlich nicht als Belästigung gewertet werden. Dessen ungeachtet scheinen sich die meisten hier eine treffsichere Unterscheidung zuzutrauen zwischen einer belästigenden und einer nicht-belästigenden Anfrage; hier wiederholt sich damit auch ein Ergebnis der Betroffenen-Interviews, in denen meist Belästigung und Flirt als ziemlich sicher abgrenzbar erklärt wurden.

Die Einordnung der „Einladung mit eindeutiger Absicht" kann allerdings auch im Sinne der bisherigen Interpretation – Möglichkeiten oder Unmöglichkeiten der Distanzierung für die Betroffenen – plausibel sein: Sie erzwingt in jedem Fall eine persönliche Reaktion der Betroffenen, und genau damit haben die Betroffenen Schwierigkeiten (siehe Kap. 3).

Tabelle 14: Sexuelle Erpressung (in %)

Gruppe	Versprechen berufl. Vorteile bei sexuellem Entgegenkommen ist Belästigung	Androhung beruflicher Nachteile bei sexueller Verweigerung ist Belästigung
1	98	97
2	96	98
3	99	99
4	98	97

Die erpresserische Verbindung von Sexualität und beruflichen Konsequenzen wird fast einhellig als sexuelle Belästigung eingestuft. Dieses klare Urteil kann als Ermutigung für Betroffene gedeutet werden, auf die Solidarität von Kolleg/innen rechnen zu können. Einschränkend klingen jedoch Expertenäußerungen im Ohr wie „Wenn das eindeutig erwiesen ist, dann wird natürlich etwas geschehen". Auch wird die entschlossene Haltung, die sich in der Bewertung der sexuellen Erpressung zeigt, da nicht viel nützen, wo sie nicht als direkte Konfrontation stattfindet, sondern sich als latente Bedrohung um die Betroffene herumspinnt (siehe Fallbeispiele in Kap. 3).

Wir wenden uns nun der Bewertung körperlicher Annäherungsversuche zu.

Tabelle 15: Zweideutige körperliche Annäherung (in %)

Gruppe	„Zufällige" Körperberührung, z. B. von hinten über die Schulter beugen ist Belästigung
1	31
2	26
3	30
4	31

Eine deutliche Mehrheit in allen Gruppen lehnt es ab, „zufällige" Körperberührungen als Belästigung zu werten. Nicht vernachlässigenswert von der Größe her ist jedoch die Minderheit, die hierin gleichwohl eine Belästigung sieht. Unterschiedliche Situationen lassen in diesem Bereich vermutlich die Bewertung ambivalent ausfallen; auch kann sich in dem Ergebnis der Wunsch ausdrükken, nicht hinter allem und jedem eine Belästigung vermuten zu wollen oder zu müssen. Schließlich ist auch vom Fragebogenaufbau her zu beachten, daß die „zufällige" Körperberührung das einzige Vorkommnis im Bereich der körperlichen Annäherung ist, das eine abwägende Bewertung überhaupt offen läßt. Dieser Eindruck drängt sich jedenfalls im Vergleich zu den folgenden Ergebnissen auf.

Tabelle 16: Körperliche Annäherungen mit eindeutig sexuellem Bezug (in %)

Gruppe	1	2	3	4
Po-Kneifen oder Klapsen/ist Belästigung	93	86	87	91
Unerwartetes Berühren der Brust/ist Belästigung	96	95	98	96
Aufgedrängte Küsse/ist Belästigung	100	99	99	98
Zurschaustellung des Genitals/ist Belästigung	100	98	100	99
Aufforderung zum sexuellen Verkehr/ist Belästigung	100	99	99	98
Erzwingen sexueller Handlungen, tätliche Bedrohung/ ist Belästigung	100	100	100	100

Die Bewertung von gemeinhin in der Literatur als „hart" bezeichneten Belästigungsarten fällt sehr klar aus. Bedenklich stimmt dies jedoch, wenn wir uns die Beweisproblematik vergegenwärtigen und den Umstand, daß der größere Teil der von Frauen erfahrenen Belästigungen eher in den weniger eindeutig bewerteten Bereichen liegt.

4.2.3. Das Ausmaß der Betroffenheit von sexueller Belästigung am Arbeitsplatz

Um einen Überblick zu erhalten, in welchem Ausmaß die weiblichen Beschäftigten in den Betrieben bzw. der Berufsgruppe „Sekretärinnen" von Belästigung betroffen waren, bildeten wir anhand unserer Daten drei Gruppen:

- eine Gruppe „Nicht-Belästigte" (nb), bestehend aus denjenigen Befragten, die weder bei der Frage nach dem überhaupt schon einmal Erlebten noch bei dem Fragenkomplex nach der Belästigung, die ihnen besonders in Erinnerung geblieben ist, eigene Erfahrungen nannten.
- Eine zweite Gruppe stellen die „etwas Belästigten" (eb) dar, die zwar angaben, schon einmal eine als Belästigung bewertbare Erfahrung gemacht zu haben, aber keine Angaben zu einem konkreten Fall machten.
- Die dritte Gruppe bildeten die „konkret Belästigten" (kb), die darüber hinaus Angaben zu einem konkreten Belästigungsfall machten, „der ihnen besonders gegenwärtig geblieben ist" (Fragebogentext).

Tabelle 17: Ausmaß der Betroffenheit (in %)

Gruppe Belästigungerfahrung	1	2	3	4
kb	31	34	35	37
eb	61	60	58	60
nb	8	6	8	4

In jeder Betriebsstudie und auch in der Berufsgruppenbefragung finden sich rund ein Drittel Frauen mit Belästigungserfahrungen, die ihnen noch besonders in Erinnerung sind und zu denen sie konkrete Angaben machen, und knapp zwei Drittel mit Erfahrungen, die in unserem Belästigungskatalog erwähnt sind. Der Anteil der Frauen ohne solche Erfahrungen liegt jeweils unter 10 %.

Diese Ergebnisse sind frappierend, was die Anzahl der Frauen mit konkreten Erfahrungen betrifft. Bezogen auf die hohe Zahl der Frauen mit als Belästigung einstufbaren Erfahrungen relativiert sich das zunächst überwältigend erscheinende Ausmaß der Belästigungserfahrung etwas, wenn wir betrachten, welche Erfahrungen die Betroffenen selber als Belästigung einstufen und welche nicht (siehe Abschnitt 4.2.2.). Wie weiter unten (4.2.3.) aufgezeigt wird, ist jedoch auch im Bereich der mehrheitlich als Belästigung eingestuften Vorkommnisse die Betroffenheit teilweise recht hoch.

Haben diese Frauen ihre Erfahrungen im jetzigen oder in einem Betrieb gemacht, in dem sie zuvor beschäftigt waren? Aufschluß gibt die folgende Tabelle, bei der die jeweiligen Gruppengrößen mit angegeben sind, weil wir nun zu einem Frageabschnitt kommen, der jeweils von unterschiedlichen Anzahlen von Befragten ausgefüllt wurde.

Tabelle 18: Erfahrung mit Belästigung im jetzigen Betrieb oder in einem anderen? (in %)

Gruppe	1 (n=118)	2 (n=261)	3 (n=243)	4 (n=356)
im jetzigen Betrieb	51	61	65	44
in einem anderen Betrieb	49	39	35	56

Die Frauen in den Betrieben geben mehrheitlich an, ihre Erfahrungen im jetzigen Betrieb gemacht zu haben. Bei der Berufsgruppe der Sekretärinnen verhält es sich mit den Mehrheiten umgekehrt; dies mag mit der anderen Art des Zustandekommens dieser Stichprobe zusammenhängen, deren einzelne Mitglieder in vielen unterschiedlichen Betrieben arbeiten und eventuell öfter einen früheren Betrieb zugunsten des jetzigen verlassen haben, gerade weil sie dort belästigt wurden, im jetzigen jedoch nicht.

Die folgende Abbildung zeigt, daß aus den Betrieben überwiegend Frauen geantwortet haben, deren Erfahrungen erst ganz bzw. relativ kurz zurückliegen. Eine große Gruppe der Sekretärinnen hingegen hat geantwortet, deren Erfahrungen schon relativ lang zurückliegen. Dies spricht ein weiteres Mal für die Annahme, daß diese Gruppe durch einen oder mehrere Betriebswechsel aus einer Belästigungssituation herausgefunden hat. Die Antwortstruktur läßt aber auch vermuten, daß Frauen mit aktuellem Problemdruck vermehrt antworten und somit die Zahl der insgesamt in den Betrieben Betroffenen noch höher liegt.

Abbildung 1: Wann wurden Sie das letzte Mal belästigt?

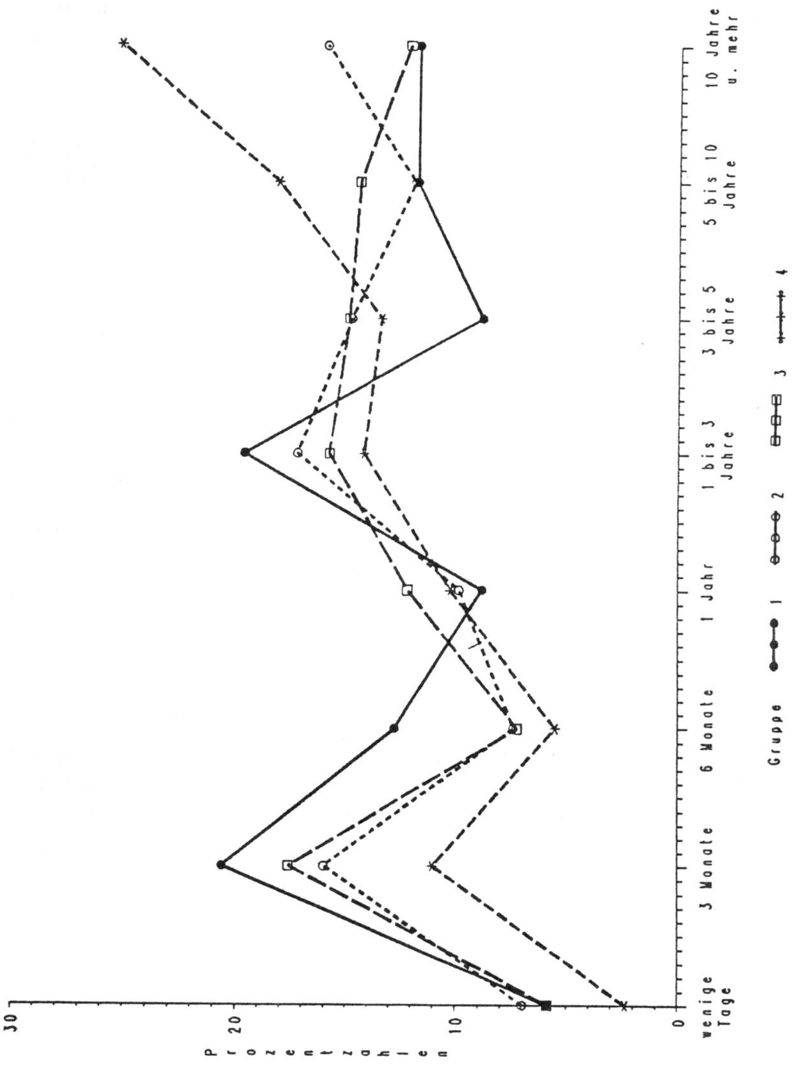

Um das Ausmaß der Betroffenheit, aber auch die Problemwahrnehmung der weiblichen Beschäftigten einschätzen zu können, haben wir deren Erfahrungen mit als Belästigung wertbaren Vorkommnissen in Beziehung gesetzt zu ihrer eigenen Bewertung dieser Erfahrungen. Für die mehrheitlich nicht als Belästigung bewerteten Erfahrungen ergibt sich dabei folgendes Bild:

Tabelle 19: Mehrheitlich nicht als Belästigung gewertete Handlungen im Verhältnis zur eigenen Betroffenheit (in %)

	Anstarren etc.		Anzügliche Witze		„zufällige" Berührung	
Gruppe	ist keine Belästigung	schon erlebt	ist keine Belästigung	schon erlebt	ist keine Belästigung	schon erlebt
1	59	81	61	79	69	65
2	70	82	70	69	74	72
3	62	79	64	82	70	70
4	77	85	68	78	69	71

Es zeigt sich, daß ein Erlebnis umso seltener als sexuelle Belästigung eingestuft wird, je häufiger die Betroffenen ihm ausgesetzt sind. Bedeutet dies, daß „gravierende" Erlebnisse – zum Glück – sehr selten sind? Diese Frage beantwortet die folgende Tabelle.

Tabelle 20: Als Belästigung gewertete Handlungen im Verhältnis zur eigenen Betroffenheit (in %)

Gruppe	1		2		3		4	
Belästigungs-art	ist Bel.	schon erlebt	ist Bel.	schon erlebt	ist Bel.	schon erlebt	ist Bel.	schon erlebt
Anzügliche Bemerkungen	84	46	78	49	86	43	82	49
pornographische Bilder	72	21	67	31	70	30	78	26
Einladung mit eindeutiger Absicht	90	30	83	29	87	25	83	34
telefonisch/ briefliche Annäherung	95	12	96	14	98	10	95	13
Versprechen von Vorteilen	98	3	96	3	99	4	98	8
Androhung von Nachteilen	97	3	97	3	99	3	97	6
Po-Kneifen oder Klapsen	93	27	86	33	86	31	91	25
Berührung der Brust	96	15	95	18	98	20	96	16
aufgedrängte Küsse	100	8	99	13	99	15	98	18
Exhibitionismus	100	5	98	5	100	3	99	3
Aufforderung zum Verkehr	100	8	99	7	99	10	98	13
Nötigung/ Vergewaltigung	100	1	100	1	100	2	100	4

Bei näherer Betrachtung zeigen sich sehr ernstzunehmende Details. Das sehr eindeutig als Belästigung rangierende „Po-Kneifen" wird von immerhin einem knappen Drittel der befragten Frauen als eigenes Erlebnis genannt, das hoch als Belästigung eingestufte „Berühren der Brust" von ca. 18 % und die fast einhellig als Belästigung eingestuften „aufgedrängten Küsse" von ca. 15 %. Auch stimmt es für die allgemeine Einschätzung des Arbeitsklimas bedenklich, daß knapp die Hälfte der Frauen mit anzüglichen Bemerkungen konfrontiert war, die zwar etwas weniger einhellig, aber dennoch mit großer Mehrheit als Belästigung gewertet werden – ganz zu schweigen von den nur knapp 20 % der Frauen, die an ihrem Arbeitsplatz noch keine anzüglichen Witze erlebt haben, obwohl sie diese mehrheitlich nicht als Belästigung werten.

4.2.4. Belästigungssituationen und die Charakteristik der daran Beteiligten

Wir wenden uns nun den näheren Umständen der genannten Erfahrungen zu. Bei der Frage nach der Person, von der die Belästigung ausging, zeigen sich deutliche Unterschiede zwischen den Gruppen:

Tabelle 21: Von wem ging die Belästigung aus? (Mehrfachnennungen, in %)

Gruppe	1	2	3	4
Vorgesetzte	13	9	13	20
Kollege	16	20	26	21
Untergebene	2	1	1	0
Kunde/Klient	12	11	6	5
Ausbilder	3	2	4	1
Betriebs-/Personalrat	1	1	2	1
Männergruppe	3	5	4	3
Frau	0	1	1	1
Frauengruppe	0	0	0	0
Fremder	6	5	2	2
Sonstige	0	0	1	1

In dieser Tabelle beziehen sich die Prozentangaben immer auf die Gesamtzahl der Gruppe; da außerdem mehrfach angestrichen werden konnte, können die Prozentzahlen nicht addiert werden. Zwar dominieren die Kollegen als Belästiger vor den Vorgesetzten und noch deutlicher vor den Kunden/Klienten/Patienten. In Betrieb 1 ist jedoch der Abstand nicht groß, und die Sekretärinnen benennen Vorgesetzte fast so häufig wie Kollegen.

Bei welcher Gelegenheit traten diese Personen als belästigend in Erscheinung? Die folgende Tabelle zeigt die häufigsten Nennungen.

Tabelle 22: Bei welcher Gelegenheit fand die Belästigung statt? (Mehrfachnennungen %)

Gruppe Situation	1 (n=320)	2 (n=684)	3 (n=607)	4 (n=356)
bei der Arbeit	28	27	29	28
bei Betriebsfesten	8	11	17	12
Pause	8	7	7	5
Weg von/zur Arbeit	5	4	3	3
Nach der Arbeit	2	4	4	4
Nachtschicht	3	4	3	1
Überstunden/ Wochenendarbeit	2	2	3	4
Arbeitsbesprechung	2	1	3	4
Lehrgänge/Dienstreisen	2	1	3	3
Vorstellungsgespräch	1	0	0	1

Die Ergebnisse zur Gelegenheit, bei der sexuelle Belästigung erfahren wurde, verblüffen durch ihre frappierende Übereinstimmung: während der Arbeit selbst wird das Gros der Belästigungen erfahren. Der direkte Bezug zur Arbeitssituation ist offenbar den Betroffenen sehr deutlich. Betriebsfeste spielen auch eine, wenn auch deutlich geringere Rolle. (Allerdings nehmen in einer Reihe von Fällen weibliche Beschäftigte nicht mehr so zahlreich an Betriebsfesten teil wie früher, eben wegen befürchteter Belästigungen.)

Auch die Informationen zur Räumlichkeit, in der die Belästigung stattfand, stützen den Eindruck, daß es sich meist um die unmittelbare Arbeitssituation handelt. Der eigene Arbeitsraum wird am häufigsten genannt, dicht gefolgt vom Arbeitsraum des Vorgesetzten oder Kollegen.

Häufiger werden noch Flur und Treppenhaus genannt; alle anderen Nennungen verteilen sich recht gleichmäßig mit geringerer Häufigkeit auf alle anderen möglichen Orte.

Abgelegene Orte wie Lager/Archiv, Hof/Parkplatz, Umkleiden und Toiletten/Duschen werden zwar alle genannt, sind jedoch deutlich weniger bedeutsam als der eigene Arbeitsraum bzw. der des Belästigers.

Wir wissen nunmehr, daß meist eine männliche Einzelperson, die meist Kollege oder Vorgesetzter ist, eine Frau in deren oder im eigenen Arbeitsraum belästigt.

Unsere Kenntnis der Täter-Opfer-Relation erweitert sich durch die Angaben zu konkreten Belästigungsfällen, die den Befragten „noch besonders in Erinnerung sind" (Fragebogentext). Jeweils rund ein Drittel aller vier Befragtengruppen machte hierzu Angaben.

Festzuhalten ist zunächst, daß sich in Betrieb 1 und bei der Gruppe der Sekretärinnen die Relation Kollegen – Vorgesetzte umkehrt, wenn konkrete, noch heute gegenwärtige Belästigungserfahrungen genannt werden:

Tabelle 23: Berufliche Position des Täters im Verhältnis zur Belästigten (%)

Gruppe	1 n=95	2 n=224	3 n=200	4 n=128
Vorgesetzter	35	21	27	43
Kollege	33	48	59	41
Untergebener	3	1	3	1
Kunde/Klient/Patient	23	20	5	6
Ausbilder	4	4	5	3
Betriebs-/Personalrat	–	2	1	1
sonstige	1	5	2	5

Ferner fällt auf, daß in zwei Gruppen die Kunden/Klienten/Patienten einen recht großen Belästigungsfaktor darstellen, obwohl auch Betrieb 3 Publikumsverkehr und Pflegebereiche hat. Dafür werden in Gruppe 3 die Kollegen sehr prägnant als Belästiger hervorgehoben.

Tabelle 24: Familienstand des Belästigers zum Zeitpunkt der Belästigung (in %)

Gruppe	1 n=95	2 n=220	3 n=202	4 n=123
verheiratet	64	53	69	84
feste Partnerschaft	5	4	2	6
alleinlebend	6	22	16	6
in Trennung lebend	0	1	3	1
weiß nicht	24	22	11	5

Belästigung erscheint in diesen Gruppen als Verhaltensweise von Ehemännern. Wie sieht es im Vergleich dazu mit dem Familienstand der Belästigten aus?

Tabelle 25: Familienstand der Belästigten zum Zeitpunkt der Belästigung (in %)

Gruppe	1 n=93	2 n=228	3 n=123	4 n=124
verheiratet	19	18	44	25
feste Partner	53	45	55	21
in Trennung	0	1	1	3
allein	27	36	0	51
keine Kinder	89	86	79	79

In den untersuchten Betrieben werden Ehefrauen deutlich seltener belästigt als nicht verheiratete Frauen; in Betrieb 3 ist dieser Unterschied allerdings deutlich schwächer ausgeprägt als in den beiden anderen, und bei den Sekretärinnen ist er verschwindend gering. Diese Gruppe ist ferner die einzige, die mehrheitlich zum Zeitpunkt der Belästigung allein lebte. Das Gros der Belästigten stellen die Frauen in fester Bindung, aber ohne Trauschein.

Weitere Angaben verweisen durchaus auf eine Gefährdung der Auszubildenden:

Tabelle 26: Auszubildende als Betroffene von Belästigung (in %)

Gruppe	1 n=96	2 n=228	3 n=202	4 n=129
Auszubildende	24	24	34	10

Auch befristete Arbeitsverhältnisse und Schichtdienst erweisen sich durchaus als gefährdende Bedingungen, was Belästigung angeht. Sie treten damit deutlicher bei den noch konkret gegenwärtigen Belästigungen hervor als bei den zuvor allgemein geschilderten Erfahrungen.

In ca. einem Drittel aller Fälle war die Frau „vorgewarnt", weil dem Täter der Ruf vorauseilte, ein Belästiger zu sein.

Lediglich in einem guten Drittel der Fälle blieb es bei einem einmaligen Vorkommnis, wie die folgende Tabelle zeigt:

Tabelle 27: Häufigkeit der Belästigung durch dieselbe Person (in %)

Gruppe	1 n=96	2 n=228	3 n=202	4 n=129
1 mal	34	40	36	33
2 – 3 mal	31	29	25	32
öfter	28	24	30	23
immer wieder	6	7	10	13
	99	100	101	101

Wir wenden uns nun der Altersrelation zwischen Belästiger und Belästigter zu. Abb. 2 und 3 zeigen, daß auch in dieser Frage die Übereinstimmung in den verschiedenen Gruppen ausgeprägt ist:

Abbildung 2: Alter des Belästigers

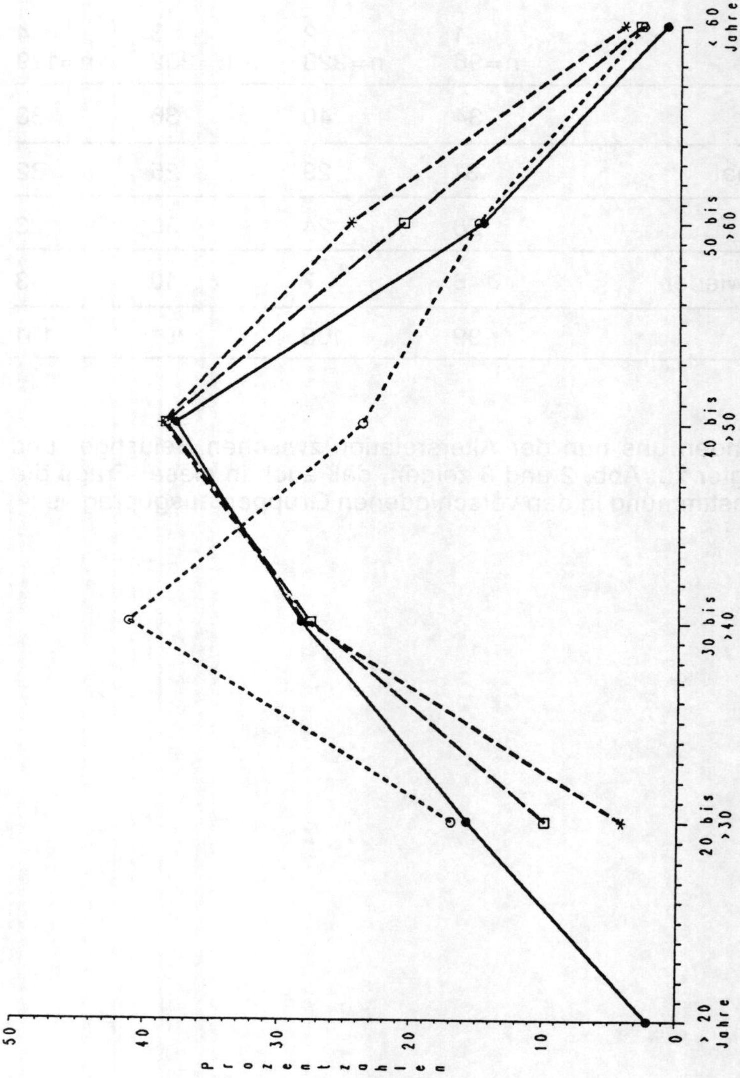

Abbildung 3: Alter der Belästigten

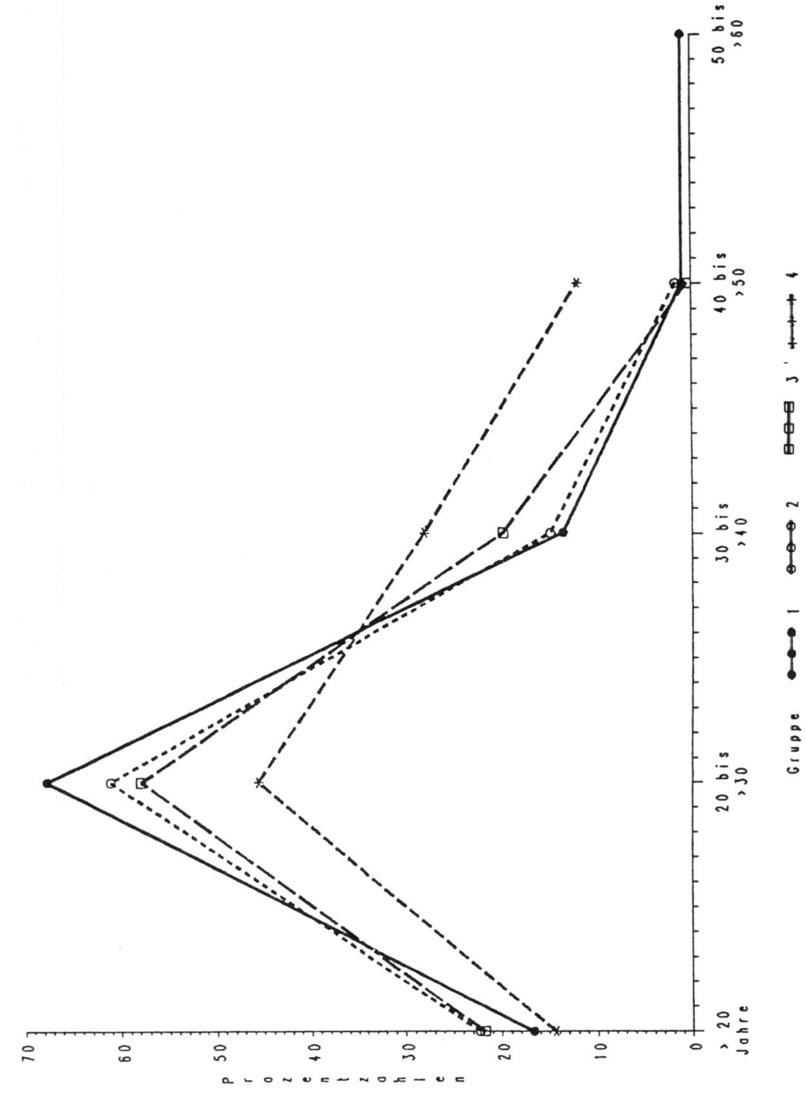

Das Alter der Belästiger erstreckt sich in einer flachen Kurve von 30–60 Jahren, mit einer Konzentration auf die Zeitspanne 40–50 Jahre. Bei den Belästigten hingegen zeigt sich eine klare Konzentration auf das Alter zwischen 20 und 30 Jahren. Die ganz jungen Frauen scheinen diesen Ergebnissen zufolge weniger Opfer von Belästigungen zu sein als ihre etwas älteren Kolleginnen. Diese befinden sich in einem Alter, in dem früher die meisten Frauen wegen Heirat bzw. Geburt eines Kindes aus dem Berufsleben ausschieden, während sie dies heute weniger tun und durch größere Kontinuität der Berufsausübung in einigen Berufsbereichen zu gleichgewichtigen Konkurrentinnen männlicher Beschäftigter werden können (vgl. BMA 1989).

Der durchschnittliche Altersabstand zwischen Belästiger und Belästigter beträgt 10 – 20 Jahre. Ganz junge Frauen (unter 20) und Frauen über 30 werden etwa halb so oft belästigt wie die Gruppe zwischen 20 und 30 Jahren. Die meisten Belästiger sind in zwei Betrieben sowie in der Sekretärinnenbefragung zwischen 40 und 50 Jahre alt. Insgesamt ist die Alterskurve der Belästiger aber deutlich flacher als die der Belästigten; d. h.: die Frage, ob ein Mann belästigt, ist weniger altersabhängig als die Frage, ob eine Frau belästigt wird.

Entscheidender als das Lebensalter scheint bei Männern die Dauer der Betriebszugehörigkeit zu sein, wie Abb. 4 zeigt: mit längerer Betriebszugehörigkeit steigt die Wahrscheinlichkeit an, daß ein Mann Belästiger wird. In allen Gruppen ist eine – allerdings unterschiedlich stark ausfallende – Steigerung ab einer Beschäftigungsdauer von 10 Jahren zu bemerken.

Abbildung 4: Beschäftigungsdauer des Belästigers

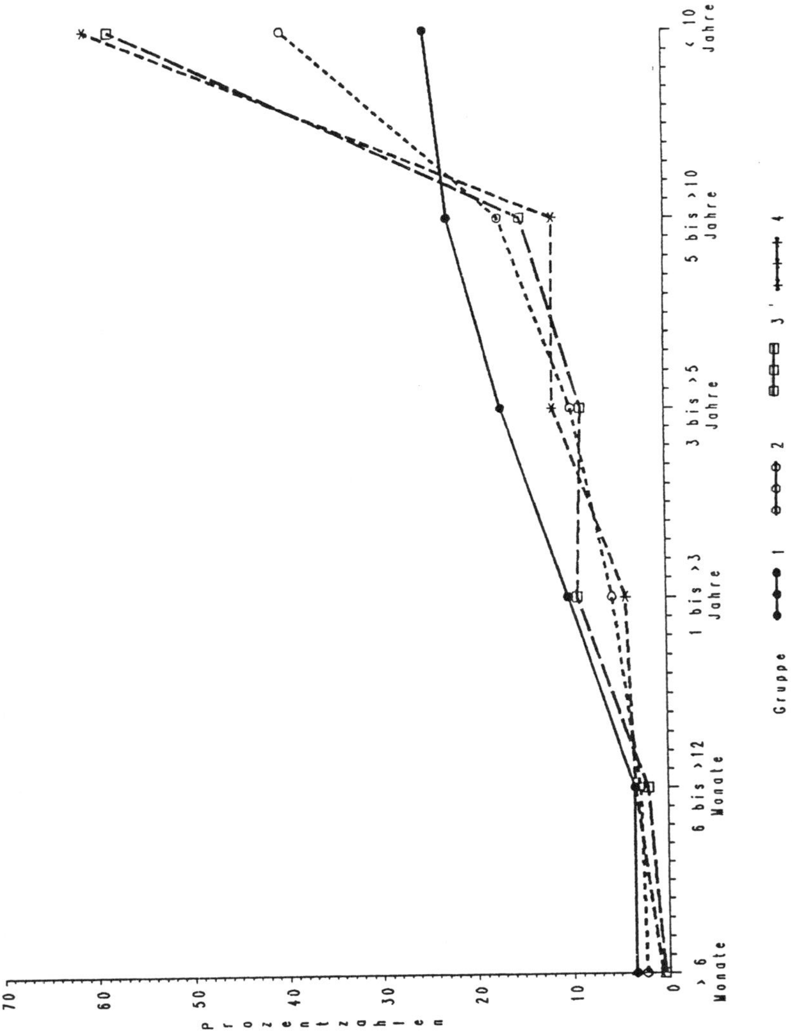

Bei den Frauen ist das Bild weniger eindeutig. Klar zeigen sich besondere Gefährdungspunkte in der Probezeit (unter 6 Monaten) und im 2. und 3. Beschäftigungsjahr; eine zweite Tendenz ist aber auch die einer gleichmäßig vorhandenen Gefährdung, die bis zum 10. Beschäftigungsjahr anhält (Abb. 5).

Abbildung 5: Beschäftigungsdauer der Belästigten

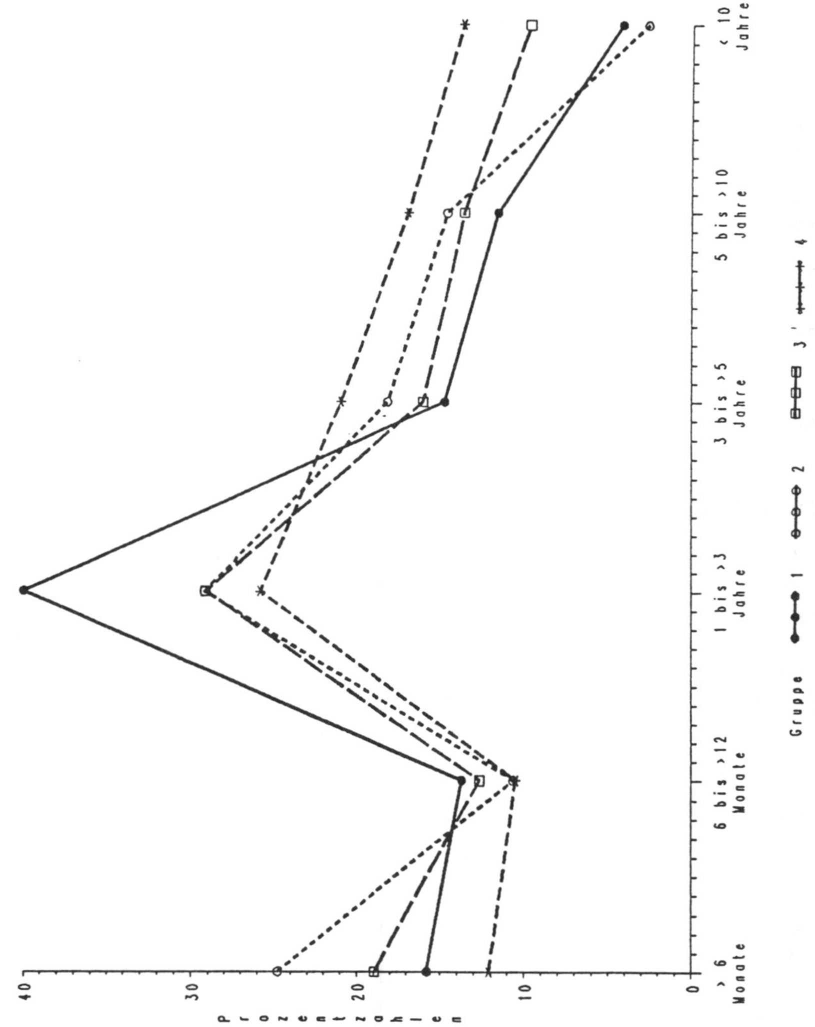

Zugespitzt können wir sagen: ältere Ehemänner mit langer Betriebszugehörigkeit belästigen etwas jüngere, in verbindlicher Partnerschaft, aber in „wilder Ehe" lebende Frauen, die noch nicht so lange im Betrieb sind. Und: Mütter, die immerhin 37 % aller erwerbstätigen Frauen stellen, scheinen unterproportional häufig belästigt zu werden. Mindestens vier Fünftel der Belästigten, teilweise noch mehr, hatten zum Zeitpunkt der Belästigung keine Kinder. Sie befanden sich vielmehr in einem Alter, in dem für die meisten Frauen, statistisch betrachtet, die Entscheidung für oder gegen ein Kind ansteht (Statist. Bundesamt, 1987, S. 24).

Bemerkenswert ist die geringe Rolle, die laut Angaben der Belästigten Alkohol spielte:

Tabelle 28: Spielte Alkohol eine Rolle? (in %)

Gruppe	1 n=96	2 n=229	3 n=203	4 n=128
ja, beim Belästiger	9	17	19	11
ja, bei mir	0	1	0	0
ja, bei beiden	1	2	4	3
nein	90	80	77	86

4.2.5. Reaktionen und Umgangsweisen der betroffenen Frauen

Nur wenige Frauen (zwischen 7 und 11 %) geben an, von der Belästigung „unbeeindruckt" gewesen zu sein. Die meisten empfanden Empörung und Ekel, und viele wurden von der Belästigung überrascht (zwischen 35 % und 43 %). Peinlich berührt fühlten sich jeweils ein gutes Drittel. Ein Gefühl der Hilflosigkeit trat bei einem knappen Drittel ein, ein Gefühl von Aggressivität bei genau so vielen. Erstarrung und Angst überkamen jeweils kleinere Anteile, und verletzt fühlten sich durchschnittlich ein Viertel.

Gemessen an diesen starken, wenn auch in unterschiedliche Richtungen weisenden Betroffenheitsgefühlen war die nach außen sichtbare Reaktion eher verhalten.

Tabelle 29: Indirekte Formen der Gegenwehr (in %)

Gruppe	1	2	3	4
Reaktion				
Annäherung zu ignorieren versucht	53	45	44	45
versucht, scherzhaft damit umzugehen	45	37	46	41
versucht, Belästiger zu meiden	42	46	49	39

Wie beurteilen die Betroffenen selbst den Erfolg dieser Form von Gegenwehr? In der Mehrheit der Fälle beurteilen sie die Wirkung als nicht erfolgreich; „ Erfolg" hatten wir im Fragebogen so definiert, daß die Frau den Belästiger dazu brachte, die Belästigung einzustellen.

Betrachten wir nun die aktiveren und deutlicheren Formen der Gegenwehr. Ihre bisherige Verbreitung in den Gruppen zeigt die folgende Tabelle:

Tabelle 30: Direkte Formen der Gegenwehr (in %)

Gruppe	1	2	3	4
Reaktion				
Belästiger zur Rede gestellt	31	33	28	31
sich körperlich gewehrt	17	23	24	21
sich über Belästiger beschwert	11	11	10	9
dem Belästiger Beschwerde angedroht	6	14	13	8

Die Tabelle zeigt, daß zwar deutlich weniger Frauen direkte Gegenwehr gegen die Belästigung leisten, als sich zu nur indirekten Formen entschließen konnten. Andererseits ist die Anzahl der direkt „Wehrhaften" keineswegs gering. Besonders bemerkenswert ist jedoch, daß diese Frauen mehrheitlich ihre Gegenwehr als erfolgreich bewerten.

So kommen wir hier zu dem Schluß, daß die indirekten Formen von Gegenwehr dominieren, worin sich offensichtlich Unsicherheit darüber ausdrückt, was eine adäquate Reaktion wäre und wieviel Gegenwehr Frauen sich glauben „leisten" zu können. Andererseits bewerten sie selbst den Erfolg direkter Gegenwehr als höher. Eine nicht zu übersehende Anzahl von ihnen entschließt sich auch dazu und findet damit einen angemesseneren Ausdruck für die Gefühle, die die Belästigung in ihnen ausgelöst hat.

Nur ganz wenige Betroffene geben an, gegen den Belästiger geklagt zu haben bzw. in anderer Weise juristisch vorgegangen zu sein; hier sind keine Muster erkennbar, die sich darstellen ließen.

Immerhin ein Sechstel der Frauen aus den Betrieben und über ein Drittel der Sekretärinnen geben an, mit niemandem über die Belästigung gesprochen zu haben. Dies wirft ein Licht auf den Hintergrund der Einschätzung, viele belästigte Frauen würden schweigen und still vor sich hin leiden (vgl. Abschnitt 4.2.2.).

Die meisten Frauen in den Betrieben haben allerdings, wie die folgende Tabelle zeigt, mit einer oder mehreren Arbeitskolleginnen gesprochen, und größere Minderheiten auch noch mit anderen Personen.

Tabelle 31: Mit wem haben die Befragten über die Belästigung gesprochen? (Mehrfachnennungen; in %)

Gruppe Ansprechpersonen	1 n=96	2 n=224	3 n=200	4 n=121
Arbeitskolleginnen	54	59	56	30
Freundinnen	33	40	46	24
Freund/Partner	30	41	40	24
Arbeitskollegen	17	20	24	6
niemand	12	16	14	32
Vorgesetzter(m)	12	7	8	10
Vorgesetzte (w)	12	8	3	2
BR/PR (weiblich)/ Vertrauensfrau	2	1	4	2
Personalabteilung	2	1	1	1
BR/PR (m)/ Vertrauensmann	–	1	2	3
zust. Gewerkschaftsvertreterin	1	–	1	–
zust. Gewerkschaftsvertreter	–	–	–	2
sonstiges	1	3	3	3
Frauenbeauftragte	–	–	–	–

Die Tabelle belegt, daß die Betroffenen das Problem in aller Regel im kleinen Kreise behandeln. Vorrangige Vertrauenspersonen sind die Arbeitskolleginnen, die in ihrer Bedeutung von keiner Gruppe eingeholt werden. Dies gilt insbesondere dann, wenn wir die Bezugspersonen im Privatleben einmal außer Betracht lassen: mit großem Abstand folgen die männlichen Kollegen als Ansprechpartner, und nach diesen – wiederum mit klarem, wenn auch kleinerem Abstand – die männlichen und weiblichen Vorgesetzten. Nur selten wurden die Interessenvertretungen angesprochen, und die Frauenbetragten sind in keinem der hier in Rede stehenden Belästigungsfälle angesprochen worden.

Auch die schriftliche Befragung weist somit auf die Bedeutsamkeit des Umfelds und der informellen Ebene des Umgangs mit Belästigung hin. Auch zeigt sich, daß betriebliche Personalverantwortliche nur über einen Bruchteil der auftretenden Belästigungen informiert sind. Umso mehr bestünde Anlaß, Beschwerden von Frauen ernst zu nehmen, denn die Distanz der Frauen zu der Vorstellung, sich mit einem Belästigungsproblem an offiziell Zuständige zu wenden, tritt so deutlich hervor, daß jeder, die es trotzdem tut, ein ernsthafter Beweggrund unterstellt werden müßte.

Gefragt nach den psychischen und physischen Nachwirkungen der Belästigungserfahrung gibt durchschnittlich ein Drittel der Betroffenen an, keine Nachwirkungen verspürt zu haben. Wie die folgende Tabelle zeigt, ist diese Antwort jedoch betriebsspezifisch deutlich unterschiedlich ausgefallen.

Tabelle 32: Keine physischen und psychischen Nachwirkungen der Belästigungserfahrung (Mehrfachnennungen, in %)

Gruppe	1 n=96	2 n=224	3 n=300	4 n=121
Nachwirkungen keine	31	41	25	35

Die Mehrheit hatte jedoch Nachwirkungen innerhalb eines breiten Spektrums von gestörtem Empfinden zu verzeichnen. Die am häufigsten genannten waren die folgenden:

Tabelle 33: Die häufigsten Nachwirkungen (Mehrfachnennungen, in %)

Gruppe Nachwirkung	1	2	3	4
Ängste, Verunsicherung, Mißtrauen	26	25	25	27
erhöhte Empfindsamkeit	26	28	18	27
Aggressivität	25	22	12	19
weniger Spaß am Beruf	22	12	15	29

Verstärkte Befindlichkeiten aus dem Spektrum von Mißtrauen und Aggression werden jeweils von größeren Minderheiten genannt. Eine nennenswert große Gruppe gibt ferner an, weniger Spaß am Beruf zu haben.

Weitere, von kleineren Gruppen genannte Nachwirkungen betreffen den psychischen Bereich – Depressionen, Konzentrationsschwäche, zunehmende Teilnahmslosigkeit, sexuellen Widerwillen – und den neurovegetativen Bereich (Kopfschmerz/Magenbeschwerden, Schweißausbrüche, Allergien, Schlafstörungen).

Damit zeigt sich, daß sexuelle Belästigung zumindest zeitweilig massive Einschränkungen des Wohlbefindens bei der Mehrheit der Betroffenen zur Folge hatte, die sich teilweise auch direkt auf ihre Einstellung zum Beruf auswirkten.

4.2.6. Reaktionen betrieblicher Ansprechpersonen und deren Folgen für die daran Beteiligten

Haben sich die Betroffenen in den Betrieben mehrheitlich an Arbeitskolleginnen gewandt, so wurden sie in ca. zwei Drittel der Fälle auch ernstgenommen. Die „Freundinnen" im Privatleben, die in etwas geringerem Ausmaß von den Betroffenen angesprochen wurden, erwiesen sich da als weitaus verläßlicher: überproportional häufig fühlten sich die Betroffenen hier ernst genommen und auch häufiger unterstützt als von den Kolleginnen. Etwas häufiger als die Freudinnen ließen die Kolleginnen die Betroffenen mit dem Problem alleine („es geschah nichts" bei durchschnittlich 10 %, die Kolleginnen, und bei durchschnittlich 5 % derjenigen, die Freundinnen ansprachen). Jedoch erwiesen sich Freundinnen als etwas „ratloser" als die Kolleginnen über das, was zu tun sei; und sie äußerten gelegentlich Zweifel an der Schilderung der Betroffenen, was die Kolleginnen nie taten. Eine Schuldzuweisung an die Betroffene kam fast nie vor; daß sie sich nicht genügend gewehrt habe, fanden hingegen einige Freundinnen (5 %) und auch einige Kolleginnen (3 %).

Die Erfahrungen mit Vorgesetzten sind, wenn die Betroffenen sich dazu entschließen, sie anzusprechen, überwiegend gut. Allerdings sind in allen Gruppen Fälle des Alleinlassens mit dem Problem vorgekommen und hin und wieder überfiel auch eine(n) Vorgesetzte(n) Ratlosigkeit. Zweifel an der Schilderung erlebten Betroffene in Betrieb 2 sowie einige Sekretärinnen. Daß alles die Schuld der Betroffenen sei, mußten sich diese nur in Betrieb 3 sagen lassen.

Diese negativen Erfahrungen fehlen beim Ansprechen von Interessen- und Gewerkschaftsvertretungen völlig; allerdings geschah auch bei letzteren einige Male „nichts" als Reaktion auf die Belästigungsmitteilung.

Betriebliche Nachteile ergaben sich für die Betroffenen in drei Viertel der Fälle nicht. Werden doch Nachteile genannt, so dominiert bei den Frauen aus den Betrieben der „Klatsch" über das, was ihnen widerfahren war (8 %). Bei den Sekretärinnen hingegen gab es am häufigsten „Schikanen" (12 %), und im gleichen Umfang haben diese auch von sich aus als Folge der Belästigung ihre Arbeitsstelle gekündigt (12 %). Dies bestätigt unsere in Abschnitt 4.2.4. geäußerte Vermutung, daß es sich hier um eine Gruppe handelt, die in der Vergangenheit öfter ihren Arbeitsplatz wegen sexueller Belästigung gewechselt hat als die Frauen in den Betrieben. Bei diesen kam Kündigung in der Vergangenheit deutlich seltener vor.

Tabelle 34: Eigenkündigung als Folge von Belästigung (in %)

Gruppe	1	2	3	4
Eigenkündigung	3	4	2	12

In einigen Fällen erlebten die Betroffenen eine Einschränkung ihrer Kompetenzen und bekamen schlechtere Beurteilungen oder Zeugisse. Versetzungen der Betroffenen fanden in durchschnittlich 5 % der Fälle statt, und durchschnittlich 2 % wurden krankgeschrieben. Daß die Belästigungen zunahmen oder die Betroffene als Lügnerin abgestempelt wurde, kam auch vor, aber sehr selten.

Bei den Belästigern hingegen hatte die Belästigung in zwei Drittel der Fälle keine Folgen. In nennenswertem Ausmaß wurden in zwei Betrieben Verwarnungen ausgesprochen:

Tabelle 35: Verwarnung des Belästigers (in %)

Gruppe	1	2	3	4
Verwarnung	10	9	7	4

Auch wurde der Belästiger in durchschnittlich ca. 10 % der Fälle Zielscheibe von Spott im Kollegenkreis. Gelegentlich wurde sein Verhalten auch als krankhaft dargestellt. Versetzungen oder Entlassungen von Belästigern waren außerordentlich selten.

Tabelle 36: Versetzung oder Entlassung von Belästigern (in %)

Gruppe	1	2	3	4
versetzt	0	1	0	1
entlassen	2	0	0	2

Die Ergebnisse stehen unter dem Vorbehalt, daß den Betroffenen in manchen Fällen nicht bekannt sein dürfte, ob und wie der Belästiger von betrieblicher Seite ermahnt, verwarnt oder auf andere Weise disziplinarisch behandelt worden ist (vgl. Kap. 3). Allerdings läßt sich der Schluß ziehen, daß der Belästiger tendenziell mehr wegen seines Verhaltens dem Klatsch und Spott im Kollegenkreis ausgesetzt war als die Betroffene; inwieweit dies sie aber geschützt und die erfahrene Kränkung ausgeglichen hat, muß offen bleiben.

4.2.7. Vorstellungen über Gegenwehr und Einschätzungen von Hilfestellungen und Maßnahmen in der Zukunft

Mit diesem Thema kehren wir von der Untergruppe derjenigen, die einen selbst erlebten Belästigungsfall schildern, der ihnen noch besonders gegenwärtig ist, zur Gesamtheit der vier Gruppen zurück.

Auf die Frage, was die Befragten tun würden, wenn sie heute am Arbeitsplatz sexuell belästigt würden, erhielten wir folgendes Ergebnis:

Tabelle 37: Vorgestellte eigene Reaktion auf Belästigung (Mehrfachnennungen in %)

Gruppe vorgestellte Reaktion	1	2	3	4
zur Rede stellen	58	61	61	55
Annäherung ignorieren	42	41	41	45
Beschwerde androhen	37	44	45	26
körperliche Gegenwehr	37	45	40	24
Versuch, scherzhaft damit umzugehen	30	33	30	35
an Betriebs-/ Personalrat wenden	32	29	36	20
Beschwerde bei Betriebsleitung	19	22	21	18
verklagen	10	8	9	5
Versetzung/Entlassung verlangen	7	9	9	4
selbst Stelle wechseln	2	3	3	8
weiß nicht	5	6	8	3
Kleidung ändern	2	3	1	2
kann mir nicht vorstellen, in solche Situation zu kommen	20	18	18	26

Ein Fünftel bis ein Viertel der Frauen können sich nicht vorstellen, jemals in eine solche Situation zu geraten. Dies spricht für ein Gefühl von Sicherheit und Selbstbewußtsein bei einer nennenswerten Gruppe, mag allerdings auch teilweise für von Belästigung Betoffene Barrieren aufbauen, sich an solche Kolleginnen mit der Bitte um Unterstützung zu wenden. Andererseits ist es auch als bedenkliches Faktum zu werten, daß nur eine Minderheit der Frauen in den Betrieben und in der Berufsgruppe „Sekretärinnen" es quasi ausschließen, jemals in eine solche Situation zu geraten. Eher scheint es so, daß die Möglichkeit einer Belästigung mehrheitlich als eine Art „Berufsrisiko" präsent ist.

Bei den einzelnen genannten vorgestellten Gegenwehr-Strategien fällt auf, daß bis auf die außerordentlich niedrige Rangposition der Strategie „Kleidung ändern" kaum Übereinstimmung besteht mit den in 4.2.5. dargestellten tatsächlichen Reaktionen der Betroffenen. Eindeutig und mehrheitlich dominiert auf der Vorstellungsebene die direkte individuelle Gegenwehr („Belästiger zur Rede stellen") in allen Gruppen. Die bei den Betroffenen häufigste Strategie – der Versuch, die Annäherung zu ignorieren – wird nur von ca. zwei Dritteln ins Auge gefaßt; fast genauso viele würden jedoch dem Belästiger eine Beschwerde androhen und/oder sich körperlich zur Wehr setzen. Beim Versuch, „scherzhaft damit umzugehen", würden es ebenfalls deutlich weniger belassen, als es faktisch der Fall ist. Bemerkenswert viele würden sich an die betriebliche Interessenvertretung wenden, die bei den real geschilderten Fällen sehr selten angesprochen wurde.

Insgesamt erweist sich in der Vorstellung der Frauen die direkte Gegenwehr als die angemessenste. Wie die Ergebnisse in Abschnitt 4.2.5 zeigen, ist diese in der Realität auch erfolgreicher als die indirekten, obgleich sie weitaus seltener vorkommt. Hier kann ein Potential von Frauen ausgemacht werden, die sich Gegenwehr zutrauen oder aber zumindest wünschen, hierzu in der Lage zu sein. Auch ist abzulesen, daß betriebliche Instanzen in Zukunft mehr mit Belästigungsmitteilungen und -beschwerden befaßt sein werden, da ein Teil der Frauen recht selbstverständlich von deren Zuständigkeit für die Wahrung ihrer persönlichen Integrität am Arbeitsplatz ausgeht.

Bei den Maßnahmen, mit denen belästigten Frauen nach der Meinung der Befragten wirksam geholfen werden könnte, liegt die Einrichtung einer betrieblichen Anlaufstelle, z. B. einer Frauenbeauftragten, sowohl bei den Frauen in den drei Betrieben wie auch im Durchschnitt aller vier Gruppen vorn. Betriebliche Probleme sollen also offenbar nach Meinung der meisten Befragten auch im Betrieb angegangen werden.

Betriebliche Schritte – hier spielen die Interessenvertetung und die Arbeitgeber eine Rolle – sollen aber offenbar durch außerbetriebliche Angebote flankiert werden. Etwas mehr als ein Drittel der Frauen halten auch ein Gesetz für notwendig, wie die folgende Übersicht zeigt:

Tabelle 38: Was müßte getan werden, um Belästigten wirksam zu helfen? (Mehrfachnennungen in %)

Gruppe Maßnahme	1	2	3	4
betriebl. Anlaufstellen, z. B. Frauenbeauftragte	70	73	78	58
garantiert keine Nachteile für Frauen	62	62	66	58
medizinisch-therapeutische Angebote oder Selbsthilfe	51	47	51	34
Gesetz sollte sex. Belästigung am Arbeitsplatz unter Strafe stellen	39	34	36	33
Betriebs- und Personalräte schulen	40	30	40	31
außerbetriebliche anonyme Beratung	39	35	36	31
Fürsorgepflicht der Arbeitgeber/innen müßte sex. Belästigung am Arbeitsplatz verhindern	33	30	27	27

Tabelle 39: Problemverständnis männlicher Beschäftigter (in %)

	MÄNNER stimme voll/ etwas zu	stimme weniger/ überhaupt nicht zu	FRAUEN stimme voll/ etwas zu	stimme weniger/ überhaupt nicht zu
Es gibt nur sehr wenige Frauen, die am Arbeitsplatz sexuell belästigt werden	63	37	43	57
Männer, die belästigen, wollen eigentlich nur flirten	38	62	24	76
Wenn eine Frau am Arbeitsplatz sexuell belästigt wird, gibt es für sie genug Mittel, sich zu wehren	60	40	42	58
Eine Frau, die am Arbeitsplatz sexuell belästigt wird, hat das fast immer selbst herausgefordert	28	72	21	79
Sexuelle Belästigung ist ein Machtmißbrauch gegen Frauen	71	29	74	25
Viele Frauen verschaffen sich durch sexuelle Beziehungen im Betrieb berufliche Vorteile	40	60	45	55
Frauen leiden unter sexueller Belästigung am Arbeitsplatz, sie trauen sich aber nicht, darüber zu sprechen	68	32	82	19

Wenn sich eine Frau gegen sexuelle Belästigung am Arbeitsplatz wehrt, muß sie mit negativen Konsequenzen rechnen	58	42	77	23
Wegen sexueller Belästigung darf kein Kollege im Betrieb bloßgestellt werden	39	61	24	76
Unsicher und ängstlich wirkende Frauen werden eher belästigt als selbstbewußte Frauen	59	41	71	30
Auch Männer fühlen sich am Arbeitsplatz von Frauen sexuell belästigt	33	66	–	–

Insgesamt besteht in der allgemeinen Zielbestimmung mehrheitlich Übereinstimmung – daß nämlich für belästigte Frauen keine betrieblichen Nachteile entstehen dürfen – in der Wahl der Mittel jedoch Uneinigkeit. Eine Erhöhung der Beratungsangebote und erhöhte betriebliche Aufmerksamkeit und Unterstützung sind als Forderung von Seiten der Frauen jedoch unverkennbar.

4.3. Sexuelle Belästigung im Betrieb aus der Sicht der männlichen Beschäftigten

4.3.1. Methodische Vorbemerkungen

In einem der in die Untersuchung einbezogenen Fallstudienbetriebe wurden männliche und weibliche Beschäftigte befragt. Für die Männerbefragung war ein gesonderter Fragebogen entwickelt worden, der sich vor allem im Mittelteil von dem der Frauen unterschied: die Fragen zu selbsterlebten Belästigungen wurde stark gekürzt und stattdessen wurde ein zusätzlicher Fragenkomplex zu beobachteten oder im Gespräch erfahrenen Belästigungen, sowie dem eigenen Verhalten gegenüber Frauen eingefügt.

Insgesamt wurden in diesem Fallstudienbetrieb 1 690 Fragebögen an Männer verteilt. Der Rücklauf von 18 % (265 Fragebögen) überstieg unsere Erwartungen, zumal in Gesprächen vor Ort von einigen Behinderungen der Fragebogenverteilung berichtet worden war. In einigen Betriebsbereichen waren die Rücksendefristen bereits überschritten, als die Beschäftigten die Unterlagen erhielten, in anderen Betriebsbereichen war unsere Untersuchung von den Männern mit offener Belustigung aufgenommen oder als überflüssig abgewertet oder sogar als „Stimmungsmache" gegen Männer interpretiert worden.

Vor dem Hintergrund solcher Abwehrhaltungen müssen die Ergebnisse der Männerbefragung vorsichtig interpretiert werden. Unstimmigkeiten in der Beantwortung einzelner Angaben lassen erkennen, daß nicht alle zurückgesandten Fragebögen ernsthaft ausgefüllt wurden. Im Gesamteindruck bestätigen sich jedoch auch hier die Erkenntnisse aus den Expertengesprächen mit betrieblichen Verantwortlichen und Entscheidungsträgern, so daß im Vergleich mit der schriftlichen Frauenbefragung in diesem Fallstudienbetrieb durchaus aussagekräftige Ergebnisse formuliert werden können. Eine 1987 in Finnland veröffentlichte Studie (Högbakke 1987) kommt zu Aussagen, die in ihrer Übereinstimmung mit unseren erhobenen Daten überraschen. Die wichtigsten Aspekte unserer vergleichenden Männerbefragung werden im folgenden dargestellt:

4.3.2. Problemverständnis und Definition von sexueller Belästigung

Der Vergleich der Antworttendenzen bei Männern und Frauen ergibt folgendes Bild: Die weiblichen Befragten des Fallstudienbetriebs vertreten häufiger als ihre männlichen Kollegen die Meinung, daß sexuelle Belästigung ein ernstzunehmendes Problem darstellt, für das keine ausreichenden Lösungsmöglichkeiten zur Verfügung stehen.

Tabelle 39 gibt die in der Männer- und Frauenbefragung deutlich werdenden Haltungen und Meinungen zum Thema „Sexuelle Belästigung am Arbeitsplatz" in einer vergleichenden Zusammenschau wieder.

Die Unterschiede in einigen Antwortbereichen treten deutlicher hervor, wenn die ursprüngliche Differenzierung in vier Antwortkategorien beibehalten wird: Während 32 % der Männer der These „Es gibt nur sehr wenige Frauen, die am Arbeitsplatz belästigt werden", voll zustimmen, sind nur 13 % der Frauen dieser Meinung. Ebenso vertreten eher Männer die Ansicht, daß belästigte Frauen über genügend Mittel verfügen, sich zu wehren (33 % der Männer, aber nur 20 % der Frauen stimmen voll zu). Frauen befürchten dagegen eher, daß eine Betroffene bei Gegenwehr mit negativen Konsequenzen zu rechnen hat (Dieses Statement findet bei 36 % der Frauen, aber nur 20 % der Männer volle Zustimmung). Der Ansicht, daß Frauen am Arbeitsplatz unter sexuellen Belästigungen leiden und nicht wagen, offen darüber zu sprechen, stimmen 68 % der Männer und 81 % der Frauen „eher zu" oder „voll zu".

Entgegen der häufig abwehrenden oder verharmlosenden Haltung der männlichen Ansprechpartner in den mündlichen Interviews stimmen die Männer im Fragebogen mehrheitlich der These zu, daß sexuelle Belästigung einen Machtmißbrauch gegenüber Frauen darstellt. Das Statement, daß Männer ja eigentlich nur flirten wollen, wird dagegen überwiegend abgelehnt. Auch die Meinung, Frauen würden sexuelle Belästigungen fast immer selbst herausgefordern und die Meinung, viele Frauen würden sich durch sexuelle Belästigungen berufliche Vorteile verschaffen, werden mehrheitlich von den befragten Männern abgelehnt. Hier zeichnet sich als Ergebnis ab, daß übliche Vorurteile und Argumente gegen eine Problematisierung der sexuellen Belästigung am Arbeitsplatz lediglich von einer Teilgruppe der männlichen Befragten vertreten werden. Die Diskriminierung, die Frauen durch sexuelle Belästigungen am Arbeitsplatz erfahren, werden mehrheitlich nicht infrage gestellt.

Auffallend ist in diesem Zusammenhang, daß ein Drittel der antwortenden Männer der Ansicht sind, auch Männer fühlten sich am

Arbeitsplatz von Frauen sexuell belästigt; 33 % stimmen hier voll zu.

Bei fast allen im Fragebogen vorgegebenen Meinungen zum Belästigungsthema lassen die Frauen in der Beantwortung ein größeres Problembewußtsein erkennen. Lediglich das Statement „viele Frauen verschaffen sich durch sexuelle Belästigungen im Betrieb Vorteile" erhält bei den Frauen eine in Vergeich zu den männlichen Kollegen leicht erhöhte Zustimmung (Männer 40 %. Frauen 45 %).

In der Beurteilung von Maßnahmen, die dazu beitragen könnten, belästigten Frauen wirksam zu helfen, wird der Unterschied zwischen weiblichen und männlichen Befragten noch deutlicher. Während die Frauen weit häufiger konkrete Umsetzungsschritte fordern, z. B. Frauenbeauftragte im Betrieb, anonyme Beratungsstellen und Schulungen für betriebliche Interessenvertreter/innen, neigen die Männer eher dazu, die Lösung des Problems an den Arbeitgeber abzugeben. Die Notwendigkeit von Veränderungen wird dabei nicht infrage gestellt. Dem Statement „am besten wäre es, gar nichts zu tun, weil Öffentlichkeit allen Beteiligten nur schadet" wird von nur 3,4 % der Männer zugestimmt.

In der Definition der sexuellen Belästigung finden sich zwischen der Einschätzung von Männern und Frauen kaum nennenswerte Unterschiede. „Hinterherpfeifen, Anstarren, taxierende Blicke", „anzügliche Witze" und scheinbar „zufällige Körperberührungen" werden von mehr als 60 % der Befragten eher nicht als sexuelle Belästigung eingestuft, alle anderen Vorgaben, z. B. pornographische Bilder, Briefe mit sexuellen Anspielungen, anzügliche Bemerkungen, werden von mindestens 70 % der Befragten eher als sexuelle Belästigung definiert. Auffällig ist lediglich, daß bei diesem Fragekomplex die Prozentwerte der Frauen in der Bewertung der vorgegebenen Vorkommnisse als sexuelle Belästigung häufig etwas höher liegen. „Anzügliche Bemerkungen über die Figur oder das sexuelle Verhalten im Privatleben" werden z. B. von 84 % der Frauen, aber nur von 79 % der Männer als eher belästigend eingestuft; größere Unterschiede ergeben sich z. B. beim „Po-Kneifen oder Klapsen" (82 % Männer/93 % Frauen) und „aufgedrängten Küssen" oder „Aufforderung zum sexuellen Verkehr" (94 % Männer/100 % Frauen). Männer stufen jedoch pornographische Bilder am Arbeitsplatz etwas belästigender ein als Frauen (75 % Männer, 71 % Frauen).

Die Studie der Hamburger Leitstelle Gleichstellung (Schnebele/ Domsch 1989) der Frau kommt zu ähnlichen Ergebnissen.

Bei der Fragestellung „Ist das für Sie eine sexuelle Belästigung?" entfallen auf die Antwortkategorie „eher ja" folgende Prozentanteile:

Tabelle 40: Männer definieren „sexuelle Belästigung" (in %)

	Männer	Frauen
„Zufällige" Körperberührungen	26	31
Anzügliche Witze	40	39
Hinterherpfeifen, Anstarren, taxierende Blicke	36	41
Pornographische Bilder am Arbeitsplatz	75	71
Anzügliche Bemerkungen über Figur und sexuelles Verhalten im Privatleben	79	84
Unerwünschte Einladungen mit eindeutiger Absicht	84	90
Po-Kneifen oder Klapsen	82	93
Telefongespräche,Briefe mit sexuellen Anspielungen	89	95
Unerwartetes Berühren der Brust/Genitalien	94	96
Androhung beruflicher Nachteile bei sexueller Verweigerung	94	97
Versprechen beruflicher Vorteile bei sexuellem Entgegenkommen	94	98
Aufforderung zu sexuellem Verkehr	94	100
Aufgedrängte Küsse	94	100
Zurschaustellen des Genitals	95	100
Erzwingen sexueller Handlungen, tätliche Bedrohung	98	100

Als besondere Auffälligkeit in der Männerstichprobe zeigt sich, daß diejenigen Männer, die selbst noch „nie" oder „einmal" von den genannten „Vorkommnissen" am Arbeitsplatz betroffen waren, das jeweilige Verhalten fast durchgängig häufiger als sexuelle Belästigung kennzeichnen als die Männer, die solche Situationen schon mehrfach erlebt haben. Je häufiger Männer am Arbeitsplatz von den genannten Vorkommnissen betroffen sind, umso seltener stufen sie das Verhalten als sexuelle Belästigung ein. 22 % der Männer, die „öfter" erlebt haben, daß anzügliche Witze erzählt wurden, stufen diese beispielsweise eher als sexuelle Belästigung ein, während 38 % der Männer, die „ab und zu" mit solchen Witzen konfroniert waren, dies eher belästigend empfinden. 67 % der Männer, die dies nur einmal erlebt haben und 49 % derjenigen, die keine solche Erfahrung gemacht haben, sehen darin jedoch eine Belästigung. Die Hälfte der Männer, die öfter mit pornographischen Bildern konfrontiert wurde, bewertet diese eher als sexuelle Belästigung, während mehr als 75 % der nie oder einmal betroffenen Männer diese Zuordnung vornehmen. Männer scheinen sich hier noch mehr als betroffene Frauen dem Druck ausgesetzt zu fühlen, eine mögliche Verunsicherung durch sexuelle Belästigungen zu negieren und beiseite zu drängen, zum einen, um sich im Kollegenkreis nicht verletzbar zu zeigen und zum anderen, um vor sich selbst zu rechtfertigen, warum sie solche Vorfälle stillschweigend dulden oder eventuell sogar durch das eigene Mitmachen fördern. Möglicherweise erklärt sich daraus, daß in den Arbeitsbereichen, in denen anzügliche Bemerkungen und sexuell herabwürdigende Äußerungen zum üblichen Umgangston gehören, die Widerstände gegenüber Frauen, die ein solches Verhalten anprangern, besonders groß sind. Wenn manche Verhaltensweisen als sexuelle Belästigung anerkannt würden, müßten sich auch die Männer ihre eigenen verletzten Gefühle eingestehen. Gleichzeitig findet sich hier ein möglicher Erklärungsansatz dafür, daß Frauen in „Männerdomänen" dazu neigen, häufiger auftretende Belästigungen nicht mehr als solche wahrzunehmen. Sie fühlen sich, ebenso wie die männlichen Kollegen, dem Druck ausgesetzt, sich den „herrschenden" Normen anzupassen.

Der Unterschied in der Definition von sexuellen Belästigungen bei Männern und Frauen liegt also nicht in der formalen Bewertung bestimmter Verhaltensweisen, sondern darin, daß Männer in einer konkreten Situation andere Maßstäbe anlegen. Das Verhalten wird aus der Perspektive des Belästigers betrachtet. Es wird beispielsweise nicht mehr als Belästigung definiert, wenn sie sich als Mann herausgefordert gefühlt haben oder dann, wenn das Eingeständnis eines Fehlverhaltens zu Verhaltensänderungen führen müßte. Manche Männer neigen dazu, so zeigen auch die betrieblichen Expertengespräche, im Kontext mit sexuellen Belästigungen Bedeutungen umzuinterpretieren oder Frauen die Schuld zu geben. Indem der Belästiger durch diese Strategie vom Vorwurf eines gravierenden Fehlverhaltens entlastet wird, ersparen sich auch die zuständigen Verantwortlichen in den Betrieben unangenehme Handlungsschritte. Die Definition paßt sich dem jeweiligen sozialen Kontext an. Werden die bestehenden Ordnungen (z. B. Männerbündnisse) im Betrieb gefährdet, können Frauen damit rechnen, daß ihre Kritik abgeblockt und sexuelle Belästigungen uminterpretiert werden. Ob ein Verhalten in einer konkreten Situation als Belästigung angesehen wird, scheint damit zusammenzuhängen, inwieweit es sich die Beteiligten „leisten können", die Einschätzung der betroffenen Frau zu teilen.

In den Intensivinterviews wurde wiederholt berichtet, daß betriebliche Verantwortliche, die zunächst der Aussage der Frau Glauben geschenkt hatten, ihre Meinung änderten, sobald sie mit dem Belästiger und anderen Mitarbeitern gesprochen hatten (Kap. 3).

Weiterhin der Frau beizustehen, hätte in dieser Situation bedeutet, eine unbequeme Position zu vertreten und gegen Widerstände ankämpfen zu müssen. Die Männer geben, um Konflikte zu vermeiden, den Frauen die Schuld an den Übergriffen. Frauen, die mit diesen Männern zusammenarbeiten, verdrängen häufig ihre verletzten Gefühle, weil sie diese Schuldzuschreibungen fürchten und sie sich der ihnen begegnenden Definitionsmacht der Männer ausgeliefert fühlen.

4.3.3. Eigene Belästigungserfahrungen

19 % der Männer berichten ausführlich von selbst erlebten sexuellen Belästigungen im Betrieb, wobei die bereits eingangs erwähnten Unstimmigkeiten und lückenhaften Angaben keine Interpretation der Prozentwerte zulassen, sondern lediglich als Auffälligkeiten herausgestellt werden können. Die Belästigung durch eine Frau (37 %) wird hier am häufigsten genannt, gefolgt von Belästi-

gungen durch einen Kollegen oder Kunden/Patienten/Klienten (je 18 %). „Es war eine Gruppe von Frauen" wird von 7 % der Antwortenden angegeben.

Männer werden folglich weitaus häufiger als Frauen von Personen desselben Geschlechts belästigt. Die Belästiger/innen der Männer sind im Vergleich zu den Belästigern der Frauen jünger (mehrheitlich unter 30 Jahre), häufiger alleinstehend und in einer beruflich gleichwertigen Position. Diese Ergebnisse entsprechen einer Studie des Merit Systems Protection Board, die 1981 erstellt wurde (MSPB 1981). Auch die finnische Untersuchung bestätigt diese Aussagen. Frauen werden demnach im Vergleich zu den Männern häufiger von Vorgesetzten belästigt, von verheirateten Männern und von Personen, die älter sind als sie selber.

Die geschilderten Belästigungen reichen von „zufälligen" Körperberührungen, unerwünschten Einladungen mit eindeutiger Absicht, anzüglichen Witzen und Bemerkungen, Aufforderungen zum sexuellen Verkehr, pornographischen Bildern, Berührungen der Genitalien bis Erzwingen sexueller Handlungen (Reihenfolge der Nennungen nach Häufigkeit). In 36 % der geschilderten Belästigungsfälle handelt es sich um einmalige Vorkommnisse, Alkohol spielt insgesamt in 15 % der genannten Fälle eine Rolle.

In den Gefühlen, die durch eine Belästigung hervorgerufen werden, zeigen sich auffällige geschlechtsspezifische Unterschiede. Die betroffenen Männer geben zu 31 % an, daß sie „unbeeindruckt" geblieben sind (Frauen 10 %). 15 % der Männer, aber 41 % der Frauen „waren angeekelt". Die Antwortvorgaben „ich war überrascht" und „ich war peinlich berührt" erhalten bei den Männern die meisten Nennungen. Die Frauen geben darüberhinaus weitaus häufiger Gefühle an, die eine Verunsicherung bis hin zum Verlust der Handlungsfähigkeit anzeigen. Durch die Belästigungen haben sie sich z. B. hilflos gefühlt, waren verletzt, erstarrt und verängstigt. Die Prozentwerte in der Männerbefragung liegen in diesen Kategorien weit unter denen der Frauen. Zum einen mag die Scheu der Männer, sich Gefühle einzugestehen und diese zu benennen, eine Ursache für diese Differenzen sein, zum anderen weist dieses Ergebnis auch auf Unterschiede der Geschlechter im Erleben von sexuellen Belästigungen hin. Männer können die Gefühle der Frauen nur schwer nachvollziehen, sie fühlen sich emotional weniger verletzt und erniedrigt und werten daher das Unbehagen und die Betroffenheit der Frauen häufig als Überempfindlichkeit oder Prüderie. Fast 40 % der Männer können sich nicht vorstellen, jemals selbst belästigt zu werden, bei den Frauen sind es im Vergleich dazu nur 20 %.

Das unterschiedliche Erleben manifestiert sich auch in den geschilderten Reaktionen auf eine selbst erlebte Belästigung. Männer versuchen meistens, selbst mit der Situation fertig zu werden. Sie reagieren auf die Belästigungen, ohne den/die Verursacher/in zu kritisieren oder offen Stellung zu beziehen. In den meisten Fällen versuchen die Männer, die Annäherungen zu ignorieren, scherzhaft damit umzugehen und den/die Belästiger/in zu meiden. Sie scheuen noch mehr als die befragten Frauen eine aktive Auseinandersetzung und versuchen, ihre Verunsicherung zu verbergen. In einer 1983 durchgeführten INFAS-Studie zur sexuellen Belästigung am Arbeitsplatz (Plogstedt/Bode 1984) wurde dieses Ergebnis von den Autorinnen ebenfalls herausgestellt. In mehreren Fällen haben die betroffenen Männer unserer Untersuchung die Person zur Rede gestellt und sich die Belästigungen verbeten. Alle diese Reaktionen werden überwiegend als erfolgreich eingestuft. Frauen dagegen berichten wesentlich seltener von einer erfolgreichen Gegenwehr, insbesondere bei den „schwächeren" Formen des Reagierens. Hier bestätigt sich die geäußerte Hilflosigkeit vieler betroffener Frauen in der Erfahrung, daß eine vorsichtige Gegenwehr nicht angenommen wird. Männer, so scheint es, haben hier mit dem gleichen Verhalten eher die Chance, in ihrer Ablehnung akzeptiert zu werden. Frauen sind dagegen häufiger gezwungen, weitreichendere Abwehrformen, z. B. eine Beschwerde einzusetzen, um die für sie unerträgliche Situation zu beenden.

Mitentscheidend für diese Unterschiede ist sicher auch das hierarchische Gefälle zwischen Belästiger und betroffener Person. Während Frauen häufig von Vorgesetzten belästigt werden, wird diese Kategorie von den betroffenen Männern selten angekreuzt, sie nennen überwiegend gleichrangige Personen oder Kunden/Klienten/Patienten. Das Abhängigkeitsverhältnis und damit verbundene Ausmaß möglicher negativer Folgereaktionen ist für eine belästigte Frau demnach wesentlich größer. Belästigte Männer können sich den unangenehmen belästigenden Situationen leichter entziehen, ohne weitere Nachteile im beruflichen Alltag befürchten zu müssen. Im Gegensatz zu den betroffenen Frauen wirken sich die Belästigungen weniger gravierend auf die gesamte berufliche Situation aus. Betriebsklatsch, Schikanen und die Einschränkung von Kompetenzen wurden von den Männern am häufigsten als selbst erfahrene negative Auswirkungen genannt. Schlechtere Beurteilungen, Versetzungen oder der Verlust des Arbeitsplatzes werden in keinem der beschriebenen Fälle angegeben, bei denen ein Mann belästigt wurde. Die finnische Untersuchung kommt zu dem Resultat, daß 60 % der belästigten Frauen sich durch sexuelle Diskriminierungen am Arbeitsplatz zumindest teilweise an der Erreichung ihrer beruflichen Ziele gehindert sehen. Männliche Belästigungsopfer nennen solche Beinträchtigungen nur zu 7 %.

Da betroffene Männer Belästigungsituationen meistens selbst zu bewältigen versuchen und mit ihrem Verhalten häufig erfolgreich sind, kommt es selten zu einer offiziellen Beschwerde und daraus resultierenden Sanktionen für den/die Beschuldigte/n. In nur einem Fall wird berichtet, daß der/die Belästiger/in verwarnt worden ist, in einem weiteren Fall kam es zu einer Entlassung.

10 % der Befragten geben zu, daß sie sich im Betrieb eventuell nicht immer korrekt gegenüber Frauen benommen haben. Auch wenn dieses Verhalten in mehren Fällen mit einem Mißverständnis oder dem ermunternden Verhalten der Frau zu entschuldigen versucht wird, erhält die Vorgabe „Ich war dankbar für ihre Deutlichkeit" als Reaktion auf die Zurechtweisung durch die Betroffene den höchsten Prozentwert. Die kleine Fallzahl läßt hier keine weitergehenden Interpretationen zu. Die überwiegende erfolgreiche Einstufung des klärenden Gesprächs mit dem Belästiger, auch in der Frauenbefragung, bestätigt jedoch den Eindruck, daß eine klare Stellungnahme der Frauen zwar zunächst auf Männer irritierend und auch kränkend wirken kann, letztendlich jedoch häufiger zur Beendigung des belästigenden Verhaltens führt als schwächere Formen der Gegenwehr.

4.3.4. Männer als Zeugen von Belästigung

Jeder fünfte befragte Mann gibt an, daß eine belästigte Kollegin sich schon einmal an ihn gewandt hat. Männer erscheinen im Umgang mit solchen Beschwerden häufig hilflos, sowohl, wenn sie selbst von betroffenen Frauen angesprochen werden, als auch dann, wenn sie zu Zeugen von „Vorfällen" werden. Die Ansicht, daß Frauen hier ein scherzhaftes Verhalten überbewerten oder „man ja nicht weiß, wer angefangen hat", verhindert eine aktive Unterstützung der Betroffenen. Ebenso befürchten die Männer, daß sie durch ihre Parteinahme für die Interessen der Frauen selbst zu Außenseitern im Kollegenkreis werden oder sogar berufliche Nachteile infolge ihres Engagements erleiden könnten. Die Männer äußern hier ähnliche Ängste wie die betroffenen Frauen selbst. Sie befürchten Repressalien, wenn sie belästigende Verhaltensweisen verurteilen. Dann, wenn sich eine betroffene Frau ratsuchend an einen Befragten gewandt hat, wird sie am häufigsten zur Gegenwehr ermutigt. Sie soll, nach Ansicht der Männer, ein Verhalten zeigen, vor dem sich die Befragten selbst scheuen. Daß eine betroffene Frau ebenfalls befürchtet, negativen Konsequenzen ausgeliefert zu sein, wenn sie das belästigende Verhalten kritisiert, wird oft nicht gesehen (siehe ebenfalls betriebliche Expert/innengespräche). Fast ebenso häufig wie der Ratschlag zur Selbsthilfe wird von den Männern im Fragebogen angegeben, daß sie sich aktiv für die Interessen der Frau eingesetzt haben, z. B. dadurch, daß sie den Belästiger direkt auf sein Verhalten angesprochen oder Maßnahmen gegen den Belästiger befürwortet haben. Häufig wurde der Frau jedoch auch von weiteren Schritte abgeraten und ihr empfohlen, daß sie den Belästiger meiden soll.

Die Einschätzung vieler Personalverantwortlicher, daß sexuelle Belästigungen am Arbeitsplatz nur vereinzelt vorkommen, und sich daraus kein Problem für den gesamten Betrieb ableiten lassen kann, wird auch durch die Männerbefragung nicht bestätigt. Bei unserer Frage „Welche der folgenden Vorkommnisse haben Sie schon einmal in Ihrem Berufsleben beobachtet bzw. davon gehört?" ergab sich bei den antwortenden Männern die folgende prozentuale Verteilung:

Tabelle 41: Männer als Betroffene von Belästigung (in %)

	öfter ab u. zu	einmal	nie
Anzügliche Witze	88	1	11
Hinterherpfeifen, Anstarren, taxierende Blicke	84	2	13
Anzügliche Bemerkungen über Figur und sexuelles Verhalten im Privatleben	71	3	26
„zufällige" Körperberührungen	61	4	35
Pornographische Bilder am Arbeitsplatz	42	11	47
Po-Kneifen oder Klapsen	36	11	53
Unerwünschte Einladungen mit eindeutiger Absicht	27	10	63
Aufgedrängte Küsse	18	8	74
Unerwartetes Berühren der Brust/Genitalien	16	8	76
Telefongespräche, Briefe mit sexuellen Anspielungen	12	9	79
Aufforderung zu sexuellem Verkehr	13	3	84
Versprechen beruflicher Vorteile bei sexuellem Entgegenkommen	9	6	85
Androhung beruflicher Nachteile bei sexueller Verweigerung	8	4	88
Erzwingen sexueller Handlungen, tätliche Bedrohung	5	5	90
Zurschaustellen des Genitals	4	3	94

89 % der Männer geben an, daß ihnen aus eigener Erfahrung oder vom Hörensagen bekannt ist, daß anzügliche Witze am Arbeitsplatz erzählt werden. Anzügliche Bemerkungen über die Figur oder das Privatleben nennen 74 %. Knapp 50 % der Befragten berichten von pornographischen Bildern am Arbeitsplatz oder von „Po-Kneifen oder Klapsen". Auch von „harten" sexuellen Übergriffen, z. B. dem Erzwingen sexueller Handlungen/tätlicher Bedrohung oder der Androhung beruflicher Nachteile bei sexueller Verweigerung haben 10 %, bzw. 12 % der Männer schon in ihrem Berufsleben gehört. Alle „Vorkommnisse" (außer Vergewaltigungen) sind den Befragten mehrheitlich nicht nur einmal berichtet, bzw. von ihnen beobachtet worden, anzügliche Bemerkungen werden fast ausschließlich mehrfach genannt. Die Häufigkeit der Nennungen läßt erkennen, daß sexuelle Belästigungen in dem Betrieb keinesfalls vereinzelt und nur im „Verborgenen" geschehen und sich damit der sozialen Kontrolle entziehen. Es handelt sich hier um einen Problembereich, der den Mitarbeitern und Vorgesetzten durchaus bekannt ist.

Belästigungen durch Kollegen zeigen sich im betrieblichen Alltag besonders deutlich. Die Dunkelziffer scheint bei sexuellen Übergriffen durch Vorgesetzte am größten zu sein. Während in der Frauenbefragung der Vorgesetzte und Kollege als Belästiger zu etwa gleichen Anteilen angegeben wurde, sind den befragten Männern in diesem Betrieb nur halb so viele Belästigungen duch Vorgesetzte bekannt geworden. Diese Angaben bestätigen unsere Auswertungsergebnisse aus anderen Untersuchungsbereichen. Vorgesetzte brauchen aufgrund ihrer Machtstellung und der schwierigen Beweislage durch fehlende Zeugen weniger zu befürchten, daß eine betroffene Frau sich im Betrieb jemandem anvertraut oder eine Beschwerde einreicht.

Die berufliche Position der betroffenen Frau bei diesen bekannt gewordenen Belästigungen entspricht den Angaben der Betroffenen aus der Frauenstichprobe. Meistens sind es Kolleginnen oder weibliche Untergebene, die zum Opfer sexueller Übergriffe werden. Der ebenfalls genannte hohe Anteil an weiblichen Auszubildenen erhärtet unser Ergebnis, daß insbesondere in diesem Bereich Maßnahmem zum Schutz der Betroffenen notwendig sind. Belästigungen, bei denen Männer die Betroffenen sind, werden ebenfalls genannt. Der Anteil gegenüber den belästigten Frauen liegt bei ca. 30 %.

4.4. Fazit: Betriebliche Ansprechpersonen und Betroffene: zwei Welten ohne Verbindung?

Wie unsere Ergebnisse zeigen, bestehen bedeutsame Unterschiede im Umgang mit sexuellen Belästigungen und deren Bewertung zwischen den weiblichen Beschäftigten und den Personalverantwortlichen in Betrieben, aber auch zwischen weiblichen und männlichen Beschäftigten.

Die überzeugt geäußerte Handlungsbereitschaft männlicher Vorgesetzter im Falle einer sexuellen Belästigung bezieht sich meist nur auf eindeutige schwere Übergriffe, wie beispielsweise sexuelle Erpressung oder körperliche Nötigung. Alles andere wird zu einer Bewertungsfrage erklärt, die man so oder so sehen könne. Ferner wird auf die Beweisfrage verwiesen.

Daß betriebliche Personalverantwortliche mehrheitlich in zweifacher Hinsicht auf die „Eindeutigkeit" pochen – eine des Sachverhalts und eine der Beweislage – und dies mit ihrer Pflicht begründen, für den Schutz aller Beschäftigten, also auch der eines der Belästigung Beschuldigten verantwortlich zu sein, ist aus der Perspektive der Frauen als doppelte Barriere zu sehen.

Denn: das Problem der Eindeutigkeit stellt sich für sie schon viel früher, nämlich bei der Frage, wie sie ihr Empfinden einer Handlung, einer Äußerung und einer Situation gewichten sollten. Gibt es nicht für sie vor sich selbst die Möglichkeit, sich doch nicht angesprochen oder „wirklich" betroffen zu fühlen?

Angesichts dieser Problemlage wird schon die Frage, ob eine Frau überhaupt ihrem Empfinden, belästigt worden zu sein durch Worte und Taten, trauen kann, zu einer Machtfrage, d. h. zu einem Problem, das aus dem Machtungleichgewicht von Frauen und Männern resultiert. Eindrucksvolle Belege hierzu liefert auch die Hamburger Paralleluntersuchung (a.a.O.; S. 13 und öfter). Eine Strategie der Belästiger besteht geradezu darin, die Frau zu verletzen und auf eine entsprechende Reaktion ihrerseits mit Unschuldsmiene zu reagieren: das hätten sie aber nicht gewußt, daß sie so empfindlich sei, und so sei es ganz bestimmt nicht gemeint gewesen.

Dabei wissen in der Regel beide Beteiligte, Belästiger wie Belästigte, daß es sehr wohl „so" gemeint gewesen ist. Wie nämlich die schriftliche Befragungsergebnisse zeigen, lehnen Männer es genau wie Frauen ab, sexuelle Belästigung als mißlungenen Flirtversuch zu verharmlosen (vgl. Kapitel 4.3.).

Die vorgebliche Irrtümlichkeit der Wahrnehmung der Frau, die letzterer im Alltag so große Probleme bereitet, wenn es um das Öffentlichmachen einer Belästigungserfahrung geht, steht so in direktem Gegensatz zur Mehrheitsmeinung weiblicher, aber auch männlicher Beschäftigter.

Zur im Prinzip vermachteten Situation gehört aber nicht nur die Bestimmung von „Belästigung", sondern auch die Definition von „Ablehnung" oder gar „Gegenwehr". „Ich dachte, sie wollte es so" ist eine häufige Äußerung in Vergewaltigungsprozessen. Wie einschlägige Arbeiten zeigen (vgl. Kapitel 6.), trifft dies selbst auf gewalttätige Täter zu, deren Opfer sich heftig gewehrt haben. Erst sehr massive Äußerungen oder körperliche Gegenwehr der Frau werden offenbar von Männern als Nicht-Einverständnis aufgefaßt. Die Umgehensweise der meisten Belästigten mit der Belästigung – „Versuch, es zu ignorieren oder scherzhaft damit umzugehen" – arbeitet daher dieser männlichen Machtstrategie in die Hände.

Die Problematisierung einiger männlicher Personalverantwortlicher, ein unglücklich verliebter Mann laufe halt manchmal Gefahr, als Belästiger dazustehen, wird von der Mehrheit der befragten Frauen, aber auch der befragten Männer nicht gestützt: auch letztere trauen mehrheitlich ihren Geschlechtsgenossen zu, den Unterschied zwischen Flirt und Belästigung zu kennen; sie gehen also davon aus, daß belästigende Männer wissen, was sie tun. Auch die Sichtweise, der Mann müsse ausprobieren können, bis wohin die Frau seine Annäherung toleriere – in jedem Fall müsse sie die Grenze ziehen – erweist sich als Ausdruck eines äußerst traditionellen Verständnisses von Geschlechterbeziehungen und Sexualität.

Die vorliegenden Ergebnisse bestechen durch die Übereinstimmung der Ergebnisse aus den Einzelbetrieben in den meisten relevanten Trendaussagen. Dies gilt beispielsweise

– für das jeweilige Ausmaß der Betroffenheit: jeweils rund 70 %

der Antwortenden geben an, von einem Vorkommnis, das mehrheitlich als Belästigung eingestuft wird, betroffen zu sein

- für die Personenkonstellation, die nachgerade als Typik bezeichnet werden kann: verheiratete Männer, meist zwischen 40 und 50 Jahren, mit mindestens zehnjähriger Betriebszugehörigkeit belästigen junge Frauen zwischen 20 und 30 Jahren mit kurzer Betriebszugehörigkeit

- das Ausmaß der Dunkelziffer in den Betrieben: kaum einer der in der schriflichen Befragung dokumentierten Fälle war betrieblichen Stellen bekannt geworden; diese berichten vielmehr meist von anderen, zusätzlichen Fällen

- die erlittenen betrieblichen Nachteile der Betroffenen: rund ein Drittel aller Gruppen geben jeweils an, betrieblich-berufliche Nachteile als Folge der Belästigung erfahren zu haben

- die geringen betrieblichen Konsequenzen für die Belästiger

- die Störungen des Wohlbefinden der Betroffenen durch die Belästigung

- die häufig anzutreffende Schuldzuweisung an die Betroffenen und

- das Verhältnis von indirekter und direkter Gegenwehr und deren unterschiedliche Erfolge.

Dieses recht einheitliche Bild wird variiert durch die Personengruppenbefragung bei den Sekretärinnen, ohne sich grundlegend zu verändern. Unterhalb der Ebene der Gesamtbetrachtung des jeweiligen Betriebes zeigen sich allerdings große Unterschiede zwischen einzelnen Betriebsabteilungen, die in den Rückkopplungsgesprächen bei den Betrieben auch dargestellt wurden, hier jedoch nicht im einzelnen dargestellt werden können.

In den Expertengesprächen zeigt sich eine beachtliche Diskrepanz zwischen der Rigorosität, mit der besonders „harte" Belästigungen bzw. die Belästigung besonders schutzwürdiger Personengruppen (Auszubildende) verurteilt werden, und dem tatsächlichen Verhalten im Beschwerdefall: dieses ist eher durch Ausweichen, Umdeutungsstrategien und die Bemühungen gekennzeichnet, die Glaubwürdigkeit des beschuldigten Mannes als die der belästigten Frau zu stützen. Wenn eine Belästigung – z. B. eine sexuelle Erpressung – tatsächlich vorgefallen ist, würde gegen den Belästiger mit betrieblichen Disziplinarmitteln vorgegangen, können wir den Expertenäußerungen entnehmen. Aber: wie soll festgestellt werden, daß dies „wirklich" stattgefunden hat? Gerade für gravierende Fälle gibt es fast nie Zeugen, und weniger „schwere" Fälle von Belästigung, die in der Regel das Gros der Belästigungen ausmachen, werden von den Vorgesetzten – zumindest von den meisten männlichen – bagatellisiert.

Jüngere Vorgesetzte und Interessenvertreter zeigen größere Sensibilität für die betroffenen Frauen; hier gleichen sie in der Tendenz eher den befragten weiblichen Experten. Bei diesen wiederum zeigen sich auch Unterschiede in der Problemsicht, die mit dem Alter und den Zuständigkeitsbereichen korrelieren (ältere für den Arbeiterbereich zuständige Expertinnen neigen beispielsweise eher zur Reduktion der Belästigungsdefinition auf „harte" Fälle); allgemein hingegen unterscheiden sie sich von der Gruppe der männlichen Experten deutlich durch ihr Problembewußtsein, das oft auch durch eigene Betroffenheit beeinflußt ist.

Auch im Prinzip für die Betroffenen einsatzbereite Expert/innen haben große Probleme mit der oft von den Betroffenen gewünschten vertraulichen Handhabung der Fälle; hier verweisen die Ergebnisse auf die Bedeutsamkeit der informellen Regelungsebene im Betrieb. Oft hat es den Anschein, daß Betroffene und betriebliche Ansprechpersonen die gleiche Unsicherheit befällt, was den Umgang mit einer Belästigung betrifft; besondere Fähigkeiten sind hier gefordert, die Unsicherheit als Vorgesetzte(r) nicht an der Betroffenen „auszulassen", sondern Wege der Hilfe zu überdenken und ggfs. zu beschreiten. Zur Zeit, so scheint es, dominiert noch die Strategie der Personalverantwortlichen, den eigenen Handlungsspielraum als sehr begrenzt wahrzunehmen bzw. darzustellen. Dies ist jedoch auch bereits in Untersuchungen zu den betrieblichen Bedingungen frauenfördernder Maßnahmen zutage getreten (BMA, 1989).

Die Einschätzungen der Frauen, welche Maßnahmen sie für sinnvoll halten, und ihre Vorstellungen davon, welche Schritte sie tun würden, wenn sie in Zukunft belästigt würden, lassen aber bereits erkennen, daß betriebliche Personalverantwortliche in Zukunft deutlich mehr gefordert sein werden, in Belästigungsfällen angemessen zu reagieren: die isolierte, private Verarbeitung des Belästigungsgeschehens durch die Betroffenen wird vermutlich in Zukunft nicht mehr die vorherrschende Form des Umgangs sein.

Noch allerdings dominiert zumindest in der Vorstellung der Frauen, aber auch der Männer das Bild der still vor sich hin leidenden Frau, die es nicht wagt, über die Belästigung zu sprechen. Dies mag teilweise darauf zurückzuführen sein, daß Belästigung unter gegebenen Bedingungen für Frauen eine entsolidarisierende Problematik sein kann: Solidarisierung mit einer aufbegehrenden Betroffenen kann die unterstützende Frau mit zum Opfer machen. Dies jedenfalls war den Schilderungen einiger Interessenvertreterinnen zu entnehmen.

4.5. Zum Stellenwert von Seminaren für die präventive Verhinderung von sexueller Belästigung

Die Auswertung der in den untersuchten Betrieben geführten Gespräche mit betrieblichen Verantwortlichen und Entscheidungsträgern, sowie die Analyse der Intensivinterviews mit betroffenen Frauen zeigen, daß sexuelle Belästigung einen Problembereich betrifft, der trotz der überraschenden Definitionssicherheit bei einer formalen Bewertung ambivalent und diskrepant beurteilt wird. Gegensätze in der Einordnung eines Verhaltens, das je nach urteilender Perspektive unterschiedlich bewertet wird, schaffen eine schwierige Ausgangsbasis für Veränderungen.

Die unterschiedlichen Formen der Bewertung von sexuellen Belästigungen zersplittern die für Veränderungsprozesse notwendige Solidarität der Frauen und der sie unterstützenden Kollegen und Vorgesetzen. Männern, die sexuelle Belästigungen verharmlosen, gelingt es immer wieder, Kolleginnen als Verbündete zu finden, die als Maßstab für ein erwünschtes Verhalten fungieren. Mit dem Verweis auf diese Frauen, die das vermeintliche belästigende Verhalten „richtig" einordnen können, werden kritische Äußerungen abgeblockt.

Die Erfahrung, daß es in der Belästigungssituation keine zufriedenstellende Reaktion gibt, verstärkt bei den „Opfern" das Gefühl der Hilflosigkeit und Ohnmacht. Veränderungen sind nur dann möglich, wenn der sich wiederholende Teufelskreis aus „Demütigung – Schuldzuschreibung – Druck zur Anpassung" aufgebrochen wird.

4.5.1. Seminare für betroffene und interessierte Frauen

Bevor auf betrieblicher Ebene über gemischte Veranstaltungen und die Konfrontation mit den typischen Gegenargumenten der Männer nachgedacht werden kann, muß als erster Schritt eine Stärkung der Position von Frauen im Vordergrund stehen. Ähnlich wie in den Managementkonzepten, die sich an weibliche Führungskräfte richten, müssen in Seminaren und Fortbildungsveranstaltungen für Frauen die Grundlagen für ein selbstbewußteres Auftreten geschaffen werden. Ziel kann es nicht sein, Frauen die Anpassung an Umgangsweisen nahezulegen, mit denen sie nicht zufrieden sind.

Frauen begegnen in den Betrieben immer noch Strukturen des Umgangs miteinander, die von Männern geschaffen und bestimmt werden und nach Spielregeln funktionieren, bei denen Frauen häufig unterlegen sind. Die aus ihrer Verunsicherung resultierenden vorsichtigen Versuche, sich zu wehren, ihre diplomatischen Einwände, die niemanden kränken sollen, werden ignoriert oder belächelt. Frauen erleben, daß sie nur dann ihre Situation wirksam verändern können, wenn sie ein Verhalten zeigen, das ihnen nicht entspricht, das ihnen fremd ist und das sie ablehnen, weil es ihren Ansprüchen an einen fairen Umgang miteinander nicht genügt. Frauen muß hier mehr Mut gemacht werden zu einem offensiven Handeln, mit dem sie selbst zufrieden sind.

Seminare dürfen nicht wie so manche Gesprächskreise dazu führen, daß die Frauen sich die Köpfe über das Wesen „Mann" und sein unergründbares Fehlverhalten zerbrechen. Statt dessen müssen Frauen in die Lage versetzt werden, die Umsetzung ihrer eigenen Interessen zu fordern, ohne sich schuldig zu fühlen, wenn die angestrebten Veränderungen von den Männern und manchen Frauen als unberechtigt dargestellt werden.

Für Frauen, die sich bei ihrer beruflichen Karriereplanung gegenüber männlichen Konkurrenten durchsetzen müssen, ist es besonders wichtig, sexuelle Belästigungen als eine übliche Machtdemonstration einschätzen und bewältigen zu lernen. Die Verunsicherung muß als Methode entlarvt werden, mit der Frauen auch heute noch auf den Männern untergeordnete berufliche Positionen verwiesen werden. Nur so kann aus dem isolierenden, weil angeblich auf einer individuellen Unzulänglichkeit begründeten Problem ein gemeinsames Anliegen von berufstätigen Frauen werden. Als wichtige Ausgangsbasis für Veränderungen sollte in den Seminaren der Raum und die Möglichkeit geschaffen werden, das Erleben der betroffenen Frauen in den Mittelpunkt der Betrachtung zu rücken, beiseite geschobene Gefühle und Verletzungen wahrzunehmen und sie als angemessene Reaktion auf die Belästigungen anzuerkennen. Frauen fehlt häufig das Bewußtsein, daß ihre Empfindungen und daraus resultierenden Ansprüche berechtigt sind. Seminare, in denen ein gemeinsamer Erfahrungsaustausch ermöglicht wird, heben die Isolierung und Verunsicherung einzelner Frauen in den Betrieben auf und ermöglichen die Erprobung von Verhaltensstrategien, die den Teilnehmerinnen für ihren weiteren Umgang mit Belästigungen angemessen und durchführbar erscheinen.

Bereits stattgefundene Seminare für Frauen bestätigen die Notwendigkeit solcher Angebote. Die Teilnehmerinnen betonen häufig, daß es für sie hilfreich und bestärkend gewesen sei, mit Frauen zu sprechen, die ihre Sichtweise teilen und daß sie darüberhinaus ein größeres Zutrauen in einen angemessenen Umgang mit Belästigungssituationen gewonnen hätten.

4.5.2. Fortbildungsangebote, Problemlösungsgruppen für betriebliche Personalverantwortliche

Der Ausgangspunkt einer Auseinandersetzung der betrieblichen Verantwortlichen mit der Belästigungsproblematik muß, so zeigen die Ergebnisse unserer Untersuchung, in der Sensibilisierung für die Perspektive der betroffenen Frauen liegen.

Ein verständnisvolles und zugleich veränderungsorientiertes Vorgehen im Beschwerdefall setzt voraus, daß Schuldzuschreibungen an die Frau und einseitige, bequeme Lösungsmuster abgebaut werden. Darüber hinaus müssen betriebliche Verantwortliche erkennen, welche persönlichen und beruflichen Beeinträchtigungen Frauen durch sexuelle Belästigungen und dem Vorgehen mancher Ansprechpersonen zugemutet werden.

Erst wenn hier ein verändertes Bewußtsein für das oft geleugnete Problem hergestellt worden ist, werden sich betriebliche Ansprechpersonen mehr als bisher für Belästigungsopfer einsetzen können.

Die weiterführende Zielsetzung der Schulungen sollte in der Erweiterung häufig nicht wahrgenommener Handlungsspielräume liegen. Die erlebte Hilflosigkeit vieler betrieblicher Verantwortlicher im Umgang mit Belästigungshinweisen, die ihr weiteres Engagement von den zumeist nicht beibringbaren Beweisen abhängig machen, muß in Handlungskompetenz verwandelt werden.

Es gilt deutlich zu machen, daß die übliche Orientierung an vorgegebenen formalen Beschwerdewegen zufriedenstellende Lösungen für betroffene Frauen häufig ausschließt. Die Belästigungsopfer wissen um die Aussichtslosigkeit einer Beschwerde und behalten ihre verletzenden Erfahrungen für sich, um sich vor weiteren Enttäuschungen und Schuldzuschreibungen zu schützen.

Betroffene Frauen werden betriebliche Ansprechpersonen nur dann häufiger voll ins Vertrauen ziehen, wenn sie sich sicher sein können, daß ihre Ängste respektiert werden und eine Lösung angestrebt wird, bei der negative Folgen für die Frau möglichst ausgeschlossen werden.

In den Seminaren und Problemlösungsgruppen erhalten die Teilnehmer beispielsweise die Möglichkeit, verschiedene Lösungswege exemplarisch zu erproben und im gemeinsamen Abwägen konstruktive Umgangsweisen zu erarbeiten, die das zumeist begrenzte Handlungsrepertoire erweitern. Die Schulung der Fähigkeit zu einer einfühlsamen Gesprächsführung und Beratung sollte einen inhaltlichen Schwerpunkt der Angebote bilden.

Ein engagiertes Eintreten für belästigte Frauen führt außerdem noch allzu häufig zu einer Sanktionierung und Stigmatisierung der/s Helfenden, die mit dem Vorwurf verbunden sind, auf der „falschen Seite" zu stehen. Die durch betriebliche Entscheidungsträger „angeordneten" Fortbildungen liefern den problembewußten Ansprechpersonen und betroffenen Frauen unterstützende Argumente für ihre Position. Einer möglichen Isolierung und Abwertung wird entgegengewirkt, weil die Betriebsleitung mit ihrer Entscheidung signalisiert, daß sie die Sichtweise der Betroffenen teilt und sexuelle Belästigungen als ernstzunehmendes Problem erkannt hat.

Im Rahmen unseres Projektes ergab sich die Gelegenheit, in einem Betrieb eine Fortbildungsveranstaltung durchzuführen. Ein offizieller Belästigungsfall hatte dort zu einer Thematisierung sexueller Übergriffe geführt, wobei sich die problemorientierten weiblichen Beschäftigten und Interessenvertreterinnen dem Vorwurf einer übersteigerten Sichtweise ausgesetzt sahen.

Die Ansicht, daß es sich bei sexuellen Belästigungen um ein ernstzunehmendes Problem handelt, wurde durch die Seminarleiterinnen unterstützt und mit nachweisbaren Ergebnissen untermauert. Anhand von Fallbeispielen, die in kleinen Arbeitsgruppen „bearbeitet" wurden, konnte die Betrachtungsperspektive auf das Erleben der betroffenen Frau gelenkt und die anfängliche Abwehrhaltung und Verharmlosungstaktik mancher Seminarteilnehmer in Nachdenklichkeit verwandelt werden. In einem Rückkopplungsgespräch, einige Wochen nach der Veranstaltung, wurden die positiven Veränderungstendenzen weiterhin bestätigt und hervorgehoben, daß in einigen Bereichen bereits ein Abbau von Diskriminierungen zu beobachten sei.

4.5.3. Schulungen für Auszubildende

Da Frauen häufig zu Beginn ihres beruflichen Werdegangs mit sexuellen Belästigungen konfrontiert werden, ist es erforderlich, möglichst früh mit präventiven Maßnahmen zum Abbau des Problems zu beginnen. Haben Belästigungen bereits dazu geführt, daß die Berufsanfängerinnen verunsichert sind, sie ihre Durchsetzungsfähigkeit infrage stellen und sich schuldig fühlen, sind die Weichen für eine Stabilisierung des Ungleichverhältnisses zwischen den Geschlechtern bereits gestellt. Die derzeitige verstärkte Förderung von „Mädchen in Männerberufen" kann nur dann gelingen, wenn den jungen Frauen Enttäuschungen und Frustrationen durch sexuelle Belästigungen erspart bleiben. Eine ausschließlich fachbezogene Förderung muß in vielen Fällen scheitern, wenn auf der zwischenmenschlichen Ebene eine Atmosphäre bestehen bleibt, die Frauen abwertet und in untergeordnete Positionen verweist.

Bereits zu Beginn der Ausbildung sollten die jungen Frauen für ihre Rechte sensibilisiert werden, wobei die männlichen Auszubildenden ihre eigenen Verhaltensweisen gegenüber Frauen überprüfen und verändern lernen. Sexuelle Belästigungen werden so ihrer „Harmlosigkeit" entbunden und als Umgangsweise dargestellt, mit der Männer im „unrecht" sind und nicht die Frauen, denen dieses Verhalten gilt.

Im beruflichen Alltag noch unerfahrene Frauen reagieren häufig besonders hilflos, wenn sie zu Belästigungsopfern werden, da sie selbst, noch unsicher im Erleben ihrer eigenen Sexualität, mit einem Verhalten konfrontiert werden, das sie völlig unvorbereitet trifft. Die Tabuisierung im Betrieb und die Beobachtung, daß Belästigungen geduldet und von den Frauen erwartet wird, daß sie sich arrangieren oder selbst zu schützen wissen, muß zu einer Entmutigung derjenigen Auszubildenden führen, die sich gegen diese als falsch empfundene Anpassung sträuben.

Die thematische Einbindung der Belästigungsproblematik als Sonderthema in den Unterricht von Auszubildenden stellt ein wichtiges präventives Korrektiv dar, mit dem sich Diskriminierungen abbauen lassen. Ergänzend sollten Fortbildungsangebote speziell für weibliche Auszubildende geschaffen werden, da in gemischten Gruppen die meist ausführliche Auseinandersetzung mit den „männlichen" Argumenten und Abwehrversuchen kaum Raum läßt, um über verletzende Erfahrungen zu sprechen, die den jungen Frauen unangenehm und peinlich sind. Momentan werden an einigen Schulen in NRW im Rahmen von Modellversuchen Kurse zur Selbstverteidigung und Selbstbehauptung für Mädchen angeboten. Solche notwendigen Maßnahmen stellen erste Versuche dar, der Ungleichheit zwischen den Geschlechtern bereits vor dem Eintritt ins Berufsleben zu begegnen und den Mädchen ein selbstbewußteres Auftreten zu vermitteln, das ihnen auf ihrem gesamten weiteren Lebensweg zugute kommt. Solche Seminare, die sich überwiegend gegen gravierende sexuelle Übergriffe richten, dürfen jedoch nicht darüber hinwegtäuschen, daß Mädchen auch an Schulen zahlreichen subtilen sexistischen und diskriminierenden Umgangsweisen ausgeliefert sind, bei denen ebenso wie in den Betrieben ein Unrechtsbewußtsein weitgehend fehlt und mögliche negative Auswirkungen für die Betroffenen geleugnet werden. Die Abschaffung von diskriminierenden Inhalten hat sich bisher zu einseitig auf offensichtliche Darstellungsformen, z. B. Geschlechterrollen in Schulbüchern, beschränkt; weiterhin wirksame Machtmechanismen, die sich im alltäglichen Umgang der Geschlechter (Diskussionsverhalten) zeigen, wurden dabei häufig außer acht gelassen.

Unsere Auswertungsergebnisse verweisen auf zwei verschiedene „Auszubildendengruppen", die in Schulungskonzepten berücksichtigt werden müssen. Zum einen sind es die Frauen in den typisch „weiblichen" Berufsbereichen, insbesondere Pflegebereichen, denen die Wahrnehmung ihrer eigenen Interessen angesichts ihrer Arbeit im Dienst des anderen häufig schwerfällt. Zum anderen sind es die bereits erwähnten Auszubildenden in Männerdomänen, die darauf vorbereitet werden sollten, daß ihre berufliche Eignung nicht davon abhängt, daß sie sich männlich geprägten Umgangsweisen anpassen und aushalten lernen.

5. Branchenübergreifende Befragung – Gesamtauswertung

5.1. Methodische Vorbemerkungen und Darstellung der Stichprobe

Die Zielsetzung der branchenübergreifenden schriftlichen Befragung war es, ein möglichst genaues Bild der Beschäftigungsverhältnisse erwerbstätiger Frauen in der Bundesrepublik im Hinblick auf Erfahrungen und Einschätzungen zur sexuellen Belästigung am Arbeitsplatz zu erhalten.

Um eine aussagefähige Befragungsstichprobe von 1 000 berufstätigen Frauen zu erreichen, wurde in Anbetracht des bei diesem Untersuchungsthema zu erwartenden geringen Fragebogenrücklaufs eine Gesamtzahl von 10 000 zu verschickenden Fragebögen veranschlagt (vergleichbare internationale Untersuchungen kamen bisher auf durchschnittliche Rücklaufquoten von 10 %).

Bedingt durch die finanziellen Rahmenbedingungen des Forschungsprojekts waren der angestrebten Repräsentativität von vornherein enge Grenzen gesetzt; dies stellte erhebliche Anforderungen an die Stichprobenauswahl: Einerseits ließen es die zur Verfügung stehenden Projektmittel nicht zu, eine repräsentative Frauenbefragung i. e. S. durchzuführen; für eine solche Erhebung wären bei der besonderen Schwierigkeit des Untersuchungsthemas und den zu erwartenden hohen Stichprobenausfällen zusätzliche Mittel in Höhe von 150 000,– – DM zu veranschlagen gewesen. Andererseits gehörte es zum Untersuchungsauftrag, fundierte Erkenntnisse über das quantitative Ausmaß des Problems der sexuellen Belästigung am Arbeitsplatz zu gewinnen. Angesichts dieser Problematik wurde für die Erfassung der Stichprobe eine Hilfskonstruktion entworfen, die einer repräsentativen Struktur nahekommen soll:

Anhand der Mitgliedskarteien der Einzelgewerkschaften des DGB sollten nach dem Zufallsprinzip soviel weibliche Mitglieder in die Befragungsstichprobe aufgenommen werden, wie es dem Anteil der weiblichen Beschäftigten in der jeweiligen Branche entspräche. Die Grundgesamtheit der zu erzielenden Befragungsstichprobe umfaßt bei diesem Verfahren also diejenigen Branchen/Beschäftigtengruppen, die im Organisationsbereich der an der Untersuchung beteiligten Einzelgewerkschaften liegen.

Die Probleme eines solchen Verfahrens liegen zum einen darin, daß nur Gewerkschaftsmitglieder befragt werden und dadurch mit einer möglicherweise leicht differenten Einstellung zum Problem der sexuellen Belästigung am Arbeitsplatz zu rechnen ist. Zum anderen muß hier auch berücksichtigt werden, daß der gewerkschaftliche Organisationsgrad in kleinen Betrieben und ländlichen Regionen geringer ist und somit diese Beschäftigten unterrepräsentiert sind.

Gleichwohl stellt dieses Erhebungskonzept die in Anbetracht begrenzter Forschungsmittel günstigste Alternative dar, um zu einer abgrenzbaren Grundgesamtheit der Befragungsstichprobe zu gelangen und damit eine zentrale Voraussetzung für verallgemeinerungsfähige Aussagen erfüllen zu können.

In den Verhandlungen um eine bundesweite Untersuchungsbeteiligung konnten zehn Einzelgewerkschaften gewonnen werden, die sich bereit erklärten, über ihre Mitgliedskarteien eine Verteilung der Fragebögen zu ermöglichen. Folgende Gewerkschaften beteiligten sich an der Untersuchung:

- Gewerkschaft Handel, Banken und Versicherungen (HBV)
- Gewerkschaft Öffentliche Dienste, Transport und Verkehr (ÖTV)
- Industriegewerkschaft Metall (IGM)
- Gewerkschaft Nahrung, Genuß, Gaststätten (NGG)
- Industriegewerkschaft Chemie, Papier, Keramik (IGCK)
- Gewerkschaft Textil und Bekleidung (GTB)
- Gewerkschaft Holz und Kunststoff (GHK)

- Gewerkschaft Erziehung und Wissenschaft (GEW)
- Gewerkschaft der Polizei (GdP)
- Gewerkschaft Bau, Steine, Erden (BSE)

Die Anzahl der jeweils über die Gewerkschaften zu verschickenden Fragebögen wurde anteilig zu den weiblichen Beschäftigten in den zugehörigen Branchen und Berufsgruppen errechnet.

Die 10 000 zu verschickenden Fragebögen wurde im Verhältnis der zugrundegelegten Zahl der weiblichen Beschäftigten in den erfaßten Branchen/Berufsgruppen aufgeteilt, wobei jedoch die Mindestzahl von 250 Fragebögen pro beteiligter Gewerkschaft festgelegt wurde, um einen ausreichenden Rücklauf zu gewährleisten. Damit konnte eine im Verhältnis zur Gesamtstichprobe angemessene Gewichtung der Gewerkschaften kleinerer und größerer Branchen/Berufsgruppen vorgenommen werden.

Die Auswahl der Stichprobe aus den Mitgliedskarteien wurde von den beteiligten Gewerkschaften selbst vorgenommen und erfolgte jeweils nach dem Zufallsprinzip, wobei auf unserem Wunsch eine für das Bundesgebiet möglichst „flächendeckende" Erfassung beschäftigter Frauen gemäß ihrer tatsächlichen Verteilung in den erfaßten Branchen und Berufsgruppen angestrebt wurde. Von denjenigen Gewerkschaften, die bisher noch keine datenmäßige Gesamterfassung ihrer (weiblichen) Mitgliedschaft haben, wurden mehrere Verwaltungsbezirke im Norden, im Süden und in der Mitte der Bundesrepublik ausgewählt, in denen dann ebenfalls nach dem Zufallsprinzip eine Stichprobenauswahl aus den Mitgliedskarteien vorgenommen wurde.

Folgende Übersicht gibt die Anzahl der über die beteiligten Einzelgewerkschaften versendeten Fragebögen und die jeweiligen Rücklaufquoten wieder:

Übersicht 2: Rücklaufquoten pro Einzelgewerkschaft

Gewerkschaft	Anzahl versendeter Fragebögen	Fragebogenrückläufe in %
HBV	2 874	21,5
ÖTV	2 148	28,2
IGM	1 363	11,4
NGG	757	2,1
BSE	640	16,7
GTB	557	27,5
GEW	553	27,5
IGCPK	507	4,5
GHK	312	20,5
GdP	279	31,5
Insgesamt	9 990	19,8

Die Übersicht zeigt, daß trotz erheblicher Schwankungen der Fragebogenrücklaufe in den einbezogenen Gewerkschaften die Befragung insgesamt eine Rücklaufquote von etwa 20 % erreicht hat und damit auf eine deutlich höhere Antwortbereitschaft bei bundesdeutschen Frauen gestoßen ist, als ursprünglich zu erwarten war.

Die unterschiedlich hohen Rücklaufquoten der Fragebögen können nur sehr bedingt auf etwaige Branchenbesonderheiten zurückgeführt werden, da verschiedene und i. E. nicht genau überprüfbare organisatorische Rahmenbedingungen bei der Fragebogenverschickung einen nicht unerheblichen Einfluß auf das Antwortverhalten gehabt haben mögen (unterschiedliche Gestaltung des Begleitschreibens zum Fragebogen durch die jeweiligen Gewerkschaften, unterschiedliche Verfahren der Portoerstattung für die Fragebogenadressatinnen etc.).

Für die Auswertung der Fragebögen wurden alle bei den beteiligten Gewerkschaften eingegangenen Fragebogenrückläufe an die Sozialforschungsstelle weitergeleitet und zu einer Befragungsstichprobe zusammengefaßt.

Abgesehen von einer geringen Anzahl nicht ausgefüllter Fragebögen, die mit Vermerken wie „Ich bin jetzt Rentnerin und habe daher nichts zum Thema zu sagen" oder „Ich bin noch nie belästigt worden" zurückgesandt worden waren, enthält die branchenübergreifende Gesamt-Befragungsstichprobe 1 981 auswertbare Fragebögen.

Im folgenden soll diese Befragungsstichprobe zunächst im Hinblick auf einige allgemeine Strukturmerkmale der Frauenerwerbstätigkeit in der Bundesrepublik beschrieben werden.

In unserer branchenübergreifenden Befragung sind Frauen, die im Dienstleistungsbereich und im Handel beschäftigt sind, besonders stark vertreten, während sich Frauen aus dem produzierenden Gewerbe zu einem deutlich kleineren Anteil an der Untersuchung beteiligt haben. Dies geht aus einer im Fragebogen vorgegebenen Branchenübersicht hervor, der sich die befragten Frauen jeweils zuordnen sollten.

Mit Ausnahme des Handels, dem sich 11 % der Befragten eindeutig zuordneten, machte ein großer Teil der Frauen zu den anderen Branchen bzw. Wirtschaftszweigen keine Angaben; die Quote der fehlenden Angaben liegt hier bei 40 %. Von daher kann im Hinblick auf das erfaßte Branchenspektrum in unserer Befragungsstichprobe nur annäherungsweise etwas über die quantitative Verteilung der befragten Frauen auf einzelne Branchen gesagt werden.

Die folgenden Übersichten dienen vor allem der Illustration der Vielfalt der einzelnen Beschäftigungsbereiche, in denen Frauen erreicht werden konnten.

Übersicht 3: Angaben zum derzeitigen Beschäftigungsbereich der Befragten (n = 1 204/missing = 777)

A: Dienstleistungen

	Absolut-zahlen	in Prozent
allgemeine Verwaltung	78	6
Finanz-/Steuerverwaltung	8	1
Rechts- und Wirtschaftsberatung und ähnliche Dienstleistungen	10	1
Justizbereich	10	1
Hochschule/wissenschaftliche Dienste	33	3
Verkehr	27	2
Banken und Versicherungen	167	14
Gaststätten- und Beherbergungsgewerbe	10	1
Schule/Bildungseinrichtung	134	11
Medien/Kunst/Theater/Film	13	1
Technischer Betriebsdienst	2	0,2
Reinigungsgewerbe und Körperpflege	26	2
Polizei	48	4
Krankenpflege	96	8
Gesundheitswesen	45	4
Verbände, Parteien, Gewerkschaften, Vereine	32	3
Sozial- und Krankenversicherungen	27	2
Sozialdienste	29	2
Kinder-, Alten- und sonstige Heime	38	3
sonstige Dienstleistungen	53	4
insgesamt	886	72

Zum Vergleich: Im April 1988 waren 52 % der weiblichen Erwerbstätigen in der Bundesrepublik im Dienstleistungsbereich beschäftigt (Stat. Jahrbuch, 1989, S. 90); und Eigenberechnungen).

Übersicht 4: Angaben zum derzeitigen Beschäftigungsbereich der Befragten (n = 1 204/missing = 777)

B: Produzierendes Gewerbe

	Absolut-zahlen	in Prozent
Chemische Industrie einschließlich Mineralöl-, Kunststoff-/Gummiverarbeitung	22	2
Metallindustrie: Metallerzeugung, Maschinen-, Anlagen- und Fahrzeugbau	78	6
Energiewirtschaft und Wasserversorgung, Bergbau	10	1
Elektrotechnik einschließlich Feinmechanik und Optik	18	2
Textil- und Bekleidungsindustrie (einschließlich Lederverarbeitung)	64	5
Holzverarbeitung und Möbelindustrie	38	3
Druckgewerbe, Papiererzeugung	6	0,5
Nahrungsmittel- und Genußmittelindustrie	25	2
Baugewerbe	31	3
Land- und Forstwirtschaft	2	0,2
Handwerk	6	0,5
Gewinnung und Bearbeitung von Steinen, Erden, Glas und Feinkeramik	6	0,5
sonstiges produzierendes Gewerbe	12	1
insgesamt	318	26,5

Im Vergleich: Im April 1988 waren 30,3 % der weiblichen Erwerbstätigen in der Bundesrepublik im produzierenden Gewerbe beschäftigt (Stat. Jahrbuch 1989, 90; und Eigenberechnungen), darunter 4,8 % in der Land- und Forstwirtschaft, 0,5 % in der Energie-/Wasserversorgung, Bergbau, 23,0 % im verarbeitenden Gewerbe und 1,8 % im Baugewerbe.

Das breite Spektrum von Branchen und Beschäftigungsbereichen, das sich in unserer Befragungsstichprobe wiederfindet, ist für die thematische Reichweite dieser Untersuchung außerordentlich bedeutsam. Dies betrifft insbesondere auch die Untersuchungsbeteiligung von Frauen, die z. B. in der gewerblichen Produktion (etwa im Baugewerbe), aber auch im Reinigungsgewerbe oder bei der Polizei bisher am schwersten für eine solche Befragung erreichbar waren. Auch im Hinblick auf die Größe der Beschäftigungsbetriebe der Frauen ist eine relativ breite Verteilung erkennbar.

Abbildung 6: Beschäftigtenzahl in den Unternehmen

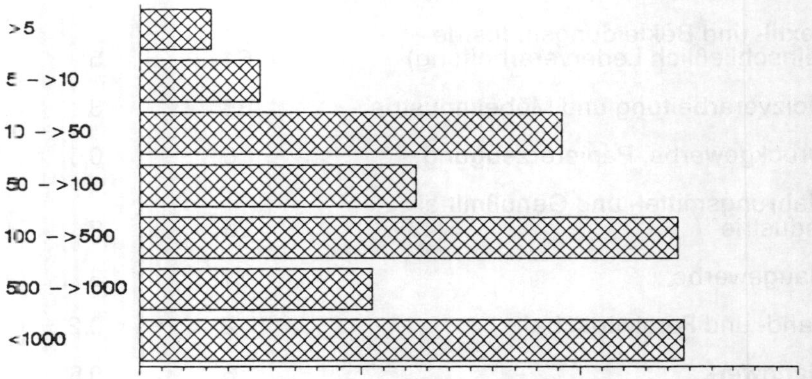

Die Abbildung 6 zeigt, daß unsere branchenübergreifende Befragung zu etwa gleich hohen Anteilen Frauen in Kleinbetrieben (mit 10 bis 50 Beschäftigten), Frauen in Betrieben mittlerer Größenordnung (mit 100 bis 500 Beschäftigten) und Frauen in Großbetrieben (ab 1 000 Beschäftigte) erreicht hat. Demgegenüber ist der Anteil von Frauen, die in Kleinstbetrieben (bis 10 Beschäftigte) arbeiten, mit 8 % in der Befragungsstichprobe relativ gering, was bei dem von uns gewählten Erhebungsverfahren (im Hinblick auf den allgemein geringen gewerkschaftlichen Organisationsgrad von Beschäftigten in kleinen Betrieben) auch zu erwarten gewesen war. Gleichwohl weist die Tatsache, daß immerhin jede vierte Befragte in unserer Stichprobe (27 %) in einem Betrieb mit unter 50 Beschäftigten tätig ist, auf ein bemerkenswertes Interesse von Frauen aus Kleinbetrieben an der Auseinandersetzung mit dem Belästigungsproblem hin.

62 % der Frauen geben an, daß ihr Beschäftigungsbetrieb in einer Großstadt liegt. 30 % der Frauen arbeiten laut eigenen Angaben in einem Kleinstadtbetrieb und 8 % der Frauen sind in einem Betrieb auf dem Lande beschäftigt. Auch bezüglich der regionalen Lage der Betriebe konnte also mit unserer Untersuchung ein nicht unbedeutender Anteil von Frauen aus dem kleinstädtischen und ländlichen Raum erreicht werden.

Abbildung 7: Lage des Betriebes

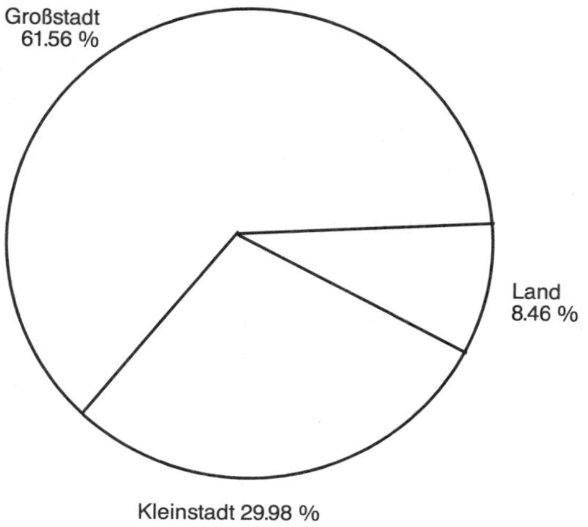

Bezogen auf das Alter und den Familienstand der befragten Frauen zeigen sich in unserer Befragungsstichprobe einige Besonderheiten, die auch im Vergleich mit entsprechenden Daten aus der amtlichen Statistik von der tatsächlichen Verteilung in der weiblichen Erwerbsbevölkerung abweichen.

Abbildung 8: Alter der befragten Frauen

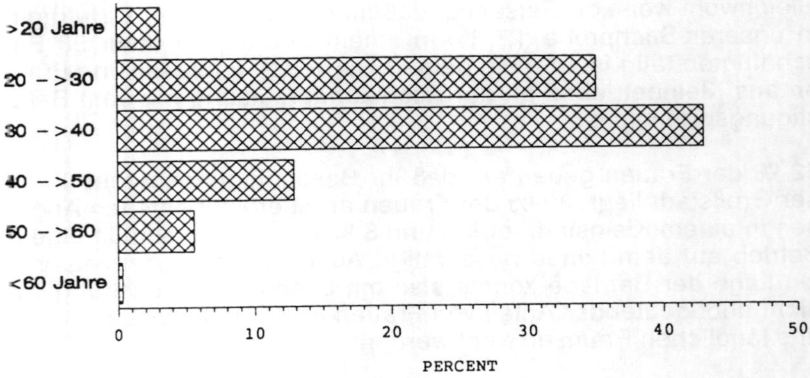

In der Grafik wird erkennbar, daß Frauen unter 40 Jahren überproportional häufig auf unsere branchenübergreifende Befragung geantwortet haben. Drei Viertel aller Frauen (78 %) sind zum Befragungszeitpunkt zwischen 20 und 40 Jahre alt. Ältere Frauen sind dagegen nur mit einem Anteil von 19 % vertreten und die unter 20jährigen Frauen sind mit einem Anteil von 3 % in der Befragungsstichprobe von unserer Untersuchung offenbar kaum erreicht worden. Verglichen mit der Altersverteilung in der weiblichen Erwerbsbevölkerung der Bundesrepublik zeigen sich die stärksten Abweichungen bei den 30- bis 40jährigen Frauen, deren Anteil derzeit rd. 22 % beträgt (gegenüber 43 % in unserer Stichprobe) und bei den über 40jährigen Frauen, die 41 % der bundesdeutschen weiblichen Erwerbspersonen ausmachen (gegenüber 19 % in unserer Stichprobe) (Stat. Jahrbuch 1989, 90).

Im Hinblick auf den Familienstand der befragten Frauen zeigt sich in unserer Stichprobe folgendes Bild:

Abbildung 9: Familienstand der befragten Frauen

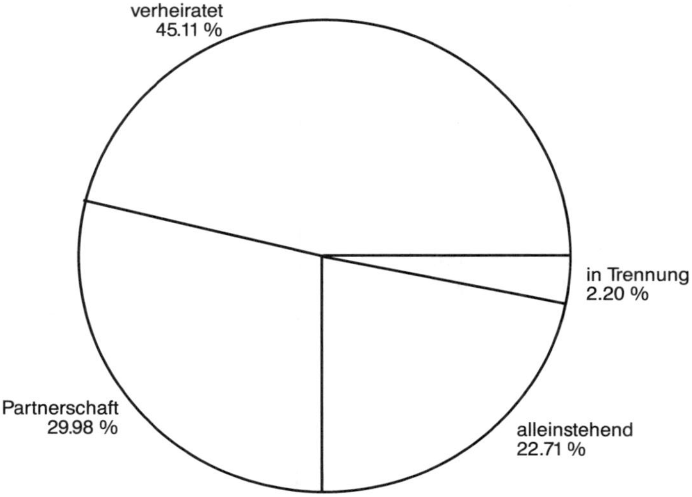

Verheiratete Frauen sind mit 45 % unter den Befragten leicht unterrepräsentiert, während die unverheiratet in einer Partnerschaft lebenden, die alleinstehenden und die in Trennung befindlichen Frauen einen Gesamtanteil von 55 % der Befragten ausmachen. Auch hier zeigt sich bei den entsprechenden Vergleichszahlen aus der amtlichen Statistik ein genau gegenläufiges Bild, nach dem über die Hälfte der weiblichen Erwerbspersonen in der Bundesrepublik (55 %) verheiratet ist und die alleinstehenden Frauen (ledig, verwitwet, geschieden) einen Anteil von 45 % ausmachen (Stat. Jahrbuch 1989, 90).

Der Anteil von Frauen, die angeben, ein oder mehrere Kinder zu haben, liegt in unserer Befragungsstichprobe mit 40 % etwa gleich dem Anteil berufstätiger Mütter in der bundesdeutschen Erwerbsbevölkerung (1988 waren 41 % der weiblichen Erwerbstätigen in der Bundesrepublik Mütter, Stat. Jahrbuch 1989, 99). Im Zusammenhang mit dem relativ niedrigen Durchschnittsalter der Befragten (78 % sind zwischen 20 und 40 Jahre alt) und dem in unserer Stichprobe leicht überrepräsentierten Anteil nicht verheirateter Frauen wird erkennbar, daß das Belästigungsthema mehrheitlich Frauen angesprochen hat, die sich in einer Lebensphase befinden, in der in den letzten Jahren die stärksten Veränderungen in bezug auf traditionelle weibliche Lebensläufe und (Berufs-)Biographien zu beobachten sind. (Zunahme und Verstetigung der Erwerbsbeteiligung von Frauen, Rückgang oder zeitliche Verschiebung des Kinderwunsches, abnehmende Heiratsfreudigkeit und erhöhte Scheidungsraten seien hier als die wesentlichen Stichworte genannt.)

Vom beruflichen Ausbildungsstand her dominieren bei den befragten Frauen die Lehrabschlüsse mit 56 % aller Angaben weit vor den anderen Abschlußarten. Folgende Übersicht verdeutlicht die starke Untersuchungsbeteiligung von Frauen in Lehr- und Ausbildungsberufen:

Übersicht 5: Berufliche Ausbildung der befragten Frauen

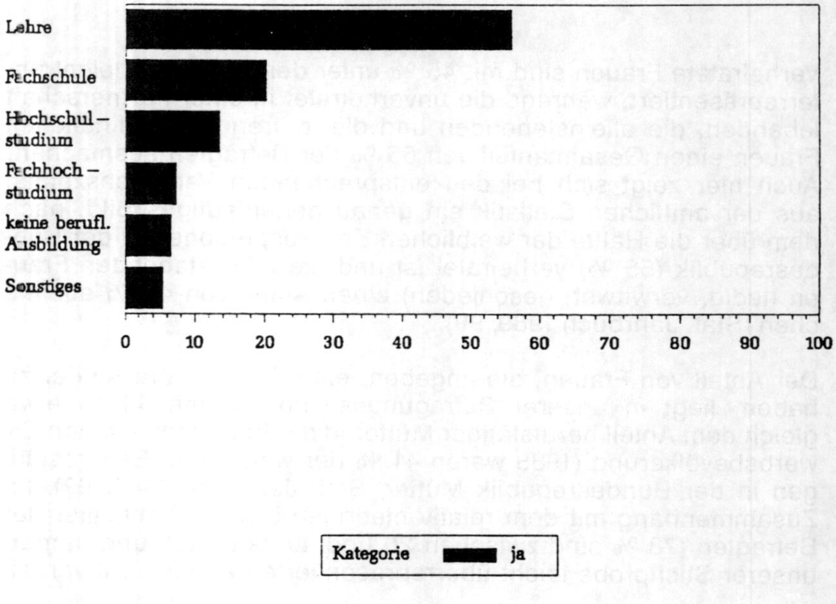

Auffallend ist, daß sich auch ein beachtlicher Anteil von Frauen mit Fachhochschul- oder Hochschulstudium unter den Befragten befindet, was u. a. auf die gezielte Ansprache von Lehrerinnen über die zuständige Einzelgewerkschaft zurückgeführt werden kann, deren Untersuchungsbeteiligung erfreulich groß war. Im Hinblick auf die berufliche Stellung der befragten Frauen zum Zeitpunkt der Erhebung zeigt sich folgendes Bild:

Übersicht 6: Berufliche Stellung der befragten Frauen

Berufliche Stellung	Anteil der Befragten (in %)	in Absolutzahlen
erwerbslos	9 %	188
in Ausbildung	5 %	90
in Weiterbildung/ Umschulung	2 %	37
Arbeiterin	12 %	234
Angestellte	61 %	1212
Beamtin	9 %	179
Aushilfe	1 %	17
neben-/freiberuflich tätig	1 %	24

Erkennbar ist das deutliche Übergewicht der weiblichen Angestellten in unserer Befragungsstichprobe, deren Anteil von 61 % sich allerdings stark dem tatsächlichen Anteil der Angestellten unter den weiblichen Erwerbstätigen in der Bundesrepublik von 58 % annähert (Stat. Jahrbuch 1989, 90). Die Arbeiterinnen sind dagegen in unserer Stichprobe verglichen mit ihrem tatsächlichen

Anteil von 27 % unter den weiblichen Erwerbstätigen (einschließlich Auszubildende) deutlich unterrepräsentiert, während die Beamtinnen gegenüber ihrem tatsächlichen Anteil von 5 % unter den bundesdeutschen Erwerbstätigen hier überrepräsentiert sind (Stat. Jahrbuch 1989, 90). Bei den erwerbslosen Frauen unserer Befragungsstichprobe nähert sich der Anteil von 9 % wiederum der entsprechenden Vergleichszahl aus der amtlichen Statistik an, die eine Erwerbslosenquote von 11 % für die weibliche Erwerbsbevölkerung in der Bundesrepublik angibt (Stat. Jahrbuch 1989, 90). Der eher geringe Anteil an weiblichen Auszubildenden, die sich an der branchenübergreifenden Befragung beteiligt haben, weist auf eine bereits in den Intensivinterviews wie auch in den Betriebsfallstudien deutlich gewordene besondere Zugangsproblematik der ganz jungen Frauen bei der Thematisierung des Belästigungsproblems hin.

Die folgende Abbildung veranschaulicht die berufliche Position, in der sich die Frauen zum Zeitpunkt der Befragung in ihrem Beschäftigungsbetrieb befinden.

Abbildung 10: Berufliche Position

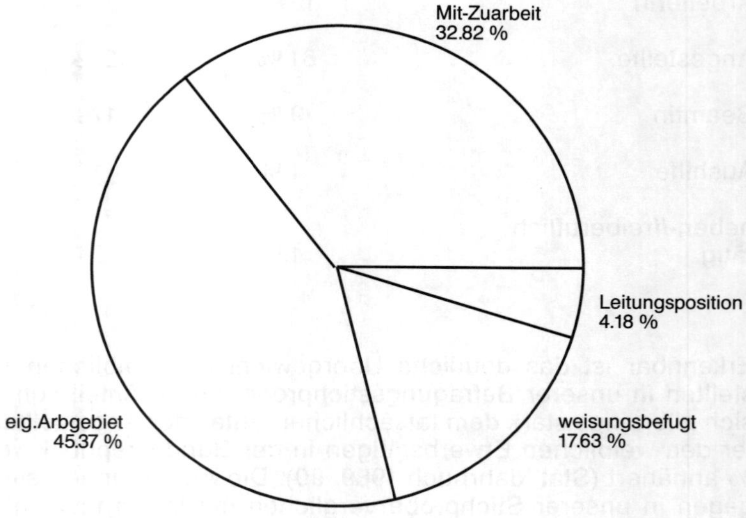

Auffallend ist, daß auf die untere berufliche Positionsstufe der „Mitarbeit/Zuarbeit" nur ein Drittel aller Angaben entfällt, während das Gros der Frauen angibt, in ihrem derzeitigen Beschäftigungsbetrieb ein eigenständiges Arbeitsgebiet zu haben. Auch Frauen in mittleren beruflichen Positionen, die im Fragebogen mit der Formulierung „eigenständiges Arbeitsgebiet mit Weisungsmöglichkeiten für andere Mitarbeiter/innen" gekennzeichnet waren, sind in unserer Befragungsstichprobe mit einem relativ großen Anteil von fast 18 % vertreten, während auf der Vorgesetzten- und Leitungsebene erwartungsgemäß deutlich seltener Frauen erreicht werden konnten.

90 % aller erwerbstätigen Frauen in unserer Befragungsstichprobe haben einen unbefristeten Arbeitsvertrag, bei jeder 10. Befragten ist der Arbeitsvertrag befristet. Dies stimmt weitgehend mit den Ergebnissen einer im Auftrag des BMA durchgeführten Repräsentativerhebung zu befristeten Beschäftigungsverhältnissen überein (Büchtemann u. a. 1989), die für erwerbstätige Frauen eine Befristungsquote von 10,2 % ermittelten. Berücksichtigt man, daß 9 % aller Frauen in unserer Befragungsstichprobe erwerbslos sind, so weisen diese Angaben auf ein relativ großes Ausmaß von Arbeitsplatzunsicherheit bei den in unserer Stichprobe erfaßten Frauen hin.

Die folgende Übersicht gibt Auskunft über die Arbeitszeitregelungen der befragten Frauen:

Übersicht 7: Arbeitszeitregelung der befragten Frauen

Arbeitszeit-Regelung	Anteil der Befragten (in %)
Vollzeit	67 %
Teilzeit (20 und mehr Stunden pro Woche)	18 %
Teilzeit (unter 20 Stunden pro Woche)	3 %
Schichtdienst	11 %
Arbeit auf Abruf	1 %

Der Anteil der vollzeitbeschäftigten Frauen in unserer Befragungsstichprobe erweist sich als relativ übereinstimmend mit der entsprechenden Vergleichsangabe aus der amtlichen Statistik, wonach derzeit ca. 68 % der weiblichen Erwerbstätigen in der Bundesrepublik Vollzeitbeschäftigte sind (Stat. Jahrbuch 1989, 90 und Eigenberechnungen).

Die teilzeitbeschäftigten Frauen sind dagegen in unserer Befragungsstichprobe mehreren Kategorien zugeordnet, die i. E. nicht so differenziert in der amtlichen Statistik aufgeführt sind (insbesondere was „Schichtdienst" und „Arbeit auf Abruf" anbelangt). Fassen wir jedoch diese Kategorien zu einer Gruppe zusammen, so erreicht der Gesamt-Anteil teilzeitbeschäftigter Frauen in unserer Befragungsstichprobe eine Größenordnung von 33 %. Dieser Anteil weicht nur geringfügig vom tatsächlichen Anteil der teilzeitbeschäftigten Frauen in der Bundesrepublik ab, der bei 32 % liegt und erweist sich damit ebenfalls als relativ übereinstimmend mit den Angaben der amtlichen Statistik.

Im Hinblick auf die Beschäftigungsbetriebe der befragten Frauen ist im Zusammenhang mit unserem Untersuchungsthema auch von Bedeutung, wie die Beschäftigtenstruktur nach Männern und Frauen zusammengesetzt ist. Folgende Abbildung zeigt, in welchen Belegschaftszusammensetzungen die befragten Frauen zum Zeitpunkt der Befragung arbeiteten:

Abbildung 11: Geschlecht der Kolleg/innen

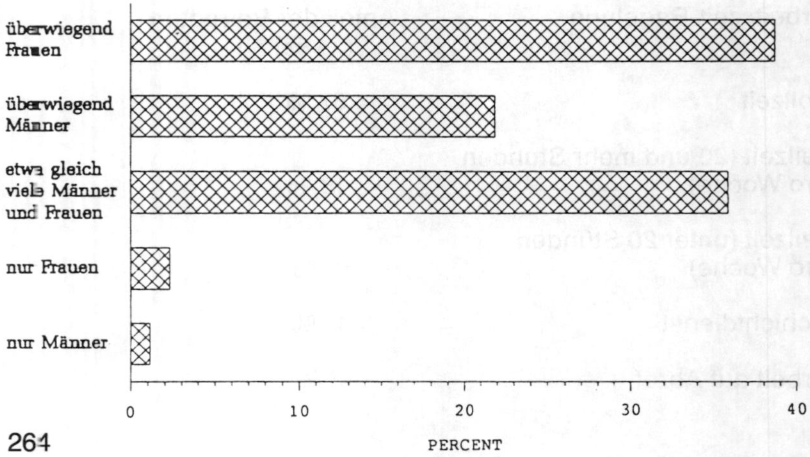

Die überwiegende Mehrheit der in unserer Befragungsstichprobe erfaßten Frauen (75 %) hat in ihrem betrieblichen Alltag vorwiegend Kolleginnen oder ist etwa gleich häufig mit Kolleginnen und Kollegen konfrontiert. Gut jede fünfte Befragte gibt jedoch auch an, in ihrem Betrieb überwiegend mit Männern zu tun zu haben. Demgegenüber arbeitet nur ein verschwindend kleiner Anteil der Befragten in reinen Frauenbetrieben (2 %) oder in reinen Männerbetrieben (1 %).

Unabhängig von der jeweiligen Zusammensetzung der Betriebsbelegschaften nach Männern und Frauen ist die überwiegende Mehrzahl der von den Befragten angegebenen Vorgesetzten männlichen Geschlechts (81 %). Nur knapp jede fünfte Befragte hat in unserer branchenübergreifenden Befragungsstichprobe eine Frau zur Vorgesetzten (19 %).

Über die Dauer ihrer Betriebszugehörigkeit machen die befragten Frauen mehrheitlich Angaben, die sich auf relativ lange Zeiträume beziehen.

Abbildung 12: Dauer der Beschäftigung in dem jetzigen Betrieb

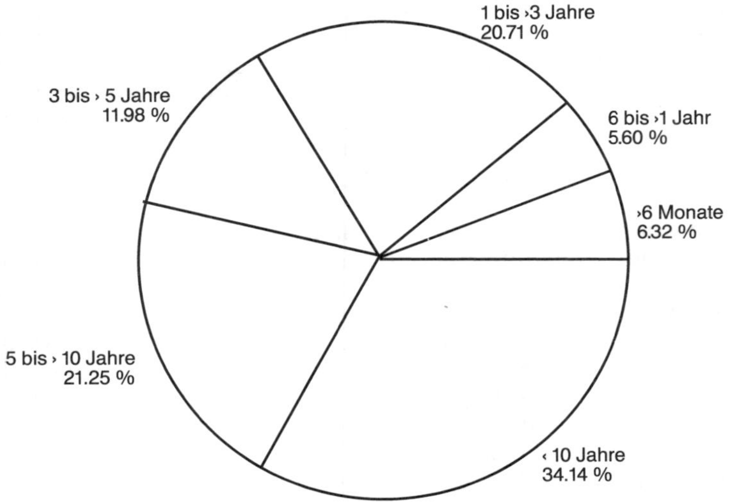

Die Abbildung zeigt, daß die meisten befragten Frauen (67 %) bereits länger als drei Jahre im derzeitigen Betrieb tätig ist, ein Drittel von ihnen (34 %) sogar 10 Jahre und mehr. Im Zusammenhang mit dem relativ niedrigen Altersdurchschnitt der Befragten (78 % sind unter 40 Jahre alt) weist die mehrheitlich angegebene langjährige Betriebszugehörigkeit auf kontinuierliche berufliche Werdegänge ohne häufige Ortswechsel hin. Gleichwohl zeigt der nicht geringe Anteil von 33 % Frauen mit einer Betriebszugehörigkeit von unter drei Jahren, daß besonders auch bei Frauen, die sich in den beruflichen Anfangsjahren in einem Betrieb befinden, das Interesse an der Auseinandersetzung mit dem Belästigungsproblem relativ groß ist.

5.2. Problemverständnis und Definition von sexueller Belästigung

Die Bewertung der im Fragebogen vorgestellten üblichen Meinungen zum Thema der sexuellen Belästigung bestätigt das hohe Problembewußtsein der berufstätigen Frauen, das bereits in der Betriebserhebung zutage tritt und geht sogar über diese hinaus. Bei der persönlichen Beurteilung wird jede dargestellte Meinung mehrheitlich in Richtung einer Problematisierung der sexuellen Belästigung beantwortet, sowohl was das Ausmaß als auch die Hintergründe und Folgen der Übergriffe anbetrifft.

Der Anteil derjenigen Frauen, die sich bei ihrer Stellungnahme eindeutig einer kritischen Haltung anschließen und Mißstände anzeigen (stimme voll zu/stimme überhaupt nicht zu), liegt hier weitaus höher als der Anteil der Frauen, die eindeutig die entgegengesetzte Meinung vertreten, also das Problem der sexuellen Belästigung abstreiten. Letztere wählen häufiger die abschwächende Antwortkategorie „stimme etwas zu/stimme weniger zu". Dieses Antwortverhalten deutet insgesamt auf eine starke Sensibilisierung bezüglich vorhandenener Diskriminierungen hin. Das im Vergleich zu den Betriebsfallstudien ausgeprägtere Problembewußtsein läßt sich eventuell mit dem gewerkschaftlichen Engagement der Frauen aus der branchenübergreifenden Stichprobe erklären; möglicherweise wurden hier häufiger als in den Betriebserhebungen Frauen erfaßt, die sensibler als andere auf soziale Mißstände im Berufsleben reagieren.

Der Fragebogen, den die Frauen erhielten, war der gleiche wie der, den die Frauen in den Untersuchungsbetrieben ausgefüllt hatten. Wir stellen die Ergebnisse in der gleichen Reihenfolge dar, setzen aber entsprechend der Struktur der Ergebnisse teilweise andere Akzente.

Zum allgemeinen Problemverständnis ergibt sich folgendes Bild:

Tabelle 42: Problemverständnis weiblicher Beschäftigter (in %)

	stimme voll zu	stimme etwas zu	stimme weniger zu	stimme überhaupt nicht zu
Es gibt nur sehr wenige Frauen, die am Arbeitsplatz sexuell belästigt werden	11	25	40	25
Männer, die belästigen, wollen eigentlich nur flirten	5	20	36	38
Wenn eine Frau am Arbeitsplatz sexuell belästigt wird, gibt es für sie genug Mittel, sich zu wehren	15	21	36	28
Eine Frau, die am Arbeitsplatz sexuell belästigt wird, hat das fast immer selbst herausgefordert	5	14	31	50
Sexuelle Belästigung ist ein Machtmißbrauch gegen Frauen	69	16	8	7
Viele Frauen verschaffen sich durch sexuelle Beziehungen im Betrieb berufliche Vorteile	11	35	37	17
Frauen leiden unter sexueller Belästigung am Arbeitsplatz, sie trauen sich aber nicht, darüber zu sprechen	48	37	10	4
Wenn sich eine Frau gegen sexuelle Belästigung am Arbeitsplatz wehrt, muß sie mit negativen Konsequenzen rechnen	43	39	12	5
Wegen sexueller Belästigung darf kein Kollege im Betrieb bloßgestellt werden	13	8	20	60
Unsicher und ängstlich wirkende Frauen werden eher belästigt als selbstbewußte Frauen	40	32	18	10

Der Einstellung, daß sexuelle Belästigung einen Machtmißbrauch gegenüber Frauen darstellt, wird von allen zur persönlichen Einschätzung vorgelegten Meinungen am entschiedensten zugestimmt. Mehrheitliche Zustimmung erhält ebenfalls das in diesen Themenbereich gehörende Statement, unsicher und ängstlich wirkende Frauen würden eher belästigt als selbstbewußte. Kaum eine Frau glaubt hingegen, Männer, die belästigen, wollten eigentlich nur flirten. Über vier Fünftel der Frauen lehnen es auch ab, die Ursache der Übergriffe im eigenen Verhalten zu suchen. Sie sind nicht der Meinung, daß Frauen, die sexuell belästigt werden, dies fast immer selbst herausgefordert haben. Es zeigt sich deutlich, daß die meisten Frauen sexuelle Belästigungen keineswegs als falsch verstandenen Flirt oder harmlosen Spaß bewerten. Sexuelle Belästigungen werden von der Mehrheit der befragten Frauen als Fehlverhalten empfunden, dem nicht sexuelle Gründe, sondern Machtansprüche zugrundeliegen.

Sexuelle Belästigungen werden darüberhinaus von über zwei Drittel der befragten Frauen als ein ernstzunehmendes Problem charakterisiert, für das auf betrieblicher Ebene kaum Lösungen angeboten werden, die betroffenen Frauen wirksam helfen können. Das Ausmaß sexueller Belästigung am Arbeitsplatz wird als hoch eingeschätzt, ebenso die Gefahr der Nachteile für die betroffene Frau, wenn sie sich zur Wehr setzt.

Groß ist auch nach Meinung der berufstätigen Frauen die Dunkelziffer und die Isolation belästigter Frauen, die es nach Meinung der großen Mehrheit oft nicht wagen, sich jemandem anzuvertrauen. Zwei Drittel der Befragten bezweifeln ferner, daß einer betroffenen Frau genügend Mittel zur Verfügung stehen, sich zu wehren.

Frauen, die selbst keine Belästigungserfahrungen gemacht haben (siehe dazu Abschnitt 5.3.), glauben eher als Betroffene, daß nur wenige Frauen am Arbeitsplatz sexuellen Belästigungen ausgesetzt sind (50 %). 78 % der Befragten, die sich ausführlich zu selbst erlebten sexuellen Belästigungen äußern, lehnen dagegen diese Einschätzung ab. Ebenso vertreten die Belästigungsopfer eher die Meinung, daß Frauen, die sich wehren, mit negativen Konsequenzen rechnen müssen (87 %, gegenüber 78 % der nicht betroffenen Frauen).

Die stärkere Ablehnung der Haltung „Wegen sexueller Belästigung darf kein Kollege im Betrieb bloßgestellt werden" (83 % betroffene, 75 % nicht betroffene Frauen) deutet, zusammen mit anderen Auffälligkeiten im Antwortverhalten, auf ein geschärftes Unrechtsempfinden bei betroffenen Frauen hin, die sich nicht mehr damit abfinden wollen, daß nur sie diejenigen sein sollen, die unter Schikanen und dem Gerede im Kollegenkreis zu leiden haben.

Das Statement „Viele Frauen verschaffen sich durch sexuelle Beziehungen berufliche Vorteile" ist das einzige, bei dem in der Gesamtgruppe keine eindeutige Mehrheitsmeinung erkennbar wird. In der Auswertung der Betriebserhebungen zeigt sich hier ebenfalls die geringste Übereinstimmung. In den betrieblichen Expert/innengesprächen und Intensivinterviews wurde angesprochen, daß ein solches Vorgehen von Frauen die Lage der von „tatsächlicher" Belästigung betroffenen Frauen kompliziere. Die Meinung, daß manche Frauen Sexualität bewußt als Karrieremittel einsetzen und damit erfolgreich sind, löst Kritik bei den Frauen aus: Sie wollen mit ihren fachlichen Fähigkeiten überzeugen und fühlen sich in der Durchsetzung eines gleichberechtigten Umgangs der Geschlechter durch das Vorurteil, beruflich erfolgreiche Frauen würden illegitime Mittel einsetzen, gehindert. In Gesprächen mit betrieblichen Verantwortlichen (vgl. Kap. 4) wurden Beispiele vom gesellschaftlichen und beruflichen Aufstieg durch sexuelle Beziehungen gerne als Beweis angeführt, daß es sich meist nur um „sogenannte" sexuelle Belästigungen, also doch um erwünschte Kontakte handele. Frauen, die in ihren Bemühungen erfolglos bleiben, würden dann, so lautet das Argument, aus Rache oder Enttäuschung eine sexuelle Belästigung anzeigen. Solche verfestigten Meinungen, sowohl bei Männern als auch bei Frauen, erschweren die Öffnung für eine differenziertere Sichtweise, die nicht ausschließt, daß Sexualität von manchen Frauen – sozusagen als strategische Nutzung traditioneller Verhaltensmuster zwischen den Geschlechtern – als Karrieremittel eingesetzt wird, aber damit nicht dem Empfinden belästigter Frauen jegliche Bedeutung abspricht.

Auch in der branchenübergreifenden Befragung zeigt sich, daß sexuelle Belästigung sich nicht objektiv durch bestimmte eingrenzbare Determinanten des Verhaltens und des Erscheinungsbildes definieren und so von einem nicht belästigenden Verhalten abgrenzen läßt. Das, was als sexuelle Belästigung empfunden wird, ist subjektiv verschieden. Während die eine Kollegin über die sexistischen Witze ihrer Kollegen lachen kann, fühlt sich eine andere als Frau herabgewürdigt und erniedrigt. Beide Reaktionsweisen werden jedoch im betrieblichen Alltag unterschiedlich bewertet. Im ersten Fall wird das Verhalten der Frau möglicherweise als angemessen und kameradschaftlich anerkannt, während eine Frau, die sexistische Witze als Belästigung kennzeichnet, in ihrer Kritik häufig abgewertet oder lächerlich gemacht wird.

Obwohl die subjektiven Unterschiede im Erleben einer Definition der sexuellen Belästigung am Arbeitsplatz entgegenstehen, lassen sich einige übergreifende Merkmale herausstellen, die ein solches Verhalten kennzeichnen. Eine Frau wird durch die sexuelle Belästigung mit einem unerwünschten Verhalten konfrontiert, das sie als Frau abwertet, erniedrigt oder in eine Situation zwingt, in der ein ablehnendes Verhalten gegenüber dem Belästiger zu einer Beeinträchtigung der Arbeitsatmosphäre und Arbeitssituation führen kann (siehe Kap. 1).

Darüber, auf welche Situationen am Arbeitsplatz diese Kriterien zutreffen, besteht, trotz der subjektiven Unterschiede, eine große Definitionssicherheit. In sämtlichen in unserer Untersuchung erhobenen Stichproben (drei Betriebsfallstudien, eine Berufsgruppe, eine branchenübergreifende Befragung) stimmen die Eingruppierungen von Situationen am Arbeitsplatz als sexuelle Belästigung weitgehend überein. Lediglich drei der im Fragebogen zur persönlichen Einschätzung vorgelegten 15 „Vorkommnisse" werden mehrheitlich nicht als sexuelle Belästigung eingestuft.

Bei der Fragestellung „Ist das für Sie eine sexuelle Belästigung?" entfallen auf die Antwortkategorie „eher nein" folgende Prozentanteile:

Tabelle 43: Mehrheitlich nicht als Belästigung gewertete Vorfälle

	ist eher keine sexuelle Belästigung (in %)
Anzügliche Witze	59 %
Hinterherpfeifen, Anstarren, taxierende Blicke	62 %
„zufällige" Körperberührungen	63 %

Alle anderen „Vorkommnisse" werden mehrheitlich als sexuelle Belästigung eingestuft:

Tabelle 44: Mehrheitlich als Belästigung gewertete Vorfälle

	ist eher eine sexuelle Belästigung (in %)
Pornographische Bilder am Arbeitsplatz	73 %
Anzügliche Bemerkungen über Figur und sexuelles Verhalten im Privatleben	85 %
Unerwünschte Einladungen mit eindeutiger Absicht	86 %
Po-Kneifen oder Klapsen	91 %
Telefongespräche, Briefe mit sexuellen Anspielungen	96 %
Versprechen beruflicher Vorteile bei sexuellem Entgegenkommen	97 %
Unerwartetes Berühren der Brust	98 %
Androhung beruflicher Nachteile bei sexueller Verweigerung	98 %
Aufforderung zu sexuellem Verkehr	99 %
Aufgedrängte Küsse	99 %
Zurschaustellen des Genitals	99 %
Erzwingen sexueller Handlungen, tätliche Bedrohung	99 %

Die hier aufgelistete Rangreihe (mit steigender Übereinstimmung in der Einstufung) findet sich mit geringfügigen Verschiebungen in den anderen von uns erhobenen Stichproben (vgl. Kap. 4.2.1.). Es ergibt sich somit eine klare Aufteilung:

Ca. jede dritte befragte Frau ordnet „scheinbar zufällige Körperberührungen", „Hinterherpfeifen/ Anstarren/taxierende Blicke" und „anzügliche Witze" als sexuelle Belästigungen ein.

Alle anderen Vorgaben werden dagegen mit mindestens Dreiviertelmehrheit als sexuelle Belästigungen eingestuft, in den meisten Fällen zu über 90 %. Dieses Ergebnis zeigt, daß unter den Frauen eine deutliche Vorstellung darüber existiert, welche Verhaltensweisen am Arbeitsplatz erwünscht sind und welche als belästigend abgelehnt werden.

Insgesamt bestätigt sich, daß ein Verhalten häufiger dann als sexuelle Belästigung empfunden wird, wenn es direkt auf die eigene Person bezogen ist oder wenn dieses Verhalten zu einer (Abwehr-) Reaktion zwingt. Taxierenden Blicken, scheinbar „zufälligen" Körperberührungen oder anzüglichen Witzen kann sich eine Frau leichter entziehen, indem sie sich nicht persönlich angesprochen fühlt und/oder das Verhalten ignoriert. Bei allen anderen genannten „Vorkommnissen" am Arbeitsplatz, insbesondere körperlichen Übergriffen, kann sich die betroffene Frau dagegen kaum distanzieren. Sie wird persönlich in direkter Form angesprochen. Jede Reaktion, auch ein Ignorieren, ist eine Antwort für den Belästiger. Ein Nicht-Wehren, als Einverständnis ausgelegt, kann zu weiteren Belästigungen führen. Bei einer Zurechtweisung dagegen riskiert die Frau, daß der Mann dies als Anmaßung empfindet und sich dafür bei ihr rächt. Gleichgültig, wie sie sich verhält, sind die Folgen ungewiß; insbesondere die Gefahr negativer Folgereaktionen durch den belästigenden Mann kann nicht ausgeschlossen werden.

Auffällige Unterschiede zeigen sich in den einzelnen erfaßten Berufsgruppen. Die Lehrerinnen ordnen die „Vorkommnisse" am häufigsten und übereinstimmendsten von allen erfaßten Berufsgruppen als sexuelle Belästigung ein, Frauen in Leitungspositionen kennzeichnen die Vorkommnisse ebenfalls überdurchschnittlich häufig als Belästigungen, insbesondere auch die Situationen, die von der Mehrheit nicht als sexuelle Belästigungen angesehen werden. Nur 23 % der Arbeiterinnen sehen hingegen im „Hinterherpfeifen, Anstarren, taxierenden Blicken" eher eine sexuelle Belästigung, während 53 % der Beamtinnen diese Zuordnung vornehmen. Anzügliche Witze werden von 33 % der Arbeiterinnen, aber 57 % der Beamtinnen eher belästigend eingestuft, bei zufälligen Körperberührungen sind es 24 % zu 46 %. Auch anzügliche

Bemerkungen, Po-Kneifen und Berührungen der Brust werden von den Arbeiterinnen weniger häufig als sexuelle Belästigungen angesehen.

Die bei der Polizei beschäftigten Frauen zeigen ein gespaltenes Antwortverhalten. In den Bereichen, die mehrheitlich nicht als Belästigung gesehen werden, kennzeichnen die Frauen aus der Polizeistichprobe das Verhalten noch seltener als sexuelle Belästigung. Im Vergleich mit den befragten Lehrerinnen wird die unterschiedliche Bewertung besonders deutlich. Anzügliche Witze werden von 29 % der Frauen aus dem Polizeibereich, aber 61 % der Lehrerinnen „eher" als Belästigung definiert. Hinterherpfeifen, Anstarren, taxierende Blicke sowie scheinbar „zufällige" Körperberührungen werden von je 17 % der Frauen aus dem Polizeibereich, und 59 bzw. 54 % der Lehrerinnen als Belästigung eingestuft. Die „harten" sexuellen Übergriffe dagegen werden von den Polizeibediensteten besonders entschieden als Belästigungen eingestuft, sie zeigen in diesen Bereichen sogar die höchste Übereinstimmung in der Zuordnung als sexuelle Belästigung.

Inwieweit die Wahrnehmung des Belästigungsproblems durch das Ausmaß der eigenen Betroffenheit geprägt ist, wird im folgenden Abschnitt (5.3.) näher beleuchtet.

5.3. Das Ausmaß der Betroffenheit von sexueller Belästigung am Arbeitsplatz

93 % der Frauen nennen persönliche Erfahrungen mit den im Fragebogen vorgegebenen „Vorkommnissen" im Betrieb. Sie geben an, schon mindestens eine dieser Situationen am Arbeitsplatz erlebt zu haben, und zwar unabhängig davon, ob sie diese „Vorkommnisse" selbst als belästigend oder nicht belästigend einstufen.

Werden von diesen Angaben diejenigen Nennungen abgezogen, die sich auf die drei in der Befragung mehrheitlich nicht als sexuelle Belästigung bewerteten Verhaltensweisen beziehen (Tab. 43), ergibt sich folgendes Bild:

72 % der befragten Frauen haben Situationen am Arbeitsplatz erlebt, die mehrheitlich (von mindestens 73 % der Befragten) als sexuelle Belästigungen eingestuft werden. Mehr als zwei Drittel der von uns erfaßten Frauen sind folglich bereits am Arbeitsplatz von Situationen betroffen gewesen, die (potentiell) als sexuelle Belästigung bestimmbar sind.

Mehrere Untersuchungen in den USA haben ein ähnlich hohes Ausmaß an sexuellen Belästigungen ermittelt. In einer Studie der Cornell-Universität und des Working Women's Unite Institute (WWUI, 1979; Polansky, 1980) gaben 70 % der antwortenden Frauen persönlich erlebte Belästigungen am Arbeitsplatz an.

In einer anderen Untersuchung, die 1979 von der Sangamon State University und der Illinois Task Force on Sexual Harassment (Hoymann/Robinson, 1980) durchgeführt wurde und die 1 495 Frauen aus dem öffentlichen Dienst erfaßte, lag der Prozentsatz derjenigen Frauen, die einen oder mehrere Fälle von sexueller Belästigung erlebt hatten, bei 59 %.

Eine 1976 durchgeführte Umfrage des Redbook Magazins (Hoymann/Robinson, 1980), bei der 9 000 Frauen erfaßt wurden, ermittelte, daß 90 % der Befragten „persönlich das Ziel sexueller Aufmerksamkeit am Arbeitsplatz gewesen seien".

Dieser Wert läßt sich mit den 93 % der Frauen aus unserer Stichprobe vergleichen, die Vorkommnisse am Arbeitsplatz benannten, und zwar unabhängig von ihrer persönlichen Bewertung als Belästigung.

In der vom österreichischen Bundesministerium für Arbeit und Soziales durchgeführten Untersuchung gaben 81 % der 1 411 befragten Frauen an, ein oder mehrere Male in ihrem Berufsleben „gegen ihren Willen sexuelle Annäherungen von Männern erfahren zu haben"; von den meisten Frauen wurden mehrere Belästigungsarten genannt (Bundesministerium für Arbeit und Soziales 1988).

Die folgende Übersicht listet die prozentualen Anteile derjenigen weiblichen Antwortpersonen auf, die angeben, schon mindestens einmal am Arbeitsplatz von den im Fragebogen genannten Vorkommnissen betroffen gewesen zu sein.

Tabelle 45: Ausmaß der Betroffenheit

	haben ... % der Befragten erlebt
Anstarren, Hinterherpfeifen, taxierende Blicke	84 %
anzügliche Witze	81 %
scheinbar zufällige Körperberührungen	70 %
Anzügliche Bemerkungen über Figur und sexuelles Verhalten im Privatleben	56 %
Unerwünschte Einladungen mit eindeutiger Absicht	35 %
Po-Kneifen oder Klapsen	34 %
Pornographische Bilder am Arbeitsplatz	33 %
Unerwartetes Berühren der Brust	22 %
Aufgedrängte Küsse	15 %
Telefongespräche, Briefe mit sexuellen Anspielungen	14 %
Aufforderung zu sexuellem Verkehr	12 %
Versprechen beruflicher Vorteile bei sexuellem Entgegenkommen	7 %
Androhung beruflicher Nachteile bei sexueller Verweigerung	5 %
Zurschaustellen des Genitals	3 %
Erzwingen sexueller Handlungen	3 %

Nur 7 % der Frauen, die sich in unserem Fragebogen zu den aufgelisteten Situationen äußerten, gaben an, bisher keine dieser Vorkommnisse an ihrem Arbeitsplatz erlebt zu haben. Bei den befragten Lehrerinnen ist der Anteil derjenigen, die keine „Vorkommnisse" angeben, mit 16 % am höchsten. Von den beschäftigten Frauen im Polizeibereich geben dagegen nur 1 % der Antwortenden an, noch nie mit solchen Situationen konfrontiert worden zu sein. Auffällig ist auch, daß nur 6 % der Frauen, die sich noch in der Ausbildung befinden, keine solche Erlebnisse am Arbeitsplatz angeben.

Es zeigt sich insgesamt eine hohe Übereinstimmung mit den Ergebnissen der Betriebsbefragungen (Abschnitt 4.2.3.), deren Ergebnisse hier jedoch zugespitzt werden, da die Betroffenheit sowohl insgesamt als auch bezogen auf die einzelnen Belästigungsarten in jedem Fall noch etwas größer ist. Diese Übereinstimmung muß überraschen, wenn wir überlegen, wie unterschiedlich die jeweilige Auswahl der Befragten zustande kam. Wir sehen hier eine Bestätigung unserer These (vgl. Abschnitt 4.5.), daß sich bei großer Befragtenzahl offenbar ein durchschnittlich stabiles Ausmaß von sexueller Belästigung zeigt, das auf der Ebene der jeweiligen Untergruppen (Betriebsabteilungen in Kap. 4, Berufsgruppen und Beschäftigtengruppen in Kap. 5), zu variieren beginnt.

Die häufigsten Nennungen erhalten diejenigen „Vorkommnisse", die mehrheitlich nicht als Belästigungen gewertet werden. Da jedoch immerhin jede dritte Befragte auch diese „Vorkommnisse" als belästigend empfindet, dürfen sie bei der Gesamtbetrachtung nicht vernachlässigt werden. Unsere Auswertungsergebnisse aus anderen Erhebungsteilen zeigen, daß es sich gerade bei diesen „uneindeutigen" Belästigungen um Situationen handelt, in denen es betroffenen Frauen besonders schwerfällt, ihre Ablehnung zu äußern. Die Frauen befürchten einer Fehlinterpretation oder Überempfindlichkeit beschuldigt zu werden, wenn sie sich gegen solche Verhaltensweisen zur Wehr setzen. Die Belästiger haben in diesen Verhaltensbereichen die Möglichkeit, eventuelle Anschuldigungen mit der Bemerkung von sich zu weisen, daß es ja „nicht so gemeint gewesen sei", wodurch letztendlich die Frau als diejenige dasteht, die sich angeblich unangemessen verhalten hat, indem sie den Vorfällen eine überzogene sexuelle Bedeutung beimißt.

Selbst wenn die übereinstimmend als Belästigung bewerteten Vorkommnisse mit zunehmender „Härte" bzw. „Gewalttätigkeit" prozentual weniger häufig genannt werden, ist das Ausmaß der sexuellen Übergriffe erschreckend hoch. Über die Hälfte der befragten Frauen wurde bereits am Arbeitsplatz mit anzüglichen Bemerkungen konfrontiert. Jede dritte Frau nennt „Po-Kneifen oder Klapse". Ebenfalls jede dritte Frau ist pornographischen Bildern am Arbeitsplatz ausgesetzt gewesen. Selbst erzwungene sexuelle Handlungen und Erpressungen mit Androhung von Nachteilen oder Versprechen von beruflichen Vorteilen werden zu einem nicht unerheblichen Anteil genannt, wenn die Schwere dieser Delikte mitberücksichtigt wird. 3 % (51 von 1 981) der Frauen sind bereits bedroht und zu sexuellen Handlungen gezwungen worden.

In fast allen bisher in der BRD erhobenen Stichproben wurden bei diesen besonders gravierenden sexuellen Übergriffen weitgehend übereinstimmende Ergebnisse erzielt. In der kürzlich abgeschlossenen Untersuchung der Hamburger Gleichstellungsstelle (Schneble/Domsch, 1989) zur sexuellen Belästigung im öffentlichen Dienst wurden z. B. folgende Werte ermittelt: Andeutungen, daß sexuelles Entgegenkommen die Arbeitssituation günstig beeinflussen könnte, haben 8 % der befragten Frauen erlebt, Bitten um eine private Verabredung mit dem versteckten Hinweis, daß eine Ablehnung negativen Einfluß auf den beruflichen Erfolg haben könnte, nennen 4 %. Erzwingen von sexuellen Handlungen/tätliche Bedrohung geben 2,6 % an.

In der INFAS-Studie von Sibylle Plogstedt und Kathleen Bode (Plogstedt/Bode 1984) geben 4 % der Frauen an, am Arbeitsplatz zum sexuellen Verkehr gezwungen worden zu sein.

Die erfaßten Frauen unserer Untersuchung haben die meisten „Vorkommnisse" mehrfach am Arbeitsplatz erlebt. Die folgende Liste gibt den prozentualen Anteil derjenigen „betroffenen" Frauen an, die nicht nur einmal von diesem Vorkommnis betroffen waren. Zur Erläuterung ein Beispiel: Von den Frauen, die angeben, am Arbeitsplatz bereits anzügliche Bemerkungen über die Figur oder das Privatleben erlebt zu haben, waren 84 % mehr als einmal davon betroffen.

Tabelle 46: Ausmaß der Mehrfach-Betroffenheit

	Prozentualer Anteil der Mehrfachbelästigungen
Anstarren, Hinterherpfeifen, taxierende Blicke	97
anzügliche Witze	95
scheinbar zufällige Körperberührungen	87
Anzügliche Bemerkungen über Figur und sexuelles Verhalten im Privatleben	84
Pornographische Bilder am Arbeitsplatz	71
Po-Kneifen oder Klapsen	64
Telefongespräche, Briefe mit sexuellen Anspielungen	61
Unerwünschte Einladungen mit eindeutiger Absicht	58
Androhung beruflicher Nachteile bei sexueller Verweigerung	54
Unerwartetes Berühren der Brust	47
Aufforderung zu sexuellem Verkehr	44
Aufgedrängte Küsse	41
Versprechen beruflicher Vorteile bei sexuellem Entgegenkommen	40
Zurschaustellen des Genitals	29
Erzwingen sexueller Handlungen	27

Sexuelle Belästigungen sind keine „Ausnahmeerscheinungen" im beruflichen Alltag von Frauen. Die meisten betroffenen Frauen haben solche Übergriffe bereits mehrfach am Arbeitsplatz erlebt. In den drei ersten Kategorien, die von den Frauen mehrheitlich nicht als sexuelle Belästigung eingestuft werden, steigen die Nennungen unter „öfter" oder „ab und zu erlebt" im Vergleich zum einmaligen Vorkommen auf über 87 %. Selbst diejenigen Frauen, die von gravierenden sexuellen Belästigungen berichten, z. B. der Androhung von beruflichen Nachteilen bei einer sexuellen Verweigerung und unerwünschten Einladungen mit eindeutiger Absicht, geben zu über 50 % an, daß dies nicht nur einmal vorgekommen ist.

Jede Frau hat unabhängig von dieser Mehrfachbetroffenheit in einem Verhaltensbereich durchschnittlich 4 – 5 verschiedene „Vorkommnisse" angegeben, die sie bereits in ihrem Berufsalltag erlebt hat. Selbst dann, wenn die Nennungen in den drei mehrheitlich nicht als Belästigung definierten Bereichen unberücksichtigt bleiben, hat jede befragte Frau durchschnittlich mehr als zwei der eindeutig als Belästigung bestimmten Situationen am Arbeitsplatz erlebt. Diese Ergebnisse verdeutlichen das erschreckende Ausmaß der sexuellen Übergriffe.

Die beschäftigten Frauen bei der Polizei sind von allen befragten Gruppen am häufigsten von sexuellen Belästigungen betroffen, gefolgt von Frauen, die im Baugewerbe tätig sind. In einer Untersuchung, die 1987 in Finnland (Högsbacke, 1987) in verschiedenen Berufsgruppen durchgeführt wurde, nannten die weiblichen „Policeofficers" und die „construction workers" ebenfalls die meisten Belästigungen.

Die Ergebnisse deuten darauf hin, daß Frauen dazu neigen, sexuell gefärbte Verhaltensweisen und Situationen dann nicht als sexuelle Belästigungen zu definieren, wenn sie häufiger davon betroffen sind, es diese Situationen es den Frauen aber ermöglichen, sich unangenehmer Folgereaktionen zu entziehen, indem sie das Verhalten nicht als Belästigung kennzeichnen. Das Nicht-Wahrnehmen als sexuelle Belästigung dient dem Schutz vor der eigenen Unzufriedenheit, die eine offene Auseinandersetzung mit den Verursachern nach sich ziehen müßte. Bei den genannten Vorkommnissen, wo die Frau zu einer Stellungnahme gezwungen wird, steigt dagegen der Prozentanteil der Frauen, die das Verhalten als sexuelle Belästigung definieren, mit der eigenen häufigen

Betroffenheit. Die persönliche Erfahrung steigert das Unrechtsempfinden in diesen Bereichen.

Arbeiterinnen sind häufiger von körperlichen Übergriffen wie Po-Kneifen und Berührungen der Brust betroffen, während Angestellte mehr von anzüglichen Witzen und Bemerkungen berichten. Frauen, die sich zum Zeitpunkt der Befragung in einer Weiterbildung oder Umschulung befanden, geben in fast allen Kategorien die höchste Belästigungsquote an. (Da es sich bei diesen Frauen um eine kleine Gruppe handelt – 1 % der Stichprobe – darf das Ergebnis nicht überbewertet werden.)

Frauen, die eine Vorgesetzten- oder Leitungsposition angeben oder über ein eigenes Arbeitsgebiet mit Weisungsmöglichkeit für andere Mitarbeiter/innen verfügen, haben ebenfalls besonders häufig sexuelle Übergriffe am Arbeitsplatz erlebt, wohingegen Frauen, die angeben, daß sie Mitarbeit/Zuarbeit leisten oder über ein eigenständiges Arbeitsgebiet (ohne Weisungsmöglichkeiten) verfügen, weniger häufig betroffen sind.

Hierbei sind wiederum diejenigen Frauen weniger betroffen, die ein Hochschulstudium absolviert haben; Belästigungen werden häufiger von Frauen angegeben, die eine Fachschule oder Fachhochschule besucht haben.

Daneben werden Belästigungen auch häufiger von Frauen genannt, die über keine Ausbildung verfügen; diese geben im Verhältnis zu den anderen Gruppen besonders häufig körperliche Übergriffe an. Frauen, die als Aushilfe arbeiten, nennen im Vergleich zu den übrigen betroffenen Frauen am häufigsten besonders gravierende sexuelle Übergriffe bis hin zur Vergewaltigung.

Die Angaben weisen darauf hin, daß Frauen dann häufiger zu Belästigungsopfern werden, wenn sie keine beruflichen Qualifikationen nachweisen können oder in einem ungeschützten Arbeitsverhältnis tätig sind, d. h., wenn sie sich innerhalb des Betriebes in einer untergeordneten und möglicherweise leicht austauschbaren Position befinden.

Frauen scheinen ebenfalls dann vermehrt sexuellen Belästigungen ausgesetzt zu sein, wenn sie versuchen, sich auf einer mittleren Hierarchieebene gegenüber ihren Mitstreitern zu behaupten. Frauen, die sich in einer beruflichen Position befinden, in der sie

Aufgaben an andere Mitarbeiter/innen vergeben können, sie somit zur hierarchisch höhergestellten Vorgesetzten werden, sind hier in besonderem Ausmaß betroffen. Sexuelle Belästigungen scheinen hier u. a. als Mittel eingesetzt zu werden, um Frauen in ihren Karrierebestrebungen zu verunsichern und auf weniger verantwortliche Positionen zu verweisen.

Die durchgängig hohe Belästigungsquote von Frauen, die sich zu einer Weiterbildung oder Umschulung entschieden haben, gibt – trotz aller Vorbehalte wegen der kleinen Fallzahl – ebenfalls Hinweise auf ein männliches Konkurrenzverhalten.

5.4. Belästigungssituationen und die Charakteristik der daran Beteiligten

Vergleichbar zu den Betriebserhebungen weist auch die branchenübergreifende Befragung eine Spitzenposition der „Kollegen" als Belästiger aus, gefolgt von Vorgesetzten, allerdings fällt der Abstand zwischen beiden Belästigergruppen etwas höher aus.

Tabelle 47: Berufliche Stellung des Belästigers im Verhältnis zur Belästigten

	.... % der Nennungen entfallen auf:
ein Kollege	38
ein Vorgesetzter	21
ein Kunde/Klient/Patient	14
eine Gruppe von Männern	7
ein Fremder	5
(m)ein Ausbilder	4
eine Frau	4
ein Mitglied des Betriebs-/Personalrats	3
ein Untergebener	1
eine Gruppe von Frauen	0,5

Vergleichbare Untersuchungen, auch im internationalen Raum, kommen zu ähnlichen Ergebnissen. Unterschiedliche Gewichtungen ergeben sich lediglich durch Besonderheiten in der Arbeitssituation oder Berufsgruppe. Sekretärinnen, die oft in einer hierarisch untergeordneten Position zu einem direkten Vorgesetzten arbeiten, berichten häufiger als andere Berufsgruppen von sexuellen Belästigungen durch Vorgesetzte. Dort, wo Publikumsverkehr zum Arbeitsalltag gehört, z. B. in der Sozialarbeit, Krankenhäusern, Verkauf, werden dagegen auch häufiger Belästigungen durch Kunden/Klienten/Patienten angegeben.

Tabelle 48: Gelegenheiten sexueller Belästigung

	in % der Gesamtnennungen
Während der Arbeit	38
Auf Betriebsfesten	15
In den Pausen	12
Auf Lehrgängen/Dienstreisen	9
Nach der Arbeit	7
Auf dem Weg von/zur Arbeit	6
Bei Überstunden/Wochenendarbeit	4
Bei einer Arbeitsbesprechung	4
Während der Nachtschicht	2
Beim Vorstellungsgespräch	1
Sonstiges	1

Tabelle 49: Orte sexueller Belästigung

	in % der Gesamtnennungen
Arbeitsraum des Vorgesetzten/Kollegen	12
Flur/Treppenhaus	11
eigenes Arbeitszimmer	11
Kantine/Pausenraum	9
Großraumbüro	6
Verkaufsraum/Kundenraum	6
Lager/Archiv	6
Tagungsstätte/Unterkunft	6
Fahrzeug	5
Fahrstuhl	5
Produktionsbereich/Werkstatt	5
Hof/Parkplatz	3
Außendienst/Außenarbeiten	3
zu Hause	3
Toiletten/Duschen	2
Umkleideräume	1
Sonstiges	5

Das Vorurteil, Belästigungen fänden überwiegend an dunklen, abseits gelegenen Orten statt und bei Gelegenheiten, die sich der sozialen Kontrolle entziehen, kann auch in der branchenübergreifenden Befragung nicht erhärtet werden. Neben der üblichen alltäglichen Arbeitssituation mit der weitaus höchsten Nennung werden Betriebsfeste als Situationen genannt, wo es gehäuft zu Belästigungen kommt. Während der Pausen und dann, wenn die Frauen sich außerhalb ihres direkten Arbeitsbereiches aufhalten, z. B. im Flur oder Treppenhaus, scheint es ebenfalls häufiger zu Belästigungen zu kommen. Die Angaben bei „Lager/Archiv" liegen dagegen ebenso wie bei „Fahrstuhl" oder „Fahrzeug" bei ca. 5 %.

Insgesamt läßt sich zusammenfassen, daß sexuelle Belästigungen üblicherweise im „ganz normalen Arbeitsalltag" passieren, wobei „besondere" Situationen wie Betriebsfeiern und Lehrgänge/Dienstreisen eine zusätzliche Gefährdung darstellen.

Unterschiede in den Berufsgruppen lassen sich bei diesen beiden Fragenkomplexen auf berufliche Besonderheiten zurückführen. Lehrerinnen, die während des Unterrichts nur im Kontakt mit den Schüler/innen stehen, werden häufiger außerhalb dieser Arbeitssituation, nämlich in den Pausen oder bei Arbeitsbesprechungen belästigt, sie nennen auch am häufigsten von den befragten Gruppen den Pausenraum. Frauen, die im Dienstleistungssektor tätig sind, geben eher als andere Befragte den Verkaufs- und Kundenraum an. Der Weg von und zur Arbeit oder die Vorgabe „nach der Arbeit" wird häufiger von Frauen bei der Polizei angekreuzt, ebenso die Vorgabe „Fahrzeug". Hier übliche gemeinsame Freizeitaktivitäten, Nachhause- oder Dienstfahrten scheinen sich in der Beantwortung auszuwirken. Frauen in der Baubranche werden häufiger als andere Befragte im Arbeitsraum des Vorgesetzten/Kollegen belästigt.

Die angegebenen Belästigungserfahrungen beziehen sich zu 58 % auf den jetzigen Betrieb, 62 % der Frauen nennen Belästigungen in einem früheren Betrieb. Jede fünfte Frau, die sich zu dieser Frage geäußert hat, gibt folglich an, sowohl im jetzigen, als auch in einem früheren Betrieb belästigt worden zu sein.

Tabelle 50: Wie lange liegt die letzte Belästigung zurück? (in %)

Es ist nur wenige Tage her	6
Es war erst vor kurzem(bis zu drei Monaten)	14
Es ist knapp ein halbes Jahr her	10
Es ist etwa ein Jahr her	9
Es ist 1 bis unter 3 Jahre her	16
Es ist 3 bis unter 5 Jahre her	13
Es ist 5 bis unter 10 Jahre her	15
Es ist 10 Jahre und länger her	16

39 % der Frauen geben an, daß die letzte Belästigungserfahrung noch kein Jahr zurückliegt und 31 % der Frauen erinnern sich an eine Belästigungssituation, die vor mehr als 5 Jahren passiert ist. Dies entspricht in etwa dem erkennbaren Trend in der Betriebserhebung. Die Angaben belegen, daß sexuelle Belästigungen für mehr als ein Drittel der befragten Frauen durchaus ein aktuelles Problem darstellt; daß Frauen sich darüberhinaus an weit zurückliegende Vorfälle erinnern, bestätigt den besonderen Stellenwert, den solche Erlebnisse für betroffene Frauen haben. Es kann sich bei diesen Vorfällen keineswegs um eine unbedeutende „Bagatelle" gehandelt haben, die schnell wieder vergessen wird.

Auch in der branchenübergreifenden Befragung äußerten sich mehr als ein Drittel (40 %) der Frauen zu einer Belästigung, die ihnen noch besonders gegenwärtig ist. Allerdings haben wir hier aufgrund der größeren absoluten Zahl – 778 Frauen – detailliertere Analysemöglichkeiten. Auch hier gab es deutliche Unterschiede nach Berufsgruppen, deren Extrempunkte Lehrerinnen und Polizistinnen bilden. 31 % der Lehrerinnen, aber 48 % der Frauen aus dem Polizeibereich haben in diesem Fragebogenteil eine solche Belästigungserfahrung beschrieben. Die Werte der übrigen Befragungsgruppen liegen zwischen diesen Polen.

Die folgende Tabelle gibt diesen Überblick über die Belästigungsformen, die sich auf die besonders erinnerte Situation beziehen:

Tabelle 51: Angaben zu einer konkreten Belästigungserfahrung (in %, Mehrfachnennungen)

scheinbar zufällige Körperberührungen	43
Anzügliche Bemerkungen über Figur und sexuelles Verhalten im Privatleben	43
Anstarren, Hinterherpfeifen, taxierende Blicke	40
Unerwünschte Einladungen mit eindeutiger Absicht	36
anzügliche Witze	36
Unerwartetes Berühren der Brust	30
Po-Kneifen oder Klapsen	28
Aufgedrängte Küsse	25
Aufforderung zu sexuellem Verkehr	17
Pornographische Bilder am Arbeitsplatz	10
Telefongespräche, Briefe mit sexuellen Anspielungen	10
Versprechen beruflicher Vorteile bei sexuellem Entgegenkommen	8
Zurschaustellen des Genitals	4
Erzwingen sexueller Handlungen	4
Androhung beruflicher Nachteile bei sexueller Verweigerung	3

Auf jeden genannten Belästigungsfall bezogen, werden von den antwortenden Frauen durchschnittlich drei bis vier verschiedene Formen der Belästigung angegeben. In 70 % der Fälle handelte es sich um wiederholte Belästigungen (prozentuale Verteilung auf die Antwortvorgaben: „Es war zwei bis drei Mal" 30 %; „Öfter" 30 %; „Es geschah immer wieder" 10 %).

Diese auf einen Belästigungsfall bezogenen Angaben verdeutlichen, daß Frauen sexuelle Übergriffe häufig nicht als einmalige Ausnahme erleben, sondern verschiedenen Belästigungsformen über einen längeren Zeitraum ausgesetzt sind, selbst dann, wenn die Belästigungen von „nur" einer Person ausgehen.

Im Vergleich zu der am Anfang gestellten Frage nach allen bisher erlebten Situationen am Arbeitsplatz, die als Belästigung gewertet werden können, zeigt sich, daß im Mittelteil des Fragebogens vermehrt Nennungen zu finden sind, die von den befragten Frauen mit eindeutiger Übereinstimmung als Belästigung eingestuft werden. Die drei eher nicht als Belästigung gekennzeichneten Vorkommnisse werden hier nur noch halb so häufig und meistens in Verbindung mit gravierenderen Übergriffen genannt.

In nur 6 % aller genannten Fälle geben die Frauen an, daß die Belästigung sie unbeeindruckt gelassen hat. Die meisten Frauen waren angeekelt (46 %) und peinlich berührt (43 %). Jede dritte Frau war „empört" (35 %) oder spürte Aggressionen (32 %), 28 % fühlten sich hilflos, 24 % verletzt, 14 % verängstigt und 11 % erstarrt. 36 % der Frauen gaben an, daß sie von der Situation „überrascht" worden sind.

Diese Angaben bestätigen unsere Eindrücke aus den Intensivinterviews mit Belästigungsopfern. Die Frauen werden mit einem Verhalten konfrontiert, für das es im betrieblichen Miteinander kaum adäquate Lösungsmuster gibt, die Frauen spontan einsetzen können. Aus der Handlungsunfähigkeit, die sich auch durch das plötzliche und unerwartete Auftreten der Belästigungen ergibt, erwachsen Gefühle der Verunsicherung und Hilflosigkeit. Dieses Empfinden wird verstärkt duch die persönliche Herabwürdigung und Erniedrigung, die sich in den meisten Formen sexueller Übergriffe zeigt.

Die ermittelten sozialstatistischen Daten der Opfer und Täter zum Zeitpunkt der Belästigungserfahrung stimmen in auffälliger Weise mit den Ergebnissen aus den Betriebsfallstudien überein.

Tabelle 52: Berufliche Position des Belästigers (in %)

Angaben zu der Person, von der die Belästigung ausging	
Es war ein Kollege	50
Es war ein Vorgesetzter	29
Es war ein Kunde/Klient/Patient	13
Es war (m)ein Ausbilder	3
Es war ein Mitglied des Betriebs-/Personalrats	2
Es war ein Untergebener	1
sonstiges	2

Übereinstimmend mit der Frage nach den Belästiger/innen in allen bisher erlebten Belästigungssituationen werden in der besonders erinnerten Situation am häufigsten die Kollegen genannt, an zweiter Stelle stehen Belästigungen durch einen Vorgesetzten, gefolgt von einem Kunden/Klienten/Patienten. Die Belästigung durch einen Untergebenen wird nur selten angegeben. Ein Ausbilder wird in 3 % der Fälle genannt.

Bei den Angaben zu einer besonders erinnerten Belästigungssituation wird fast keine der zur Auswahl gestellten personenbezogenen Merkmale des „Belästigers" und der betroffenen Frau ausgelassen, d. h. sexuelle Belästigung kann von Männern in jeder beruflichen Stellung, in jedem Alter, mit unterschiedlicher Dauer der Betriebszugehörigkeit usw. ausgehen. Ebenso kann allgemein jede berufstätige Frau, ob jung oder alt, ob Berufsanfängerin oder erfahrene Fachkraft zum Opfer sexueller Belästigungen am Arbeitsplatz werden.

Gleichwohl gibt es jedoch, was die Häufigkeit einzelner Merkmale anbelangt, auffällige Gemeinsamkeiten für die Gruppe der „Täter" und die der „Opfer", so daß sich auch für die branchenübergreifende Befragung folgende Charakterisierung ableiten läßt:

Der „typische" Belästiger ist 30–50 Jahre alt, verheiratet und schon längere Zeit, oft mehr als 10 Jahre, im Betrieb tätig.

Tabelle 53: Alter des Belästigers (in %)

Alter der Person, von der die Belästigung ausging	
unter 20 Jahre	2
20 bis unter 30 Jahre	13
30 bis unter 40 Jahren	31
40 bis unter 50 Jahren	33
50 bis unter 60 Jahren	19
60 Jahre und älter	2

Handelt es sich bei dem Belästiger um einen Vorgesetzten, ist er in 40 % der genannten Fälle 40 – 50 Jahre alt. Kollegen sind häufig auch jünger; hier liegt der Schwerpunkt der Nennungen in der Altersguppe zwischen 30 und 50 Jahre, während Ausbilder und betriebliche Interessenvertreter zu etwa einem Drittel auch in der Altersstufe der 50–60jährigen zu finden sind. Bei einem Vergleich mit der Altersverteilung berufstätiger Männer in der BRD (Statistisches Bundesamt 1989) ist erkennbar, daß die 30–50jährigen

Männer überproportional häufig als Belästiger auffallen. 64 % der genannten Belästiger gehören zu dieser Altersgruppe, in der jedoch insgesamt nur 46 % aller männlichen Beschäftigten zu finden sind. Jüngere Männer, unter 30 Jahren, stellen 30 % der männlichen Beschäftigten und werden nur in 15 % der Fälle als Belästiger angegeben. Bei den Männern über 50 Jahre entspricht die Belästigungsquote (21 %) in etwa dem Beschäftigtenanteil (24 %).

Tabelle 54: Familienstand des Belästigers (in %)

Familienstand des Belästigers zum Zeitpunkt der Belästigung (nach Kenntnis der Betroffenen)	
verheiratet	62
feste Partnerschaft	7
alleinstehend, geschieden, verwitwet	13
in Trennung lebend	2
weiß ich nicht	16

In allen genannten Gruppen ist der Anteil der verheirateten Männer am größten. 84 % der Vorgesetzten und 58 % der Kollegen die als Belästiger genannt wurden, waren zum Zeitpunkt der sexuellen Übergriffe verheiratet. Alle betrieblichen Interessenvertreter ebenfalls. Die uns in den betrieblichen Expertengesprächen mehrfach begegnende Meinung, Frauen würden ernstgemeinte Beziehungsangebote von alleinstehenden Männern, die in eine Arbeitskollegin verliebt sind, als Belästigung bewerten, kann nicht bestätigt werden. Frauen unterscheiden hier sehr genau, so zeigen die Intensivinterviews, ob sie als Person ernstgenommen oder als Sexualobjekt herabgewürdigt werden. Dieses zuletzt genannte Verhalten scheint bevorzugt von verheirateten Männern auszugehen. Männer, die in Trennung leben, werden nur vereinzelt als Belästiger genannt, alleinstehende, geschiedene oder verwitwete Männer werden nur in 13 % der Fälle angegeben. Es ist somit nicht die „Liebe am Arbeitsplatz", die durch die Thematisierung der sexuellen Belästigung angeprangert wird, sondern es wird ein unangemessenes, abwertendes und unerwünschtes Verhalten kritisiert.

In einem Drittel aller genannten Fälle ging dem Mann der Ruf voraus, daß er belästigt. Selbst dann, wenn im Betrieb allgemein bekannt ist, daß ein Mann ein unkorrektes und Frauen herabwürdigendes Verhalten zeigt, werden, so läßt sich das Ergebnis interpretieren, keine ausreichenden Maßnahmen ergriffen, um betroffene Frauen wirksam zu schützen. Jeder dritte Belästigungsfall, so zeigen auch die Übereinstimmenden Ergebnisse aus den Betriebsfallstudien, geht von einem Mann aus, der für sein Fehlverhalten im Betrieb bekannt ist.

Tabelle 55: Betriebszugehörigkeit des Belästigers (in %)

weniger als 6 Monate	3
6 Monate bis unter einem Jahr	2
1 Jahr bis unter 3 Jahre	10
3 Jahre bis unter 5 Jahre	13
5 Jahre bis unter 10 Jahre	19
10 Jahre und länger	39
gar nicht	12

Wie in den Betriebsstudien korreliert auch hier die Dauer der Betriebszugehörigkeit am auffälligsten mit einem belästigenden Verhalten. In allen Personengruppen wird am häufigsten angegeben, daß der Mann zum Zeitpunkt der Belästigung schon mindestens 10 Jahre in dem Betrieb tätig war. Auf 77 % der betrieblichen Interessenvertreter und 60 % der Vorgesetzten trifft diese Kategorie zu. Je kürzer die Beschäftigungsdauer, um so seltener werden Belästigungen angegeben.

In 14 % der geschilderten Fälle stand der Belästiger unter Alkoholeinfluß, in 2 % wurde angegeben, daß beide Personen etwas getrunken hatten. Angesichts des gängigen Vorurteils, daß es zu sexuellen Belästigungen vorwiegend auf Betriebsfeiern in alkoholisiertem Zustand kommt, ist der angegebene Prozentsatz als gering zu bezeichnen. Bei den meisten sexuellen Belästigungen handelt es sich keinesfalls um einmalige „Entgleisungen", die sich durch einen „Ausnahmezustand" entschuldigen lassen. Weiter anzumerken ist, ob nicht auch von einem Mann in alkoholisiertem Zustand erwartet werden kann, daß er sich gegenüber seinen Kolleginnen korrekt verhält. Betriebsfeiern schaffen lediglich einen Rahmen, in dem in einer durch Alkohol gelösten Atmosphäre eine ohnehin unterschwellig vorhandene, abwertende und besitzergreifende Einstellung gegenüber Frauen verstärkt zutage tritt.

Tabelle 56: Alter der Belästigten zum Zeitpunkt der Belästigung (in %)

unter 20 Jahre	22
20 bis unter 30 Jahre	53
30 bis unter 40 Jahren	19
40 bis unter 50 Jahren	5
50 bis unter 60 Jahren	1
60 Jahre und älter	0

Die Alterskonstellation Belästiger – Belästigte entspricht in etwa der in den Betriebserhebungen.

Tabelle 57: Familienstand der belästigten Frau zum Zeitpunkt der Belästigung (in %)

verheiratet	23
feste Partnerschaft	35
alleinstehend, geschieden, verwitwet	40
in Trennung lebend	3

Auch hier erweist sich, daß der Anteil der Verheirateten unter den Belästigten recht klein ist. Nur 20 % der Belästigten hatten zum damaligen Zeitpunkt Kinder.

Tabelle 58: Dauer der Betriebszugehörigkeit der Belästigten zum Zeitpunkt der Belästigung (in %)

weniger als 6 Monate	18
6 Monate bis unter einem Jahr	17
1 Jahr bis unter 3 Jahre	31
3 Jahre bis unter 5 Jahre	13
5 Jahre bis unter 10 Jahre	13
10 Jahre und länger	8

Die belästigten Frauen sind zum Zeitpunkt der Belästigungen häufig 20 – 30 Jahre alt, unverheiratet, kinderlos und noch nicht lange im Betrieb. 66 %, d. h. zwei Drittel waren zum Zeitpunkt der Belästigung noch nicht drei Jahre im Betrieb.

Vorgesetzte belästigen im Vergleich zu den anderen Personengruppen häufiger Frauen, die unter einem Jahr beschäftigt sind. Auffällig viele Belästigungen werden von den befragten Frauen während ihrer Ausbildung angegeben (22 %). Mehr als jede fünfte Belästigung, an die sich die Frauen noch besonders erinnern, fällt in diese Kategorie. Ebensoviele Frauen geben an, daß sie zu dem Zeitpunkt dieser Belästigung in einem befristeten Arbeitsverhältnis standen; immerhin waren zu diesem Zeitpunkt erst weniger als 18 % ein halbes Jahr im Betrieb, befanden sich also vermutlich noch in der Probezeit.

Es kann also von einer erhöhten Betroffenheit der Frauen in der Berufsanfangszeit und bei ungeschützten Arbeitsverhältnissen ausgegangen werden.

Die Ergebnisse deuten darauf hin, daß Männer, die Frauen belästigen, aus einer meistens gesicherten beruflichen und familiären Position heraus handeln und sich häufig Frauen als Opfer wählen, die sich im Gegensatz zu ihnen in einer noch ungefestigten beruflichen Position befinden.

Möglicherweise wird hier das Abhängigkeitsverhältnis der Frauen gezielt ausgenutzt. Diese sexuellen Übergriffe werden von den Frauen besonders einschneidend erlebt. Aufgrund ihrer ungesicherten Stellung im Betrieb haben sie noch weniger Möglichkeiten als andere betroffene Frauen, sich gegen die Übergriffe zu wehren oder offiziell zu beschweren, ohne ihren Arbeits- oder Ausbildungsplatz zu gefährden.

In der Arbeitszeitregelung lassen sich keine signifikanten Zusammenhänge herstellen: auch Schichtdienst oder „Arbeit auf Abruf" scheinen sexuelle Belästigungen nur unwesentlich zu begünstigen, allerdings erschweren kleine Fallzahlen hier, weitreichende Aussagen zu machen.

Die Geschlechterverteilung im kollegialen Umfeld läßt erkennen, daß besonders erinnerte Belästigungen häufiger angegeben werden, wenn die betroffene Frau überwiegend oder ausschließlich mit Männern zusammenarbeitet. 23 % der von uns befragten Frauen geben an, mehrheitlich mit Männer zusammenzuarbeiten; bei den Frauen, die sich im Fragebogen zu einer besonders erinnerten Belästigungssituation äußern, steigt der Anteil auf 38 %. Die Angaben belegen jedoch auch, daß eine Frau unabhängig von der Geschlechterverteilung zum Opfer sexueller Übergriffe am Arbeitsplatz werden kann. Die Wahrscheinlichkeit steigt allerdings mit dem Anteil an Männern, mit denen sie im Betrieb unmittelbar zu tun hat.

Von den Frauen, die nur mit Frauen zusammenarbeiten, geben 23 % eine Belästigungserfahrung an. Diejenigen, die überwiegend mit Frauen zusammenarbeiten oder ein ausgewogenes Zahlenverhältnis angeben, nennen zu je 38 % eine solche Situation. Befinden sich mehr Männer im kollegialen Umfeld, erhöht sich der Anteil der Frauen mit besonders erinnerten Belästigungserfahrungen auf 43 %; arbeitet die Frau nur mit Männern zusammen, steigt die Prozentzahl auf 58 %. Nicht nur das Vorkommen sexueller Belästigung, sondern auch deren Häufigkeit korreliert mit dem Männeranteil im Kollegenkreis. Wenn eine Frau nur mit Männern zusammenarbeitet, ist sie am häufigsten wiederholten sexuellen Übergriffen ausgesetzt, wobei dies für nahezu alle Formen der Belästigung zutrifft. Besteht der Kollegenkreis überwiegend aus Männern, werden ebenfalls häufiger sexuelle Belästigungen angegeben, lediglich wiederholte Belästigungen durch „aufgedrängte Küsse" und die „Androhung von beruflichen Nachteilen bei einer sexuellen Verweigerung", werden etwa gleich häufig von Frauen genannt, die überwiegend mit Frauen zu tun haben.

Von den Frauen, die nur mit Frauen zu tun haben, nennen 38 % keinerlei Belästigungserfahrungen im gesamten Fragebogen; in der Gruppe der Frauen, die ausschließlich mit Männern zusammenarbeiten, sind es dagegen nur 5 %. Da die Stichprobe der Frauen, die angeben, daß sie nur mit Männern oder Frauen zusammenarbeiten, sehr klein ist und die Angaben zum Kollegenkreis sich auf die heutige berufliche Situation beziehen, können die ermittelten Prozentwerte lediglich als Tendenzen gewertet werden.

Teilt man die Betriebe in solche mit Frauen- und solche mit Männermehrheit auf, ergeben sich allerdings klare Aussagen. Mehr als doppelt so viele Frauen (58 %), die nur oder überwiegend mit Männern arbeiten, haben wiederholt am Arbeitsplatz erlebt, daß anzügliche Bemerkungen über die Figur oder ihr Privatleben gemacht wurden als Frauen, die nur mit Frauen zu tun haben (21 %). Wiederholte Konfrontation mit pornographischen Bildern am Arbeitsplatz geben mehr als 40 % der Frauen in überwiegend männlich besetzten Arbeitsbereichen an; dort, wo die Frauen in der

Mehrheit sind, sinkt der Anteil auf 16 % und in Bereichen, wo nur Frauen arbeiten, geben nur 8 % der Befragten solche Belästigungen an. Wiederholte Aufforderungen zum sexuellen Verkehr und erzwungene sexuelle Handlungen werden ebenfalls häufiger von Frauen in „Männerdomänen" berichtet.

In der Gesamtbetrachtung ergeben sich drei Gruppen, die sich in der Häufigkeit der genannten Belästigungen deutlich unterscheiden. Die häufigsten Belästigungen werden berichtet, wenn eine Frau überwiegend oder ausschließlich mit Männern zusammenarbeitet. Bei einem ausgeglichenen Zahlenverhältnis und überwiegendem Frauenanteil wird weitaus seltener von sexuellen Belästigungen berichtet. Der geringste Anteil findet sich bei den Frauen, die nicht mit Männern zusammenarbeiten.

Dies zeigt sich auch in den Abgaben zu dem Zeitpunkt der letzten Belästigungserfahrung. 41 % der Frauen, die überwiegend oder ausschließlich mit Männern zusammenarbeiten, geben an, daß die letzte Belästigungserfahrung noch keine 6 Monate zurückliegt, bei einer Gleichverteilung der Geschlechter sind es 33 %, bei überwiegendem Frauenanteil 27 %. Dort, wo nur Frauen arbeiten, werden kaum Angaben zu einer Belästigungserfahrung gemacht, so daß hier kein Prozentwert angegeben werden kann.

Im Vergleich mit den Angaben aller Befragten zu ihrer beruflichen Situation werden Belästigungen auch häufiger dann angegeben, wenn der betroffenen Frau ein Mann vorgesetzt ist.

In Betrieben unter 10 Beschäftigten werden ebenfalls (im Vergleich zur Gesamtgruppe) häufiger Belästigungen angegeben. Von allen befragten Frauen arbeiteten zum jetzigen Zeitpunkt nur 8 % in Betrieben mit weniger als 10 Beschäftigten, 14 % der ausführlich beschriebenen Belästigungsfälle im Fragebogenmittelteil beziehen sich jedoch auf einen solchen Betrieb. Insgesamt entfallen 37 % der besonders erinnerten Belästigungsfälle auf einen Betrieb unter 50 Beschäftigte, zum Zeitpunkt der Befragung arbeiteten dagegen nur noch 27 % der Frauen in einem Betrieb dieser Größenordnung.

Andererseits ist der Anteil der Frauen, die während ihrer bisherigen Berufstätigkeit keinen belästigenden Situationen ausgesetzt waren, in kleinen Betrieben (unter 50 Beschäftigte) am größten. Je mehr Beschäftigte in dem Betrieb arbeiten, um so häufiger werden solche „Vorkommnisse" angegeben. 21 % der Frauen, die in einem Betrieb mit weniger als fünf Beschäftigte arbeiten, geben beispielsweise keine Belästigungserfahrungen an, in einem Betrieb über 1000 Beschäftigte sind es nur noch 5 %.

Die scheinbar widersprüchlichen Ergebnisse lassen sich wie folgt interpretieren: Aufgrund der geringen Zahl der Mitarbeiter sind die Frauen in kleinen Betrieben vor häufiger vorkommenden Belästigungen eher geschützt. Wenn sich unter diesen wenigen Mitarbeitern jedoch Kollegen oder Vorgesetzte befinden, die eine Frau belästigen, wird dies aufgrund der fehlenden Ausweichmöglichkeiten und des meist größeren Abhängigkeitsverhältnisses belastender erlebt, so daß diese Frauen u. a. versuchen, in einen größeren Betrieb zu wechseln.

5.5. Reaktionen und Umgangsweisen der betroffenen Frauen

Tabelle 59: Formen der Gegenwehr und die Bewertung ihres Erfolges (in %, Mehrfachnennungen)

	in... % der Fälle	als erfolgreich bewertet
Die Annäherungsversuche ignoriert	51	35
versucht, den Belästiger zu meiden	46	36
versucht, scherzhaft damit umzugehen	40	33
die Person zur Rede gestellt und mir die Belästigung verbeten	38	63
mich körperlich zur Wehr gesetzt	27	63
angedroht, mich zu beschweren	14	52
mich beschwert	9	70
meine Kleidung geändert	6	32
angekündigt, es anderen weiterzuerzählen	6	60
den Belästiger verklagt	1	40

Die genannten Gefühle der Hilflosigkeit und Verunsicherung in der meist überraschend auftretenden Belästigungssituation deuten bereits darauf hin, daß den Frauen meistens keine zufriedenstellende Abwehr gelingen kann.

In der Hälfte der genannten Fälle haben sie das Verhalten des Belästigers ignoriert; fast ebenso häufig haben sie versucht, den

Belästiger zu meiden oder scherzhaft mit den Belästigungen umzugehen. Diese Abwehrstrategien haben jeweils nur in einem Drittel der genannten Fälle dazu geführt, daß der Belästiger sein Verhalten geändert hat oder die Frau weiteren Übergriffen ausweichen konnte.

Die Frauen versuchen am häufigsten, sich selbst, ohne die Einbeziehung anderer Personen, vor weiteren Belästigungen zu schützen. Immerhin 38 % der Frauen haben den Mann zur Rede gestellt und sich die Belästigungen verbeten, in zwei Drittel der Fälle bewerten die Frauen dieses Verhalten als Erfolg. Alle Reaktionsweisen, bei denen die Frau offensiv gegen den Belästiger vorgeht, werden erfolgreicher eingestuft als ein eher passives Verhalten.

Dieses Ergebnis darf jedoch nicht darüber hinwegtäuschen, daß es den Frauen trotz einer heftigen Gegenwehr häufig nicht gelungen ist, sich erfolgreich zu behaupten. Selbst dann, wenn die Frau den Mann auf sein Fehlverhalten hingewiesen hat oder sich körperlich gewehrt hat, wird diese Zurechtweisung von ca. einem Drittel der Männer nicht ernstgenommen.

Die Studie des U.S. Merit Systems Protection Board (1981, im Auftrag der U.S. Regierung erstellt) kommt zu annähernd gleichen Resultaten über ein erfolgreiches Verhalten im Belästigungsfall. Die dort befragten Frauen geben ebenfalls an, daß sie mit einem offensiven Verhalten mehr Erfolg gehabt hätten als mit der Strategie, sich ihre Abneigung und verletzten Gefühle nicht anmerken zu lassen. 63 % der Frauen unserer Befragung und 61 % der U.S.-Studie beurteilen ihr Vorgehen als erfolgreich, wenn sie den Belästiger zur Rede gestellt und sich die Belästigungen verbeten haben. Im Gegensatz dazu geben nur 36 % bzw. 29 % der Frauen an, daß ihre Versuche, den Belästiger zu meiden, erfolgreich gewesen seien. 70 % der Frauen, die sich beschwert haben, geben in unserer Untersuchung an, daß dieses Verhalten erfolgreich war, in der U.S.-Studie sind es knapp 50 %.

Auch die Ergebnisse der Hamburger Untersuchung lassen den Schluß zu, daß aktive direkte Gegenwehr erfolgreicher ist: sie führt zu deutlich besserer Befindlichkeit der Betroffenen und zum Nachlassen der Belästigung (Leitstelle Gleichstellung der Frau, 1989, S. 37).

Von den zehn in unserer Befragung angegebenen Gerichtsverfahren aufgrund der sexuellen Belästigungen verliefen jedoch nur vier erfolgreich für die betroffene Frau. In nur drei Fällen wurde der Belästiger verurteilt, in der Hälfte der Fälle entstanden der Frau Kosten, die sie selbst tragen mußte.

Die erfolgreiche Bewertung der Reaktionen auf eine Belästigung bedeutet nicht, daß die Frauen keine Nachteile im Betrieb erfahren haben. Hier ist sogar eine leichte Umkehrung zu beobachten. Diejenigen Frauen, die offiziell gegen den Mann vorgegangen sind, geben etwas häufiger an, solche negativen Auswirkungen am Arbeitsplatz erlebt zu haben, während die Frauen, die versucht haben, den Belästiger zu ignorieren oder ihm auszuweichen, etwas seltener von solchen Nachteilen berichten.

Diese Ergebnisse bestätigen das Dilemma, in dem betroffene Frauen sich befinden. Dulden sie die sexuellen Übergriffe, werden sie weiter belästigt; beschweren sie sich, so besteht die Gefahr negativer Folgereaktionen. Trotzdem lassen sich eindeutige Vorteile erkennen, wenn eine Frau den betreffenden Mann sofort beim ersten Übergriff zur Rede stellt und deutlich macht, daß sie ein solches Verhalten nicht wünscht. Je länger die Frau die sexuellen Belästigungen kritiklos erträgt, um so weniger erfolgreich verlaufen ihre Abwehrversuche. Lediglich dann, wenn die Frau rechtlich gegen den Belästiger vorgeht, wirken sich mehrfache Belästigungen günstig auf einen für die Frau erfolgreichen Prozeßverlauf aus, möglicherweise deshalb, weil dadurch vor Gericht der Beweis für eine schwerwiegende Beeinträchtigung leichter erbracht werden kann.

Nur 20 % der belästigten Frauen geben an, daß sie infolge der Belästigungserfahrungen keine körperlichen oder seelischen Veränderungen erlebt haben.

Die meisten Veränderungen beziehen sich auf die Antwortkategorie „Ängste, Verunsicherungen, Mißtrauen" (27 %); eine „erhöhte Empfindsamkeit" geben 23 % der Frauen an. Jeweils 4–5 % der Frauen nennen konkrete psychosomatische Symptome wie Kopfschmerzen/Magenbeschwerden, Schweißausbrüche und Schlafstörungen. 2 % der Frauen geben Depressionen und zunehmende Teilnahmslosigkeit an. 12 % nennen eine erhöhte Aggressivität. Diese genannten Beeinträchtigungen wirken sich nachteilig auf die berufliche Leistungsfähigkeit und Zufriedenheit der Frauen aus und verhindern ein unbelastetes Arbeiten. Jede fünfte Frau hat seit der Belästigungserfahrung weniger Spaß an ihrem Beruf. 4 % der Frauen können sich nicht mehr so gut konzentrieren. Auf den privaten Bereich bezogen geben 5 % der Frauen an, daß sie seitdem einen „Widerwillen gegen sexuelles Zusammensein" verspüren. Wie in der Betriebserhebung erweisen sich die Folgewirkungen für das Befinden der Frau als beträchtlich.

5.6. Reaktionen betrieblicher Ansprechpersonen und deren Folgen für die daran Beteiligten

Nahezu jede zweite Frau, die von einer erlebten Belästigungssituation berichtet, gibt an, daß sie sowohl mit Arbeitskolleginnen als auch mit Freundinnen über die Übergriffe gesprochen hat. Jede dritte Frau hat ihren Freund oder Partner ins Vertrauen gezogen, männliche Arbeitskollegen werden von 14 % der Frauen genannt. Jede fünfte Frau gibt an, daß sie mit niemandem über die Belästigungen gesprochen hat. Auffällig häufig sind es gravierende sexuelle Übergriffe, die betroffene Frauen für sich behalten. Berührungen der Brust, aufgedrängte Küsse und Aufforderungen zum sexuellen Verkehr werden seltener als andere Belästigungen weitererzählt. Belästigungserfahrungen werden, so zeigen die Ergebnisse, entweder nicht oder bevorzugt im vertrauten Kreis von Freunden/innen oder Kollegen/innen erzählt. Betriebliche Ansprechpersonen werden selbst bei schwerwiegenden Übergriffen eher selten ins Vertrauen gezogen. Mit einem Vorgesetzten sprachen 7 %, eine Vorgesetzte wurde von 5 % der Frauen informiert, betriebliche Interessenvertreterinnen werden von weniger knapp über 3 % der Frauen angegeben, Interessenvertreter sind nur mit gut 2 % vertreten. Auf eine zuständige Gewerkschaftsvertreterin oder die Polizei/Werkschutz entfallen nur 1 % der Nennungen. In der Infas-Studie von 1984 zeigte sich ein umgekehrtes Ergebnis, hier wurden die betrieblichen Interessenvertreter/innen (6 %) häufiger angesprochen als Vorgesetzte (3 %). Unser aktuelles Ergebnis erstaunt um so mehr, als unsere Stichprobe fast ausschließlich gewerkschaftlich organisierte Frauen umfaßt. Die Erfahrung der

Frauen, daß eine zu große Öffentlichkeit im Betrieb sich bei der Regelung von Beschwerdefällen eher nachteilig auswirkt, läßt die Betroffenen vermutlich bevorzugt die Hilfe von Vorgesetzten suchen, die einen direkten Zugriff auf das Geschehen haben und Veränderungen herbeiführen können, ohne weitere Entscheidungsträger in den Fall mit einzubeziehen. Die zuständigen Personalverantwortlichen in den Betrieben werden häufiger dann angesprochen, wenn es sich um beweisbare und allgemein anerkannte Belästigungsformen gehandelt hat, beispielsweise um Telefonanrufe und Briefe mit sexuellen Anspielungen und aber um ein exhibitionistisches Verhalten.

Wie auch schon bei den Betriebsbefragungen zeigt sich im Gesamtkontext, daß belästigte Frauen sich auch auf betrieblicher Ebene bevorzugt an eine Frau wenden. Im Verhältnis zu den als Ansprechpersonen zur Verfügung stehenden Frauen (in 87 % der Fälle war den Frauen beispielsweise ein Mann vorgesetzt) werden diese auffällig häufig wegen der Vorfälle angesprochen.

Bei den Reaktionen der verschiedenen Ansprechpersonen zeigt sich ein recht einheitliches Bild. Auf die Aussage „Ich wurde unterstützt" entfallen durchgängig 25 % der Nennungen. Handelt es sich bei der Ansprechperson um betriebliche Verantwortliche (Interessenvertretung, Unternehmensleitung, Vorgesetzte) steigt der Anteil an den Nennungen auf ca. 30 %. Bei der Interpretation der Ergebisse ergibt sich das Problem, wie „Unterstützung" von den betroffenen Frauen definiert wird. Da manche Betroffenen kaum erwarten, daß sie aufgrund der meist ungesicherten Beweislage eine Sanktionierung des Belästigers bewirken können, wird, so zeigen die Intensivinterviews mit betroffenen Frauen, das vertrauliche Gespräch, bei dem die Frau ernst genommen wird oder das Angebot eines Vorgesetzten, sie in einen anderen Bereich zu versetzten, bereits als Unterstützung erlebt und der Schritt, sich jemandem anzuvertrauen, als Erfolg gewertet. Die empfundene Belastung verringert sich, wenn die Frau spürt, daß ihr Gegenüber ihr glaubt und ihre Empörung versteht.

Unter Berücksichtigung möglicher Mehrfachnennungen bei der Beantwortung der Frage nach den Reaktionen kann davon ausgegangen werden, daß die Frauen in mindestens der Hälfte der angegebenen Fälle keine Unterstützung erhielten und öfter sogar an der Aussage gezweifelt wurde, ihnen die Schuld gegeben oder unzureichende Gegenwehr vorgeworfen wurde.

Außer den zuvor von 80 % der Frauen genannten körperlich – seelischen Beeinträchtigungen und Auswirkungen auf die Zufriedenheit und Leistungsfähigkeit am Arbeitsplatz wird im Fragebogen nach weiteren Nachteilen im beruflichen Kontext gefragt. Nur 53 % der Frauen geben an, daß ihnen an ihrem Arbeitsplatz keine Nachteile aufgrund der Belästigungen entstanden sind. Neben dem Betriebsklatsch und Schikanen wurde von 6 % der Frauen angegeben, daß sie infolge der Belästigungen das Arbeitsverhältnis gekündigt haben, 3 % der Frauen nennen die eigene Versetzung, 2 % erhielten schlechtere Beurteilungen oder Zeugnisse. Handelt es sich bei dem Belästiger um einen Vorgesetzten, hat die Betroffene besonders häufig um eine Versetzung gebeten oder den Arbeitsplatz verlassen.

Da wir mit unserer Befragung überwiegend Frauen erreicht haben, die berufstätig sind, kann davon ausgegangen werden, daß der Anteil der Frauen, die ihren Arbeitsplatz wegen sexueller Belästigungen aufgegeben haben (hier 6 %) noch höher liegt. Von den 26 Frauen, die wir in den Intensivinterviews erfaßt haben, waren neun zum Zeitpunkt der Befragung nicht berufstätig (vgl. Kap. 3.).

47 % der Frauen aus der branchenübergreifenden Befragung, die nicht mehr berufstätig sind, geben Belästigungserfahrungen an, die ihnen besonders in Erinnerung geblieben sind. Der Prozentwert bei den berufstätigen Frauen liegt demgegenüber bei 39 %. Sexuelle Belästigungen tragen demnach mit dazu bei, daß Frauen eine bisher ausgeübte Beschäftigung aufgeben.

Im Vergleich dazu gab es kaum schwerwiegende negative Folgen für den beschuldigten Mann. In 6 % der Fälle wurde er verwarnt, in 1 % versetzt und in 0,4 % kam es zu einer Entlassung. Auf die zugrundegelegten 778 geschilderten Belästigungsfälle bezogen bedeuten diese Angaben, daß 46 Frauen gekündigt haben, während im Vergleich dazu drei beschuldigte Männer entlassen worden sind.

Die weitgehende Übereinstimmung mit den erhobenen Betriebsfallstudien läßt den Schluß zu, daß es überwiegend die belästigten Frauen sind, die die negativen Folgen eines Fehlverhaltens tragen müssen, das eigentlich dem beschuldigten Mann angelastet werden müßte. Die Aussicht, daß die betroffenen Frauen negativen Konsequenzen ausgesetzt sind, die ihren beruflichen Werdegang beeinträchtigen, ist weitaus höher einzustufen, als daß der Belästiger im Betrieb sanktioniert wird. Frauen werden somit doppelt zum Opfer: zum einen durch die Übergriffe an sich, und zum anderen durch die häufig resultierenden negativen Auswirkungen.

5.7. Vorstellungen über Gegenwehr und Einschätzungen von Hilfestellungen und Maßnahmen in der Zukunft

Durchschnittlich 16 % der Frauen – weniger als in der Betriebsbefragung – geben an, daß sie sich nicht vorstellen können, in eine Situation zu kommen, in der sie belästigt werden. 26 % derjenigen Frauen, die im Fragebogen keine Belästigungserfahrungen angegeben haben, sind dieser Ansicht. Die meisten Frauen (62 %) würden den Mann zur Rede stellen, 48 % würden zum Betriebs-/Personalrat gehen (25 % zur Betriebsleitung), 42 % würden sich körperlich zur Wehr setzen und 41 % würden dem Belästiger androhen, sich zu beschweren.

Bei einem Vergleich des vermuteten Verhaltens bei einer möglichen zukünftigen Belästigung mit dem tatsächlich gezeigten Verhalten betroffener Frauen in einer Belästigungssituation zeigt sich, daß die Frauen sich in der konkreten Situation passiver verhalten haben. Die meisten Frauen haben in dieser Situation die Annäherungsversuche ignoriert, sind scherzhaft damit umgegangen und haben versucht, den Belästiger zu meiden. Bei dem vermuteten Verhalten in einer zukünftigen Situation werden diese Kategorien von den betroffenen Frauen nur halb so häufig angekreuzt. Dies läßt erkennen, daß die Frauen mit ihrem bisherigen eher abwartenden Verhalten unzufrieden sind und sich in Zukunft vorgenommen haben, offensiver vorzugehen. Frauen, die bereits am Arbeitsplatz zum Opfer von sexuellen Belästigungen geworden sind, geben auf ein zukünftiges Verhalten bezogen mehr als doppelt so häufig an, daß sie offizell gegen den Belästiger vorgehen würden; 12 % würden ihn verklagen, während nur 1 % der Frauen dies in der tatsächlich geschehenen Situation gewagt hat.

Im Vergleich zu den Frauen, die noch keine sexuellen Belästigungen am Arbeitsplatz erlebt haben, würden betroffene Frauen jedoch eher versuchen, die Situation ohne fremde Hilfe zu bewältigen. Sie würden den Mann häufiger zur Rede stellen oder sich körperlich zur Wehr setzen. Sie haben weniger Vertrauen in eine Hilfestellung durch betriebliche Ansprechpersonen. Frauen, die keine Belästigungserfahrungen angegeben haben, würden hingegen häufiger offiziell gegen den Belästiger vorgehen, indem sie sich bei der Betriebsleitung oder bei der betrieblichen Interessenvertretung beschweren und die Versetzung oder Entlassung des Belästigers fordern würden. Es scheint, daß Frauen, die am Arbeitsplatz bereits belästigt wurden, sich verstärkt Hilfestellung auf betrieblicher Ebene wünschen, aber aufgrund ihrer Erfahrungen die Hilfestellung der betrieblichen Ansprechpersonen skeptisch einschätzen und daher häufiger auf ihre eigenen Abwehrstrategien vertrauen.

In der Beurteilung von Maßnahmen, die dazu beitragen können, sexuellen Belästigungen am Arbeitsplatz wirkungsvoll zu begegnen, bestätigen sich die Ergebnisse aus den Betriebsfallstudien.

Tabelle 60: Meinungen zum Abbau der sexuellen Belästigung (in %)

In Betrieben müßten Anlaufstellen eingerichtet werden, an die sich belästigte Frauen vertrauensvoll wenden können (z. B. Frauenbeauftragte)	69
Es müßte dafür gesorgt werden, daß der Frau im Betrieb keine Nachteile durch die Belästigung entstehen	60
Für Frauen, die unter den Folgen einer Belästigung leiden, müßte es medizinisch-therapeutische Angebote oder Selbsthilfegruppen geben	50
Betriebs- bzw. Personalräte müßten eigens dafür geschult werden, dem Problem der sexuellen Belästigung am Arbeitsplatz zu begegnen	46
Es müßte ein Gesetz geben, das sexuelle Belästigung am Arbeitsplatz unter Strafe stellt	45
Es müßte eine anonyme Beratungsstelle außerhalb des Betriebs geben, die die Probleme belästigter Frauen ernstnimmt und persönlichen Beistand anbietet	38
Arbeitgeber/innen müßten im Rahmen ihrer „Fürsorgepflicht" sexuelle Belästigung am Arbeitsplatz verhindern	33

Die befragten Frauen befürworten (mit Zweidrittelmehrheit) die Errichtung von Anlaufstellen in den Betrieben. Es wird hier, so läßt sich folgern, über die bestehenden Institutionen hinaus, die Notwendigkeit gesehen, Frauenbeauftragte zu benennen, die eine vertrauliche Beratung und Aussprache anbieten.

Von den vorhandenen betrieblichen Ansprechpersonen wird häufig nicht erwartet, daß sie in der Lage sind, sich angemessen mit Beschwerden wegen sexueller Belästigung auseinanderzusetzen. Die Befürchtungen, nicht ernstgenommen und zu Verfahrensschritten überredet zu werden, die der Betroffenen schaden, führen zu einer hohen Dunkelziffer.

Die Forderung, vermehrt Frauenbeauftragte zu benennen, steht jedoch im Widerspruch zu den häufig kaum vorhandenen Beschwerden, die an die Gleichstellungsstellen gerichtet werden.

Die vorliegenden Ergebnisse deuten darauf hin, daß es Frauenbeauftragten oft nicht gelungen ist, das Vertrauen der Beschäftigten zu gewinnen. Die Frauen in den Betrieben sind häufig unsicher, ob sie in den Gleichstellungsstellen beraten werden, ohne daß ihre Informationen weitergegeben werden oder auf Öffentlichmachung der Belästigung gedrängt wird.

Frauenbeauftragte sind hier gefordert, sich als kompetente Ansprechpersonen bekannt zu machen, z. B. in dem sie durch eine verstärkte Öffentlichkeitsarbeit oder Seminarangebote auf ihre Vertrauenswürdigkeit und ihr Engagement hinweisen.

60 % der befragten Frauen sind der Ansicht, daß Belästigungsopfern nur dann wirksam geholfen werden kann, wenn die möglicherweise resultierenden Nachteile verhindert werden. In der Beantwortung dieser Frage wie auch der zu Fragebogenbeginn zur Einschätzung gestellten Meinung, daß belästigte Frauen im Beschwerdefall mit Nachteilen rechnen müssen, zeigt sich deutlich, daß die Mehrheit der Befragten die Ansicht vertritt, Belästigungsopfer würden zusätzlich zu den sexuellen Übergriffen mit negativen Folgen im Betrieb konfrontiert.

Die Hälfte der Befragten hält es für notwendig, daß medizinisch-therapeutische Angebote oder Selbsthilfegruppen eingerichtet werden. Die körperlich-seelischen Auswirkungen, die sich aus sexuellen Belästigungen ergeben, werden folglich als sehr gravierend angesehen.

Fast die Hälfte der Befragten befürworten die Schulung von Betriebs- und Personalräten. Die im Vergleich dazu stärkere Forderung, spezielle Anlaufstellen zu errichten, läßt vermuten, daß vielen Frauen die Zuversicht fehlt, daß Fortbildungen zu einem veränderten Problemverständnis sowie adäquaten Handeln mancher Interessenvertreter/innen im Beschwerdefall beitragen können. Die Vehemenz, mit der auch innerhalb der betrieblichen Interessenvertretung häufig frauenspezifische Fragestellungen abgeblockt werden, verstärkt hier möglicherweise den Eindruck, daß die vorliegenden Strukturen zu verhärtet sind, um Veränderungen über Seminare zu erreichen.

45 % der Frauen befürworten ein Gesetz, das sexuelle Belästigung am Arbeitsplatz unter Strafe stellt. Hier drückt sich eventuell die ambivalente Haltung gegenüber rechtlichen Regelungen aus, die zwar einerseits eine notwendige Basis für die Sanktionierung eines Belästigers darstellen, zum anderen jedoch, wie häufig geäußert wurde, nicht unbedingt das Unrechtsbewußtsein der Täter fördern und den subtilen Bereich der „uneindeutigen" Belästigungen ausklammern; wenn eine Frau die Übergriffe nicht beweisen könne, werde ihr auch ein Gesetz nicht helfen.

38 % der Frauen würden anonyme Beratungsstellen außerhalb des Betriebes errichten, um Belästigungsopfern wirksam zu helfen. Der Wunsch nach einer vertraulichen, betriebsunabhängigen Beratung, die jeglichen Betriebsklatsch ausschließt, steht jedoch hinter dem Wunsch nach einer innerbetrieblichen Anlaufstelle (69 %) zurück. Hier zeigt sich ganz deutlich die Erwartung der Befragten, daß eine solche Institution nicht nur beratende und begleitende Unterstützung anbieten kann, sondern aktiv für Veränderung im Betrieb eintritt, sei es bei einem konkreten Einsatz für die Interessen der Betroffenen bei einer offiziellen Beschwerde oder in dem Bemühen, ein veränderters Arbeitsklima zu bewirken.

Nur ein Drittel der Befragten sieht die Verantwortung, im Rahmen der Fürsorgepflicht sexuelle Belästigungen zu verhindern, beim Arbeitgeber. Die meisten Frauen scheinen daran zu zweifeln, daß sich dieser Anspruch umsetzen läßt.

6. Sexuelle Belästigung in der Rechtsprechung

6.1. Prozeßerfahrungen aus der Sicht juristischer Expertinnen und Experten

Gerichtliche Verfahren, als Folge einer sexuellen Belästigung angestrengt, gibt es bislang noch nicht häufig. Genügend Verfahren zu finden, die während der Dauer des Forschungsprojekts verhandelt wurden, war unmöglich. Insofern konnten Prozeßbeobachtungen – außer in einem Fall – nicht durchgeführt werden. Erschwerend für das Auffinden solcher Prozesse war, daß die Verfahren bei den Gerichten nicht unter dem Stichwort Belästigung am Arbeitsplatz geführt werden, sondern z. B. im Strafrecht unter Vergewaltigung und Nötigung bzw. im Arbeitsrecht als Kündigungsschutzklagen. So gelang es nur in Ausnahmen, rechtzeitig von einem Verfahren Kenntnis zu bekommen.

Um im Rahmen der vorliegenden Untersuchung dennoch Anhaltspunkte über die Behandlung der Frauen vor Gericht geben zu können, haben wir uns zu Expertengesprächen mit Juristinnen und Juristen entschlossen, die als Richter/innen oder Anwält/innen in Verfahren über sexuelle Belästigung tätig waren. Es wurden sieben Jurist/innen befragt. Durch deren Kenntnis liegen den Gesprächen die Erfahrungen von neun arbeitsrechtlichen Verfahren zu Grunde, in denen es um Belästigung ging. In fünf weiteren Verfahren vermuteten die Expert/innen, daß Belästigung eine Rolle spielte, jedoch nicht zum Thema gemacht wurde. In etwa zehn Fällen kam es nicht zu einem Verfahren, sondern zu einer außergerichtlichen Einigung. Einer der befragten Juristen hatte auch mit einer Dienstaufsichtsbeschwerde Erfahrung, eine Juristin mit einer Beschwerde bei der Industrie- und Handelskammer, eine Juristin hatte zwei strafrechtliche Fälle.

Die Auswahl dieser Expert/innen erfolgte durch deren Publikationen zu dem Thema oder weil ihr Name in einer schriftlichen Urteilsbegründung genannt wurde. Eine systematische Auswahl wäre nicht möglich gewesen, denn nicht einmal juristische Datenbanken verzeichnen das Thema „Sexuelle Belästigung". Fälle sind darin unter Stichworten verzeichnet wie z. B. Kündigungsschutz oder sexuelle Beleidigung.

6.1.1. Häufigkeit und Art der Gerichtsverfahren

Der Gegenstand der meist genannten Gerichtsverfahren der befragten Anwält/innen waren fristlose und fristgerechte Kündigungen der Betroffenen durch den Arbeitgeber, fristlose Kündigung seitens der Betroffenen, damit verbunden die Wiedereinsetzung des Arbeitsverhältnisses, Klage gegen eine Versetzung einer Betroffenen, Klage eines Belästigers gegen seine Kündigung, Strafanzeige eines Belästigers gegen Verleumdung. In einem Strafrechtsverfahren über zwei Instanzen ging es um Vergewaltigung. Zwei der Expert/innen hatten es mit einer Kombination von Disziplinarverfahren und Strafanzeige, bzw. einem Arbeitsgerichtsverfahren und einer parallel laufenden strafrechtlichen Ermittlung zu tun. Ein Verfahren haben wir vor dem Arbeitsgericht selbst beobachtet, bei dem es um die fristlose Kündigung einer Angestellten ging, die einen Vorgesetzten der sexuellen Belästigung bezichtigt hatte.

„Die Mehrzahl der veröffentlichten Urteile sind Strafrechtsurteile", stellt eine Arbeitsrechtlerin fest. „Es gibt kaum Verhandlungen im Arbeitsrecht", bestätigt ein Arbeitsrechtler einen Trend der Rechtsentwicklung, nachdem eine Vielzahl von Verfahren möglicherweise vor anderen Gerichten landen.

Nach Auskunft der befragten Jurist/innen ist die sexuelle Belästigung so gut wie nie der Hauptgegenstand eines arbeitsrechtlichen Verfahrens. Eine Anwältin schätzt, daß es bisher ganze drei Fälle gibt, in denen es ausschließlich um die Belästigung geht. In einer Kündigung kämen, wenn es um eine Belästigung geht, die wahren

Gründe für die Entlassung so gut wie nie zu Tage. Selbst in Fällen, in denen die Betroffene selbst gekündigt habe und auf Wiederherstellung des Arbeitsverhältnisses klage, werde die Belästigung als Grund für die Selbstkündigung nur angeführt, weil die Betroffene befürchten muß, daß ihr sonst der Anspruch auf Arbeitslosengeld streitig gemacht wird.

Vergleichsweise häufiger gibt es, so ein Anwalt, behördliche und gerichtliche Entscheidungen, in denen es darum geht, einem Ausbilder die Ausbildungseignung zu entziehen, weil er sich einer Auszubildenden unangemessen genähert hat. Auch das Strafrecht verzeichne eine Reihe von solchen Urteilen. Dann sei die Belästigung so massiv gewesen, daß sie als Offizialdelikt bewerten worden sei.

6.1.2. Der Ablauf des arbeitsrechtlichen Verfahrens

In einem arbeitsrechtlichen Streit erfolgt die Klärung eines Sachverhalts hauptsächlich durch die Schriftsätze der beiden Parteien. Die Hauptverhandlung hat im Arbeitsrecht – anders als im Strafrecht – nicht die entscheidende Bedeutung. Es kommt vor der Verhandlung bereits zu einem Gütetermin. Auch im Lauf der Verhandlung, nachdem die Anträge der gegnerischen Parteien gestellt sind, versucht das Gericht noch einmal einen Vergleich zu schließen. Erst danach kommt es zum Beweistermin. In dem Verfahren, das wir beobachtet haben, wurde ein Gütevorschlag gemacht. Er lautete, die fristlose Kündigung in eine fristgerechte umzuwandeln.

Als Beweise gelten Zeuginnen, Dokumente etc. Das Gericht hat die freie Entscheidung darüber, welche Beweise es zuläßt. Es ist deshalb nicht zwingend, daß das Gericht die von einer sexuellen Belästigung betroffene Frau anhört. Vor einem Karlsruher Arbeitsgericht wurde z. B. nur der Belästiger angehört, da nach Ansicht des Richters „bei objektiver Betrachtung kein hinreichender Anhaltspunkt" bestand, „der dazu geeignet gewesen wäre, berechtigte Zweifel an der Glaubwürdigkeit und Aufrichtigkeit des Zeugen aufkommen zu lassen" (Urteil des AG Karlsruhe vom 25.9.1984, 2 Ca 9/84). Die Kündigung der belästigten Frau wurde bestätigt.

In dem von uns beobachteten Verfahren konnte sich die Gekündigte nur einmal zum Kündigungsgrund äußern. Sie mußte das Thema selbst einbringen. Für den Verlauf des Verfahrens spielte das keine Rolle. Nach unseren Beobachtungen schien der Richter eher auf der Seite des Arbeitgebers – es war eine Gewerkschaft – zu stehen. Er verfolgte eine Strategie, den Prozeß zu vermeiden. In der Pause äußerte der Richter zum Anwalt des Arbeitgebers, daß er mit einer kurzen Verhandlung bzw. einer schnellen Vertagung rechne. Dann würde das öffentliche Interesse an dem Fall abklingen. Der Kündigungsgrund, d. h. die Behauptung der üblen Nachrede, daß der Vorgesetzte die Gekündigte belästigt habe, mußte nicht bewiesen werden. Er wurde vom Richter einfach nicht zum Thema gemacht.

„Das gerichtliche Verfahren bietet wenig Möglichkeiten, eine sexuelle Belästigung zu thematisieren", stellt eine Anwältin fest. Aber auch „die Frauen haben selbst kein Interesse, es darzustellen. Es ist unangenehm. Es sind keine Frauen dabei, die danach gieren, sich vor Gericht zu 'produzieren'." Wenn es von der Klage her scheinbar nicht um das Thema Belästigung am Arbeitsplatz geht, haben eine Reihe von Verfahren dennoch damit zu tun, wie eine Anwältin meint: „Anklingen tut es schon mal. Die Leute erzählen es selbst mal. Es kommt unfreiwillig raus." Sie sieht die Gründe dafür in der Scham der betroffenen Frauen. Viele der betroffenen Frauen verstünden den Zusammenhang zwischen ihrer Belästigung und der Entlassung nicht einmal und könnten ihn deshalb auch nicht von sich aus in das Verfahren einbringen.

Diese Unkenntnis über eine Belästigung als eigentlichen Entlassungsgrund kann es auch auf seiten des Arbeitgebers geben. Nach Einschätzung eines Anwalts wisse der Chef oft nicht, worum es bei der Entlassung wirklich ging. Ihm seien von dem unmittelbaren Vorgesetzten andere Gründe genannt worden.

In Kündigungsschutzklagen spielte die Belästigung fast nur dann eine Rolle in der mündlichen Verhandlung, wenn als Kündigungsgrund angegeben wurde, eine Beschäftigte habe ihren Vorgesetzten oder Chef zu Unrecht einer Belästigung bezichtigt. In dem von uns beobachteten Verfahren ging es über weite Strecken ausschließlich darum, ob in dem Verfahren das Kündigungsschutzgesetz überhaupt Geltung hat, d. h. ob der Betrieb fünf oder sechs Beschäftigte hat.

Da im Regelfall Pünktlichkeit, Arbeitsleistung, das Verhalten der Betroffenen am Arbeitsplatz den Hauptraum in der Beweisführung und der Erörterung einnehmen, läßt sich feststellen, daß die Belästigung als Grund für die Kündigung dahinter verschwindet. Die erörterten Kündigungsgründe machen die Belästigung unsichtbar.

6.1.3. Verteidigungsstrategien der Beschuldigten

In der Mehrzahl der Fälle streitet ein Beschuldigter die Belästigung ab. Kommt eine Belästigung dennoch in der Verhandlung zur Sprache, wird die Beschuldigung vor dem Arbeitsgericht bagatellisiert. Es wird zum Beispiel nur ein Teil zugegeben. Eine Anwältin beschreibt das Verhalten ihres Prozeßgegners so: Der habe argumentiert, der Vorfall sei „maßlos übertrieben" dargestellt worden. Das Vorgefallene sei „nicht so schlimm" gewesen, eigentlich nicht mehr als eine „bloße Höflichkeit". „Wenn man nicht einmal mehr Komplimente machen darf, macht das Leben überhaupt keinen Spaß mehr", habe der Beschuldigte erklärt.

Der Vorwurf der Frau, sie sei belästigt worden, wird in dem Arbeitsgerichtsverfahren konterkariert. Es wird ein Racheakt der Betroffenen vermutet. Eine Anwältin berichtet über einen Fall, in dem mehreren Klägerinnen unterschoben wurde, der Grund für ihre Beschuldigungen sei gewesen, daß sie von dem Beklagten bestimmte erwartete Begünstigungen nicht erhalten hätten. Eine der Betroffenen sei von ihm in die Kategorie der sogenannten frustrierten Frauen eingeordnet worden: Sie sei „auch so eine Enttäuschte", habe sich ein Beschuldigter verteidigt.

Bemerkungen über den Lebenswandel der Belästigten werden von den Beschuldigten auch in Arbeitsgerichtsverfahren gemacht, als könne das die Beschuldigung entkräften. Ein Richter hat beobachtet, daß von dem Täter zwar die Tat bestritten, der Betroffenen zugleich aber eine Mitschuld unterstellt wurde: Die Mitarbeiterin habe sich immer so aufreizend angezogen.

Eine andere Art, das Opfer zur Täterin zu stempeln, besteht darin, die Prozeßgegnerin zur notorischen Querulantin zu erklären. In der Darstellung eines Arbeitgebers heißt es über eine Belästigte: daß sie an ihrem Arbeitsplatz „keine Möglichkeit ungenutzt ließ, Schaden zu stiften und Gift zu versprühen" (AG Kassel, Urteil vom 17. 11. 1986, 7 Ca 136/86).

Dabei muß es nicht immer die Bösartigkeit der Betroffenen selbst sein, die den Täter entlasten soll. Es können auch Drahtzieher im Hintergrund vermutet werden, die zu dem Beschuldigten in beruflicher Konkurrenz stehen. Dieses wurde vermutet in einem Verfahren, das ein Anwalt zu betreuen hatte. Die Frau sei auf den Belästiger „angesetzt" worden, hinter der Klage stehe ein „politischer Gegner".

Diese Sicht hat sich bei Teilen der Grünen bis heute in dem spektakulären Fall um den Rücktritt ihres Bundestagsabgeordneten im Jahr 1983 gehalten und findet sich auch in Publikationen wieder: „Bisher mußte man vermuten, daß Klaus Hecker ein politisches Opfer der unterschiedlichen machtpolitischen Interessen der Grünen geworden ist, wofür die Interessen der Initiatorinnen des Offenen Briefes funktionalisiert worden sind", vertritt Ingrid Klein in ihrem Buch „Zonenrandgebiete" (1989).

6.1.4. Das Vorgehen des Arbeitsgerichts

Arbeitsgerichte werden von den befragten Jurist/innen durchweg als relativ aufgeschlossen für betriebliche Probleme beschrieben. Auch den Verfahren über sexuelle Belästigung komme die weniger förmliche Atmosphäre vor diesen Gerichten zugute. Fragen der Richter/innen an die Zeug/innen verlaufen meist in akzeptablen Grenzen. Von Seiten der Richter/innen seien Fragen nach dem Vorleben der Belästigten relativ unwahrscheinlich.

Dennoch sei das Problembewußtsein über die psychischen und physischen Auswirkungen der Belästigung auf die Betroffene bislang relativ gering. Eine progressive Einstellung der Richtenden gegenüber sexueller Freizügigkeit schlage sich hier negativ zu Lasten der belästigten Frauen nieder. Ein befragter Arbeitsrichter bemerkt, Richter könnten nicht nachvollziehen, wann sich eine Frau belästigt fühle. Er selbst halte die Sensibilität der Frauen manchmal für überzogen. Seine Aussage, er urteile zugunsten der Frau, wenn die Arbeitnehmerin den Sachverhalt einbringt und beweisen kann, macht deutlich, daß die Beweislast auf die Belästigte abgewälzt wird. Insofern ist auch die Frage von Bedeutung, ob eine Betroffene von dem Arbeitsgericht überhaupt gehört wird. „Wir sind alle Faultiere", sagt der Arbeitsrichter.

Eine Anwältin vermutet, daß das Thema vor diesen Gerichten auch deshalb so selten zur Sprache komme, weil sowohl Anwälte wie auch die Rechtsschutzsekretäre der Gewerkschaften den Frauen aus „prozeßtaktischen Gründen" davon abraten.

In dem von uns beobachteten Verfahren hatte die Belästigte Kündigungsschutz vom DGB erhalten. Merkwürdigerweise wirkte der für die Frau zuständige Rechtsschutzsekretär ausgerechnet in der arbeitsrechtlichen Standardauseinandersetzung, ob das Kündigungsschutzgesetz Geltung habe, ausgesprochen hilflos und unvorbereitet.

Kommen die Vorwürfe zur Sprache, kann ein Gericht auch abwehrend reagieren. In den Experteninterviews werden Äußerungen von Richtern aus Arbeitsgerichtsverfahren aufgezählt, in denen es hieß: „Darüber wollen wir jetzt nicht reden. Da sind so viele Vorwürfe im Raum . . ." Oder die Betroffene wird gewarnt: „Wenn wir die jetzt alle aufklären wollen, wird das auch für Sie nicht schön."

Daß Richter in ihrer Urteilsbegründung die Verteidigungsstrategie des Belästigers übernehmen, kommt vor. Ein Arbeitsgericht sprach vom „Rufmord" an dem Beschuldigten. Das Auftreten des leitenden Angestellten hat das Gericht eher überzeugt als das der Frau, die von der IG-Metall Rechtsschutz erhielt. Die Richter werteten die sozialen Fähigkeiten des der Belästigung beschuldigten Vorgesetzten als Beweis für seine Unschuld: „Der Zeuge hat bei seiner Einvernahme ruhig, sicher und bestimmt ausgesagt und wirkte in keiner Weise voreingenommen." Die Richter loben in ihrer Urteilsbegründung die Sprachfähigkeit des Beschuldigten, sprachen von seinen „in der gebotenen Klarheit, sachlich, eindeutig, ohne Widerspruch” gemachten Aussagen (AG Karlsruhe, 25. 9. 1984, 2 Ca 9/84).

Trotz dieser negativen Beispiele beklagen sich nach Auskunft der befragten Jurist/innen Mandantinnen seltener als in strafrechtlichen Verfahren über eine unfaire Behandlung vor einem Arbeitsgericht. Schlimme Demütigungen und Schuldzuschreibungen gegen die Belästigungsopfer sind vor den Arbeitsgerichten nicht so massiv anzutreffen wie vor den Strafgerichten.

Ein Grund für die relative Zufriedenheit der Frauen kann darin liegen, daß es vor einem Arbeitsgericht seltener als vor einem Strafgericht zu einem vollständigen Sieg oder einer Niederlage kommt. Viele der Arbeitsgerichtsverfahren, über die die Expert/innen berichten, enden mit einem Vergleich. Die gekündigte Arbeitnehmerin wird dann zwar nicht wieder eingestellt, aber sie erhält eine Abfindung. Das kann von der Betroffenen als Erfolg gewertet werden, vor allem wenn sie – wie etwa in einem kleinen Betrieb – nicht den Wunsch hat, an den alten Arbeitsplatz zurückzukehren.

In Kündigungsverfahren, in denen es um die Entlassung des Täters geht, verlieren vor allem Ausländer und Betriebsratsvorsitzende ihre Stelle, führt eine Bonner Anwältin an. Am Beispiel der Betriebsratsvorsitzenden, die nur fristlos gekündigt werden dürfen, werde jedoch deutlich, daß die Betriebsleitungen sehr genau über die Belästigung in ihrem Unternehmen Bescheid wüßten, dagegen jedoch nur vorgingen, wenn sie auch andere Motive hätten.

6.1.5. Sexuelle Belästigung in Strafrechtsverfahren

Im Strafrecht muß im Gegensatz zum Arbeitsrecht der Tatbeweis unmittelbar in der Hauptverhandlung erbracht werden. Bei einem möglichen Strafmaß von Geldstrafen bis zur Haftstrafe, einschließlich des Vermerks einer Vorstrafe, steht für den Angeklagten einiges auf dem Spiel. Insofern ist es wenig erstaunlich, daß der Schlagabtausch in den Verfahren gegen sexuelle Belästigung ausgerechnet im strafrechtlichen Bereich angesiedelt ist. Andere Expert/innen sehen darin ein Zeichen, daß nur die härtesten Gewalterfahrungen im Betrieb vor das Gericht gebracht werden. In dem Berliner Gynäkologenprozeß, einem Verfahren über eine Vergewaltigung an einer Berliner Klinik, seien zwei Drittel der anberaumten Verhandlungstage darauf verwandt worden, das Sexualleben der vergewaltigten Frau zu untersuchen, rechnet eine Anwältin vor.

Von den bei der Polizei erstatteten Anzeigen führen nur wenige zur Eröffnung von Strafverfahren. Eine Anwältin konnte feststellen, daß vor allem in den Fällen von sexueller Beleidigung mit der Einstellung des Verfahrens zu rechnen ist. „Strafrechtliche Klagen wegen Beleidigung enden vor dem Schiedsmann oder werden eingestellt", bestätigt eine andere Anwältin.

Da es sich um Offizialdelikte handelt, kann eine Frau ihre Anzeige nicht mehr zurücknehmen. Auch wenn sie das Verfahren psychisch kaum durchhält, kann das Gericht sie für ihre Aussage polizeilich vorführen lassen. Auch vom Gericht angeforderte und von Psychologen erstellte Glaubwürdigkeitsgutachten können die Belästigte aus dem Gleichgewicht bringen. „Sind Sie schon einmal in psychatrischer Behandlung gewesen?", wurde in einem Strafrechtsverfahren eine Betroffene gefragt (Kroll, 1989, 47).

Neben der Berufung kann bei Verfahrensfehlern Revision gegen das Urteil eingelegt werden, so daß das gesamte Verfahren vor allen Instanzen wiederholt werden muß. Dieses Recht hat grundsätzlich zwar auch die Betroffene, wenn sie als Nebenklägerin auftritt, jedoch wird diese das Recht aufgrund ihrer psychischen Beanspruchung nur höchst selten in Anspruch nehmen, während verurteilte Täter häufiger dazu greifen.

Die befragten Expert/innen können keinen Unterschied ausmachen zwischen einem Straftrechts-Verfahren, in dem die Vergewaltigung am Arbeitsplatz oder an einem anderen Ort vollzogen wurde. Alle die Frauen psychisch verletzenden Mechanismen, durch die sie an die Nötigung oder Vergewaltigung erinnert oder durch die ihre Aussage in ihrer Glaubwürdigkeit erschüttert werden sollen, seien unabhängig vom Ort der Tat. Ein Unterschied wird dennoch erwähnt: Je höher der Täter im Betrieb gestellt sei, desto schwieriger werde es vor den Strafgerichten, die negativen Erfahrungen der Frauen glaubhaft zu machen.

Die Strategien der Beschuldigten ähneln denen, wie sie für die Verfahren vor den Arbeitsgerichten beschrieben wurden. Im Unterschied zu den Arbeitsgerichten verfechten die Anwälte diese jedoch härter. Die Behauptung, eine Frau wolle sich für eine Enttäuschung rächen, wird vom Strafgericht nicht ausgeblendet. Auch der Vorwurf, die Frau habe die Situation selber provoziert, kann anders aufgenommen werden. Ein Täter appellierte an das Verständnis der männlichen Richter: „Sie wollte was von mir und Sie wissen ja, als Mann ist man für bestimmte Dinge auch empfänglich". Damit macht sich der Täter zum Opfer. Bei der Urteilsfindung kann das den Täter entlasten.

Eine Anwältin hat folgende Erfahrungen gemacht: wenn der Belästiger die sexuelle Nötigung zugebe und behaupte, erst zu spät gemerkt zu haben, daß die Frau das nicht wolle, stoße der Beschuldigte bei Richtern auf Verständnis. In einem solchen Fall, der in einer Stadtverwaltung spielte, kam der Täter mit einer Geldstrafe aufgrund von sexueller Beleidigung davon.

Das Auftreten der Belästigten sei ebenfalls von Bedeutung. Hier gebe es jedoch keine Form, die richtig sei – vielmehr seien durchweg alle falsch. Trete die Betroffene nämlich zu selbstbewußt auf, so eine Anwältin, dann entspreche sie nicht dem Bild eines Opfers. Sei sie zu sehr Opfer, zu eingeschüchtert und demütig, werde unterstellt, daß ihr das widerfuhr, weil sie sich sowieso nicht wehren könne. Damit wird sie erneut zum Opfer.

Da es in Belästigungsverfahren häufig nur die Betroffene als Zeugin gibt, fragen Staatsanwälte, Verteidiger und Richter nach kleinsten Details, um eventuelle Widersprüche aufzudecken. Die befragte Anwältin hat immer wieder die Erfahrung gemacht, daß in Sexualdelikten Zweifel an der Aussage mehr Raum gegeben werden als in anderen Verfahren. Letztlich hieße es dann, das Geschehene sei für das Gericht nicht voll aufklärbar, letzte Zweifel ließen sich nicht ausräumen, etc. „Der Grundsatz in dubio pro reo hat sich in Prozessen mit Sexualdelikten in ein in dubio pro homine gewandelt", kritisiert die Befragte.

In drei Belästigungsfällen, in denen die befragten Expertinnen mitwirkten und in denen vor einem Strafgericht Nötigungen oder Vergewaltigungen im Betrieb verhandelt wurden, kam es zu einem Urteil: In einem Fall wurde der Angeklagte freigesprochen, in einem anderen Fall erhielt er eine Geldstrafe von 4 000 DM. In dem dritten Fall wurde er zu einer Freiheitsstrafe von drei Jahren und neun Monaten verurteilt.

Werden hohe Strafen, also Freiheitsstrafen ohne Bewährung verhängt, so sei das nicht unbedingt ein Zeichen für eine hohe Empfindsamkeit der Richter, meint eine Anwältin. Es könne genau das Gegenteil der Fall sein, nämlich daß in dem Verfahren einmal ein abschreckendes Beispiel statuiert werden soll. Am ehesten würden, so eine der Expertinnen, Täter verurteilt, die ein niedriges Bildungs- und Sprachniveau haben, wie z. B. Ausländer. Sie würden stellvertretend für andere Belästiger zu Sündenböcken abgestempelt.

6.1.6. Schmerzensgeldklagen

Eine siebzehnjährige Auszubildende war von ihrem Chef mehrfach unter der Drohung, er würde ihr das Ausbildungsverhältnis kündigen, erpreßt worden, den Geschlechtsverkehr mit ihm zuzulassen. Von der Strafkammer wurde der Vorgesetzte zu einer zehnmonatigen Freiheitsstrafe, zur Bewährung ausgesetzt, und zu einer Geldstrafe von 15 000 Mark verurteilt. Vor dem Zivilgericht klagte die junge Frau anschließend auf Schmerzensgeld, um für die erlittene psychische Belastung und den Verlust des Arbeitsplatzes entschädigt zu werden. Das Gericht hielt ein Schmerzensgeld von 2 000 Mark für ausreichend, da das Opfer zwar „in seiner Geschlechtsehre beleidigt und ihrem physischen und psychischen Wohlergehen beeinträchtigt wurde, aber schwere körperliche Veletzungen, wie sie nach einer Vergewaltigung festzustellen sind, nicht erlitten hat". Auch vor diesem Gericht habe die Belästigte noch einmal den Nachweis für die Tat erbringen müssen, erklärte ein Experte.

6.1.7. Anzeige wegen übler Nachrede oder Verleumdung

Betroffene müssen damit rechnen, daß sich ein Beschuldigter mit einer Anzeige wegen übler Nachrede und Verleumdung zur Wehr setzt. In dem Verfahren bestehen die gleichen Beweisschwierigkeiten, wie sie bereits beschrieben wurden. Nicht alle Verfahren wendeten sich gegen die Belästigte: In einigen Verfahren kam zum Tragen, daß der Belästiger der Kläger war und die Beweise beibringen mußte.

Läuft neben der Verleumdungsklage ein Strafverfahren gegen den Belästiger, so hängt der Ausgang der Verleumdungsklage vom Ausgang des Strafverfahrens ab.

6.1.8. Belastungen durch Verfahrenskosten

Kommt es nicht zur Verurteilung des Belästigers, weil eindeutige Beweise für ein Strafverfahren nicht erbracht werden können, trägt die Frau die Kosten für ihre Rechtsvertretung, wenn sie Nebenklage erhoben hat. Sind diese Kosten nicht durch eine Rechtsschutzversicherung oder den Rechtsschutz der Gewerkschaften gedeckt, kommen auf die Betroffene erhebliche Geldsummen zu. In dem Fall einer Verwaltungsangestellten, die gegen ihren Chef Strafanzeige wegen versuchter Vergewaltigung gestellt hatte, mußte die Angestellte, nachdem der Angeklagte in zweiter Instanz freigesprochen wurde, die Kosten von 30 000 Mark übernehmen. Um diesen Betrag zahlen zu können, mußte sie einen Kredit aufnehmen.

6.1.9. Weitere Folgen

Gelingt es einer belästigten oder vergewaltigten Frau, sich erfolgreich vor einem Gericht zu wehren, wird sie auch im Nachhinein von ihrer Umgebung zum Opfer gemacht. „Ob sie denn jetzt zufrieden sei, daß sie einen Familienvater mit zwei Kindern ins Unglück gestürzt habe", geriet eine unter Druck. Andere bekommen Schwierigkeiten, wenn sie eine neue Stelle suchen. Die Anästhesistin, die Nebenklägerin in dem Berliner Gynäkologenprozeß war, wurde in keinem öffentlichen Krankenhaus mehr eingestellt.

6.2. Sexuelle Belästigung im Strafrecht

6.2.1. Einführung

Wenn man das Problem der sexuellen Belästigung von Frauen am Arbeitsplatz rechtlich erfassen und das Instrumentarium darstellen will, welches den betroffenen Frauen zur Gegenwehr innerhalb der bestehenden Rechtsordnung zur Verfügung steht, wird zunächst folgendes deutlich:

Eine Vielzahl bestehender Rechtsnormen aus verschiedensten Rechtsgebieten, für die unterschiedliche Verfahrensordnungen bestehen, können einzeln oder auch kombiniert Anwendung finden. Dies verwundert jedoch nicht angesichts der Tatsache, daß eine sexuelle Belästigung am Arbeitsplatz von verbalen Anzüglichkeiten bis zur vollendeten Vergewaltigung reichen kann. Insoweit umfaßt die sexuelle Belästigung am Arbeitsplatz einen wesentlichen Teil der vielfältigen Formen von Belästigungen und Diskriminierung, mit denen Frauen in verschiedensten Lebensbereichen konfrontiert werden.

Der internationale Gewerkschaftsbund definiert in seiner Entschließung vom Dezember 1986: „Sexuelle Belästigung – das sind Annäherungsversuche jeder Art, in Form von Gesten und Äußerungen, jeder unerwünschte körperliche Kontakt, explizit sexuelle abfällige Anspielungen, die wiederholt von jemandem am

Arbeitsplatz vorgebracht werden und von der Person, an die sie sich richten, als beleidigend empfunden werden und zur Folge haben, daß diese sich bedroht, erniedrigt oder belästigt fühlt oder sie in ihrer Arbeitsleistung beeinträchtigen, ihre Anstellung gefährden, oder am Arbeitsplatz eine unangenehme, oder einschüchternde Atmosphäre schaffen" (Plogstedt/Bertelsmann 1987, 8).

Das Strafrecht ist dasjenige Rechtsgebiet, das die härtesten Sanktionen für Verstöße gegen Rechtsnormen vorsieht. Bereits um 1900 wurde heftig kritisiert, daß strafrechtliche Vorschriften fehlen, die sich auf das Verhältnis Arbeitgeber und weibliche Arbeiterinnen und Angestellte beziehen und die den Mißbrauch der Autorität des Arbeitgebers unter Strafe stellen (Quanter 1970, 205 ff). Quanter führt aus: „In dem Verhältnis, in dem weibliche Dienstboten und Angestellte zu ihrem Brot- und Lohnherren stehen, liegt gerade die größte sittliche Gefahr, und es versteht sich ganz von selbst, daß der Mißbrauch seiner Autorität seitens seines Brot- und Lohnherren doppelt verwerflich ist, weil er sich sogleich als eine ganz abscheuliche und schnöde Ausbeutung des Abhängigkeitsverhältnisses und der sozialen Überlegenheit darstellt. . . . Es kann nichts gefährlicheres, verwerflicheres und verbrecherisches geben als die Ausnutzung schwer um ihre Existenz ringenden weiblichen Personen zu unsittlichen Zwecken." (Quanter, a. a. O., 206 f).

Diese strafrechtliche Vernachlässigung steht im Zusammenhang damit, daß die sogenannte „Unzucht mit Abhängigen" ohnehin ein relativ junges Delikt im Strafrecht ist.[1] Erst in der zweiten Hälfte des 19ten Jahrhunderts setzte sich der Schutzgedanke durch, daß insbesondere Kinder und Jugendliche in Abhängigkeitsverhältnissen strafrechtlich geschützt werden müßten. § 174 alter Fassung nahm jedoch nicht ausdrücklich bezug auf die reinen „Dienst- und Arbeitsverhältnisse". Erst die Straftrechtsreform vom 23. November 1973 stellt nunmehr unter § 174 Abs. 1 Nr. 2 StGB sexuelle Handlungen unter Strafe, „die an Personen unter 18 Jahren . . . im Rahmen eines Dienst- oder Arbeitsverhältnisses unter Mißbrauch dieses Verhältnisses" begangen werden. Es ist die einzige Strafvorschrift, die ausdrücklich Dienst- oder Arbeitsverhältnisse erwähnt.

1 zur Entstehungsgeschichte vgl. Theede, Peter, Unzucht mit Abhängigen (§ 174 StGB), Lübeck 1967, 2. 205 ff.

6.2.2. Geltende Rechtslage – Straftaten gegen die sexuelle Selbstbestimmung

Seit dem Strafrechtsänderungsgesetz 1973 geht das Sexualstrafrecht grundsätzlich davon aus, daß nicht mehr als „unzüchtig" angesehene Handlungen oder Verstöße gegen die Sexualmoral das geschützte Rechtsgut der Strafrechtsvorschriften sind, sondern der Schutz der „sexuellen Selbstbestimmung". Bei sexuellen Übergriffen im Betrieb kommen neben dem § 174 Abs. 1 Nr. 2 Strafgesetzbuch, der Freiheitsstrafen bis zu fünf Jahren oder Geldstrafen vorsieht, folgende Straftatbestände in Frage:

§ 177 StGB – Vergewaltigung

Vergewaltigung wird definiert als eine Straftat, bei der eine Frau mit Gewalt oder durch Drohung mit gegenwärtiger Gefahr für Leib oder Leben zum außerehelichen Beischlaf mit dem Täter oder einem Dritten genötigt wird. Die Mindeststrafe beträgt zwei Jahre. In minderschweren Fällen ist die Freiheitsstrafe sechs Monate bis zu fünf Jahren.

§ 178 StGB – Sexuelle Nötigung

Nach § 178 StGB wird bestraft, wer „einen anderen mit Gewalt oder durch Drohung mit gegenwärtiger Gefahr für Leib oder Leben nötigt, außereheliche sexuelle Handlungen des Täters oder eines Dritten an sich zu dulden". Das Gesetz sieht eine Freiheitsstrafe von einem bis zu zehn Jahren vor. In minderschweren Fällen beträgt die Freiheitsstrafe drei Monate bis fünf Jahre.

§ 223 StGB – Körperverletzung

Wer einen anderen körperlich mißhandelt oder an der Gesundheit beschädigt, kann nach § 223 StGB mit einer Freiheitsstrafe bis zu drei Jahren oder mit einer Geldstrafe bestraft werden.

§ 185 StGB – Beleidigung

Unter den Straftatbestand der Beleidigung fällt auch die sogenannte Sexualbeleidigung. Beleidigung wird mit einer Freiheitsstrafe bis zu einem Jahr oder mit einer Geldstrafe geahndet. Wird die Beleidigung mittels einer Tätlichkeit begangen, sieht das Gesetz eine Freiheitsstrafe bis zu zwei Jahren oder eine Geldstrafe vor.

§ 174 Abs. 1 StGB – Sexueller Mißbrauch von Schutzbefohlenen

Für Dienst- und Arbeitsverhältnisse kommt ein Verstoß nicht nur gegen § 174 Abs. 1 Ziffer 2 bei Jugendlichen unter 18 Jahre in Frage, sondern auch der Straftatbestand des § 174 Abs. 1 Ziffer 1. Dort werden sexuelle Handlungen an Personen unter 16 Jahren erfaßt, die dem Täter im Rahmen eines Ausbildungsverhältnisses anvertraut sind. Vorgesehen sind Freiheitsstrafen bis zu fünf Jahren oder Geldstrafen. Während der Vergewaltigungstatbestand des § 177 StGB den „Beischlaf" voraussetzt, bestrafen §§ 174 StGB und 178 StGB „sexuelle Handlungen", wenn die Straftatsbestandvoraussetzungen gegeben sind. § 184 StGB befaßt sich mit der Begriffsbestimmung der sexuellen Handlung. Er regelt in Ziffer 1, daß „sexuelle Handlungen nur solche sind, die im Hinblick auf das jeweils geschützte Rechtsgut von einiger Erheblichkeit sind".

6.2.3. Strafrechtsurteile bei sexuellen Übergriffen am Arbeitsplatz

6.2.3.1. Der Berliner Gynäkologenprozeß

Die Angeklagten, zwei Fachärzte für Gynäkologie an der Universitätsklinik in Berlin, waren beschuldigt, eine Kollegin, eine Anästhesistin, während des Nachtdienstes in ihrem Dienstzimmer vergewaltigt zu haben. Anfänglich sei es zu sexuellen Belästigungen gekommen. Nachdem die Geschädigte auf die Wachstation gegangen und schließlich in ihr Dienstzimmer zurückgekehrt sei, da sie in der Annahme gewesen sei, die Angeklagten hätten sich aus diesem Zimmer entfernt, sei es zu einer gemeinschaftlichen Vergewaltigung gekommen (Goy 1988, 313 ff; Burgsmüller 1986, 40; Goy 1987, 26 f; Morgenthal 1985, 91 ff). Der Prozeß ist ein spektakuläres Beispiel dafür, daß im Rahmen eines Strafverfahrens die Glaubwürdigkeit des Opfers von vornherein angezweifelt und dem privaten Vorleben des Opfers eine zentrale Rolle zugewiesen wird. Es fand ein Rollentausch statt, wie er seit langem in der Literatur kritisiert wird. Das Opfer nahm die Rolle der Angeklagten ein. Sie mußte sich insbesondere peinlichste Fragen und Ausforschen ihres gesamten Privatlebens gefallen lassen. Die sich aus den konkreten Tatgeschehen ergebenden Widersprüchlichkeiten und die damit verbundenen Widersprüchlichkeiten in der Aussage der Geschädigten wurden in besonders eklatanter Weise bestimmend für den Prozeßtermin. Bei dem erstmalig 1984 stattfindenden Prozeß vor dem Landgericht Berlin wurde an 13 Verhandlungstagen über die „Unglaubwürdigkeit des Opfers" und lediglich an drei Tagen über den konkreten Tatbestand verhandelt (Goy 1988, 313 ff).

Trotz der Art und Weise, in der der Prozeß auf Interventionen der Verteidigung der Angeklagten geführt wurde, kam es schließlich zu einer Verurteilung der angeklagten Ärzte. Der Urteilsspruch lautete zwei Jahre und sechs Monate Freiheitsstrafe auf Bewährung.[2] Die Angeklagten legten gegen das Urteil Revision ein, was zur Aufhebung des Urteils führte.[3] Nach mehrtägiger erneuter Verhandlung vor dem Landgericht Berlin erfolgte ein Freispruch der Angeklagten.[4] Das Urteil fußte im wesentlichen auf der Aussage einer Zeugin, die mit den beiden angeklagten Ärzten befreundet war. Hieraus wurde der Beweis für die Glaubwürdigkeit der beiden Angeklagten hergeleitet.

Gegen dieses Urteil legte wiederum die betroffene Ärztin Revision ein. Die Revision, deren Erfolgsaussichten von den Vertreterinnen der Nebenklägerin durchaus positiv eingeschätzt worden waren, wurde jedoch von der Nebenklägerin zurückgenommen, da sie nicht mehr bereit und in der Lage war, eine weitere Hauptverhandlung durchzustehen. Sie fürchtete insbesondere die weitere Diskriminierung durch die Verteidigung und die Presse, sowie weitere Nachteile für ihre berufliche Existenz (Henschel, 1986).

---

2 LG Berlin, Urteil vom 12. 9. 1984 – 522 – 12/84

3 BGH StR 217/85

4 LG Berlin, Urteil vom 18. 3. 1986 – 512 – 63/85

6.2.3.2. BGH, Urteil vom 1.7.1981 – Was ist „Gewaltanwendung"?[5]

In diesem Fall hatte ein Arbeitgeber ein Mädchen, das zu ihm in einem Ausbildungsverhältnis stand, mehrfach unter Druck gesetzt und zum Geschlechtsverkehr gezwungen. In einem Fall hatte er sie mit den Worten „Ich habe Lust, mache dich fertig" vom Bad in ein Nebenraum gedrängt und sich so vor die Tür gestellt, daß das Mädchen das Zimmer nicht verlassen konnte. Das Mädchen hielt in diesem Fall „weiteren Widerspruch oder Gegenwehr für sinnlos". In einem anderen Fall hatte er sie in der Werkstatt an die Brüste gefaßt, das zurückweichende Mädchen eine Zeitlang um den Werkstattisch verfolgt und auf ihre Bitte hin, sie in Frieden zu lassen, erklärt, er werde später wiederkommen. Er brachte sie dazu, in einen Lieferwagen zu steigen, um mit ihm auf eine Baustelle zu fahren. Stattdessen fuhr er in einen von der Straße aus nicht einsehbaren Waldweg hinein und stellte den Lieferwagen dort so ab, daß das Mädchen die Beifahrertür nicht öffnen konnte. Die anschließenden Versuche des Täters, das Mädchen zu küssen und an den Brüsten zu fassen, konnte das Mädchen durch Wegdrehen des Oberkörpers und durch Bewegungen mit den Händen abwehren. Als der Angeklagte ihr sagte, es sei sinnlos, sich weiter zu wehren, er sei ohnehin stärker und aus dem Auto komme sie nicht heraus, gab sie schließlich nach. Das Landgericht Wuppertal verurteilte den Angeklagten wegen Vergewaltigung in Tateinheit mit sexuellem Mißbrauch einer Schutzbefohlenen in drei Fällen, sowie wegen versuchter Vergewaltigung in Tateinheit mit versuchtem sexuellen Mißbrauch einer Schutzbefohlenen in zwei weiteren Fällen zu einer Gesamtfreiheitsstrafe von sechs Jahren. Einen Teil der Verurteilungen hob der Bundesgerichtshof auf und stellte in den Leitsätzen des Urteils fest:

> „1. Das bloße Fahren zu einer abgelegenen Stelle, an der die mitgeführte Frau Hilfe nicht erwarten kann, ist nicht ohne weiteres Gewaltanwendung im Sinne des § 177 StGB.
>
> 2. Nicht im jeglichen Einschließen oder ähnlicher Beschränkung der Bewegungsfreiheit einer Frau in der Ab-

---

5 BGH, Urteil vom 1. 7. 1981 – 3 StR 151/81, NJW 1981, 2204

sicht, mit ihr geschlechtlich zu verkehren, liegt bereits Gewaltanwendung im Sinne dieser Strafvorschrift.

3. Ob in der einen oder der anderen Art eines solchen Vorgehens und ob in der Kombination beider eine tatbestandsmäßige Nötigung mit Gewalt zu sehen ist, hängt davon ab, ob im Einzelfall aufgrund des gesamten Verhaltens eines Täters und der durch ihn für die Frau geschaffenen Lage die in § 177 StGB vorausgesetzte Zwangssituation (körperlich wirksame Zwangseinwirkung) für die Frau eintritt und von ihr als solche empfunden wird."

Aus den besonderen Tatumständen schloß das Gericht, daß der Angeklagte den Geschlechtsverkehr nicht durch die Anwendung von Gewalt, sondern allein durch Mißbrauch seiner Autorität als Lehrherr erreicht hätte. Das aber sei nach einem besonderen Tatstrafbestand (§ 174 StGB) strafbar. Auf die heftige Kritik, die das Urteil ausgelöst hatte, sah sich die Pressestelle des Bundesgerichtshofes genötigt, am 21. August 1981 folgendes zu erklären: Dem Urteil sei keinesfalls zu entnehmen, daß eine Vergewaltigung nur bei körperlicher Gegenwehr der Frau in Betracht komme, ebensowenig werde darin ein Freiraum für bestimmte Formen der Gewaltunzucht geschaffen.[6]

6.2.3.3. OLG Zweibrücken, Beschluß vom 5. 7. 1985 – Der Altersheimfall (Goy 1987, 24 ff)[7]

Eine 24jährige Angestellte eines Altersheims hatte Nachtdienst. Sie hielt sich im Bereich der Diensträume in einem unverschlossenen Raum auf, um dort zu schlafen. Diesen Umstand nutzte der Besitzer des Altersheims, um sich in den Raum zu schleichen und sich neben die schlafende Angestellte auf das Bett zu legen, sie an die Geschlechtsteile zu fassen und den Versuch zu unternehmen, sie zu stimulieren. Die Angestellte setzte sich dagegen zur Wehr und wies den Altersheimbesitzer, ihren Arbeitgeber, aus dem Zimmer. Dieser verließ nach der ausdrücklichen Aufforderung auch das Zimmer. Erstinstanzlich wurde der Arbeitgeber wegen

---

6 BGH, NJW 81, 2204 (2205)

7 1 Se 61/84, NJW 1986, 2960

Nötigung, Körperverletzung, Beleidigung und falscher Verdächtigung zu einer Gesamtfreiheitsstrafe von einem Jahr mit Bewährung verurteilt. Das Landgericht hatte die hiergegen eingelegte Berufung des Angeklagten als unbegründet verworfen. Die beim OLG Zweibrücken eingelegte Revision war für den Angeklagten jedoch erfolgreich. Das Gericht sah im Verhalten des Altersheimsbesitzers keine Straftat. Es erfolgte ein Freispruch. Selbst eine Beleidigung gemäß § 185 StGB liege nicht vor, da es sich bei der Handlung des Angeklagten nach Ansicht des Gerichts lediglich um eine „erlaubte Form des Werbens" gehandelt habe. Dem Angeklagten wurde zugute gehalten, daß bei ihm der Eindruck entstanden sein könne, die Geschädigte habe als unverheiratete Frau seine Zuneigung und seine Wünsche erwidert. Insbesondere sei auch deshalb eine Beleidigung ausgeschlossen, da der Arbeitgeber der Aufforderung der Geschädigten, das Zimmer zu verlassen, Folge geleistet und ihr damit seine Achtung zum Ausdruck gebracht habe, die sie gerade nicht als reines Sexualobjekt degradiert habe. Eine sexuelle Nötigung nahm das Gericht ebenfalls nicht an, da es bei der zwar gemäß § 184 c StGB erheblichen sexuellen Handlungen weder die Anwendung von Gewalt noch eine Drohung zu erkennen vermochte.

6.2.3.4. BGH-Urteil vom 15.10.1987 – Sexualbeleidigung[8] –

Der Angeklagte hatte in vier Fällen junge Mädchen (alle waren älter als 14 und jünger als 18 Jahre) verdächtigt, ihm Geld entwendet zu haben und ihren Einwand, daß dies nicht stimme, zum Vorwand genommen, die Mädchen abzutasten. In drei Fällen tastete er die Mädchen auch unter den Kleidern ab.

Der BGH führte aus, das Landgericht Dortmund habe darin zu Recht eine Mißachtung der Persönlichkeit der Mädchen und einen Angriff auf ihre Geschlechtsehre gesehen, weil er sie gegen ihren Willen durch körperliche Untersuchung zum Objekt einer – aus seiner Sicht – sexualbezogenen Handlung gemacht habe. Er habe dadurch ihren sozialen Achtungsanspruch vorsätzlich verletzt.

---

8 BGH, Urteil vom 15. 10. 1987 – 4 Str 420/87, MDR 1989, 156

Zu Recht habe das Gericht angenommen, die Beleidigung gemäß § 185 StGB sei jeweils mittels einer Tätlichkeit begangen worden. Ausdrücklich wird jedoch auf die im vorherigen Beispielsfall dargestellte Entscheidung des OLG Zweibrücken[9] hingewiesen und klargestellt, daß die dort vertretene Ansicht der nunmehr vertretenen Ansicht des BGH nicht entgegenstünde. Es wird ausgeführt, daß die dort vertretene Einschlägigkeit des Beleidigungsrechts nur für Handlungen gelte, die mit dem regelmäßigen Erscheinungsbild eines Sexualdelikts notwendig verbunden sind, darüber hinaus aber keinen Angriff auf die Geschlechtsehre enthalten. In dem zu entscheidenden Fall sei jedoch mit den gegen den Willen der Jugendlichen vorgenommenen sexuellen Handlungen der soziale Achtungsanspruch verletzt worden. Sie seien mit dem Erscheinungsbild eines Sexualdeliktes nicht notwendig verbunden und enthielten vielmehr einen eigenen Handlungsunwert, den der Gesetzgeber im § 185 StGB unter Strafe gestellt habe.

6.2.3.5. Landgericht Hannover, Urteil vom 9.1.1989 – Sexuelle Nötigung am Arbeitsplatz[10]

Dem 43 Jahre alte Angeklagten, dem zweiten Vorsitzenden eines gemeinnützigen Vereins in Hannover, wurde vorgeworfen, eine 22jährige Bürokraft in den Diensträumen vorsätzlich sexuell genötigt zu haben. Mehrfach umarmte er sie, faßte sie um die Taille, zog sie an sich und versuchte sie zu küssen. Außerdem stellte er sich hinter ihren Stuhl und schob sie so an den Schreibtisch, daß sie nicht mehr aufstehen konnte. Immer wieder trat er auch hinter sie und massierte ihr den Nacken, wobei seine Hände „nach unten rutschten" und er ihre Brust oberhalb der Kleidung streichelte und drückte. Die wiederholten Aufforderungen der Frau, dieses Verhalten zu unterlassen, fruchteten nichts. Die Frau war vor Antritt des Arbeitsverhältnisses lange arbeitslos gewesen und fürchtete, keinen neuen Arbeitsplatz zu finden. Die Zudringlichkeiten wurden ihr jedoch immer unangenehmer und für sie belastender, so daß sie nach fünf Monaten das Arbeitsverhältnis kündigte. Sie

9 1 Ss62/84, NJW 1986, 2960

10 46b 57/88, n. rk. Streit 1989, 74 f.

war nach der Kündigung ein halbes Jahr arbeitslos und litt auch nach diesem Zeitpunkt an Folgen dieser Belästigungen. Noch eineinhalb Jahre später war es ihr unangenehm, wenn sie gestreichelt wurde.

Das LG Hannover sah in dem Verhalten des Angeklagten eine sexuelle Handlung von einiger Erheblichkeit im Sinne des § 184 c StGB. Es verurteilte den Angeklagten zu einer Freiheitsstrafe von einem Jahr und drei Monaten ohne Bewährung. Bei der Strafzumessung wurde insbesondere strafverschärfend gewertet, daß der Angeklagte die Geschädigte in schwerwiegende Konflikte gestürzt hatte. Sie war gezwungen, entweder seine Übergriffe hinzunehmen oder mit dem Verlust ihres Arbeitsplatzes zu rechnen. Die Aussetzung der Strafe zur Bewährung wurde abgelehnt, da das Gericht keine besonderen Umstände in der Tat oder in der Person des Täters erkennen konnte, die erforderlich sind, um eine über ein Jahr liegende Freiheitsstrafe zur Bewährung auszusetzen. Der Angeklagte wurde wegen sexueller Nötigung verurteilt. Das Gericht sah es als bewiesen an, daß er den Bürostuhl so geschoben hatte, daß die Frau nicht mehr aufstehen konnte. Dies erfülle den Nötigungstatbestand.

6.2.3.6. LG Dortmund, Urteil vom 3.11.1986 – Sexuelle Nötigung am Arbeitsplatz[11]

Eine 20jährige Zahnarzthelferin wurde nach Feststellungen des Gerichts von ihrem Arbeitgeber über einen Zeitraum von sechs Monaten während der Arbeitszeit mehrfach sexuell genötigt. Sie zeigte, nachdem sie ihre Arbeitsstelle schließlich fristlos gekündigt hatte, den Zahnarzt an. Der Arbeitgeber hatte die Frau mehrfach am Busen oder am Gesäß gefaßt und gezwungen zu dulden, daß er sein Glied bis zum Samenerguß an ihrem Körper rieb. In einem Falle hat er sie auch gezwungen, sein Glied anzufassen und bis zum Samenerguß zu reiben. Die Gewaltanwendung erfolgte – gegen den deutlich zu Tage getretenen Willen des Opfers – jeweils durch Festhalten oder gewaltsames Andrücken an eine Wand, so daß ein Entkommen unmöglich war. Der Arbeitgeber

11 14 (V) S2/86 (nicht veröffentlicht)

wurde zu einer Freiheitsstrafe von einem Jahr und sechs Monaten verurteilt. Die Vollstreckung der Strafe wurde zur Bewährung ausgesetzt. Auch in diesem Urteil wurden die besonderen Umstände gewertet, die bei einer sexuellen Nötigung am Arbeitsplatz für das Opfer vorliegen, und die die Konfliktsituation berücksichtigen, in die das Opfer gebracht wird. Auch wird in den – über einen längeren Zeitraum immer wieder durchgeführten – einzelnen sexuellen Handlungen ein Fortsetzungszusammenhang gesehen. Der auf wiederholte Begehung gerichtete Gesamtvorsatz des Täters wird vom Gericht erkannt und bewertet.

Bei der Strafzumessung wurde insbesondere auch berücksichtigt, daß der Arbeitgeber die berufliche Zusammenarbeit mit seiner letztlich noch sexuell unerfahrenen 20jährigen Mitarbeiterin ausgenutzt habe. Des weiteren wurde berücksichtigt, daß die Arbeitnehmerin geraume Zeit der Bedrängnis ausgesetzt gewesen sei, darunter seelisch erheblich gelitten habe und sich schließlich nur durch eine fristlose Kündigung dem Manne habe entziehen können. Hieraus habe sich aufgrund späterer Arbeitslosigkeit auch ein erheblicher finanzieller Nachteil für das Opfer ergeben. Die Aussetzung der Strafe zur Bewährung wurde damit begründet, daß es sich bei der Tat um eine einmalige Entgleisung handle und eine Wiederholung nicht zu erwarten sei. Der Täter hatte im übrigen keine Vorstrafen.

6.2.3.7. AG Frankfurt/Main, Urteil vom 28.4.1989 – Sexuelle Nötigung am Arbeitsplatz[12]

Der 60jährige Angeklagte war Abteilungsleiter einer Bundesbehörde. Schon in den 70er Jahren stand er behördenintern in dem Ruf, ein „Busengrabscher" zu sein. In seinem Referat war überwiegend weibliches Personal tätig. Einige Mitarbeiterinnen traten wegen der Belästigungen des Angeklagten mündlich an den Personalrat heran. Die dem Verfahren zugrunde liegenden Fälle betrafen verschiedene Angestellte. In einigen Fällen trat er eng hinter ihre Stühle, so daß die Frauen zwischen Tisch und Rückenlehne eingeklemmt waren. Dann griff er an die Brust und streichelte den

12 73 Js 26.218/85 – 912 Ls (nicht veröffentlicht)

Busen. Er griff auch an die Hand von Frauen und führte sie an sein erigiertes Glied. Häufig äußerte er sexuell abfällige Bemerkungen. In einem Fall drückte er eine Zeugin gegen den Schrank, hob ihr das T-Shirt hoch und versuchte den nackten Busen zu küssen. In einem anderen Fall öffnete er unvermittelt die Schleifen der Träger eines Kleides, so daß das Oberteil des Sommerkleides herabfiel. Hierbei küßte er die Zeugin auf die Brust. Insgesamt hatte der Täter mehrere Frauen mindestens über 1 Jahr sexuell, körperlich und verbal attackiert. Er wurde vom Amtsgericht Frankfurt zu einer Gesamtfreiheitsstrafe von 10 Monaten verurteilt, die zur Bewährung ausgesetzt wurde. Das Gericht führte aus, daß der Tatbestand des § 185 StGB (Beleidigung) verbal und tätlich erfüllt sei, insbesondere durch das kurze Anfassen des Busens. Es sah außerdem den Tatbestand der sexuellen Nötigung im Sinne des § 178 StGB für gegeben an. Allerdings handele es sich um „minderschwere Fälle". Die aufgewendete Gewalt sowie die Beeinträchtigung der sexuellen Selbstbestimmung seien relativ gering. Jedoch müssen die Erschwerungen der Wiederholung und der Ausnutzung des Arbeitsverhältnisses sowie das zum Teil ambivalente Verhalten der Zeuginnen berücksichtigt werden. Das Gericht wies bei einer Zeugin ausdrücklich auf die „relativ niedrige Vergütungsgruppe" hin und darauf, daß sie als alleinerziehende Frau ihren Lebensunterhalt sowie denjenigen ihres Sohnes bestreiten müsse.

6.2.4. Der Umfang des strafrechtlichen Schutzes

6.2.4.1. Die Auslegung der Straftatbestände

6.2.4.1.1. Der Gewaltbegriff

Obwohl die Sexualstraftatbestände suggerieren, es sei ihre Funktion, die sexuelle Selbstbestimmung der Frauen vor derartigen Übergriffen zu schützen, wird das Sexualstrafrecht dieser Funktion nicht gerecht. Eine wesentliche Ursache dafür ist die einschränkende Interpretation des Gewaltbegriffes. Sowohl § 174 als auch 178 StGB stellen sexuelle Handlungen, nämlich den Beischlaf in § 177 und andere sexuelle Handlungen im § 178 dann unter Strafe, wenn der Täter mit „Gewalt oder durch Drohung mit gegenwärtiger Gefahr für Leib oder Leben" vorgeht. Nach der Rechtssprechung des Bundesgerichtshofs gehört zu dem Gewaltbegriff der §§ 177, 178 StGB, daß der Täter körperliche Kraft zur Überwindung eines Widerstandes ausübt.[13] Ein Zwang, der nur als seelischer Zwang empfungen wird, soll nicht ausreichend sein. Die unterschiedliche Interpretation des Begriffs Gewalt bei dem allgemeinen Nötigungstatbestand des § 240 StGB und bei den Tatbeständen der §§ 177 f. ist wiederholt scharf kritisiert worden (Schapira 1977, 221; Rössner 1983, 527 ff; Keller 1984, 109). Während beispielsweise im Fall eines Sitzstreikes als Nötigungsmittel bereits die psychische Einwirkung der Streikenden auf den Genötigten als Nötigungsmittel für ausreichend angesehen wird (z. B. durch lautes Schreien, Johlen oder einfaches Blockieren)[14], setzt der Gewaltbegriff der §§ 177 ff StGB erhebliche körperliche Gegenwehr des Opfers voraus (Schapira 1984, 235). Keine körperliche Gewaltanwendung soll bei einem Festhalten im Auto vorlie-

---

13 vgl. im einzelnen StGB-Leipziger Kommentar, Berlin/New York, 10. Auflage 1988, zu § 177 StGB, Rdn. 4 ff. (m. w. Nachw.);
Schönke-Schröder, StGB-Kommentar, 23. Auflage, München 1988, zu § 177, Rdn. 4 (m. w. Nachw.)

14 Schönke-Schröder, StGB-Kommentar, 23. Auflage zu § 240 StGB, Rdn. 4 ff. (m. w. Nachw.)

gen, oder wenn es dem Täter gelingt, einer nach einer Vergewaltigung bereits erschöpften Frau die Beine ohne größere Kraftanwendung zu spreizen.[15] Damit wird fraglich, ob bestimmte Formen der Freiheitsbeeinträchtigung, zum Beispiel das Einschließen eines Menschen, die Fahrt an abgelegene Stellen, die erhebliche körperliche Überlegenheit des Täters oder die Blockaden von Fluchtmöglichkeiten als „Gewalt" ausreichen, wenn die Frau auf Widerstand verzichtet, weil die Gegenwehr als zwecklos eingeschätzt wird. Die Vorstellung, daß ein ernster Widerstandwillen vorhanden sein muß, beruht letztlich auf der vulgären alltagspsychologischen Einschätzung, daß ein „nicht ernst gemeintes Sträuben" in der sexuellen Kommunikation zwischen Männern und Frauen bei Frauen als „normal und üblich" angesehen werden muß.[16]

6.2.4.1.2. Die Täter/Opfer-Perspektive

Die Auffassung, daß Mädchen und Frauen nur zum „Schein" sexuelle Kontakte verweigern, sich gerne „zieren", daß sie, wenn sie „nein" sagen, eigentlich „ja" meinen – wird unter anderem auch darin deutlich, daß selbst bei brutalen Vergewaltigungen die Täter behaupten, das Opfer habe nur zum Schein Widerstand geleistet und sei in Wirklichkeit mit der Vergewaltigung einverstanden. Schneider beziffert diese Fälle auf mehr als 50 % (Schneider 1987, 591).

Der Bundesgerichtshof unterstützt diese Täter-Sichtweise. In einem Urteil vom 25. 9. 1962[17] – dem Fall eines „vernarrten jungen Kroaten" – hält das Gericht die Vergewaltigung für „menschlich irgendwie verständlich" und führt aus: „Gehen einem Notzuchtverbrechen eine längere Bekanntschaft und ein häufig gestattetes Zusammensein voran, so ist die Strafzumessung fehlerhaft, wenn der Tatrichter die Erörterung unterläßt, ob diese besonderen Gründe die Tat in einem mildernden Licht erscheinen lassen." Obwohl

15 BGH, NJW 1981, 2204; BGH, MDR 1985, 949 f.

16 vgl. Leipziger Kommentar, zu § 177, Rdn. 8

17 BGH, Urteil vom 25. 9. 1962 – 1 StR 336/62, MDR 1963, 62

das Mädchen in diesem Fall den Geschlechtsverkehr nicht geduldet hatte, habe sie – so der BGH – „unbewußt mit dem Feuer gespielt". Das Landgericht Saarbrücken kommt in einem Urteil vom 17. 12. 1980[18] zu dem Ergebnis: „Ein minderschwerer Fall der Vergewaltigung kommt namentlich dann in Betracht, wenn das Opfer dem Täter Anlaß zur Tat gegeben hat. Maßgebend ist dabei, wie der Täter das Geschehen beurteilen durfte." Im Ergebnis unterstützt eine derartige Rechtsprechung die Auffassung, daß es auf den Willen der Frau nicht ankomme. Da ein „Anlaß zur Tat" sich vor allem für den Täter dann ergeben wird, wenn Täter und Opfer bekannt sind – dies sind die häufigsten Vergewaltigungsfälle – und der Täter dies immer aus irgendwelchen Indizien herauslesen kann, bedeutet diese Rechtsprechung eine ganz erhebliche Einschränkung des strafrechtlichen Schutzes.

6.2.4.1.3. Sexuelle Handlungen von „einiger Erheblichkeit"

Sowohl für die Tatbestände des § 174 StGB (sexueller Mißbrauch von Schutzbefohlenen) als auch für § 178 StGB ist Voraussetzung, daß sexuelle Handlungen begangen werden, die „im Hinblick auf das jeweils geschützte Rechtsgut von einiger Erheblichkeit sind" (§ 184 c Ziffer 1 StGB). Dabei sollen sexuelle Handlungen von „groben Takt- und Geschmacklosigkeiten" abgegrenzt werden.[19] Im einzelnen ist umstritten, welche sexuellen Handlungen als „von einiger Erheblichkeit" angesehen werden sollen. Auch hier herrscht jedoch die Tendenz vor, diesen Begriff eher einschränkend auszulegen. So sieht der Bundesgerichtshof in dem „massiven Anfassen der Brust eines Mädchens über den Kleidern"[20] ebensowenig eine sexuelle Handlung wie in einem „leidenschaftlichen Zungenkuß",[21] bei dem der Täter mit beiden Händen den Kiefer des Opfers auseinandergehalten hatte. Auch andere „sexuelle Zudringlichkeiten" wie ein flüchtiger Griff an die Außenseite des Oberschen-

18 LG Saarbrücken, Urteil vom 17. 12. 1980 – 5- II 50(80 IV, NStZ 1981, 222

19 Schönke-Schröder, 23. Auflage, zu § 18 c StGB, Rdn. 10

20 siehe FN. 29

21 Urteil vom 18. 12. 1962 – 5 StR 522/62, BGH St 18,169

kels, das Umfassen der Hüfte oder Streicheln des Körpers ohne Berührung des Geschlechtsteils, sowie das Küssen auf Gesicht und Hals sollen nach der Rechtssprechung nicht von einiger Erheblichkeit sein.[22] Als „erheblich" wurde dagegen der „überfallartige Griff auf das Geschlechtsteil oberhalb des Körpers[23] und das gewaltsame Berühren der Brust unter dem Büstenhalter angenommen.

Im Hinblick auf das „geschützte Rechtsgut", die sexuelle Selbstbestimmung der Frau, sind diese Einschränkungen nicht gerechtfertigt.

Wird von vornherein bereits durch eine einschränkende Auslegung verneint, daß „sexuelle Handlungen" im Sinne der §§ 174 und 178 StGB vorliegen, so entfällt von vornherein der Straftatbestand und zwar unabhängig davon, ob „Gewalt oder Drohung mit gegenwärtiger Gefahr für Leib oder Leben" ausgeübt (§ 178 StGB) oder ob das Ausbildungs-, Dienst- oder Arbeitsverhältnis mißbraucht wird (§ 174 StGB). Eine etwas weitergehende Interpretation der „sexuellen Handlung" findet sich allerdings in den Urteilen des Landgerichts Hannover vom 9. Januar 1989 und des Amtsgerichts Frankfurt vom 28. April 1989. Beide Gerichte sehen in den vorgenommenen sexuellen Handlungen allerdings „relative geringe Beeinträchtigungen der sexuellen Selbstbestimmung" (Amtsgericht Frankfurt), die „an der unteren Grenze der Erheblichkeit nach § 184 c StGB" liegen sollen (Landgericht Hannover vom 9. Januar 1989).[25]

22 Leipziger Kommentar, zu § 184 c StGB, Rdn. 10

23 zitiert bei Dallinger, Wilhelm, Aus der Rechtsprechung des Bundesgerichtshofs in Strafsachen, MDR 1974, 544

24 OLG Koblenz, Urteil vom 24. 1. 1974 – 1 Ss 251/73, NJW 1974, 870

25 siehe 6.2.3.5. und 6.6.3.7

6.2.4.1.4. Die Sexualbeleidigung

Wird sowohl das Tatbestandsmerkmal „sexuelle Handlung" als auch der Gewaltbegriff restriktiv ausgelegt, so entsteht das Bedürfnis, zu mißbilligende Verhaltensweisen zumindest unter den Tatbestand der Beleidigung (§ 185 StGB) zu subsumieren. Die Rechtsprechung hat angenommen, daß zu dem geschützten Rechtsgut des § 185 StGB auch die Geschlechtsehre gehört und den Begriff der „Sexualbeleidigung" geprägt.[26] Diese Rechtsprechung wurde jedoch zunehmend kritisiert. § 185 StGB dürfe kein „Auffangtatbestand" mit „lückenfüllender Aufgabe" werden.[27] Im übrigen sei es falsch, Scham- und Ehrverletzungen gleichzusetzen. Der strafrechtliche Schutz werde „vielfach überdehnt". Ein an und für sich nicht mehr strafbares Verhalten dürfte nicht durch die „Hintertür" als Sexualbeleidigung nunmehr doch noch strafbar sein. Ritze[28] geht noch weiter: Er sieht in sexuell unerwünschten Handlungen keine Mißachtung, sondern „das Gegenteil": Eine solche Handlung bedeute nämlich, daß der Täter „den anderen beachtet und in sexueller Hinsicht als seiner wert erachtet". Damit werden sexuell unerwünschte Handlungen – konsequent aus der Täterperspektive betrachtet – zum Ausdruck besonderer Wertschätzung.[29] In zwei neuen Urteilen hat sich der Bundesgerichtshof diese Sichtweise zu eigen gemacht: „Ein Angriff auf die sexuelle Selbstbestimmung erfüllt nur dann den Tatbestand der Beleidigung, wenn nach den gesamten Umständen in dem Verhalten des Täters zugleich eine – von ihm gewollte – herabsetzende Bewertung des Opfers zu sehen ist." Dazu sei das „Vorliegen besonderer Umstände" notwendig, die über die sonst mit der sexuellen Handlung regelmäßig verbundenen Beeinträchtigung hinaus einen Angriff auf die Geschlechtsehre des Tatopfers enthalten müsse. In einem Fall, der dem Urteil vom 15. März 1989 zugrunde lag, hatte ein Arzt in seiner Praxis mit einer Patientin geschlechtlich

---

26 vgl. BGH 1, 289; AG Hamburg, NJW 1980, 2592; OLG Düsseldorf, Urteil vom 21. 10. 1976 – 1 Ss 1095/76

27 vgl. Schönke-Schröder, zu § 185 StGB, Rdn. 4 m. w. Nachw.

28 Ritze, Klaus, Die „Sexualbeleidigung" nach § 185 StGB und das Verfassungsgebot „nulla poena sine lege", JZ 1980, 91

29 BGH, Urteil vom 15. 3. 1989 – 2 StR 662/88, NJW 1989, 3028; BGH, Urteil vom 25. 7. 1989 – 1 StR 95/89, NJW 1989, 3029

verkehrt und ihr die Beine auseinander gedrückt, obwohl sie klar zu verstehen gegeben hatte, daß sie den Geschlechtsverkehr nicht wollte. Bei dieser Fallkonstellation verstände es sich „nicht von selbst", daß der Angeklagte sein Opfer im Sinne von § 185 StGB herabsetzend bewertet habe. In seinem Handeln kam – so der BGH – zum Ausdruck, daß er seine Patientin als psychisch kaum widerstandsfähig, der Situation nicht gewachsen, sowie vor Schreck und Erstaunen zu einer Gegenwehr nicht fähig einschätzte und dies ausnützte. Die genannte zustreffende Bewertung der Frau und die Ausnutzung ihrer Schwäche sei jedoch nicht als Beleidigung zu werten. Konsequenz dieser Rechtsprechung ist, daß dem Täter nachgewiesen werden muß, daß er neben seiner sexuellen Befriedigung sein Opfer herabsetzen wollte (Kiel 1989, 3003). Ein großer Teil sexuell unerwünschter Übergriffe die nach den einschränkenden Auslegungen der § 174 und § 178 immerhin noch als Beleidigungen bestraft werden konnten, fallen demnach nunmehr aus dem Strafrechtschutz heraus.

6.2.4.2. Die besonderen Bedingungen des Arbeitsverhältnisses

Sexuelle Übergriffe am Arbeitsplatz und im Rahmen eines Arbeitsverhältnisses tangieren nicht nur die Rechte der Frauen auf sexuelle Selbstbestimmung. Sie gefährden immer auch einen weiteren zentralen Bereich weiblicher Existenz, nämlich die Möglichkeit, durch außerhäusliche Erwerbsarbeit den Lebensunterhalt zu sichern. Die angeführten Beispielfälle aus der Rechtsprechung zeigen, daß Frauen vielfach aus Angst vor dem Verlust des Arbeitsplatzes oder einer Verschlechterung ihrer Arbeitsbedingungen gegen sexuelle Übergriffe nicht adäquat wehren können. Mit Recht hebt Rössner (1983, 527 ff) hervor, daß der strafrechtliche Schutz dort einsetzen müsse, wo geringe Selbstschutzmöglichkeiten bestehen, d. h. die Frau sich gegen eine mögliche Verletzung der geschlechtlichen Selbstbestimmung nicht ausreichend wehren kann. Gesetzgeber, Rechtsprechung und Kommentarliteratur vernachlässigen diesen Aspekt jedoch fast vollständig. Vor dem Hintergrund, daß immer mehr Frauen erwerbstätig sind, daß Sexualdelikte vor allem bei einer Bekanntschaft von Tätern und Opfern vorkommen und daß die Abhängigkeitssituation in Arbeitsverhältnissen besonders groß ist, stellt diese Mißachtung eine erhebliche Lücke des strafrechtlichen Schutzes dar. Lediglich in § 174 StGB werden bei Mädchen unter 16 Jahren sexuelle Handlungen im Rahmen des Ausbildungsverhältnisses, bei Mädchen unter 18 Jahren zusätzlich im Rahmen des Dienst- oder Arbeitsverhältnisses, unter Strafe gestellt. Voraussetzung ist allerdings, daß ein Mißbrauch der Ausbildungs- oder Dienst- und Arbeitssituation gegeben ist. Auch dieses Tatbestandsmerkmal legt die Rechtsprechung und die Kommentarliteratur einschränkend aus. Der Bundesgerichtshof definiert:[30] „Von einem Mißbrauch der Abhängigkeit muß dann gesprochen werden, wenn der Täter seine Macht gegenüber dem Schutzbefohlenen und die auf ihr beruhende Abhängigkeit zu sexuellen Handlungen ausnützt. Beiden Teilen muß dabei der Zusammenhang des Abhängigkeitsverhältnisses, mit den sexuellen Handlungen bewußt sein." Ein Mißbrauch der Abhängigkeit soll dann vorliegen, wenn der „Täter Gewalt gegen den Jugendlichen in der Erwartung anwendet, dieser werde ihn wegen der vorhandenen Abhängigkeit nicht zur Anzeige bringen. Die Macht und Überlegenheit des Täters müsse in einer für den Jugendlichen erkennbaren Weise als Mittel eingesetzt werden, um sich diesen gefügig zu machen.[31] Nicht ausreichend soll es sein, wenn der Täter lediglich durch Versprechungen von Vorteilen zum Ziel kommt (z. B. Versprechen von Gehaltserhöhungen). Hier benutze er die Abhängigkeit nicht.[32] Die Fälle, in denen ein „Mißbrauch der Abhängigkeit" nicht vorausgesetzt wird, nämlich bei Mädchen unter 16 Jahren in Ausbildungsverhältnissen, sind in der Praxis durch die längere Berufsausbildung der Jugendlichen selten. Bei Mädchen und Frauen über 18 Jahren gibt es keine gesonderten Tatbestandsmerkmale, die die Abhängigkeitsverhältnisse im Rahmen von Ausbildungs- und Arbeitsverhältnissen berücksichtigen. Vorgesetzte, Arbeitgeber und Kollegen, die die besonders abhängige Situation der Frauen im Rahmen von Ausbildungs- und Arbeitsverhältnissen ausnutzen, können – wenn die entsprechenden Vorausetzungen gegeben sind – lediglich nach den allgemeinen Strafvorschriften, insbesondere § 177 und 178 StGB bestraft werden. In einigen der zitierten Beispielsfälle haben allerdings die Gerichte die besondere Abhängigkeitssituation der

---

30 BGH, Urteil vom 4. 4. 1979 – 3 StR 98/79, BGH St 28, 365(367)

31 Leipziger Kommentar, zu § 174 StGB, Rdn. 16

32 Schönke-Schröder, zu § 174 StGB, Rdn. 14

Frauen, ihre Furcht vor Arbeitslosigkeit oder die negativen Folgen für die Arbeitssituation (lange Arbeitslosigkeit) als erschwerende Umstände strafverschärfend bewertet (vgl.insbesondere Urteil des Landsgerichts Hannover vom 9. 1.1989)[33].

6.2.4.3. Strafprozessuale Probleme

6.2.4.3.1 Das Ermittlungsverfahren

Sexualdelikte sind sogenannte Offizialdelikte. Die Staatsanwaltschaft hat ein Ermittlungsverfahren einzuleiten, sofern „zureichende tatsächliche Anhaltspunkte vorliegen" (§ 152 StPO). Die Einleitung eines Ermittlungsverfahrens ist demnach nicht davon abhängig, ob die betroffene Frau selbst Strafanzeige erhebt. Anhaltspunkte für das Vorliegen eines Deliktes können auch auf andere Art und Weise an die Staatsanwaltschaft gelangen (z. B. durch Anzeigen der Ärzte, Informationen des Betriebs- oder Personalrats, Hinweise von Zeugen u. ä.).

Auch vertrauliche Anzeigen sind zulässig (Kleinknecht/Meyer 1989). Allerdings wird es nicht zur Klageerhebung kommen, wenn keine aussagewilligen Zeuginnen oder Zeugen vorhanden sind.

Stellt die Staatsanwaltschaft das Ermittlungsverfahren wegen Geringfügigkeit oder gegen bestimmte Auflagen, z. B. Wiedergutmachung des Schadens oder Zahlung eines Geldbetrages (§ 153 und 153a StPO) ein, so kann die Geschädigte binnen zwei Wochen nach Erhalt des Bescheides dagegen Beschwerde einlegen und gegebenenfalls ein Klageerzwingungsverfahren einleiten (§ 172 StPO). Ein Klageerzwingungsantrag muß von einem Anwalt gestellt werden. Auch die Akteneinsicht wird grundsätzlich nur Rechtsanwälten gewährt. Dies bedeutet, daß bei Schwierigkeiten im Ermittlungsverfahren bereits die Einschaltung von Rechtsanwältinnen notwendig ist, obwohl in diesem Stadium nicht klar ist, ob es zu einer Verurteilung kommt und ob deshalb die Anwaltskosten ersetzt werden (§ 465 StPO).

---

33 46 b 57/88, n. rk., Streit 1989, 74 ff.

6.2.4.3.2. Die Nebenklage

Wird die öffentliche Klage erhoben, so hat die Verletzte die Möglichkeit, als Nebenklägerin sich dem Verfahren anzuschließen. Die Nebenklage bedeutet, daß die Geschädigte nicht mehr lediglich den Status einer Zeugin hat. Sie ist neben der Staatsanwaltschaft in der Lage, Einfluß auf den Gang des Verfahrens zu nehmen. Es können eigene Beweisanträge gestellt werden. Beim Vorliegen der Voraussetzungen kann der Verletzten auch Prozeßkostenhilfe bewilligt werden. Bei der Hauptverhandlung steht ihr ein eigenes Fragerecht zu, welches sie selbst ausüben bzw. über ihre Vertreterin ausüben lassen kann. Es können Anträge zum Ausschluß der Öffentlichkeit bzw. zum Abtreten des Angeklagten während der Aussage der Nebenklägerin gestellt werden. Es hat sich gezeigt, daß die Möglichkeit der Nebenklage und die konsequente Durchsetzung der Rechte der Nebenklägerin dazu geführt hat, daß die Stellung des Opfers teilweise verbessert werden konnte. Insbesondere wurde bei den Prozeßbeteiligten ein Bewußtsein für die Probleme der Geschädigten erweckt.

Durch das Erste Gesetz zur Verbesserung der Stellung des Verletzten im Strafverfahren vom 18. Dezember 1986 (Opferschutzgesetz), welches im wesentlichen Änderungen der Strafprozeßordnung und des Gerichtsverfassungsgesetzes enthält, wurden die o. g. Rechte der Nebenklägerin gefestigt. So wurde insbesondere die Möglichkeit des Ausschlusses der Öffentlichkeit während der Hauptverhandlung erweitert. Der Ausschluß der Öffentlichkeit ist nur mit Zustimmung des Opfers zulässig. Wesentliche Verbesserungen der Situation des Opfers hat dieses Gesetz jedoch nicht gebracht. Das bisher bestehende Recht zur Einlegung eines Rechtsmittels wegen der im Urteil ausgesprochenen Rechtsfolgen der Tat wurde sogar abgeschafft. Nach wie vor trägt das Opfer das Risiko, daß eine Verurteilung des Täters nicht erfolgt und daß die Anwaltskosten von ihr selbst getragen werden müssen.

6.2.4.3.3. Die Beweissituation

Leugnet der Täter die Tat, so kann sie im allgemeinen nur durch die Aussage der betroffenen Frau nachgewiesen werden. Sie muß damit rechnen, daß sie mehrfachen Anhörungen bei der Polizei, bei der Staatsanwaltschaft und eventuell beim Ermittlungsrichter ausgesetzt ist. Ist sie alleinige Tatzeugin, wird möglicherweise ein Glaubwürdigkeitsgutachten über sie erstellt. In der jeweiligen Hauptverhandlung muß sie die Tat minutiös – in Gegenwart des Täters – schildern. Es besteht auch die Möglichkeit, daß eine zweite oder gar dritte Hauptverhandlung durchgeführt wird, wenn der Täter verurteilt wird und hiergegen Rechtsmittel eingelegt werden.

Hinzu kommt, daß die Atmosphäre im Gericht häufig von frauenfeindlichen Vorurteilen geprägt ist, z. B. durch die Einschätzung, Frauen seien durch ihr Verhalten oder durch ihr Vorleben an Sexualtaten „selbst schuld" oder sie handelten vielfach aus Rachsucht (Schliermann/Enders/ Dörsch 1989; Abel 1988).

Nutzt dann noch die Verteidigung des Angeklagten ihr Fragerecht offensiv aus und verlagert den Prozeß so, „daß das Opfer zum Täter wird" (Laubach 1985, 105), wird die Situation besonders belastend.

6.2.4.4. Bewertung des strafrechtlichen Schutzes

Die Durchführung der Strafverfahren und die Angst vieler Frauen vor diesen Verfahren hat nicht nur eine erhebliche Dunkelziffer bei Sexualdelikten zur Folge. 50 % der Frauen, die einmal eine Anzeige gestellt haben, erklären, daß sie nie mehr eine Anzeige stellen würden (Laubach 1985, 110). Neben den psychischen und physischen Belastungen eines Prozesses muß dabei auch noch berücksichtigt werden, daß sich ein solches Verfahren über einen längeren Zeitraum (u. U. über mehrere Jahre) hinstrecken kann.

Die Probleme, die sich aus den materiell-rechtlichen Einschränkungen, den strafprozessualen Problemen und den Kostenbelastungen für die Verletzte ergeben, verschärfen sich, wenn sich die Tat im Rahmen eines Arbeitsverhältnisses abspielt. Täter und Opfer kennen sich in diesem Fall und müssen möglicherweise weiterhin zusammen arbeiten. Handelt es sich um Vorgesetzte, so ist der Arbeitsplatz ganz besonders gefährdet. Da ein solches Strafverfahren in der Regel auch auf erhebliches öffentliches Interesse stößt und der Täter meistens einflußreicher und mächtiger ist, ist die Weiterbeschäftigung der Frauen im hohen Umfang gefährdet. Es wundert daher nicht, daß Frauen – wenn überhaupt – Strafanzeigen erst dann stellen, wenn das Arbeitsverhältnis beendet oder der Täter aus dem Betrieb ausgeschieden ist.

Ist ein Ermittlungsverfahren durch die Strafanzeige eingeleitet, so wird die Strafverfolgungsbehörde kraft ihres gesetzlichen Auftrags tätig. Sie kann deshalb auch dann weiter ermitteln, wenn die Frau die Anzeige zurückzieht. Um so wichtiger ist es, daß sie gründlich darüber nachdenkt, ob sie eine Anzeige erstattet. Allerdings wird eine verzögerte Anzeigenerstattung häufig auch zu ihrem Nachteil gewertet.

Ist die Frau die einzige Tatzeugin, so muß sie immer damit rechnen, daß der Täter mit einer Verleumdungsklage gemäß § 186 StGB reagiert. Allerdings sind Verurteilungen wegen des Verstoßes gegen § 186 StGB sehr selten. Es ist davon auszugehen, daß die Gegenstrafanzeige vor allem als Druckmittel eingesetzt wird.

In NRW und in verschiedenen Städten der Bundesrepublik (z. B. Bremen und Dortmund) hat die Staatsanwaltschaft Sonderdezernate zur Bekämpfung von Sexualstraftaten eingerichtet und berichtet über gute Erfolge. Durch gezielte Auswahl, Fortbildung und Information der eingesetzten Staatsanwälte und Staatsanwältinnen werden die Ermittlungen zügiger und angemessener durchgeführt. Auch der Umgang mit den Opfern ist verbessert worden. NRW berichtet, daß die Quote der Anklageerhebung erheblich gesteigert werden konnte und nunmehr bei fast 50 % liegt.[34]

34 Frankfurter Rundschau vom 9. 2. 1990

6.2.5. Kritik und Reformvorschläge

6.2.5.1. Materielles Recht

Die grundlegende Stellung der Frauen im Erwerbsleben hat sich seit der Diskussion um die Neufassung des § 174 um 1900 nicht grundlegend geändert (Quanter 1970). Frauen arbeiten nach wie vor in untergeordneten schlecht bezahlten beruflichen Positionen. Ihre Erwerbsarbeitssituation mit ihren zuarbeitenden, dienenden und unterstützenden Aufgaben gegenüber männlichen Arbeitnehmern und Vorgesetzten orientiert sich an ihrer Aufgabenstellung im Rahmen der Ehe, wie die Gesellschaft sie ihr zuweist. Im Gegensatz zu den Arbeitsverhältnissen zwischen Arbeitgebern und männlichen Arbeitnehmern spielt die Körperlichkeit von Frauen im Rahmen der Arbeitssituation eine erhebliche Rolle. In vielen Berufen wird auf das Aussehen und die Erscheinung von Frauen besonderer Wert gelegt. Bei Frauen wird nicht nur die Arbeitsleistung, sondern auch der Körper zu einem wichtigen Bestandteil des Arbeitsverhältnisses. Die geschlechtshierarchische Aufgabenteilung im Erwerbsleben heißt unter diesen Umständen auch immer, daß Frauen umfassend „verfügbar" sein sollen; sie sollen sich flexibel auf die Bedürfnisse ihrer meist männlichen Vorgesetzten und Kollegen einstellen, sie sollen in ihrer Erscheinung und in ihrem Auftreten auch ein bestimmtes Frauenbild verkörpern. Daß unter diesen Umständen auch die sexuelle Verfügbarkeit von vielen Vorgesetzten als Bestandteil des Arbeitsverhältnisses betrachtet wird, überrascht nicht. Schutzbedürftig sind jedoch nicht nur Mädchen in Ausbildungssituationen oder unter 18 Jahren. Solange es betriebliche Geschlechtshierarchien gibt, sind alle Frauen gefährdet, die sich in einer beruflichen Abhängigkeitssituation zu Männern befinden. Während die Notwendigkeit, die Straftatbestände der §§ 177 und 178 StGB auf eheliche Verhältnisse auszudehnen, intensiv diskutiert wird,[35] findet eine vergleichbare Diskussion über die Ausdehung der Straftatbestände auf Arbeitsverhältnisse bislang nicht statt. Die enge Verknüpfung zwischen sexuellen Übergriffen im Rahmen von Arbeitsverhältnissen

35 vgl. die Zusammenstellung der Reformvorschläge bei Frommel, Monika, Das klägliche Ende der Reform der sexuellen Gewaltdelikte, ZRP 1988, 233 (239), siehe auch Reformvorschläge der GRÜNEN vom 7. 9. 1989, GT 11/5153, Streit 1989, 130

und Existenzgefährdung macht es jedoch notwendig darüber zu diskutieren, ob die Tatbestände der §§ 177 und 178 nicht dahingehend erweitert werden sollen, daß auch diejenigen bestraft werden, die im Rahmen eines Ausbildungs- oder Dienst- oder Arbeitsverhältnisses unter Mißbrauch der damit verbundenen Abhängigkeit Personen (unabhängig von der Altersgrenze) zum Beischlaf oder zu sexuellen Handlungen nötigen.

Eine solche Forderung wird sich dem Verdacht aussetzen, daß sie die „Erotik am Arbeitsplatz" gefährdet und eine neue, prüde Sexualmoral in Betrieben und Verwaltungen einführen will (Lautmann 1984). Hier sollte noch einmal der Gedanke betont werden, den Rössner (1983, 531) besonders herausgestellt hat, daß nämlich der strafrechtliche Schutz dort erforderlich ist, wo das Rechtsgut, die sexuelle Selbstbestimmung, intensiv gefährdet ist und nur geringe Selbstschutzmöglichkeiten vorhanden sind. Die Abgrenzung zwischen selbstbestimmter sexueller Kommunikation und unerwünschten sexuellen Übergriffen ist im übrigen bei sämtlichen Sexualdelikten ein Problem. Es kann letztlich nur dann befriedigend gelöst werden, wenn statt der Täter- die Opferperspektive eingeführt und der Willen des Opfers ernst genommen wird, also letztlich aggressives Sexualverhalten nicht gleichgesetzt wird mit dem, was Frauen „ohnehin wünschen".

Schon Quanter (1970, 208) hat sich mit dem Einwand auseinander gesetzt, viele Angestellte würde nach Beendigung des Arbeitsverhältnisses oder aber „aus Rache" nach Beendigung eines Liebesverhältnisses ihren Arbeitgeber anzeigen. Dieser Einwand, der grundsätzlich bei allen Sexualdelikten eine Rolle spielt, ist inzwischen durch detaillierte Untersuchungen widerlegt worden. Der Anteil der Falschbeschuldigungen ist nicht häufiger als bei allen anderen Delikten (Schneider 1987).

Daß der Gewaltbegriff bei Vergewaltigungen weitaus restriktiver interpretiert wird als z. B. bei politischen Nötigungsdelikten und daß damit die Rechtsprechung den Eindruck erweckt, sie messe, wenn es um Frauen ginge, mit zweierlei Maß, ist von einer Reihe von Autoren und Autorinnen immer wieder kritisiert worden (Rössner 1983). Narr (1985, 158) sieht darin einen Verstoß gegen Artikel 1 und Artikel 2 Grundgesetz. Er fordert, gemäß einem grundrechtlich weiten Integritätsbegriff den Begriff der Gewalt weit zu fassen. Die Erweiterung der strafbaren Gewalt hätte außerdem die Funktion, die Glaubwürdigkeit der Frauen anzuerkennen und Gewaltanwendung als Ausdruck gesellschaftlicher Machtbeziehungen strikt zu verbieten. Darauf hat vor allem Schapira (1977, 241) hingewiesen. Rössner (1983, 535) schlägt in Anlehnung an Horn folgende Definition vor: „Als Gewalt im Sinne der §§ 177, 178 StGB genügt jedes Verhalten des Täters, das bestimmt und geeignet ist, die physischen oder psychischen Voraussetzungen des Opfers zu beeinträchtigen, deren dieses bedarf, um sich dem sexuellen Ansinnen des Täters verweigern zu können."

Insgesamt ist allen Reformvorschlägen zu den Sexualdelikten gemeinsam, daß sie den Gedanken des Opferschutzes (Däubler-Gmelin 1985, 70) stärker in den Vordergrund rücken wollen; dazu gehört vor allem auch, daß die Frage überprüft wird, wann eine sexuelle Handlung unter dem Gesichtspunkt der sexuellen Selbstbestimmung „erheblich" ist, daß überprüft wird, ob die Differenzierung zwischen § 177 und 178 in bezug auf die Strafsanktion gerechtfertigt ist und daß die Problematik des „minderschweren Falles" nicht aus der Täter-, sondern aus der Opferperspektive heraus diskutiert wird. Vor allem muß intensiver gefragt werden, welche Schäden Sexualdelikte für die betroffenen Frauen nach sich ziehen (Flothmann/Dilling 1987).

Bei sexuellen Übergriffen am Arbeitsplatz ist vor allem die einschränkende Rechtssprechung zu dem Problem der Sexualbeleidigung hemmend für eine strafrechtliche Verfolgung. Sexuelle Übergriffe, die auf den Willen der Frauen keine Rücksicht nehmen, beinhalten immer, daß der Täter die Entscheidungsfreiheit der Frau und ihr Recht auf sexuelle Selbstbestimmung nicht zur Kenntnis nimmt und mißachtet. Derartige Übergriffe sind frauenverachtend und frauenfeindlich. Sie stellen ebenso Beleidigungen dar wie rassistische Äußerungen und Verhaltensweisen.

Beziehen sich die Beleidigungen und verachtenden Äußerungen auf Frauen allgemein, so muß auch eine Bestrafung nach § 130 StGB geprüft werden.

6.2.5.2. Strafprozessuale Forderungen

Zu der Frage, wie der Rechtsanspruch der Frauen auf sexuelle Selbstbestimmung auch im Rahmen des Strafprozesses besser durchgesetzt werden kann, sind eine Reihe von Überlegungen und Forderungen entwickelt worden:

Gefordert wird, eine kostenlose anwaltliche Vertretung der betroffenen Frau von Anfang an sicherzustellen (Däubler-Gmelin 1985, 74; Laubach 1985, 116), mehr Frauen als Richterinnen und Staatsanwältinnen an dem Verfahren zu beteiligen (Däubler-Gmelin 1985, 100) und das Beweisrecht zu verändern. Morgenthal (1985, 102) schlägt insbesondere eine Einschränkung des Fragerechts der Verteidigung vor. Sie weist darauf hin, daß bereits im geltenden Recht eine Vorschrift zum Schutz der Zeugen in § 68 StPO existiert und schlägt die Einfügung eines Absatzes 3 vor, der der besonderen Situation der Zeugin in einem Vergewaltigungsprozeß Rechnung tragen soll. Dieser Absatz 3 sollte nach ihrem Vorschlag zum Inhalt haben, daß Beweisanträge und Fragen zum sexuellen Vorleben einer Zeugin, die angibt, Opfer einer Straftat gegen die sexuelle Selbstbestimmung geworden zu sein, unzulässig sind und nur dann als zulässig angesehen werden, wenn die Beweisanträge inhaltlich in einem konkreten Zusammenhang zur Tat stehen (Morgenthal 1985, 102). Diese Vorschläge sind von den Grünen aufgegriffen worden. Sie schlagen entsprechende Änderungen der Strafprozeßordnung vor.[36]

Es ist sicherlich richtig, daß das Strafrecht allein das Problem der sexuellen Übergriffe im Rahmen von Arbeitsverhältnissen nicht lösen kann. Dazu wird es vor allem notwendig sein, die geschlechtshierarchische Arbeitsteilung im Betrieb zu beseitigen und Strategien zu entwickeln, wie die Verfügungsgewalt über Frauen beseitigt und umfassende Persönlichkeitsrechte, zu denen auch das Recht auf sexuelle Selbstbestimmung gehört, durchgesetzt werden können. Andererseits ist im gegenwärtigen Stadium der Geschlechterbeziehungen sexuelle Gewalt nach wie vor an der Tagesordnung. Auf das Strafrecht zur elementaren Sicherung der Rechte der Frauen kann nicht verzichtet werden. Um den strafrechtlichen Schutz zu gewährleisten, sind zusammenfassend folgende Forderungen zu stellen:

---

36 Reformvorschläge der GRÜNEN vom 7. 9. 1989, GT 11/5153, Streit 1989, 130

– die Aufnahme des Tatbestandmerkmals „unter Mißbrauch der Abhängigkeit im Rahmen eines Dienst- oder Arbeitsverhältnisses" in die §§ 177, 178 StGB,

– die Aufnahme einer Legaldefinition der Gewalt ins Strafgesetzbuch: „Als Gewalt im Sinne der §§ 177, 178 StGB genügt jedes Verhalten des Täters, das bestimmt und geeignet ist, die physischen oder psychischen Voraussetzungen des Opfers zu beeinträchtigen, deren dieses bedarf, um sich dem sexistischen Ansinnen des Täters verweigern zu können",

– die Beurteilung der Sexualstraftaten aus der Opfer-, nicht der Täterperspektive,

– die Klarstellung, daß sexuelle unerwünschte, verbale und nichtverbale Verhaltensweisen Beleidigungen im Sinne des § 185 StGB sind,

– die Klarstellung, daß schwerwiegende frauenverachtende Äußerungen und Verhaltensweisen den Tatbestand des § 130 StGB erfüllen können,

– die Ausdehnung der strafprozessualen Rechte der Opfer durch eine Einschränkung des Fragerechts der Verteidiger des Täters, durch das Recht der Geschädigten, den Täter aus dem Gerichtssaal entfernen zu lassen und durch die Verbesserung der Prozeßkostenhilfe für die Opfer.

6.3. Sexuelle Belästigung im Arbeitsrecht

In der arbeitsrechtlichen Literatur wird das Thema der „Sexuellen Belästigung am Arbeitsplatz" fast völlig ignoriert. Selbst dort, wo ausdrücklich Schutznormen existieren, um „Sitte und Anstand" im Arbeitsleben zu gewährleisten (§§ 120 b GewO, 62 HGB, 34, 37 ArbStättV, VO über das Verbot der Beschäftigung von Personen unter 21 Jahren mit sittlich gefährdenden Tätigkeiten vom 3. 4. 1964, 16 Abs. 3 AZO) wird in den Kommentierungen auf dieses Problem nicht eingegangen (Stahlhacke 1966; Köbl 1983, 191). Der umfangreiche Kommentar zum Kündigungsrecht[37] erwähnt lediglich in zwei Zeilen unter Hinweis auf das Urteil des Bundesarbeitsgerichts vom 9. 1. 1986[38], daß „sexuelle Zudringlichkeiten eines Vorgesetzten gegenüber Arbeitnehmerinnen eine außerordentliche Kündigung rechtfertigen können." In einem der Standardwerke zum Arbeitsrecht, dem Arbeitsrechtshandbuch von Schaub (1987, 872)[39] wird im Zusammenhang mit der Erörterung verhaltensbedingter Kündigungen die Meinung des Arbeitsgerichts Essen[40] wiedergegeben, der Arbeitgeber sei nicht „Sittenwächter der Arbeitnehmer". Andere Lehrbücher und Kommentare enthalten nicht einmal derart bescheidene Hinweise. Die einzige Ausnahme bildet die 1989 erschienene Untersuchung von Pfarr und Bertelsmann (1989) über die „Diskriminierung im Erwerbsleben", die dem Thema „Sexuelle Beeinträchtigung von Frauen im Betrieb" ein eigenes Kapitel widmet.[41] Die wenigen Aufsätze zu diesem Problem sind alle in den letzten zwei Jahren und ausschließlich in gewerkschaftlichen Fachzeitschriften erschienen (Bertelsmann 1987, 123 ff; Degen 1988, 174 ff; Zabel 1988, 299 f).

Ob und inwieweit das Arbeitsrecht betroffene Frauen schützt, kann daher nur durch eine Analyse bekanntgewordener Urteile

---

37 Becker/Etzel/Friedrich/Gröninger/Hillebrecht/Rost/Weigand/Weller/M.Wolf/I.Wolf, KR, Gemeinschaftskommentar zum Kündigungsschutzgesetz und zu sonstigen kündigungsrechtlichen Vorschriften, 3. Aufl., Neuwied 1989, zu § 626 BGB Rdn. 310

38 2 ABR 24/85, AP Nr. 20 zu § 626 BGB Ausschlußfrist

39 Schaub, Günter, Arbeitsrechtshandbuch, 6. Aufl., München 1987, § 125, VII Nr. 34, S. 872

40 ArbG Essen vom 23–7–1969 – Ca 628/69, DB 1969, 1609 f.

41 a.a.O. 7.8 S. 421 ff.

und durch den Rückgriff auf allgemeine arbeitsrechtliche Grundsätze geklärt werden (Teil 1). Im Anschluß daran soll dann die Frage behandelt werden, ob und in welcher Form eine gesetzliche Regelung oder Regelungen auf anderen Ebenen (Verordnungen, Tarifverträge, Betriebsvereinbarungen, Musterarbeitsverträge) sinnvoll und notwendig sind (Teil 2).

6.3.1. Der Schutz vor sexueller Belästigung nach geltendem Recht

6.3.1.1. Rechtsgrundlagen

6.3.1.1.1. Verstoß gegen Arbeitsvertrag und „Betriebsfrieden"

Die Verhaltensnormen, denen Arbeitnehmerinnen im Rahmen eines Arbeitsverhältnisses unterliegen, sind – ebenso wie im Disziplinarrecht – sehr viel weitgehender und oft auch unbestimmter als die strafrechtlichen Normen. Insbesondere die arbeitsvertragliche „Treuepflicht" ist weit gefaßt. Sie verpflichtet den Arbeitnehmer/die Arbeitnehmerin, „sich nach besten Kräften für die Interessen des Arbeitgebers und das Gedeihen des Betriebes einzusetzen und alles zu unterlassen, was dem Arbeitgeber oder dem Betrieb abträglich sein könnte" und besteht aus „Obhuts-, Rücksichts- und Informationspflicht".[42] Zu diesen arbeitsvertraglichen Verpflichtungen gehört z. B., den Betriebsfrieden zu wahren[43] und alle Handlungen zu unterlassen, die den Arbeitsablauf und das „friedliche Zusammenarbeiten der Arbeitnehmer untereinander[44]" stören könnten. Werden diese Verpflichtungen verletzt, ist der Arbeitgeber zu Sanktionen (Abmahnungen, Versetzungen, frist-

42 Schaub 1987, § 53, S. 273 ff.

43 Schaub 1987, S. 277

44 KR-Gemeinschaftskommentar, zu § 1 KSchG, Rdn. 266

gemäßen und fristlosen Kündigungen) berechtigt. Kündigungsgründe können deshalb Beleidigungen unter Kollegen,[45] körperliche Angriffe auf Kollegen,[46] das Erzählen von beleidigenden Witzen[47] und der Verdacht strafbarer Handlungen[48] sein, und zwar sowohl im Betrieb als auch außerhalb des Betriebes.[49] Mit Urteil vom 9.1.1986 hat das Bundesarbeitsgericht entschieden,[50] daß „sexuelle Handgreiflichkeiten", „unsittliche Berührungen" und sexuell gefärbte verbale Äußerungen[51] die fristlose Kündigung eines Arbeitsverhältnisses rechtfertigen können, ohne daß es einer vorherigen Abmahnung bedarf. Durch ein solches Verhalten sei das „Vertrauensverhältnis in die moralische Integrität eines Ausbilders erschüttert." Es komme nicht darauf an, ob der Arbeitgeber „direkt" oder nur „indirekt" berührt sei.[52]

Auch im Disziplinarrecht ist anerkannt, daß sexuelle Handlungen, die gegen „Sitte und Anstand" und gegen Straftrechtsnormen verstoßen, sowohl inner- als auch außerhalb des Dienstes eine Pflichtverletzung des Beamten darstellen können.[53] Bei dem Umfang und der Art der Arbeitgebersanktionen (z. B. fristgemäße oder fristlose Kündigung, Entfernung aus dem Dienst oder „mildere" Disziplinarmaßnahmen) kommt es auf die Erheblichkeit und Schwere der Beeinträchtigung, die Umstände des Einzelfalls (z. B.

---

45 KR-Gemeinschaftskommentar, a.a.O., zu § 1 KSchG Rdn. 266; Buchholtz, Dirk, Verhaltensbedingte Kündigung. Praktische Personalfragen im Betrieb, Bd. 11, Bergisch Gladbach 1985

46 Buchholtz, s. Anm. 12, S. 70 m.w.Nachw.

47 BAG, Urteil vom 18.07.1957 – 2 AZR 121/55, AP Nr. 1 zu §§ 124 a, 123 GewO

48 st. Rspr. zuletzt BAG, Urteil vom 30.04.1987 – 2 AZR 283/86, NZA 1987, 699

49 zum außerdienstlichen Verhalten vgl. Schaub, a.a.O. § 130 II 9; KR-Gemeinschftskommentar, a.a.O., zu § 1 KSchG, Rdn. 258 ff.

50 2 ABR 24/85 s. Anm. 3

51 Der Täter hatte geäußert, die Angestellte K „sei sexuell verklemmt, ihre Brustwarzen würden bei seinem Anblick steif" und hatte sie als „prüde und arrogant" bezeichnet, Urteil des BAG vom 9.1.1986 – 2 ABR 24/85 s. Anm. 3

52 s. Anm. 3

53 vgl. Behnke, Bundesdisziplinarordnung, Kommentar, 2. Aufl., Stuttgart, Berlin, Köln, Mainz, 1969, Rdn. 140 ff.; S. 164 ff

Schwere des angerichteten Schadens) und die persönliche Situation des Arbeitnehmers (z. B. Länge der Betriebszugehörigkeit, bisheriges Verhalten, Alter, soziale Situation, Funktion im Betrieb) an.[54]

Sexuell unerwünschtes verbales und körperliches Verhalten stellt immer eine Beeinträchtigung des „friedlichen Zusammenarbeitens der Arbeitnehmer/innen" dar. Der Arbeitgeber hat nach allgemeinen arbeitsrechtlichen und kündigungsrechtlichen Grundsätzen die Möglichkeit, dieses Verhalten – gegebenenfalls in abgestufter Form – zu sanktionieren.

6.3.1.1.2. Verstoß gegen Schutznormen

§ 618 BGB verpflichtet den Arbeitgeber, das Arbeitsverhältnis so zu regeln, daß der Arbeitnehmer/die Arbeitnehmerin „gegen Gefahr für Leben und Gesundheit" geschützt ist. Die herrschende Meinung rechnet dazu auch die „Verpflichtung zur Aufrechterhaltung der guten Sitten und des Anstands",[55] wie dies in § 62 HGB für alle Handelsbetriebe ausdrücklich normiert ist. Bei Jugendlichen unter 18 Jahren muß der Arbeitgeber „Vorkehrungen und Maßnahmen treffen . . ., die zum Schutze gegen Gefahren für Leben und Gesundheit, sowie zur Vermeidung einer Beeinträchtigung der körperlichen oder seelisch-geistigen Entwicklung der Jugendlichen erforderlich sind" (§ 28 JArbSchG).

Der Schutz vor Gesundheitsgefahren ist auch in § 120 a GewO geregelt. § 120 b GewO verpflichtet den Arbeitgeber noch einmal, „Einrichtungen zu treffen und zu unterhalten und diejenigen Vorschriften über das Verhalten der Arbeitnehmer im Betrieb zu erlassen, welche erforderlich sind, um die Aufrechterhaltung der guten Sitten und des Anstandes zu sichern" (Abs. 1). Konkretisiert werden diese Schutznormen durch Vorschriften über getrennte

---

54 zu der sog. Interessenabwägung vgl. KR-Gemeinschaftskommentar, s. Anm. 2 zu § 2 KSchG, Rdn. 149 ff

55 Münchener Kommentar, Bürgerliches Gesetzbuch, 2. Aufl., München 1988, zu § 618 BGB, Rdn. 2, 36

Umkleide-, Wasch- und Toilettenräume (§ 120 b Abs. 2, 3 und 4, § 34, 37 ArbStättV) und über verschiedene Verordnungen zum „sittlichen Schutz” in bestimmten Tätigkeitsbereichen.[56] Obwohl diese Schutznormen, wie viele Arbeitsschutznormen für Frauen,[57] den Beigeschmack von Bevormundung und unterstellter Hilflosigkeit und Unmündigkeit haben, sind sie, obwohl sie bisher nicht so angewendet werden, nach ihrem Wortlaut und nach ihrem Schutzzweck auch Rechtsgrundlagen, um Frauen vor sexueller Belästigung zu schützen. Sie verpflichten den Arbeitgeber zu vorbeugenden, schützenden Maßnahmen, geben den betroffenen Frauen Rechte (z. B. ein Leistungsverweigerungsrecht nach § 273 BGB[58] und eventuell Schadensersatzansprüche nach § 823 Abs. 2 BGB[59]) und eröffnen die Möglichkeit, die Gewerbeämter, die die Arbeitsschutznormen zu kontrollieren haben, einzuschalten. Nach § 120 d GewO sind die zuständigen Behörden befugt, im Wege der Verfügung „diejenigen Maßnahmen anzuordnen, welche zur Durchführung der in den §§ 120 a und 120 b GewO enthaltenen Grundsätze erforderlich” sind.

Sexuelle Belästigung am Arbeitsplatz, auf dem Heimweg und u. U. bei anderen außerbetrieblichen Gelegenheiten (Raible 1981) kann auch als „körperlich schädigendes, eng begrenztes Ereignis”[60] ein Arbeitsunfall i. S. der §§ 539 ff. RVO sein. Das Bundessozialgericht hat am 29. 5. 1961[61] entschieden: „Das Notzuchtverbrechen, dem eine Arbeiterin nach Arbeitsschluß auf dem Heim-

---

56 VO über das Verbot der Beschäftigung von Personen unter 21 Jahren mit sittlich gefährdenden Tätigkeiten vom 3.4.1964 (BGBl. I 262); VO über die Beschäftigung von Frauen und Jugendlichen mit der Herstellung von Präservativen, Sicherheitspessaren, Suspensorien und dergleichen vom 3. 10. 1954 (BGBl. I S. 366) vgl. auch § 33a GewO, der bestimmte Veranstaltungen verbietet, wenn sie den „guten Sitten” zuwiderlaufen (§ 33a Abs. 2 Nr. 1 GewO)

57 vg. die krit. Anmerkung von Küpper/Krell/Pensky/Zeller, Frauenarbeitsschutz auf dem Prüfstand – Zwischen Gesundheitsschutz und Diskriminierung. WSI-Arbeitspapiere Nr. 25, Düsseldorf 1988

58 Münchener Kommentar a.a.O., zu § 618 BGB, Rdn. 19

59 Münchener Kommentar a.a.O., zu § 618 BGB, Rdn. 19 und 69 ff.

60 Bei Arbeitsunfällen ist die Arbeitgeberhaftung gem. §§ 636 ff. RVO eingeschränkt; vgl. Raible, Camilli, Der Arbeitsunfall, Stuttgart, München, Hannover 1981, S. 17

61 2 RU 209/61, BG 1962, 254

weg zum Opfer fällt, ist ein Arbeitsunfall, wenn der Täter die erste beste ihm begegnende Frau angegriffen hat und ihn keine Beziehungen zu der Frau verbunden haben."

Bei einer Verletzung der Arbeitsschutznormen haftet der Arbeitgeber nach § 618 Abs. 3 BGB. Neben den Spezialnormen aus dem Arbeitsschutzrecht gebietet es die arbeitsvertragliche Fürsorgepflicht dem Arbeitgeber, alle erforderlichen Maßnahmen zu ergreifen, um die Beschäftigten vor Eingriffen in ihre Persönlichkeitsrechte und vor gesundheitlichen und seelischen Gefahren zu schützen.

6.3.1.1.3. Sexuelle Belästigung als Frauendiskriminierung

§ 611 a BGB verbietet dem Arbeitgeber als Konkretisierung des Gleichberechtigungsgrundsatzes des Grundgesetzes (Art. 3 Abs. 2 und 3 GG) und der Gleichbehandlungsrichtlinie der EG, 76/207/EWG[63] alle unmittelbaren und mittelbaren Benachteiligungen wegen des Geschlechts. Nach § 611 a BGB hat im Streitfall die Arbeitnehmerin „Tatsachen glaubhaft zu machen, die eine Benachteiligung wegen des Geschlechts vermuten lassen." Dann trägt der Arbeitgeber die Beweislast dafür, „daß nicht auf das Geschlecht bezogene, sachliche Gründe eine unterschiedliche Behandlung rechtfertigen."

Bertelsmann (1987, 123 ff; Pfarr/Bertelsmann 1989, 421 ff) hat herausgearbeitet, daß eine Geschlechtsdiskriminierung des Arbeitgebers in folgenden Tatbeständen liegt:

- Der Arbeitgeber knüpft negative Folgen daran an, daß sexuelle Erwartungen und Ansinnen von einer Frau nicht erfüllt werden (Benachteiligung bei Einstellungen oder Beförderungen, Eingruppierungen, schlechtere Beurteilungen oder geringere Leistungen, schikanöse Behandlung, Abmahnungen und Kündigungen).

---

62 zur Fürsorgepflicht allgemein, vgl. Schaub, s. Anm. 4, § 108

63 abgedruckt bei Pfarr/Bertelsmann, s. Anm. 6, S. 51 ff

- Der Arbeitgeber verursacht durch eigenes Verhalten eine einschüchternde, feindliche oder beleidigende Arbeitsatmosphäre.
- Der Arbeitgeber unterläßt es, ihm zur Kenntnis gelangte sexuelle Beeinträchtigungen bzw. eine vorhandene feindliche Arbeitsatmosphäre zu unterbinden.
- Der Arbeitgeber trägt ein Mitverschulden an Belästigungen durch Arbeitskollegen und Kunden durch sexistische Werbung. [64]

Selbstverständlich stellt es auch eine Geschlechtsdiskriminierung dar, wenn Frauen als Folge sexueller Belästigungen berufliche Nachteile bis hin zu Kündigungen erleiden oder wenn der Arbeitgeber aus anderen Gründen Frauen benachteiligt (ihnen z. B. weniger glaubt als dem Belästiger).[65]

Die Rechtsfolge eines Verstoßes gegen § 611 a BGB sind Schadensersatzansprüche der betroffenen Frau.

6.3.1.1.4. Unerlaubte Handlungen

Sexuelle Belästigungen können unerlaubte Handlungen i. S. des § 823 Abs. 1 und 2 BGB sein. Der Tatbestand des § 823 BGB ist immer dann erfüllt, wenn die Belästigung zu körperlichen oder gesundheitlichen Beinträchtigungen führt oder aber wenn ein Schutzgesetz i. S. des Abs. 2 (Strafgesetze, § 611 a BGB) verletzt worden ist. Der Belästiger (Arbeitgeber, Kollege, Kunde) haftet dann für alle materiellen Schäden und für die immateriellen Schäden (Schmerzensgeld).

In einem Spezialtatbestand regelt § 825 BGB außerdem, daß sich

64 a.a.O. S. 131

65 a.a.O. S. 132/133

derjenige, der eine Frau durch „Hinterlist, Drohung oder unter Mißbrauch eines Abhängigkeitsverhältnisses" zum außerehelichen Beischlaf bringt, schadensersatzpflichtig macht. Die gleiche gesetzliche Formulierung findet sich noch einmal in § 847 Abs. 2 BGB. Neben den allgemeinen Schmerzensgeldansprüchen wegen der Verletzung des Persönlichkeitsrechts ist demnach auch immer der Spezialtatbestand des Abs. 2 zu prüfen. Der Arbeitgeber haftet nach den Grundsätzen des Deliktrechts bei eigenem Verschulden (Fahrlässigkeit i. S. des § 276 BGB, also auch leichte Fahrlässigkeit, reicht aus) oder aber dann, wenn die sexuelle Belästigung in „Ausführung der Verrichtung" geschehen ist und er seine Überwachungs-, Auswahl- und Sorgfaltspflicht verletzt hat (§ 831 BGB). Bei fehlender Kenntnis oder Verantwortung des Arbeitgebers für die sexuelle Belästigung spricht sich Bertelsmann zumindest für eine Haftung für Vorgesetzte dann aus, wenn die Vorgesetzten „die mit ihrer Funktion anfallenden Aufgaben so ausführen, daß sie sexuelle Beeinträchtigungen damit verbinden oder dulden."[66]

Der materielle Schadensersatzanspruch umfaßt alle materiellen Schäden, die auf die sexuelle Belästigung zurückzuführen sind, also z. B.:

- Arzt- und Behandlungskosten
- Kosten der Rechtsverteidigung
- Therapiekosten
- Telefon- und Fahrkosten, um notwendige Hilfe zu erhalten
- Bewerbungskosten für eine neue Stelle
- Verdienstausfall.

Darüber hinaus ist bei erheblichen Persönlichkeitsbeeinträchtigungen ein Schmerzensgeldanspruch gegeben. Das Bundesarbeitsgericht hat mit dem Urteil vom 14. 3. 1989 entschieden,[67] daß ein Schmerzensgeldanspruch nach § 847 BGB bei Frauendiskri-

---

66 Bertelsmann, a.a.O. S. 133;

67 8 AZR 447/87, DB 89, 2279

minierungen neben dem materiellen Schadensersatzanspruch nach § 611 a Abs. 2 i. V. mit § 823 Abs. 1 BGB gegeben sein kann, wenn eine allgemeine Persönlichkeitsverletzung vorliegt. Da sexuelle Belästigungen immer auch Frauendiskriminierungen sind, müssen diese Grundsätze auch für diese Fälle gelten. Das Bundesarbeitsgericht hat als Schmerzensgeldsumme ein Monatsgehalt angenommen.[68] In Vergewaltigungsfällen haben die Gerichte Schmerzensgeldbeträge von 5 000,-- bis 25 000,-- DM festgelegt.[69]

6.3.1.1.5. Das Recht auf Eigenkündigung und Schadensersatz

Eine Arbeitnehmerin kann bei sexueller Belästigung das Arbeitsverhältnis kündigen. Während es für eine fristgemäße Kündigung keiner Gründe bedarf, setzt das Recht zur fristlosen Kündigung voraus, daß es ihr unzumutbar ist, an dem Arbeitsverhältnis weiter festzuhalten (§ 626 Abs. 1 BGB). Sexuelle Belästigung stellt in der Regel einen wichtigen Grund zur außerordentlichen Kündigung dar. Sie muß allerdings innerhalb einer Frist von zwei Wochen ausgesprochen werden (§ 626 Abs. 2 BGB). § 628 Abs. 2 BGB verpflichtet den Arbeitgeber zum Schadensersatz, wenn die (fristgemäße oder fristlose) Kündigung durch sein „vertragswidriges Verhalten veranlaßt" worden ist. Das ist bei allen sexuellen Belästigungen der Fall, die er zu vertreten, mitzuvertreten oder bei deren Beseitigung er sich im Verzug befand. „Verzug" bedeutet, daß der Arbeitgeber unter Fristsetzung aufgefordert werden muß, das vertragswidrige Verhalten zu beseitigen (z. B. durch Versetzung des Belästigers) oder aber ausreichende Schutzmaßnahmen (z. B. ausdrückliches Verbot der sexuellen Belästigung im Betrieb) zu ergreifen. Kommt er dieser Aufforderung nicht nach, so verstößt er gegen den Arbeitsvertrag und macht sich schadensersatzpflichtig (§ 326 BGB).

---

68 Urteil vom 14. 3. 1989, 8 AZR 447/87. DB 89, 2279

69 zu der umfangreichen Rechtsprechung siehe: Hacks/Ring/Böhm, Schmerzensgeldbeträge, München, 14. Aufl.1989

Neben § 628 Abs. 2 BGB als Spezialvorschrift ist eine Schadensersatzpflicht im bestehenden Arbeitsverhältnis immer dann aus „positiver Vertragsverletzung" gegeben, wenn der Arbeitgeber das schadensauslösende Ereignis schuldhaft ausgelöst hat (§ 276 BGB), das Verhalten der Belästiger zu vertreten hat (§ 278 BGB) oder aber sich im Verzug befand. Der Schaden kann z. B. aus den entstehenden Therapiekosten oder aus materiellen Schäden für die Bewerbung um einen neuen Arbeitsplatz (z. B. Inseratskosten, Fahrtkosten, sonstige Vorstellungskosten einschließlich Verdienstausfall) bestehen.

Der Umfang der Schadensersatzpflicht bei einer Eigenkündigung richtet sich danach, wann der Arbeitgeber das Arbeitsverhältnis hätte beenden können. Unterliegt das Arbeitsverhältnis nicht dem Kündigungsschutzgesetz, so ist der Lohn- oder Gehaltsausfall bis zum Ablauf der ordentlichen Kündigungsfrist zu ersetzen. Ist dagegen das Kündigungsschutzgesetz anzuwenden, so besteht ein Lohn- oder Gehaltsausfallsanspruch unbegrenzt, bis die Arbeitnehmerin eine neue Arbeitsstelle gefunden hat.[70] (Danach kann der Schaden immer noch aus der Lohndifferenz bestehen). Die Beweislast für das vertragswidrige Verhalten des Arbeitgebers trägt allerdings die betroffene Frau. (Dazu im einzelnen 6.3.1.3.2.)

6.3.1.1.6. Abhängigkeitsverhältnisse mit Jugendlichen

Wie bereits dargestellt, legt unsere Rechtsordnung besonderen Wert auf den Schutz von Jugendlichen und ihre „körperliche und seelisch-geistige Entwicklung" (§ 28 Abs. 1 JArbSchG). Der strafrechtliche Schutz ist deshalb auch in Ausbildungs- und Arbeitsverhältnissen von Jugendlichen am größten (§ 174 StGB). Auch im Arbeitsrecht müssen verschärfte Maßstäbe dann angelegt werden, wenn sich die sexuellen Belästigungen zwischen einem Vorgesetzten und/oder Ausbilder und einer Jugendlichen abspielen. Dabei kann es nicht nur auf die Altersgrenzen nach dem Jugendarbeitsschutzgesetz oder § 174 StGB ankommen. Generell wird das Ausbildungsverhältnis besonders geschützt, zumal die auszu-

70 KR–Gem.Kom Anm. 2, zu § 628 BGB, Rdn. 34 ff

bildenden Jugendlichen gegenwärtig immer älter werden. Das Jugendarbeitsschutzgesetz und das Berufsbildungsgesetz stellten deshalb auch besondere Anforderungen an die Ausbilder (§§ 25 JArBSchG, 20 BBiG). Ein Ausbilder, der sich sexistisch, also frauenfeindlich verhält, ist fachlich nicht geeignet (§ 20 Abs. 4 BBiG).

6.3.1.1.7. Rechte der Betriebs- und Personalräte

Es gehört zu den gesetzlich verankerten Pflichten der Betriebs- und Personalräte, Geschlechtsdiskriminierungen im Betrieb zu verhindern (§ 75 Abs. 1 BetrVG 67 BPersVG), die bestehenden Schutzgesetze zu überwachen (§ 80 Abs. 1 Nr. 1 BetrVG 68 Abs. 1 Nr. 2 BPersVG)[71] und die Einhaltung der Persönlichkeitsrechte zu schützen und zu fördern (§ 75 Abs. 2 BetrVG). Im Bereich des Arbeitsschutzes haben Betriebs- und Personalräte ein Mitbestimmungsrecht bei Maßnahmen des Gesundheitsschutzes (§ 87 Abs. 1 Nr. 7 BetrVG 75 Abs. 3 Nr. 11 und § 81 BPersVG). Außerdem berühren sexuelle Belästigungen die „Ordnung des Betriebes und das Verhalten der Arbeitnehmer" und unterliegen deshalb auch der Mitbestimmung nach § 87 Abs. 1 Nr. 1 BetrVG und § 75 Abs. 3 Nr. 15 BPersVG. Die Mitbestimmung zwischen Arbeitgeber und Betriebs- und Personalrat wird ausgeübt durch den Abschluß von Betriebs- bzw. Dienstvereinbarungen (§ 77 BetrVG, § 73 BPersVG). Überall dort, wo Betriebs- und Personalräte Mitbestimmungsrechte haben, haben sie auch ein sogenanntes Initiativrecht (§ 70 BPersVG), können also selbst Vorschläge für Betriebsvereinbarungen unterbreiten. Einigen sich Arbeitgeber und Betriebs- oder Personalrat nicht, so entscheidet letztlich die Einigungsstelle (§ 76 BetrVG, § 71 BPersVG). Das bedeutet, daß Betriebsvereinbarungen über sexuelle Belästigungen am Arbeits-

---

71 In den Ländergesetzen Verbot der Geschlechtsdiskriminierung: § 67 Abs. 1 LPVG Bd. W.; Art. 68 Abs. 1 BayPersVG; § 53 Abs. 3 BremL–PersV; § 77 HambPersVG; § 56 HPVG; § 66 Abs. 1 NdsLPersVG; § 62 LPVG NW, § 67 Abs. 1 PersVG Rh–Pf; § 63 SH-PersVG, allgemeines Initiativrecht und Pflicht zur Gesetzesüberwachung: § 68 LPVG Bd.W.; Art. 69 BayPersVG; § 54 BremLPersVG; § 78 HambPersVG; § 67 NdsPersVG; § 64 LPVG Nr; § 68 PersVG Rh-Pf; § 64f SH-LPersVG

platz auch gegen den Willen des Arbeitgebers über die Einigungsstelle durchgesetzt werden können. In der Bundesrepublik sind bisher allerdings derartige Betriebsvereinbarungen – soweit bekannt – noch nicht abgeschlossen worden. Entwickelt wurden Vorschläge für betriebliche Regelungen (Musterbetriebsvereinbarungen (Zabel 1988, 299/300; Degen 1988, 174/177)) mit folgenden Inhalten:

- Verbot sexueller Belästigung und eine Definition dessen, was darunter zu verstehen ist,
- Sanktions- und Disziplinarpflicht des Arbeitgebers,
- Schmerzensgeld- und Schadensersatzansprüche betroffener Frauen,
- Verbot der Benachteiligung der Betroffenen,
- Berücksichtigung des Problems bei personellen Maßnahmen,
- Verpflichtung des Arbeitgebers zur Aufklärung und Weiterbildung über dieses Problem,
- Aushängen und Bekanntmachen der Betriebs- bzw. Dienstvereinbarung im Betrieb.

Außerdem haben die Betriebs- und Personalräte Einwirkungsmöglichkeiten nach folgenden Vorschriften:

1. Nach § 104 BetrVG können sie die Entfernung betriebsstörender Arbeitnehmer auch gegen den Willen des Arbeitgebers über ein arbeitsgerichtliches Verfahren durchsetzen.
2. Der Betriebsrat kann der Person von Ausbildern widersprechen, „wenn diese die persönliche oder fachliche Eignung nicht besitzen oder ihre Aufgabe vernachlässigen" (§ 98 Abs. 2 BetrVG) und die Ablösung gegebenenfalls ebenfalls über das Arbeitsgericht durchsetzen (§ 98 Abs. 5 BetrVG).
3. Betriebs- und Personalräte können personelle Entscheidungen durch ihre Mitbestimmungs- und Mitwirkungsrechte bei Einstel-

lungen, Beförderungen, Versetzungen und Kündigungen,[72] bei Auswahlrichtlinien,[73] Personalfragebögen und Beurteilungsrichtlinien[74] und bei Stellenausschreibungen[75] beeinflussen.

4. Schließlich kann das Thema auf Betriebs- und Personalversammlungen behandelt und auch in Teilversammlungen für Frauen angesprochen werden (Degen/Zobeley 1987, 115 ff).

Für die individuell betroffenen Frauen sind die Beschwerderechte nach §§ 84, 85 BetrVG wichtig. Danach gibt es im Betriebsverfassungsgesetz ein offizielles Beschwerdeverfahren über den Betriebsrat, wenn sich Arbeitnehmerinnen „vom Arbeitgeber oder von Arbeitnehmern des Betriebs benachteiligt oder ungerecht behandelt oder in sonstiger Weise beeinträchtigt fühlen." (§ 84 Abs. 1 BetrVG). Hilft der Arbeitgeber einer vom Betriebsrat als berechtigt angesehenen Beschwerde nicht ab, so entscheidet die Einigungsstelle (§ 85 Abs. 2 BetrVG).

Sowohl das Betriebs-, als auch das Personalvertretungsgesetz enthalten über diese Einzelrechte hinaus ein allgemeines Initiativrecht der Betriebs- und Personalräte, beim Arbeitgeber „Maßnahmen zu beantragen, die dem Betrieb und der Belegschaft dienen" (§ 80 Abs. 1 Nr. 2 BetrVG; § 68 Abs. 1 Nr. 1 BPersVG).

6.3.1.1.8. Die Haftung des Arbeitgebers und des Schädigers

Sexuelle Belästigungen können mit erheblichen materiellen und immateriellen Schäden verbunden sein. Sie reichen von den finanziellen Kosten beruflicher Nachteile (z. B. erhöhte Fahrtkosten,

---

72 §§ 90, 10ß2 BetrVG, §§ 75, 76, 79 BPersVG

73 § 95 BetrVG

74 § 94 BetrVG, § 75 Abs. 3 Nr. 8 und 9 BPersVG

75 § 93 BetrVG
vgl. Ermann, BGB Handkommentar, 6. Aufl. 1975, zu § 823 BGB Rdn. 9 ff m. w. Nachw.

Lohneinbußen bei Versetzungen, Gehaltseinbußen bei Kündigungen, Beratungskosten für Anwält/innen) bis zu eventuellen Therapiekosten. Es sollen deshalb noch einmal die Haftungsgrundlagen zusammengefaßt werden:

1. Alle Schädiger (Arbeitgeber, Kollegen, Kunden) haften nach § 823 Abs. 1 und 2, § 847 (Schmerzensgeld) bei gesundheitlicher Beeinträchtigung. Zu dem Begriff der „Gesundheit" zählt auch die geistige und seelische Gesundheit. Für eine Gesundheitsschädigung ist nicht unbedingt eine „physische Einwirkung" erforderlich. Es genügen „psychische Einflüsse",[76] z. B. durch Erregung, Ärger, Schock, Angst und Schrecken, „kränkende Behandlung durch einen Vorgesetzten" oder Beleidigungen. Gehaftet wird bei Vorsatz und Fahrlässigkeit (§ 276 BGB). Das bedeutet, daß der Schädiger sich über die negativen Auswirkungen seines Handelns nicht im klaren gewesen sein muß, daß er jedoch bei dem im Zusammensein von Menschen erforderlichen „sorgfältigen Umgang" leichtfertig gehandelt hat. Für die Spezialvorschriften der §§ 825 und 847 Abs. 2 BGB ist das Tatbestandsmerkmal „Mißbrauch der Abhängigkeit" erforderlich. Darunter wird – wie in § 174 Abs. 1 Ziff. 2 StGB – verstanden, daß der Täter (z. B. als Vorgesetzter) seine Macht ausnutzt. Es reicht aus, daß er „in irgendeiner Weise – und wenn auch nur versteckt – seine Macht und Überlegenheit als Mittel einsetzt".[77]

   Ist der Schädiger gleichzeitig der Arbeitgeber, so haftet er in gleichem Umfang auch aus „positiver Vertragsverletzung".

2. Auch wenn der Arbeitgeber nicht der Schädiger ist, gibt es Rechtsgrundlagen für Schadensersatzansprüche. Es sind Ansprüche aus „Positiver Vertragsverletzung" und § 618 Abs. 3 BGB. Hinzu kommen Schadenersatzansprüche aus § 611 a BGB, wenn der Arbeitgeber die beruflichen Nachteile bei sexueller Belästigung nicht den Schädiger, sondern die Frau tragen läßt.

---

76 vgl. Ermann BGB Handkommentar, 6. Aufl. 1975, zu § 823 BGB Rdn. 9 ff m. w. Nachw.

77 Schönke-Schröder, Strafgesetzbuch, Kommentar, 23. Aufl., München 1988, zu § 174 StGB, Rdn. 14

Ist die sexuelle Belästigung ein „Arbeitsunfall", so haftet statt des Arbeitgebers die Berufsgenossenschaft (§ 636 ff. RVO).

Der Arbeitgeber wird in der Regel die Verantwortung für sexuelle Belästigungen von Arbeitskollegen und Kunden von sich weisen. Nach § 618 Abs. 1 und 3 i. V. mit § 276 BGB ist seine Haftung jedoch immer dann gegeben, wenn er eine Rechtspflicht zum Handeln gehabt hätte.[78] Dies kann z. B. dann der Fall sein, wenn sexuelle Belästiger seit langem im Betrieb bekannt sind, wenn sie trotzdem zum Ausbilder oder Vorgesetzten von Frauen gemacht werden, oder wenn er auf die Gefährdung (z. B. durch den Betriebsrat) hingewiesen worden ist. Ein Schadensersatzanspruch ist immer auch dann gegeben, wenn er sich in Verzug befand, also konkret und unter Fristsetzung aufgefordert wurde, gegen den Belästiger vorzugehen.

Schwierig kann die Beweissituation werden. Bei allen Schadensersatzansprüchen, mit Ausnahme denen aus § 611 a BGB, trägt die betroffene Frau nicht nur die Beweislast für die Schädigung, sondern auch für das schuldhafte Verhalten und für die Kausalität zwischen schädigendem Ereignis und dem entsprechenden Schaden (vgl. dazu im einzelnen 6.3.1.3.2.).

6.3.1.1.9. Beamtenrecht

Noch stärker als Arbeiter und Angestellte in Arbeitsverhältnissen unterliegen Beamten besonderen Verhaltenspflichten. Nach § 54 BBG muß das Verhalten eines Beamten „innerhalb und außerhalb des Dienstes der Achtung und dem Vertrauen gerecht werden, die sein Beruf erfordern." Eine Verletzung dieser Pflicht stellt ein Dienstvergehen dar (§ 77 Abs. 1 BBG). Die zuständige Behörde muß ein Disziplinarverfahren nach „pflichtgemäßem Ermessen" einleiten, d. h. daß schwerwiegende Dienstvergehen auf jeden Fall geahndet werden müssen, bei „leichten" Dienstvergehen gibt

78 Münchener Kommentar, Anm. 22. zu § 618 BGB Rdn. 69 ff

es einen gewissen Ermessensspielraum. Es gibt einen abgestuften Katalog von Disziplinarstrafen (Verweis, Geldbuße, Versetzung, Entfernung aus dem Amt, Gehaltskürzung, § 5 BDO). Vor Einleitung des Disziplinarverfahrens kann dem Beamten die Ausübung der Dienstgeschäfte untersagt werden (§ 60 BGB), nach Einleitung des förmlichen Disziplinarverfahrens ist eine vorläufige Dienstenthebung möglich (§ 91 BDO). Liegt gleichzeitig ein Straftatbestand vor, dann wird das Disziplinarverfahren bis zum Abschluß ausgesetzt (§ 17 BDO).[79]

Nach der Rechtssprechung der Disziplinargerichte werden an die Beamten auch auf sexuellem Gebiet verschärfte Anforderungen gestellt. Dienstvergehen sind z. B. das „Eindringen in die Ehe eines Kameraden",[80] homosexuelle Handlungen[81] und intime Beziehungen (auch freiwillige) zwischen Vorgesetzten und Untergebenen.[82]

Bei Vorgesetzten sind bereits „Annäherungsversuche mit geringer Intensität (z. B. Streicheln der Hand) – unabhängig davon, ob die Untergebene zugestimmt hat – pflichtwidrig, ebenso anzügliche, erotisch gefärbte Redewendungen und Anspielungen oder sexuelle Aufklärungsversuche".[83]

In einem Disziplinarbericht heißt es:

> „Der Dienstbetrieb muß frei sein von erotischen Bindungen und Verhaltensweisen. Das erfordert das Ansehen und die Autorität des Vorgesetzten. Bindungen dieser Art

---

79 Zum Disziplinarverfahren insgesamt vgl. Clausen, Hans-Rudolf/Janzen, Werner, Bundesdisziplinarordnung, Köln-Berlin-Bonn-München, 5. Aufl. 1985; Köhler, Heinz/Ratz, Günter, BDO, Bundesdisziplinarordnung und materielles Disziplinarrecht, Köln 1989; Lindgen, Erich, Handbuch des Disziplinarrechts, 2 Bd. Berlin 1966; Wenzel Adolf, Der Tatbestand des Dienstvergehens, Herford 1977; Fliedner, Ortlieb, Die Zumessung der Disziplinarmaßnahmen, Berlin 1972; alle Kommentierungen enthalten ausführliche Erörterungen zu sexuellen Dienstvergehen

80 BVerwG, Urteil vom 11. 2. 1982 – 2 WD 50/81, ZBR 83, 134

81 siehe Nachweise bei Clausen/Janzen, Anm. 50 Rdn. 65 c

82 OVG NR, Urteil vom 2. 12. 1980 – V 15/79, ZBR 82, 382; BVerwG, Urteil vom 15. 7. 1983 – 1 D 114.82

83 Clausen/Hanzen, s. Anm. 50 Rdn. 56

gefährden nicht nur den Arbeitsfrieden auf der Dienststelle. Der Vorgesetzte begibt sich auch der inneren Freiheit, deren er bedarf, um seinen Untergebenen unbefangen gegenübertreten zu können und sich bei dienstlichen Weisungen nicht von sachfremden Erwägungen leiten zu lassen. Die Liberalisierung des Sexualstrafrechts hat nichts daran geändert, daß das Aufdrängen von Sexualhandlungen nach wie vor als verwerflich anzusehen ist. Ein solches Verfahren eines Vorgesetzten muß, auch wenn es nur als tätliche Beleidigung zu würdigen ist, als schweres Versagen in der Vorgesetzteneigenschaft gewertet werden. Auch der Bundesdisziplinarhof ist in mehreren Entscheidungen von der Forderung ausgegangen, die weiblichen Bediensteten einer Behörde müßten das sichere Gefühl haben, im Dienst keinen sexuellen Übergriffen der männlichen Behördenangehörigen ausgesetzt zu sein; der Dienst müsse von sexuellen Bindungen und Spannungen frei gehalten werden."[84]

Auch das Bundesverwaltungsgericht hat entschieden, daß „geschlechtsbetonte Zudringlichkeiten" ein schweres Dienstvergehen sind. In einem Urteil vom 26. Oktober 1977 wird ausgeführt:

> „Aus der Sicht der Zeugin, die zu keiner Zeit zu erkennen gegeben hat, daß sie mit den auf ein Verhältnis hinzielenden Vorbereitungen des Beamten einverstanden war, müssen die Zudringlichkeiten als in starkem Maße scham- und ehrverletztend, in der gegebenen Situation auch als abstoßend und beängstigend empfunden worden sein. Gemessen an der Skala der Sexualdelikte sind sie zwar von geringem Gewicht, disziplinär ist aber von erheblicher Bedeutung die rücksichtslose Ausnutzung der Beamtenstellung und Vorgesetzteneigenschaft. Nur sie gaben dem Beamten die Möglichkeit, sich der Zeugin zu nähern, ohne daß diese sich als eine dem Beamten zugeordnete Gehilfin – wie sonst jede andere belästigte Frau – auf einfache Weise dem Beamten hätte entziehen können."[85]

---

84 Disziplinarbericht der Bezirksregierung Weser-Ems vom 27. 1. 1983

85 BVerwG, Urteil vom 26. 10. 1977 – 1 D 80.76, DÖD 78, 73

Weitere Beispiele aus der disziplinarrechtlichen Rechtsprechung:

- Sexuelle Übergriffe sind Dienstvergehen.
  (BDH Dok.Ber. 1960, 1264 und 1285)

- Es ist eine Dienstpflichtverletzung, wenn sich ein Gendarmeriebeamter Frauen unsittlich nähert und diese belästigt.
  (DK, VwGH, 17.3.1982, Zl 09/1145/79)

- Der sexuelle Mißbrauch eines Kindes oder Jugendlichen durch einen Soldaten in Vorgesetztenstellung erfordert disziplinarrechtlich in der Regel die Entfernung aus dem Dienstverhältnis.
  (BVerwG, Urteil vom 27. 11. 1981 – 2 WD 25.81, ZBR 82, 224)

- Sexuelle Beziehungen eines stellvertretenden Behördenleiters zu einer auf seiner Dienststelle als Putzfrau tätigen Angestellten eines Reinigungsunternehmens sind jedenfalls dann dienstpflichtwidrig, wenn sie sich in den Diensträumen oder während der Dienstzeit in der Privatwohnung der Reinigungskraft durch Geschlechtsverkehr äußern.
  (BVerwG, Urteil vom 15. 7. 1983 – 1 D 114.82)

- Beamter des gehobenen Dienstes wird dreimal unter erheblichem Alkoholeinfluß (zweimal am Rosenmontag) gegenüber weiblichen Untergebenen zudringlich.
  Degradierung(BVerwG Dok.Ber. S. 1959)

- Intime Beziehungen eines Vorgesetzten zu zwei untergebenen weiblichen Bediensteten.
  Gehaltskürzung(BVerwG Dok.Ber. S. 4019)

- Unsittliche Belästigung einer Reisenden durch Zugbegleiter. (Berühren der Brust)
  Entfernung aus dem Dienst nach Wiederholung
  (BVerwG Dok.Ber. 1980, 38)

- Fahrer eines Schulbusses nimmt während des Dienstes an einer Sonderschülerin unsittliche Handlungen vor.
  Entfernung aus dem Dienst
  (BVerwG Dok.Ber. 1982, 93)

- Zugschaffner (wegen einschlägigen Verhaltens mit Geldbuße vorbelastet) belästigt während der Zugfahrt 18jährige Reisende

u. a. durch hartnäckiges Vorzeigen von Abbildungen in einem Pornoheft.
Degradierung (BVerwG: Gehaltskürzung im unteren Bereich wäre „Bagatellisierung")
(BVerwG 1 D 126.83)

- Vorgesetzter behandelt Untergebene entwürdigend (beleidigende Bemerkungen, leichter Klaps in den Rücken – BVerwG: „sehr ernst zu nehmen") –
  Gehaltskürzung
  (BVerwG (ED) 73.187

- Fortgesetzte anonyme obszöne Anrufe vom Diensttelefon aus
  Degradierung
  (BVerwG, Urteil vom 27. 10. 1982, Dok.Ber. B 1984.41)

- Sexuelle Belästigung von Mitarbeiterinnen
  Gehaltskürzung
  (BVerwG, Urteil vom 15. 11. 1976 – 2 D 106.86)

Belangt wurden weiterhin:

- Sexuelle Belästigung und versuchte Vergewaltigung einer Postkundin während der Zustellung in ihrer Wohnung
  (BVerwG, Urteil vom 21. 10. 1987 – 1 D 106.86)

- Sexuelle Gespräche und Aufforderungen gegenüber minderjährigem Mädchen an Bahnschalter
  (BVerwG, Urteil vom 8. 1. 1969 – 1 D 27.68)

- Onanieren in Dienstkleidung in der Öffentlichkeit vor Passantin
  (BVerwG, Urteil vom 22. 7. 1980 – Dok.Ber. B. 1980.273)

Auch im Disziplinarrecht wird es als besonders schwerwiegend eingeschätzt, wenn die sexuellen Übergriffe gegenüber „jugendlichen und dienstunerfahrenen" Mitarbeiterinnen vorgenommen werden oder in „einem engen Zusammenhang mit dienstlichen Fragen stehen".[86]

---

86 Lindgen, s. Anm. 50, S. 736, 737

Alle unerwünschten sexuellen Annäherungsversuche (über die Schulter streichen, Kopf oder Wangen streichen, Küssen oder entsprechende Versuche) sind Dienstvergehen.[87] Erfährt ein Vorgesetzter von sexuellen Belästigungen, so verhält er sich pflichtwidrig, wenn er diese Handlungen weiterhin duldet.[88]

Ist die belästigte Frau selbst Beamtin, so muß sie beim Bekanntmachen von Belästigungen berücksichtigen, daß sie zwar den Belästiger auch strafrechtlich anzeigen kann, daß ihr jedoch eine „Flucht in die Öffentlichkeit" nur ausnahmsweise gestattet ist.[89] In Disziplinarverfahren gibt es weder eine Möglichkeit, als Nebenklägerin aufzutreten, noch das Recht zur Akteneinsicht.

6.3.1.2. Die Rechte der betroffenen Frau

Wie aufgezeigt wurde, hat der Arbeitgeber sowohl im öffentlichen Dienst als auch in der Privatwirtschaft vielfältige Möglichkeiten und Verpflichtungen, um die individuellen Persönlichkeitsrechte und das Recht auf sexuelle Selbstbestimmung der Frauen zu schützen. Die Mehrheit seiner möglichen Maßnahmen ergeben sich aus den jeweiligen Arbeitsverträgen und Dienstverhältnissen und können einseitig vorgenommen werden (Direktionsrecht). Vorbeugende, kollektive Schutzmaßnahmen und Verhaltensregeln kann er unter Beachtung der Mitbestimmungsrechte der Betriebs- und Personalräte ergreifen. Gegen belästigende Kunden kann er ebenfalls auf Grund seiner Verträge oder seines Hausrechts (Satzungen, Zugangsordnungen), z. B. durch Hausverbot vorgehen. Theoretisch korrespondieren die rechtlichen Verpflichtungen des Arbeitgebers mit entsprechenden Rechten der betroffenen Frauen, im einzelnen

– einem Leistungsverweigerungsrecht (§ 273 BGB), wenn am Arbeitsplatz Schädigungen zu befürchten sind

87 einhellige Meinung, siehe Lindgen, s. Anm. 50, S. 737, 739; Köhler/Ratz, s. Anm. 50 B 11.11. Rdn. 4 ff

88 Wenzel, s. Anm. 50, S. 56

89 Wenzel, s. Anm. 50, S. 69

- Unterlassungsansprüchen gegen den Arbeitgeber nach § 618 BGB, § 120 a und b GewO, § 611 a BGB und Handlungsansprüche, gegen den Schädiger vorzugehen § 611 a BGB, § 618 BGB, §§ 120 a und 120 b GewO, § 611 BGB)

- Schadensersatzansprüche gegen den Arbeitgeber, §§ 611, 611 a, 823 Abs. 1 und 2, 825, 847 Abs. 1 und 2, 618 Abs. 3, 628 Abs. 2 BGB

- das Recht auf Eigenkündigung, § 626 Abs. 1 BGB, § 15 ABs. 2 BBiG

- Aufklärungsansprüche, § 81 Abs. 1 BetrVG gegenüber Arbeitgeber über bekanntgewordene Belästigungen, die das eigene Arbeitsverhältnis berühren können,

- Beschwerderechte über Betriebsrat und Arbeitgeber, §§ 84, 85 BetrVG

- bei Beamten: Amthaftungsansprüche gegen den Dienstherren, Art. 34 GG, Dienstaufsichtsbeschwerde.

Gegen den Belästiger kommen als Sanktionen außerdem in Betracht:

- Entziehung/Einschränkung der Zulassung zur Behandlung von Kassenpatienten (Urteil des LG Kiel vom 10. 3. 1982 – 10. O.189/81, WuW 1983, 248)

- die Gewerbeuntersagung nach § 35 GewO („zum Schutz der Allgemeinheit oder der im Betrieb Beschäftigten")

- Berufsverbote nach § 42 a StPO, § 150 BRO.

Trotzdem sind Arbeitgebermaßnahmen gegen Belästigungen und Belästiger äußerst selten. Lippmann (1986, 115/124) hat darauf aufmerksam gemacht, wie schnell z. B. politische Plakate aus dem Betrieb entfernt werden müssen, während sexistische Plakate (häufig auch noch von „offizieller Seite" wie der Berufsgenossenschaft herausgegeben) nicht nur unbeanstandet hängen bleiben, sondern auch bewußt ausgehängt werden.

Sexuelle Belästigung ist nicht „irgendeine" Beeinträchtigung des Arbeitsverhälntisses wie Zugluft, schlechte Beleuchtung, die Belästigung und Gefährdung durch Raucher oder gefährliche Arbeitsstoffe, die von Umweltbedingungen oder Anlagen ausgeht.[90] Sexuelle Belästigung geht von Menschen aus, die mit den Betroffenen meistens in engen persönlichen und oft langen Arbeitsbeziehungen stehen, von denen sie abhängig sind und auf deren Wohlwollen (z. B. bei Kunden) sie angewiesen sind. Sie greift tief und häufig traumatisch in das Selbstbewußtsein und die berufliche und persönliche Identität der Betroffenen ein. Darüber hinaus ist die Gefährdung des Arbeitsplatzes bei Frauen größer; ihre Arbeitslosenquote ist höher, ihre Arbeitsverhältnisse sind instabiler und ungeschützter (Möller 1983, 7 ff); sie können (z. B. über die Sozialauswahl bei Kündigungen)[91] leichter entlassen werden und sie haben weniger Durchsetzungsmöglichkeiten, weil sie schwächer gewerkschaftlich organisiert, in den Betriebs- und Personalräten unterrepräsentiert und weil sie generell in der Rechtsdurchsetzung benachteiligt sind.[92]

Damit verschärfen sich zentrale Probleme, die ohnehin in Arbeitsverhältnissen bestehen: Zum einen ist es generell schwer, den Gesundheitsschutz und die „Humanisierung des Arbeitslebens" rechtlich durchzusetzen.[93] Für den Bereich des Arbeitsschutzes gilt dabei, daß allgemeine, vage und unbestimmte Formulierungen zum Gesundheitsschutz kaum etwas bewirken. Aus dieser Erkenntnis heraus sind in den letzten Jahren eine Reihe von grundsätzlichen Rechtsvorschriften erlassen worden, die genau präzisieren, welche Anforderungen im einzelnen gestellt, wie sie kontrolliert und wie Verstöße sanktioniert werden.[94]

---

90 Gegen diese Beeinträchtigungen werden die Arbeitnehmerinnen zu Recht durch die ArbeitsstättenVO und die GefahrstoffVO geschützt.

91 zu dem Problem der mittelbaren Diskriminierung vgl. Pfarr/Bertelsmann, Gleichbehandlungsgesetz, Zum Verbot der unmittelbaren und der mittelbaren Diskriminierung von Frauen im Erwerbsleben, Wiesbaden 1985, S. 126

92 vgl. dazu Gerhard/Limbach (Hrsg.), Rechtsalltag von Frauen, Frankfurt/Main 1988

93 kritisch dazu Däubler, Wolfgang, Das Arbeitsrecht Bd. 2, 4. Aufl. Hamburg 1986, S. 180 ff.; Arnold/Satzer, Kaputt und auch noch selber schuld, Gesundheitsschutz am Arbeitsplatz, Hamburg 1986; Dunckel/Zapf, Psychischer Streß am Arbeitsplatz, Belastungen, gesundheitliche Folgen, Gegenmaßnahmen, Köln 1986

94 ArbeitsstättenVO vom 20. 3. 1975, Arbeitssicherheitsgesetz vom 12. 12. 1973 und GefahrstoffVO vom 26. 8. 1986

Zum anderen sind die Rechte aus dem Arbeitsverhältnis sogenannte Individualrechte, d. h. daß sie nur geltend gemacht und durchgesetzt werden können, wenn die Betroffene namentlich auftritt und den Beweis erbringt, daß ihr ein Schaden zugefügt wurde oder ein Schaden zu befürchten ist. Hinzu kommt, daß das Kündigungsschutzrecht generell erhebliche Mängel aufweist[95] und auf viele typische Frauenarbeitsverhältnisse (kurzfristige Beschäftigungen, Beschäftigung in Kleinbetrieben) überhaupt keine Anwendung findet (§§ 1 Abs. 1 und 23 KSchG).

In vielen Betrieben gibt es außerdem keine Betriebsräte; ein Großteil der Betriebe, in denen das Abhängigkeitsverhältnis zwischen Arbeitgeber und Arbeiternehmer/innen besonders eng und persönlich ist, ist nicht betriebsratsfähig, weil sie unter fünf Beschäftigte haben (§ 1 BetrVG).

Das Ergebnis ist ein krasser Widerspruch zwischen der (theoretischen) Anzahl von Schutzmöglichkeiten und der praktischen Um- und Durchsetzung. Wie umfangreich oder wie begrenzt der arbeitsrechtliche Schutz vor sexueller Belästigung tatsächlich ist, läßt sich am ehesten anhand der vorhandenen und bekannt gewordenen arbeitsgerichtlichen Urteile zu diesem Themenbereich überprüfen.

6.3.1.3. Der Schutz vor Belästigungen im Arbeitsgerichtsverfahren

6.3.1.3.1. Urteile zur sexuellen Belästigung

1. Zuerst einmal fällt auf, daß die Mehrheit der bisher veröffentlichten Urteile zur sexuellen Belästigung am Arbeitsplatz Strafrechtsurteile sind.[96] Das ist aus zwei Gründen verwunderlich. Bei anderen Straftaten im Betrieb (z. B. Eigentumsdelikten)

---

95 zur Kritik vgl. Däubler, Wolfgang, s. Anm. 64 S. 420 ff

96 Übersicht bei Elstner, Gabriele, Rechtgutachten zur sexuellen Belästigung am Arbeitsplatz; Bertelsmann, Klaus, s. Anm. 32; Schönke-Schröder, Strafgesetzbuch, Kommentar, 23. Aufl., München 1988, zu § 174 StGB m. w. Nachw., zuletzt: LG Hannover vom 9. 1. 1989 – 46 b 57/88, STREIT 1989, 74

kommt es nur in sehr wenigen Fällen zu strafrechtlichen Auseinandersetzungen, die Probleme werden „arbeitsrechtlich" vor allem durch Arbeitgebersanktionen erledigt. Außerdem sind die Sexualstraftatbestände sehr eng gefaßt und decken nur einen geringen Bruchteil der arbeitsrechtlich relevanten Fälle. Die Zurückhaltung bei arbeitsrechtlichen Auseinandersetzungen hängt möglicherweise generell mit der Tendenz der Arbeitgeber zusammen, sich in dieser Frage zurückzuhalten. So ist auch immer wieder die – juristisch nicht haltbare – Argumentation der Arbeitgeberseite zu hören, sie könnten erst dann gegen den Belästiger vorgehen, wenn dessen Schuld „bewiesen" und er verurteilt worden ist. Sowohl im Disziplinar- als auch im Arbeitsrecht sind die Grenzen für ein vertragswidriges Verhalten für den Belästiger jedoch erheblich enger.[97] Der Arbeitgeber hat auch die Möglichkeit der Verdachtskündigung,[98] muß also nicht abwarten, bis eine Straftat bewiesen ist. Selbst bei sehr geringfügigen und entschuldbaren Vergehen (z. B. der Verzehr eines Stücks Bienenstich, das vorher nicht bezahlt worden ist[99]) wird wegen des notwendigen Vertrauensschutzes im Arbeitsverhältnis eine Kündigung für gerechtfertigt gehalten. Der Widerspruch zwischen der Behandlung von Sexual- und Eigentumsdelikten ist auffällig.

2. Weiterhin ist festzustellen, daß es relativ wenige arbeitsrechtliche Urteile gibt. Das hängt nicht nur damit zusammen, daß Frauen sich scheuen, diese Fragen offen anzusprechen und sich – auch auf juristischem Wege – gegen die Belästigungen zu wehren. Diese Tatsache ist auch ein Indiz dafür, daß bei sexuellen Belästigungen – kommt es zum Streit oder wird die Belästigung unerträglich – entweder Eigenkündigungen ausgesprochen werden und auf weitere Ansprüche verzichtet wird oder aber bei Kündigung der betroffenen Frau andere Gründe vorgeschoben werden. Zudem gibt es kaum höchstrichterliche

97 insbesondere bei Disziplinarfällen und -maßnahmen hat der Dienstherr einen weiten Ermessungsspielraum, vgl. Fliedner, Ortlieb, Die Bemessung der Disziplinarmaßnahmen, Berlin 1972, S. 22 ff.

98 dazu im einzelnen KR-Gemeinschaftskommentar, s. Anm. 2, zu § 1 KSchG, Rdn. 287 ff

99 BAG, AB Nr. 14 zu § 626 BGB, ebenso bei den drei Kiwi-Früchten, BAG AP Nr. 80 zu § 626 BGB

Urteile, nämlich nur zwei BAG-Entscheidungen[100] – in beiden Fällen ging es um den Kündigungsschutz des Belästigers –, drei Entscheidungen von Landesarbeitsgerichten[101] und einige erstinstanzliche Urteile. Auch diese Verteilung spricht dafür, daß Frauen aus den verschiedensten Gründen[102] kaum in der Lage sind, alle Rechtsmittel auszuschöpfen und daß eine Tendenz besteht, sich entweder von vornherein vor den Arbeitsgerichten zu vergleichen oder aber das erstinstanzliche Urteil zu akzeptieren.

3. Fast alle Urteile behandeln kündigungsrechtliche Fragen. Nur ausnahmsweise werden Lohn- und Schadensersatzansprüche geltend gemacht. Das bedeutet, daß es bisher keine gerichtliche Auseinandersetzung gegeben hat, in der eine Frau ihren arbeitsrechtlichen Schutz während eines bestehenden Arbeitsverhältnisses eingeklagt hätte (z. B. Entfernung sexistischer Plakate, eigene Versetzung oder Entfernung des Belästigers). Erfüllungsklagen nach § 618 BGB sind ohnehin äußerst selten.[103] Während jedoch z. B. Klagen auf die Durchsetzung von Nichtraucherschutz[104] zunehmen, gibt es keine entsprechende Schutzklagen gegen sexuelle Belästigung. Auch die Gewerkschaften, die beispielsweise in gebündelten „Massenklagen" bei Lohndiskriminierungen (Heinze- und Kroschu-Frauen)[105] dem Gedanken Rechnung tragen, wie schwer die individuelle Rechtsdurchsetzung für eine einzelne Frau ist, haben analoge Klagen bei der Belästigung von Frauen bisher noch nicht geführt, nicht einmal propagiert. Ebensowenig gibt es gerichtliche Auseinandersetzungen zwischen Betriebs- und Personalräten und Arbeitgebern. Ursache dafür ist wahrscheinlich, daß Betriebs- und Personalräte bisher noch

---

100 BAG, Urteil vom 17. 5. 1956 – 3 AZR 350/54, AP Nr. 1 zu § 19 SchBG; BAG, Beschluß vom 9. 1. 1986 – 2 ABR 24/85, AP Nr. 20 zu § 626 BGB – Ausschlußfrist

101 LAG Hamburg vom 23. 10. 1985 – 6 Sa 48/85; LAG Hamm 17 Sa 598/88; LAG Frankfurt/Main – 9 SA 1/87

102 siehe 1.3.2. und 1.3.3.

103 Münchener Kommentar, s. Anm. 22 zu § 618 BGB, Rdn. 66

104 vgl. Schaub, Arbeitsrechtshandbuch, s. Anm. 4 S. 284 m. w. Nachw. und ArbG Berlin, Urteil vom 26. 10. 1988 – 9 Ca 400/87, DB 1988, 2518

105 im einzelnen: Frauenlöhne. Der Kleine Unterschied, Der Gewerkschafter 1988, Heft 9

nicht häufig mit diesem Problem konfrontiert waren, daß sie es auch nicht ausreichend ernst nehmen und daß möglicherweise dann, wenn sie es ernsthaft aufgreifen, schnelle Lösungen gefunden werden.[106]

6.3.1.3.1.1. Der Beschluß des BAG vom 9. 1. 1986 – 2 ABR 24/85[107]

Der Beschluß des BAG vom 9. 1. 1986 soll hier näher behandelt werden, nicht nur weil es das wichtigste höchstrichterliche Urteil für das Problem der sexuellen Belästigung ist, sondern auch weil daran einige Grundprobleme des arbeitsrechtlichen Kündigungsschutzes deutlich werden. Hintergrund der Entscheidung war die fristlose Kündigung eines Betriebsratsvorsitzenden und Schwerbehinderten, der sexuelle Belästigungen bei verschiedenen Angestellten, u. a. auch Auszubildenden, vorgenommen hatte. Die Kündigung eines Betriebsratsmitglieds ist nur als fristlose Kündigung und nach vorheriger Zustimmung des Betriebsrats möglich (§ 102 BetrVG). Da der Betriebsrat der Kündigung nicht zugestimmt hatte, mußte das Arbeitsgericht angerufen werden, um die verweigerte Zustimmung zu ersetzen. Aus der Sachverhaltsschilderung des Urteils ergibt sich, daß der Belästiger 13 Jahre lang in dem Betrieb tätig war, ehe 1983 die Kündigung ausgesprochen wurde. Bereits 1980 war der damalige Betriebsrat auf verschiedene Anschuldigungen hin „der Sache nachgegangen" und zu der Erkenntnis gelangt, der Belästiger sei „als Ausbilder nicht geeignet". Trotzdem wurde der Belästiger nicht abgemahnt und arbeitete weiter als Vorgesetzter und Ausbilder. Die beiden unteren Instanzen, das Arbeits- und das Landesarbeitsgericht Nürnberg, sahen in den geschilderten Fällen keinen Grund zur fristlosen Kündigung. Die Zeuginnen, belästigte Frauen, „hätten sich das Verhalten des Klägers sofort verbeten, es jedoch offensichtlich nicht als übermäßig schwerwiegend angesehen, da sie nicht mit einem Vorgesetzten darüber gesprochen, und auch nicht weiteren Kontakt oder die weitere Zusammenarbeit mit dem Belästiger abgelehnt hätten."

---

106 Aus der gewerkschaftlichen Schulungsarbeit sind mir einige Fälle bekannt, in denen Betriebs- und Personalräte erfolgreich gegen Belästiger, insbesondere Ausbilder vorgegangen sind.

107 s. Anm. 100

Außerdem schloß das Arbeitsgericht aus der Tatsache, daß die Belästigungen seit 1977 vorkamen und bekannt waren, daß sich dieses Verhalten „nicht negativ auf den Betriebsablauf und die betriebliche Zusammenarbeit" ausgewirkt habe. Das Landesarbeitsgericht wertete die Belästigungen als „menschliche Entgleisungen" und erklärte, das Verhältnis des Arbeitgebers zu dem Belästiger sei nur „indirekt berührt". Es sei kein Grund ersichtlich, warum es dem Arbeitgeber unmöglich sein sollte, in Zukunft mit dem Belästiger störungsfrei zusammenzuarbeiten. Erst das Bundesarbeitsgericht stellte klar, daß ein Grund zur fristlosen Kündigung vorlag und daß das Verhältnis zum Arbeitgeber berührt war; kam auf den naheliegenden Gedanken: „Aus dem Umstand, daß die Zeuginnen es dabei bewenden ließen, sich diese Zudringlichkeiten zu verbitten und nicht ihre Vorgesetzten zu unterrichten, kann nicht gefolgert werden, die Fortsetzung des Arbeitsverhältnisses mit dem Beklagten sei dem Arbeitgeber zumutbar gewesen, weil der Betriebsablauf durch sein Verhalten nicht wesentlich beeinträchtigt worden sei. Es ist auch denkbar, daß sich die nicht beschwerten, weil sie sich – zum Teil als Auszubildende – von ihrem Vorgesetzten abhängig fühlten."

Die Fallkonstellation war hier für die betroffenen Frauen deshalb besonders günstig, weil der Arbeitgeber den Prozeß führte und offensichtlich ein so großes Interesse an der Entlassung des Betriebsratsvorsitzenden hatte, daß er trotz zweier negativer Urteile vor dem Arbeits- und Landesarbeitsgericht noch in die Revision vor das Bundesarbeitgericht ging. Außerdem waren mehrere Frauen betroffen und standen ihm in dem Zustimmungsersetzungsverfahren als Zeuginnen zur Verfügung. Daß es hier möglicherweise nicht in erster Linie um den Schutz der belästigten Frauen, sondern um die Entlassung aus anderen Gründen ging, wird auch daran deutlich, daß das Verhalten des Belästigers im Betrieb bekannt und jahrelang geduldet worden war, ohne daß arbeitsrechtliche Konsequenzen gezogen wurden (Abmahnung, Ablösung als Ausbilder). Das Urteil des Bundesarbeitsgerichts bestätigt zwar die Rechtsansicht, daß sexuelle Belästigung ein schwerwiegender Verstoß gegen den Arbeitsvertrag und den „Betriebsfrieden" ist, darf jedoch nicht darüber hinwegtäuschen, daß selbst in diesem Prozeß – wie die Argumentation der unteren Gerichte zeigt – das Verständnis überwiegend auf seiten des Belästigers war.

6.3.1.3.1.2. Urteile anderer Gerichte

Auch die Urteile anderer Arbeitsgerichte hinterlassen einen widersprüchlichen und zwiespältigen Eindruck. Einige Gerichte, wie das Arbeitsgericht Wilhelmshaven,[108] das Arbeitsgericht Kassel[109] und das Landesarbeitsgericht Frankfurt[110] gaben den Kündigungsschutzklagen von betroffenen Frauen statt, denen gekündigt worden war, nachdem sie den Belästiger beschuldigt hatten. Andere Gerichte, wie das Arbeitsgericht Karlsruhe[111] wiesen derartige Kündigungsschutzklagen ab. Die Kündigung eines Belästigers, der Frauen grob sexuell beleidigt hatte, bestätigte auch das Arbeitsgericht Detmold[112] und in zweiter Instanz das Landesarbeitsgericht Hamm.[113]

Das Arbeitsgericht Arnsberg[114] sprach einer Auszubildenden 2 000,-- DM Schmerzensgeld nach §§ 823 Abs. 1; 847 Abs. 2 BGB zu, die von einem Firmeninhaber mit der Drohung, er werde das Ausbildungsverhältnis lösen, sechsmal zum Geschlechtsverkehr gezwungen worden war. Der Mann war allerdings vorher bereits strafrechtlich nach § 174 Abs. 1 Ziff. 2 StGB verurteilt worden.

In dem Verfahren vor dem Arbeitsgericht Karlsruhe[115] war einer Klägerin aus dringenden betrieblichen Gründen gekündigt worden. Sie wandte sich daraufhin in einem Schreiben an die Geschäftsleitung und teilte mit, daß der Hintergrund der Kündigung wohl sei, daß der Personalleiter sie mehrfach sexuell belästigt und bedrängt habe und sie sich dagegen gewehrt habe. Daraufhin

---

108 vom 29. 7. 1982, 1 Ca 448/82

109 7 Ca 136/86

110 9 Sa 1/87

111 vom 25. 8. 1984 – 2 Ca 9/84, vgl. auch die Urteilszusammenstellung bei Pfarr/Bertelsmann, Diskriminierung im Erwerbsleben, s. Anm. 6, S. 421 ff

112 1 Ca 313/87

113 17 Sa 598/88

114 vom 7. 10. 1982 – 2 Ca 712/82

115 s. Anm. 111

kündigte die Firma fristlos, weil unwahre und beleidigende Äußerungen erhoben worden seien. Vor dem Arbeitsgericht wurde nur der beschuldigte Personalleiter, nicht jedoch andere Zeugen (z. B. der Ehemann und andere Personen, die sofort informiert worden waren) gehört. Das Gericht entschied, daß die fristlose Kündigung gerechtfertigt sei.

Der Vergleich der Urteilsbegründungen des Arbeitsgerichts Karlsruhe und des Arbeits- und Landesarbeitsgerichts Nürnberg weist auf ein Problem hin, das Frauen in einen nicht lösbaren Konflikt bringt: unternehmen sie Schritte gegen die Belästigung, beschweren sie sich und stellen damit „Betriebsöffentlichkeit" her, müssen sie – wenn sie nicht standfeste Zeugen haben – damit rechnen, daß der Belästiger sofort kontert, unverzüglich ihre Kündigung betreibt und auch strafrechtliche Schritte (Anzeige wegen übler Nachrede, § 186 StGB[116]) unternimmt. Gleichzeitig kann jedoch dieser Schritt die einzige Möglichkeit sein, die Belästigungen zu stoppen. Schweigen sie, versuchen sie sich der Belästigung zu entziehen oder reagieren sie verbal oder körperlich nur unmittelbar gegenüber dem Belästiger, so müssen sie neben den eventuellen gesundheitlichen und seelischen Schäden damit rechnen, daß ihnen dieses Verhalten als Einverständnis ausgelegt wird, daß die Belästigungen andauern und sich verschärfen oder zumindest dann die Belästigungen als „nicht so schlimm" und das Arbeitsverhältnis als nicht belastet interpretiert wird. Dieses Dilemma ist für die betroffene Frau individuell nicht zu lösen.

Selbst wenn sie den Betriebs- oder Personalrat einschaltet, wird dieser nur tätig werden können, wenn er den Fall – auch namentlich – bekanntmacht. § 621 a BGB enthält den Grundsatz, daß ein Arbeitnehmer/eine Arbeitnehmerin nicht benachteiligt werden darf, wenn er/sie „in zulässiger Weise ihre Rechte ausübt". Es gibt im Arbeitsrecht andere Fälle, in denen Arbeitnehmer dann gefährdet sind, wenn sie Rechte wahrnehmen; einer der wichtigsten ist die Gewerkschaftszugehörigkeit. In einem Verfahren, in dem es um das Zugangsrecht eines Gewerkschaftsvertreters in den Betrieb ging (§ 2 Abs. 2 BetrVG), hat das Landesarbeitsgericht Düsseldorf entschieden,[117] zum Nachweis, daß es Gewerkschaftsmit-

---

116 vgl. auch Goy, Alexandra, Über die Zivilcourage deutscher Professoren oder wie aus sexueller Belästigung üble Nachrede wird, Streit 1989, 102 ff

117 Beschluß vom 5. 12. 1988 – 4 Ta BV 140/88, DB 1989, 1036

glieder im Betrieb gibt, reiche „eine notarielle Erklärung ohne Namensnennung einzelner Arbeitnehmer oder eine entsprechende eidesstattliche Versicherung der Gewerkschaft" aus. Die erheblichen Gefährdungen, in denen sich Frauen auch in bezug auf den Bestand ihres Arbeitsverhältnisses befinden, machen es notwendig, über derartige „anonymisierte" Verfahren nachzudenken.

Weitergehend hat sich vor den Gerichten die Meinung durchgesetzt, daß sexuelle Belästigung – sollte sie nachgewiesen sein – ein schwerwiegender Verstoß gegen den Arbeitsvertrag ist. Das Landesarbeitsgericht Hamm hat in einem Urteil vom 17. 11. 1988[118] die Kündigung eines Belästigers, im Betrieb „Porno-Paul" genannt, wegen beleidigender, sexuell anzüglicher Äußerungen bestätigt. Die unerwünschte sexuelle Belästigung einer Putzhilfe war ein Kündigungsgrund in dem Urteil des ArbG Wilhelmshaven, das allerdings die gleichzeitig erfolgte außerordentliche Kündigung ablehnte.[119] Es sei nicht entscheidend, ob der Betriebsfrieden unmittelbar gestört sei, d.h. eine Störung der betrieblichen Abläufe nachgewiesen wird. Aus der Fürsorgepflicht des Arbeitgebers leitet das Gericht ab: „. . . ist es das Recht und die Pflicht der Beklagten, gegen unsittliches Verhalten von Arbeitnehmern im Betrieb vorzugehen. So muß die Beklagte schon zu dem Zweck reagieren, ähnliche Vorkommnisse in Zukunft zu unterbinden. Der Arbeitgeber hat eine besonders starke Fürsorgepflicht für die schwächeren Arbeitnehmer, z. B. für Jugendliche, für Schwerbehinderte und für Frauen. Bei Frauen ist das dadurch gerechtfertigt, daß sie in der Regel die körperlich Schwächeren sind im Vergleich zu den erwachsenen männlichen Arbeitnehmern. Das gilt insbesondere bei männlichen Übergriffen gegenüber Frauen. Ein Vorfall mit umgekehrten Rollen – eine Frau vergreift sich unsittlich an einem Mann – ist kaum vorstellbar. Weibliche Arbeitnehmerinnen haben deshalb einen Anspruch auf diese besondere Fürsorge des Arbeitgebers."[120]

Allerdings gibt es auch gegenteilige Tendenzen. In einem aus dem Jahre 1956 stammenden Urteil des Bundesarbeitsgerichts[121] wurde

118 17 Sa 598/88

119 Urteil vom 23. 3. 1978 – 2 Ca 804/77

120 Urteil vom 23. 3. 1978 – 2 Ca 804/77, S. 8

121 Urteil vom 17. 5. 1956 – 3 AZR 350/54

das „Betasten über den Kleidern" als Kündigungsgrund zwar anerkannt, gleichzeitig wies das Gericht den Fall jedoch an das Landesarbeitsgericht zurück, um zu klären, ob die Frau den Kläger „sinnlich erregt" und „sich auch anderen männlichen Angestellten gegenüber zugänglich gezeigt" hätte.

Das Bundessozialgericht hatte mit Urteil vom 23. Oktober 1978[122] über einen Anspruch aus dem Opferentschädigungsgesetz zu entscheiden. Bei einem Straßenfest warf ein Mann ein ihm unbekanntes 16jähriges Mädchen in die Luft, das daraufhin schwer stürzte.

In kaum einem anderen Urteil kommt deutlicher die weitverbreitete Meinung zum Ausdruck, daß solche Verhaltensweisen von Männern zu ihren „Alltagsrechten" gehören. Das Gericht führt aus: Nach dem äußeren Geschehensablauf hob der fremde Mann die Klägerin hoch, wie sonst „allgemein Erwachsene kleine Kinder hochzuheben pflegen". Es handele sich „um eine nicht ganz ungewöhnliche Übung, eine Frau, die sich nachts auf der Straße aufhält, durch einen derartigen spielerischen, scherzhaft zu verstehenden harmlosen 'Zugriff' in das gesellige Treiben einzubeziehen" . . . Es handele sich um einen „harmlosen Kontakt", für einen ernsthaften Eingriff in die weibliche sexuelle Selbstbestimmung bestehe „keinerlei Anhalt". Da das Verhalten des Täters demnach als „sozial angemessen" bewertet wurde, lehnte das Gericht Ansprüche aus dem Opferentschädigungsgesetz ab. Sie hätten einen „vorsätzlichen, rechtswidrigen, tätlichen Angriff gegen eine Person" vorausgesetzt (§§ 1 Abs. 1 Satz OEG, 5 und Art. II 1 Nr. 11 SGB I).

Ebenso problematisch ist es, wenn Gerichte die tiefgreifenden Auswirkungen sexueller Belästigungen auf das Arbeitsverhältnis nicht sehen. In einem Fall, über den das Arbeits- und Landesarbeitsgericht Hamburg[123] zu entscheiden hatten, hatte sich eine Frau nach jahrelangen intimen Beziehungen geweigert, mit dem Juniorchef „in den Heizungskeller zu gehen". Daraufhin kam es zu Auseinandersetzungen. Die Klägerin erhielt wenige Wochen später eine Abmahnung und anschließend zwei Kündigungen ihres Arbeitsverhältnisses. Ihren Antrag auf Auflösung des Arbeits-

---

122 BSG, Urteil vom 23. 10. 1985 – 9a – RVg 5/84, NJW 86, 2663

123 ArbG Hamburg, Urteil vom 13. 3. 1985 – 3 Ca 233/83; LAG Hamburg, Urteil vom 22. 10. 1985 – 6 Sa 48/85

verhältnisses lehnte das Arbeitsgericht Hamburg mit der Begründung ab, eine Weiterbeschäftigung sei ihr nicht zumutbar. Ihre Befürchtungen, schikaniert zu werden, seien unbegründet, zumal sie sich – weil sie gewerkschaftlich organisiert sei – zu wehren wisse. In zweiter Instanz löste das Landesarbeitsgericht das Arbeitsverhältnis zwar auf, lastete jedoch der Klägerin bei der Höhe der Abfindungssumme negativ eine Strafanzeige gegenüber dem Arbeitgeber an, die erfolglos geblieben war.

Eine erfolglose Strafanzeige hatte auch in einer Entscheidung des Arbeitsgerichts Wilhelmshaven vom 29. 7. 1982[124] zur fristlosen Kündigung der belästigten Frau geführt, die das Gericht jedoch nicht bestätigte.

6.3.1.3.2. Die Beweislast

Für die Verurteilung eines Belästigers im Strafverfahren ist erforderlich, daß ihm die Tat nachgewiesen wird. Eine andere Funktion hat die sogenannte Beweislast in zivilrechtlichen, also auch arbeitsrechtlichen Verfahren. Sie regelt, welche Partei den Beweis für die anspruchsbegründenden Merkmale zu erbringen hat und ist letztlich eine Risikoverteilung, wenn die Beweise nicht erbracht werden können.

Im Zivilprozeß gilt der Grundatz der „freien Beweiswürdigung", die Anforderungen sind also erheblich geringer als im Strafprozeß (§ 286 ZPO).

Rechtlich zugelassene Beweismittel sind die Inaugenscheinnahme (§ 271 ff. ZPO), der Zeugenbeweis (§ 373 ff. ZPO), Sachverständigengutachten (§ 402 ff. ZPO), der Urkundenbeweis (§ 415 ff. ZPO) und die Parteivernehmung (§ 445 ff. ZPO). Beim Urkundenbeweis gelten als Beweismittel nicht nur „offizielle" Urkunden, sondern auch sogenannte Privaturkunden, also z. B. Briefe oder Durchschläge von Briefen an den Belästiger, Aktennotizen, Tagebuchaufzeichnungen etc.

---

124 1 Ca 448/82

Wiederum andere Beweisgrundsätze herrschen im Betrieb. Der Arbeitgeber kann bereits disziplinarisch bei Verdachtsmomenten für eine strafbare Handlung oder eine Störung des Betriebsfriedens handeln. Er wird sich allerdings überlegen, wie die Beweislastverteilung in einem eventuellen arbeitsgerichtlichen Prozeß ist. Spricht er Sanktionen aus (Abmahnungen, Versetzungen, Kündigungen), so hat er vor dem Arbeitsgericht zwar die Beweislast für die Tatsachenbehauptungen, auf die er sich stützt, die betroffene Frau (oder mehrere Frauen) stehen ihm jedoch als Zeuginnen zur Verfügung, so daß er damit rechnen kann, einen eventuellen Prozeß zu gewinnen.

Für den Arbeitgeber ist es günstig, so frühzeitig wie möglich zu handeln, nicht nur weil er damit das Betriebsklima verbessert und seinen Schutz- und Fürsorgepflichten nachkommt; frühe Rügen, Gespräche unter Zeugen und Abmahnungen verbessern auch seine Beweissituation in einem eventuellen Kündigungsschutzprozeß. In dem Beschlußverfahren vor dem Bundesarbeitsgericht gegen den Betriebsratsvorsitzenden[125] hätte der Prozeß für den Arbeitgeber allein deshalb leicht verloren gehen können, weil die Gegenseite eingewandt hatte, die Vorwürfe, die zum Teil bis zu sechs Jahren zurückreichten, seien „verwirkt", weil der Arbeitgeber auf sie trotz Kenntnis nicht reagiert hätte.

Für die betroffene Frau ist die Beweissituation in der Regel ungünstiger. In Kündigungsschutzprozessen, die sie führt, hat der Arbeitgeber zwar die Beweislast. Ist der Kündigungsgrund eine falsche Beschuldigung, so muß der Arbeitgeber nachweisen, daß die Beschuldigung falsch ist. Das kann er allerdings in der Regel relativ leicht durch die Angabe des Belästigers als Zeugen. Allerdings wird es auf die Einzelumstände ankommen, ob ein solcher Vorwurf als Kündigungsgrund ausreicht, ebenso wie auf die Beweiswürdigung des Gerichts. Dabei ist auch der Grundgedanke zu berücksichtigen, daß die Frau „in der Wahrnehmung berechtigter Interessen handelt" (§ 193 StGB) und daß ihr aus der Wahrnehmung ihrer Rechte keine Nachteile erwachsen dürfen (§ 612 a BGB).

Werden andere Kündigungsgründe vorgeschoben, so ist die Frau – nach allgemeinen Beweisregeln – dafür beweispflichtig, daß

125 vgl. Anm. 100

der eigentliche Kündigungsgrund sexueller Natur war. Selbst wenn mehrere Frauen betroffen waren, ist die Beweissituation nicht immer günstig, zumindest dann, wenn die Arbeitsverhältnisse mit den Zeuginnen noch bestehen, die in diesem Fall gegen ihren Arbeitgeber aussagen müssen.

In diesem Zusammenhang ist jedoch ausdrücklich auf die besondere Beweislastregel des § 611 a BGB hinzuweisen. Sind berufliche Nachteile (z. B. Versetzungen, Abmahnungen, Kündigungen) die Folge einer Geschlechtsdiskriminierung, so hat die Arbeitnehmerin lediglich „Tatsachen glaubhaft zu machen", die eine Benachteiligung wegen des Geschlechts vermuten lassen. Der Arbeitgeber trägt dann die volle Beweislast, daß nicht wegen des Geschlechts diskriminiert worden ist. Auf Kündigungsschutzprozesse angewendet bedeutet dies, daß die Frau „Tatsachen glaubhaft machen muß", nach denen die Kündigung eine Folge einer sexuellen Belästigung, also einer Geschlechtsdiskriminierung, ist. Derartige „Tatsachen" sind z. B. vorangegangene Belästigungen oder das Abschlagen sexueller Beziehungen, sexuelle Belästigungen anderer Frauen in der Vergangenheit, eine sexistische und frauenfeindliche Arbeitsumgebung (Plakate).

Die „Glaubhaftmachung" kann durch Zeuginnen oder durch eidesstattliche Versicherungen[126] erfolgen. Es ist allerdings bisher kein Fall bekannt, in dem ein Gericht die Beweislastregel des § 611 a BGB auf derartige Fälle angewandt hätte.[127]

Bisher nicht diskutiert, aber naheliegend ist es auch, bei arbeitsgerichtlichen Verfahren (einschließlich Unterlassungs-, Erfüllungs- und Schadensersatzprozesse) die Regeln des „Anscheinbeweises" anzuwenden. Diese Beweisregel besagt, daß bei typischen Geschehensabläufen der „Beweis des ersten Anscheins" ausreicht. Ist dieser Beweis erbracht, so trägt der Gegner die Beweislast, daß ein anderer Sachverhalt gegeben ist. Hat der Arbeitgeber z. B. eine stark alkoholisierte Betriebsfeier im halbdunklen Raum organisiert, so spricht der Beweis des ersten Anscheins für sexuelle Belästigungen.

Stehen sich die Aussagen der belästigten Frau und des Belästi-

126 § 294 ZPO, so auch LAG Hamburg vom 11. 2. 1987 – 7 Sa 56/86, AiB 87, 268

127 so auch Bertelsmann, Klaus, s. Anm. 8, S. 135 f

gers konträr gegenüber und sind keine weiteren Zeugen vorhanden, hat das Gericht auch die Möglichkeit, ausnahmsweise im Wege der Parteivernehmung der klagenden Frau den Sacherhalt aufzuklären (§ 448 ZPO). Von dieser Möglichkeit machen die Gerichte allerdings nur äußerst selten Gebrauch. Lediglich das Arbeitsgericht Wilhelmshaven[128] vernahm in einem Kündigungsschutzprozeß die Klägerin als Partei und stützte auf ihre Aussage die Unwirksamkeit der Kündigung.

Die gerichtliche Praxis, vorhandene Beweismittel auszuschöpfen, ist insgesamt sehr unterschiedlich. Während das Arbeitsgericht Karlsruhe[129] es beispielsweise ablehnte, Zeugen zu hören, denen die Klägerin von der Belästigung erzählt hatte, nahmen andere Gerichte umfangreiche Beweisaufnahmen[130] auch von nicht-beteiligten Dritten vor, um den Hintergrund der Tat aufzuhellen.

Für Schadens- und Schmerzensgeldansprüche gegenüber dem Belästiger kann es – ebenso wie z. B. bei Verkehrsunfällen – sinnvoll sein, zuerst eine Strafanzeige zu stellen. In diesem Fall wird von „Amts wegen" ermittelt. Steht die Schuld fest – das kann auch dann der Fall sein, wenn das Verfahren wegen Geringfügigkeit eingestellt wird oder ein Beleidigungsantrag auf den Privatklageweg verwiesen wird – so ist ein anschließender zivilrechtlicher Schadensersatzprozeß einfacher.

Aus einer Strafanzeige in eigener Sache darf der Frau, selbst wenn sie sich unmittelbar gegen den Arbeitgeber richtet, kein Nachteil erwachsen (612 a BGB).[131]

---

128 Urteil vom 29. 7. 1982 – 1 Ca 448/82

129 Urteil vom 25. 9. 1984 – 2 Ca 9/84

130 z. B. Urteil des ArbG Hameln vom 12. 12. 1979 – 1 Ca 281/79

131 zu dem vorprozessualen Verhalten und dem Sammeln von Beweismitteln im Betrieb vgl. insbesondere Plogstedt, Sibylle/Bode, Kathleen, Übergriffe, Sexuelle Belästigung in Büros und Betrieben, Hamburg 1984 und Plogstedt, Sibylle/Bertelsmann, Klaus, Sexuelle Belästigung am Arbeitsplatz – Frauen wehren sich, DGB-Bundesvorstand, Düsseldorf 1987

6.3.1.3.3. Kosten und Verfahren vor den Arbeitsgerichten[132]

6.3.1.3.3.1. Kosten

Da Frauen über ein sehr viel geringeres eigenes Einkommen verfügen als Männer und da sie sich auch im geringeren Umfang gewerkschaftlich organisieren und damit im gewerkschaftlichen Rechtsschutz abgesichert sind, scheuen Frauen selbst dann vor gerichtlichen Auseinandersetzungen zurück, wenn sie als Folge von Belästigungen erhebliche Nachteile, z. B. Kündigungen mit anschließender Sperrfrist vom Arbeitsamt erleiden. Bei Arbeitsgerichtsprozessen gilt grundsätzlich, daß in der ersten Instanz jede Partei ihre eigenen Anwaltskosten zu tragen hat (§ 12 a ArbGG) unabhängig davon, wer den Prozeß gewinnt oder verliert. In den oberen Instanzen müssen alle Kosten von derjenigen Partei getragen werden, die verliert. Wird der Prozeß teilweise gewonnen, so erfolgt ebenso wie bei Vergleichen Kostenquotelung. Die Höhe der Gerichts- und Anwaltskosten richtet sich nach dem Streitwert, der bei vermögensrechtlichen Auseinandersetzungen der Höhe des geltend gemachten Anspruchs und bei Kündigungsschutzklagen drei Monatsgehältern entspricht. Die Gerichtskosten[133] vor dem Arbeitsgericht entstehen nicht, wenn eine Einigung bereits in der Güteverhandlung erfolgt. Vor den Arbeitsgerichten herrscht kein Anwaltszwang, jede Arbeitnehmerin kann selbst Klage einreichen. Sie kann sie auch direkt – kostenlos – mündlich beim zuständigen Arbeitsgericht zu Protokoll geben. Die Frist für die Einreichung einer Kündigungsschutzklage beträgt drei Wochen. Die hauptsächliche finanzielle Belastung sind die Anwaltskosten, die sich nach der Gebührenordnung für Rechtsanwälte errechnen.[134]

Es besteht die Möglichkeit, bei geringem Einkommen Prozeßkostenhilfe zu beantragen. Zur Zeit liegen die entsprechenden Ein-

---

132 zum arbeitsgerichtlichen Verfahren allgemein, vgl. Schaub, Günter, Meine Rechte und Pflichten im Arbeitsgerichtsverfahren, 4. Aufl., München 1985

133 Sie betragen zwischen 3,-- DM und 500,-- DM

134 Bei einem Monatsgehalt von 3 000,-- DM muß im Kündigungsschutzprozeß mit Anwaltskosten von ca. 2 000,-- DM gerechnet werden.

kommenssätze bei 850,-- DM netto pro Monat für eine Person, bei einer weiteren unterhaltspflichtigen Person bei 1 300,-- DM netto. Es kann dann ein Anwalt/eine Anwältin beigeordnet werden, wenn die Gegenseite auch durch einen Anwalt vertreten ist.

Wird bei „hinreichenden Erfolgsaussichten" Prozeßkostenhilfe gewährt, so übernimmt der Staat die eigenen Anwalts- und Gerichtskosten. In der ersten Instanz ist das Verfahren also kostenlos. Bei höherem Einkommen besteht unter Umständen über die Prozeßkostenhilfe die Möglichkeit, die Kosten in Raten zu zahlen.

Die Gewerkschaften übernehmen bei ihren Mitgliedern arbeitsrechtlichen Rechtsschutz. Ebenso wie bei Rechtsschutzversicherungen gibt es in der Regel eine dreimonatige Wartefrist, ehe der Rechtsschutz gewährt wird. Probleme mit dem gewerkschaftlichen Rechtsschutz kann es unter Umständen dann geben, wenn auch der Belästiger gewerkschaftlich organisiert ist.[135]

6.3.1.3.3.2. Verfahren

Auch in Arbeitsgerichtsprozessen müssen Frauen – ähnlich wie bei Vergewaltigungsprozessen, bei denen Betroffene oft von einer „zweiten Vergewaltigung" reden – damit rechnen, daß sie die sexuellen Belästigungen minutiös und detailliert darstellen und schildern müssen, sei es als Zeuginnen bei Prozessen gegen den Belästiger oder sei es bei Kündigungs- und Schadensersatzprozessen in eigener Sache. Vor dem Arbeitsgericht kann die Öffentlichkeit ausgeschlossen werden (§ 52 ArbGG).

In Kündigungsschutzprozessen ist es das Ziel des Verfahrens, den Arbeitsplatz wiederzuerlangen. Die genaue Beschreibung der sexuellen Belästigung erfolgt aber vor dem Arbeitgeber oder eventuellen weiteren Vertretern des Betriebes, eine Schweigepflicht existiert nicht. Auch unter diesem Gesichtspunkt verwundert es nicht,

---

135 Z. B. Antrag der 5. Frauenkonferenz der Gewerkschaft NGG 1988, Nr. 54: verlangt wird die ausdrückliche Ausdehnung des Rechtsschutzes auf Fälle der sexuellen Belästigung.

daß die meisten Verfahren mit Vergleichen enden, weil es sich viele Frauen nicht vorstellen können, wieder in einem Betrieb zu arbeiten, in dem diese Vorgänge bekannt sind oder werden können.

Selbst wenn die gekündigte Frau ihren Arbeitsplatz wieder haben möchte und den Kündigungsschutzprozeß gewinnt, besteht die Gefahr, daß der Arbeitgeber einen Auflösungsantrag nach § 9 KSchG stellt. Voraussetzung ist, daß „Gründe vorliegen, die eine dem Betriebszweck dienliche weitere Zusammenarbeit zwischen Arbeitgeber und Arbeitnehmer nicht erwarten lassen". Solche Gründe wird der Arbeitgeber – und möglicherweise auch das Arbeitsgericht – vor allem darin sehen, daß die Frau Strafanzeige, womöglich sogar gegen den Arbeitgeber gestellt hat oder außenstehende Stellen (z. B. die Gleichstellungsstelle der Stadt oder Gemeinde, Frauenselbsthilfegruppen oder die Presse) eingeschaltet hat. Der Abfindungsbetrag in diesem Fall beträgt maximal zwölf Monatsverdienste (§ 10 KSchG), im allgemeinen setzen die Gerichte Beträge von einem halben bis zu einem Monatsgehalt pro Beschäftigungsjahr fest.

Insgesamt ist festzustellen, daß vor den Arbeitsgerichten die Schutzrechte der betroffenen Frauen so gut wie nicht durchgesetzt werden. Ein Nebenklageverfahren analog zum Strafprozeß, der der belästigten Frau eigene Rechte einräumt und ihr eine aktive Rolle im Verfahren zuweist, gibt es im Arbeitsgerichtsverfahren nicht.

Die generellen Probleme von Kündigungsschutzprozessen, daß über vorgeschobene Gründe und nicht über die eigentlichen Hintergründe der Kündigung verhandelt wird und daß das Kündigungsschutzrecht eher ein „Abfindungsrecht" ist, potenziert sich bei sexueller Belästigung. Nur in wenigen Fällen haben betroffene Frauen nach einer arbeitsgerichtlichen Auseinandersetzung ihren Arbeitsplatz zurückerhalten. Exemplarisch ist der Fall des Arbeitsgerichts Kassel.[136] Die betroffene Frau hatte den Kündigungsschutzprozeß in zwei Instanzen gewonnen und kam über Zwangsvollstreckungsmaßnahmen in den Betrieb zurück. Sie wurde anschließend jedoch derart schikaniert, daß sie ein halbes Jahr

136 ArbG Kassel, Urteil vom 17.11.1986 – 7 Ca 136/87; LAG Frankfurt/M., Urteil vom 2. 1. 1987 – 9 Sa 1/87

später einer Beendigung des Arbeitsverhältnisses gegen eine Abfindung von 20 000,– DM zustimmte.

6.3.2. Vorschläge zur Verbesserung des geltenden Rechts

Wie im ersten Teil gezeigt wurde, existieren neben dem allgemeinen arbeitsrechtlichen Grundsatz, daß Arbeitnehmerinnen ungestört von Angriffen Dritter oder des Arbeitgebers ihre Arbeit verrichten sollen, zwei spezielle Normbereiche, die auf sexuelle Belästigungen Anwendung finden: die Arbeitsschutzvorschriften, die Frauen vor Gesundheits- und Sittlichkeitsverfahren schützen sollen und der Gleichberechtigungsgrundsatz und das Diskriminierungsverbot, die ihnen garantieren sollen, mit den „gleichen wirtschaftlichen Chancen wie die Männer Einkommen zu erzielen".[137]

Bisher weisen diese Normen für einen wirksamen Schutz jedoch den Mangel auf, daß sie nicht konkret genug auf das Problem der sexuellen Belästigung eingehen und außerdem nicht präventiv wirken, also nicht dazu beitragen, sexuelle Belästigungen grundsätzlich zu verhindern. Die fehlende Effektivität der Schutzrechte, die dazu führt, daß fast ausschließlich die Betroffenen selbst die negativen Folgen sexueller Belästigungen zu tragen haben, macht es meines Erachtens dringend erforderlich, die entsprechenden Normen zu konkretisieren und sowohl im betrieblichen als auch im außerbetrieblichen Bereich präventive Schutzmaßnahmen zu entwickeln. Die hier entwickelten Vorschläge berücksichtigen, daß vor allem Frauen Opfer von sexuellen Übergriffen werden und knüpfen an diesem typischen Sachverhalt an. Auch Männer können in Ausnahmefällen betroffen sein (z. B. bei homosexuellen Vorgesetzten). Die Tatsache, daß die arbeitsrechtlichen Reformvorschläge auf Frauen zugeschnitten sind, heißt jedoch nicht, daß Männer in diesen Fällen schutzlos sind. Sexuelle Übergriffe auf sie verletzen ihren Arbeitsvertrag, ihre Persönlichkeitsrechte und stören den Betriebsfrieden.

137 BVerfGE 3, 225 ff (238) und BVerfGE 6, 55 (56)

6.3.2.1. Konkretisierung der Arbeitsschutznormen

Unsere Rechtsordnung geht nicht nur in den strafrechtlichen Vorschriften (§ 173 ff. StGB), sondern auch im Arbeitsrecht davon aus, daß männliche Sexualität für Frauen gefährlich werden kann[138] und daß Frauen vor entsprechenden Übergriffen geschützt werden müssen, vor allem dann, wenn sie sich in einem Abhängigkeitsverhältnis befinden. Wie § 120 b GewO und §§ 825 und 847 Abs. 2 BGB zeigen, sollen Frauen auch unterhalb der Ebene der Gewalttätigkeit geschützt sein. Das sexuelle Ausnutzen von Abhängigkeitsverhältnissen, das bei ihrer Arbeit in den unteren Hierarchiestufen naheliegt, wird als Rechtsverstoß gewertet, der in die Persönlichkeitsrechte eingreift und der deshalb verhindert und sanktioniert werden muß.

§ 120 b GewO hat über diesen Schutzzweck hinaus sicherlich auch die Funktion gehabt, bestimmte Moralvorstellungen in der Arbeitswelt durchzusetzen[139] und hat die Geschlechtertrennung des Arbeitsmarktes mit vorbereitet. Trotz dieses für Frauen heute problematischen Aspektes ist der Grundgedanke des § 120 b GewO, den Arbeitgeber zu verpflichten, Frauen vor sexuellen Beeinträchtigungen zu schützen, wichtig und aktuell und kann als Rechtsgrundlage für konkretisierende und präventive Vorschriften dienen. Hinzuweisen ist auch auf den engen Zusammenhang zwischen § 120 a und § 120 b GewO, die zum gleichen Zeitpunkt in die Gewerbeordnung aufgenommen wurden.[140] Der Gesetzgeber ging – zu Recht – davon aus, daß der Gesundheits- und der Sittlichkeitsschutz zwar unterschiedliche Tatbestände regeln sollten, jedoch beide wichtig waren, um Frauen im Arbeitsleben wirksam zu schützen.

Die Gewerbeordnung stellte sich die Durchsetzung des Sittlichkeitsschutzes vor allem als „Geschlechtertrennung" vor (§ 120 b

---

138 Das Bundesverfassungsgericht hat mit Urteil vom 10.5.1957 (1 BvR 550/52 die Gefährlichkeit männlicher Sexualität ausführlich begründet, die eine unterschiedliche rechtliche Regelung von Männern und Frauen rechtfertige.

139 so auch Thönnessen, Werner, Frauenemanzipation, Politik und Literatur der deutschen Sozialdemokratie zur Frauenbewegung 1863 – 1933, Frankfurt 1969, S. 35

140 Gewerbeordnung vom 1.6.1891, RGBl. Nr. 18 S. 261 ff.

Abs. 2 GewO). Dieser Grundsatz wurde in § 16 Abs. 3 AZO noch einmal aufgegriffen. Bei den Toiletten existiert in § 120 b Abs. 4 GewO eine zusätzliche Spezialnorm. Bisher gibt es nur wenig Spezialvorschriften, die § 120 b GewO konkretisieren.[141] Die wichtigsten sind die Vorschriften über die Umkleide-, Wasch- und Toilettenräume in §§ 34 bis 37 ArbStättV, die für Männer und Frauen getrennte Anlagen vorsehen. § 120 b GewO ist jedoch als allgemeine Norm formuliert. Das bedeutet, daß die Geschlechtertrennung nur als ein Mittel vorgesehen ist, um den Sittlichkeitsschutz durchzusetzen.

Dies ergibt sich aus der Gegenüberstellung der allgemeinen Norm, § 120 b Abs. 1 GewO, mit den Spezialnormen § 120 b Abs. 2 bis 4 GewO und daraus, daß § 120 b Abs. 2 GewO mit dem Wort „insbesondere" eingeleitet wird.

Demzufolge ist eine Konkretisierung des § 120 b Abs. 1 GewO und damit detaillierte Regelungen über sexuelle Belästigungen ähnlich wie bei den Ausführungsbestimmungen zum Gesundheitsschutz[142] zulässig und notwendig. Nach § 120 e GewO ist vorgesehen, daß § 120 b GewO durch Rechtsverordnungen konkretisiert wird. Wird die zuständige Stelle, heute das Bundesministerium für Arbeit und Sozialordnung, nicht tätig, so können auch die Länder entsprechende Rechtsvorschriften erlassen (§ 120 e Abs. 2 GewO).

Zur Einhaltung des § 120 b GewO sind die Aufsichtsbehörden, die Gewerbeaufsichtsämter, verpflichtet (§ 120 d GewO). Sie können, notfalls sogar mit Polizeigewalt (§ 139 g GewO), in den Betrieb eingreifen und im Verfügungswege auch kurzfristig effektive Maßnahmen anordnen (§ 120 d GewO).

Aus den Arbeitsschutznormen ergibt sich für eine eventuelle Regelung,

- arbeitende Frauen sollen vor körperlichen, seelischen und sittlichen Beeinträchtigungen geschützt werden,

141 s. die Aufzählung in Anm. 56 und § 16 Abs. 3 AZO

142 vgl. insbesondere die Arbeitsstättenverordnung vom 20. 3. 1975

- die Gewerbeordnung geht von einer präventiven Verpflichtung des Arbeitgebers aus,
- neben der betrieblichen Durchsetzung wird der Arbeitsschutz von außerbetrieblichen, unabhängigen Stellen kontrolliert und gegebenenfalls auch gegen den Willen des Arbeitgebers durchgesetzt.

6.3.2.2. Konkretisierung des Gleichberechtigungsgrundsatzes und des Diskriminierungsverbotes

Aus dem Gleichberechtigungsgrundsatz, Art. 3 Abs. 2 und 3 GG und deren Diskriminierungsverboten (Art. 3 Abs. 3 GG, § 75 BetrVG, § 611 a BGB) ergibt sich sowohl eine aktive Verpflichtung des Gesetzgebers, strukturelle gesellschaftliche Benachteiligungen von Frauen zu beseitigen (Pfarr 1988; Benda 1986), als auch das Verbot, Frauen im Arbeitsleben unmittelbar und mittelbar zu diskriminieren, d. h. Bedingungen und Regelungen zu dulden, zu erlassen und aufrechtzuerhalten, die ihre ungleichen Chancen im Berufsleben verfestigen.[143]

Sexuelle Belästigung ist immer auch Geschlechterdiskriminierung, sie beeinträchtigt die berufliche Identität und das Selbstbewußtsein, zeigt Frauen immer wieder, daß sie als Arbeitskräfte zweitrangig und minderwertig und nur über ihre Körperlichkeit attraktiv sind und verhindert im Erwerbsleben Umgangsformen zwischen den Geschlechtern, die es Frauen ermöglichen, „gleichberechtigt" mit den Männern zu arbeiten und entsprechend anerkannt zu werden. Zur Umsetzung des Gleichberechtigungsgrundsatzes und zur präventiven Verhinderung von Geschlechterdiskriminierung ist jeder einzelne Arbeitgeber, nicht nur bei generellen

143 Das Verbot der sog. mittelbaren Diskriminierung ist inzwischen im Recht der Bundesrepublik grundsätzlich anerkannt, vgl. im einzelnen Pfarr, Heide M./ Bertelsmann, Klaus, Gleichbehandlungsgesetz, Zum Verbot der unmittelbaren und der mittelbaren Diskriminierung von Frauen im Erwerbsleben, Wiesbaden 1985 und das Grundsatzurteil des BAG, Urteil vom 14.10.1986 – 3 AZR 66/83, NZA 1987, 445

Regelungen, sondern auch bei Einzelmaßnahmen, verpflichtet (§ 75 Abs. 1 und 2 BetrVG, § 611 a BGB). Hält er diesen Grundsatz nicht ein, belegt ihn das Recht mit Haftungsverpflichtungen zum Ersatz des materiellen und immateriellen Schadens.[144] Nach § 611 a BGB haftet er dann, wenn er nicht nachweisen kann, daß er nicht wegen des Geschlechts diskriminiert hat.

Allerdings wird der Grundsatz, daß sexuelle Belästigung immer auch Geschlechtsdiskriminierung ist, bisher in unserem Arbeitsrecht noch nicht ausreichend berücksichtigt.[145] Demgegenüber wird in den Commonwealth-Ländern sexuelle Belästigung in die bestehenden Geschlechtsdiskriminierungsverbote eingeordnet und in diesem Zusammenhang geregelt und konkretisiert.[146]

Aus den Grundsätzen über die Geschlechtsdiskriminierung sind einige Gesichtspunkte wichtig, die in eine rechtliche Konkretisierung einfließen müssen:

- der Grundsatz, daß Frauen bei diskriminierenden Akten keine Nachteile erleiden dürfen,

- die Verantwortung und Haftung des Arbeitgebers, der Grundsatz der materiellen und immateriellen Schadensersatzverpflichtung,

- die Beweislastverteilung des § 611 a BGB,

- die Einschaltung bereits existierender Institutionen (Frauenbeauftragte, Gleichstellungsstellen).

Eine rechtliche Konkretisierung ist als Verbot der Geschlechtsdiskriminierung auch im Rahmen allgemeiner Diskriminierungsge

---

144 Mit Urteil vom 14. 3. 1989 (8 AZR 447/87, DB 1989, 2279) hat das BAG für den Fall der Einstellungsdiskriminierung ausdrücklich das Nebeneinander von materiellen und immateriellen Schadensersatz bestätigt.

145 lediglich Bertelsmann, Klaus, Sexuelle Beeinträchtigung im Betrieb AiB 1987, 123 geht von diesem Ansatz aus.

146 vgl. die kanadischen und australischen Regelungen, Fundstellen siehe Literaturverzeichnis, sowie Übersicht Internationales Recht, Kapitel 6.4.

setze, wie Anti-Diskriminierungsgesetz, Gleichstellungsgesetz[147] möglich, bisher allerdings in den Gesetzesvorschlägen noch nicht enthalten.

Da das verfassungsrechtliche Gleichberechtigungsgebot und Diskriminierungsverbot und die Konkretisierung in § 611 a BGB unmittelbar geltendes Recht sind,[148] können und müssen diese hier skizzierten Grundsätze auch in eine eventuelle arbeitsschutzrechtliche Rechtsverordnung oder in ein entsprechendes Gesetz einfließen.

6.3.2.3. Vorschläge zur Konkretisierung des Schutzes vor sexueller Belästigung

Wie unter 2.1. dargestellt, ist die einfachste rechtliche Möglichkeit, im Verordnungswege diese Frage zu klären. Selbstverständlich kann dies auch in Form eines eigenen Gesetzes oder durch Einbeziehung in Gesetzesvorschläge zum Arbeitsschutz oder zum Verbot der Geschlechtsdiskriminierung geschehen. Solange weder Gesetz-, noch Verordnungsgeber konkrete Regelungen getroffen haben, können Schutzvorschriften auch als Tarifverträge (§ 1 Abs. 1 TVG), als Richtlinien oder Verfügungen der Gewerbeaufsicht (§ 120 d GewO) und als Betriebs- oder Dienstvereinbarungen (§ 87 Abs. 1 Nr. 1 BetrVG, § 75 Abs. 3 r. 15 BPersVG) erlassen werden. Im Beamtenrecht kann der Dienstherr diese Fragen auch in Richtlinien oder Erlassen regeln.

Rechtliche Regelungen in diesem Bereich sollten nach den bisherigen Ausführungen und nach den internationalen Erfahrungen[149] zumindest folgende Fragen klären:

---

147 Vorläufiger Entwurf eines Anti-Diskriminierungsgesetzes der GRÜNEN, 2. Aufl. 1986; Entwurf eines Gesetzes zur Gleichstellung von Frau und Mann im Berufsleben (Gleichstellungsgesetz) der SPD vom 10.11.1988

148 h. M. seit BVerfGE 3. 225

149 s. Regelung der USA Section 1604.11 der „Guidelines on Discrimination because of Sex", Text abgedruckt bei Bertelsmann, Klaus, Sexuelle Beeinträchtigung im Betrieb, AiB 1987, 123 (126) und Rubenstein, Michael, The Dignity of Women at Work, A Report on the Problem of Sexual Harassment in the Member States of the European Communities, 1987

- Das Verbot sexueller Belästigung und eine Definition dessen, was verboten ist

- Die Verantwortung des Arbeitgebers für die Umsetzung des Verbots

- Den Grundsatz, daß Frauen aufgrund sexueller Belästigungen keine Nachteile erleiden dürfen

- Das Beschwerdeverfahren

- Die Ersatzansprüche der Betroffenen, Haftung des Arbeitgebers

- Kontrolle und Umsetzung.

6.3.2.3.1. Verbot und Definition

Da die Bedeutung sexueller Belästigung für die Arbeitssituation von Frauen und für ihren Persönlichkeitsschutz bisher in der Öffentlichkeit nur ungenügend wahrgenommen wird, ist es sinnvoll, vorab – möglicherweise in einer Art Präambel – die Notwendigkeit entsprechender Schutzvorschriften zu begründen und auf die Wichtigkeit des Problems hinzuweisen.

Diese Schutzgesichtspunkte sind abzugrenzen von der Verpflichtung der Arbeitgeber, die Privatsphäre und den Intimbereich der Mitarbeiterinnen zu respektieren. Es sollte klargestellt werden, daß Frauen auch dann beeinträchtigt und belastet werden können, wenn sexuelle Anspielungen oder Verhaltensweisen von denjenigen, die sie ausführen, nicht beleidigend oder als Angriff gemeint sind. Entscheidend ist vielmehr, wie sie von den Frauen selbst eingeschätzt und empfunden werden. Entscheidend ist, ob Frauen sie als unerwünscht einstufen.

Eine Definition sollte deutlich machen, daß unerwünschte sexuelle Belästigungen eine breite Palette von verbalen und nicht-verbalen Verhaltensweisen umfassen und daß alle sexuell gefärbten Verhaltensweisen verboten sind, die Frauen als beleidigend und entwürdigend empfinden. Sie reichen von gewalttätigen sexuellen Übergriffen bis hin zu allgemeinen verbalen Bemerkungen und Witzen. Denkbar ist, einen Katalog von Beispielen anzuführen, die als unerwünschte sexuelle Belästigungen gelten, z. B. allgemeine entwürdigende und beleidigende Witze und Bemerkungen über Frauen, auf Einzelpersonen bezogene Bemerkungen über sexuelle Aktivitäten und das Privatleben, über körperliche Vorzüge und Schwächen, unerwünschte Einladungen und Aufforderungen, z. B. auch durch Telefonanrufe, beleidigende Gesten und Verhaltensweisen (z. B. Anstarren, Nachpfeifen), provokative Aufkleber und Plakate, das Zeigen pornographischer Hefte und Bilder, das Verfolgen von Frauen (z. B. auf dem Nachhauseweg) und „Auflauern" (z. B. an abgelegenen betrieblichen Orten), unerwünschte physische Kontakte wie Streicheln, Berühren, Küssen, Tätscheln, Kneifen, Umarmen, Zwicken usw., scheinbar unbeabsichtigte Berührungen mit sexuellen Absichten.[150]

Werden sexuelle Belästigungen an Beispielen konkretisiert, muß klargestellt werden, daß es sich wirklich nur um Beispiele handelt, weil mögliche Belästigungsformen außerordentlich vielfältig sind und auch subtil weiterentwickelt werden können. Einige Regelungen und Regelungsvorschläge versuchen den Verbotstatbestand zu objektivieren, in dem sie entweder einen Bezug zur Arbeitssituation herstellen und/oder auf den Grad oder die Kenntnis der Belästigung abstellen. Bertelsmann und Zabel[151] nehmen Bezug auf die Regelungen der USA[152] und definieren als „Sexuelle Beeinträchtigung":

> „Unerwünschte sexuelle Annäherung, Aufforderung zu sexuellen Begünstigungen, oder ein anderes verbales oder tätliches Verhalten mit sexuellem Bezug begründet dann eine sexuelle Beeinträchtigung, wenn
>
> (1) das Akzeptieren eines solchen Verhaltens implizit oder

---

150 angelehnt an die australische Regelung, vgl. Eliminating Sexual Harassment, Nr. 1.12 ff.

151 Bertelsmann, Klaus, Sexuelle Beeinträchtigung im Betrieb, AiB 1987, 123 (126); Zabel, Uwe, Betriebliche Regelung gegen sexuelle Beeinträchtigung und Belästigung, AiB 1988, 299

152 s. Anm. 149

explizit zur Voraussetzung oder Bedingung der Beschäftigung gemacht wird,

(2) das Akzeptieren bzw. die Ablehnung eines solchen Verhaltens zur Basis für Entscheidungen, das Arbeitsverhältnis der jeweiligen Person betreffend, gemacht wird, oder

(3) ein entsprechendes Verhalten das Ziel oder den Effekt hat, ungerechtfertigterweise die Arbeitsausführung der entsprechenden Person zu beeinträchtigen oder eine einschüchternde, feindliche oder verletzende Arbeitsatmosphäre zu schaffen."

Als „unerwünschtes Verhalten" definieren sie:

> „Unerwünschtes Verhalten liegt vor, wenn es a) entweder von sich aus als unerwünscht unterstellt werden kann oder b) es schon von sich aus nicht als unerwünscht unterstellt werden kann, aber trotz ablehnender Hinweise der Betroffenen wiederholt wird."

Diese Einschränkungen sollen offensichtlich verhindern, daß das, was im Betrieb als völlig „normal" und „harmlos" gilt, bereits zu Sanktionen führen kann. Sie bergen jedoch die Gefahr in sich, daß – je nach Interpretation – Hürden für einen wirksamen Individualschutz aufgebaut werden.

Wie vielfältige Erfahrungen mit Vergewaltigungsprozessen zeigen, wird ein erwünschtes Verhalten sogar bei eindeutiger Gewalt gegen Frauen von den Tätern unterstellt.[153]

M. E. muß jede Definition, unabhängig von der konkreten Störung des Arbeitsprozesses, in erster Linie auf die subjektiven Emfindungen der Frauen abstellen. Dabei sollte die „Unerwünschtheit" auch dann angenommen werden, wenn die Betroffenen nicht offizielle Beschwerden einlegen (z. B. bei allgemeinen Klagen über bestimmte Verhaltensweisen, bei anonymen Beschwerden, bei Indizien wie häufige Versetzungswünsche aus einer bestimmten Abteilung, Eigenkündigungen, hoher Krankenstand, schlechtes Ar-

---

153 Kroll 1989; zu der Vergewaltigungsproblematik insgesamt vgl. Flothmann, Karin/ Diling, Jochen, Vergewaltigung: Erfahrungen danach, Frankfurt 1987

beitsklima etc.). Es kann nicht richtig sein, daß bei groben, beleidigenden und frauenfeindlichen Umgangsformen, die Frauen aber dulden, häufig auch scheinbar gerne mitmachen, die Schwelle für die sexuelle Belästigung höher gesetzt wird. Deshalb sollte auch nicht nur auf die betroffenen Frauen selbst, sondern auf Frauen allgemein abgestellt werden. Bei den disziplinarischen Maßnahmen und Sanktionen wird ohnehin im Wege einer Einzelprüfung und -abwägung der konkreten Umstände z. B. der jeweilige Umgangston eine Rolle spielen.

Als Definition sexueller Belästigung schlage ich deshalb vor:

> „Sexuelle Belästigung ist jedes sexuell gefärbte verbale und nicht-verbale Verhalten, das Frauen als unerwünscht empfinden, oder das als unerwünscht unterstellt werden kann, bsp.... (Es folgen Beispiele). Als unerwünscht sind insbesondere Verhaltensweisen anzusehen, über die sich entweder eine einzelne Frau oder mehrere Frauen (auch anonym) beschweren, die Frauen belasten oder die ein nicht unerheblicher Prozentsatz von Frauen als unerwünscht einstuft."

Eine solche weite Definition hat den Vorteil, daß letztlich Frauen selbst, sei es über direkte oder anonyme Beschwerden, sei es über Umfragen und Untersuchungen oder sei es durch sonstige Indizien definieren, was für sie unerwünscht ist. Voraussetzung wäre dann auch nicht, daß einzelne oder mehrere konkrete Beschwerden vorliegen.

Der Rückgriff auf Befragungen und statistische Prozentsätze orientiert sich auch an der Rechtsprechung des Europäischen Gerichtshofs und des BAG[154] zur mittelbaren Diskriminierung von Frauen.

154 vgl. Urteil des BAG vom 14.10.1978 – 3 AZR 66/83 NZA 1987, 445; Europ. Gerichtshof, Urteil vom 13.7.1989 – Rs 171/88; EuGH, Urteil vom 13.5.1986 – RS 170/84; EuGH, Urteil vom 1.7.1986 – Rs 237/85 und Pfarr/Bertelsmann, Gleichbehandlungsgesetz, Wiesbaden 1985

6.3.2.3.2. Die Verantwortung der Arbeitgeber

Sowohl aus arbeitsschutzrechtlichen als auch aus Gleichberechtigungsgesichtspunkten heraus, ist es der Arbeitgeber, der für die Umsetzung des Schutzes im Betrieb verantwortlich ist. Je besser er präventiv für ein frauenfreundliches, nichtsexistisches Klima sorgt, umso eher können sexuelle Belästigungen vermieden werden. Ein solches Bewußtsein ist bislang wenig entwickelt, wie einige konkrete Beispiele zeigen:

- In einem Fall, den das Arbeitsgericht Wilhelmshaven[155] zu entscheiden hatte, kam es zu einem gewalttätigen Übergriff, als Putzfrauen während der Dienstzeit die Männertoiletten reinigen mußten.

- Auf einer Frauenteilpersonalversammlung bei der Stadt Köln[156] wurde bekannt, daß nur aus Frauen zusammengesetzte Schichten beim städtischen Bäderamt am Ende der Öffnungszeiten der Bäder Männer aus den Umkleideräumen und Duschen entfernen mußten.

- Die Stadt Bonn hat im August 1989 einseitig die Schichten der Politessen in die späten Abendstunden ausgedehnt und gleichzeitig das Prinzip der Doppelstreifen eingeschränkt.[157]

Wie der betriebliche Schutz im einzelnen aussehen kann, läßt sich nicht generell für alle Betriebe sagen und ist u. a. abhängig von der Art der Tätigkeiten, den konkreten Arbeitsbedingungen, dem zahlenmäßigen und hierarchischen Verhältnis zwischen Männern und Frauen und der Größe der Betriebe. Als Minimalanforderungen an die Arbeitgeber könnte geregelt werden,

- die grundsätzliche Verantwortung der Arbeitgeber für präventive Maßnahmen und Regelungen,

- die Verpflichtung zur Schaffung eines frauenfreundlichen,

---

155 2 Ca 804/77, Urteil vom 23.3.1978

156 Frauenteilpersonalversammlung der Stadt Köln im Bereich des Sport- und Bäderamtes der Stadt vom 26.9.1988

157 siehe Generalanzeiger vom 28.9.1989

nicht-sexistischen Arbeitsklimas (z. B. Verbot pornographischer Bilder und Plakate im Betrieb),

- die Verpflichtung, Frauen vor Nachteilen bei einem Bekanntwerden sexueller Belästigungen zu schützen und disziplinarische Maßnahmen gegen den Belästiger zu ergreifen (siehe 6.3.2.3.3.),
- die Regelung des betrieblichen Beschwerdeverfahrens (siehe 6.3.2.3.4.),
- die Verpflichtung, das Verbot sexueller Belästigung in Einzelarbeitsverträgen aufzunehmen, vor allem bei Vorgesetzten und Ausbildern und dort, wo Frauen in der Minderheit sind,[158]
- die Verpflichtung, gegen belästigende Dritte (Kunden, Klienten, Patienten, Mitarbeiter von Fremdfirmen, Besucher usw.) vorzugehen,
- einen Bußgeldkatalog bei Belästigungen zu erlassen,
- den materiellen und immateriellen Schadensersatz zu regeln,
- Aufklärungsmaßnahmen zu entwickeln (z. B. Aufnahme des Themas in Fortbildungsveranstaltungen, Aushänge und Aushändigung an alle Mitarbeiter/innen, Informationen an alle neu eingestellten Frauen, Anleitungsfäden für Vorgesetzte und Personalabteilungen, Meldepflicht der Mitarbeiter bei sexuellen Belästigungen, ggf. ohne Namensnennung),
- die Benennung betrieblicher Kontaktstellen und die Bekanntgabe der entsprechenden Telefonnummern und Sprechstunden etc.,
- die unverzügliche Untersuchung von Beschwerden und die Verpflichtung zu Sofortmaßnahmen,
- Einschränkung sexistischer Werbung durch entsprechende Selbstbindung der Arbeitgeber (Werbung, Werbegeschenke, Reklamegags, Repräsentation etc.),

---

158 die Australischen Richtlinien schützen isoliert arbeitende und junge Frauen besonders (siehe 1.15 der Richtlinien)

- die Verpflichtung zur engen Zusammenarbeit mit allen zuständigen betrieblichen und außerbetrieblichen Stellen (Frauenbeauftragte, Betriebs- und Personalräte, Gewerkschaften, Gleichstellungsstellen und Frauenbeauftragte der Gemeinden/Institutionen, Gewerbeaufsichtsämter, Berufsgenossenschaften, Polizei).

6.3.2.3.3. Keine Nachteile für die betroffenen Frauen

Ein zentraler Gesichtspunkt aller eventuellen Regelungen muß sein, daß nicht – wie bisher die Praxis – die betroffenen Frauen neben der sexuellen Belästigung zusätzliche Nachteile (Schikanen, betriebliche Isolierung, Versetzungen, Verlust des Arbeitsplatzes, geminderte Beförderungschancen) erleiden. Dazu ist es wichtig, daß weder von ihnen eingeleitete Beschwerde- noch Strafverfahren zu ihrem Nachteil gewertet werden dürfen, auch wenn sie erfolglos bleiben.

Der sicherste Schutz ist die Klarstellung und die Erfahrung, daß der Arbeitgeber sexuelle Belästigungen ernst nimmt, verhindern will und auch angemessen sanktioniert. In diesem Fall werden auch Beschwerden zunehmen, der Arbeitgeber ist in der Lage, entsprechende Schwachstellen im Betrieb zu erkennen und dagegen vorzugehen. Geregelt werden sollte auch, daß derjenige, der zu Unrecht das Opfer beschuldigt, sich selbst strafbar macht.[159]

6.3.2.3.4. Das Beschwerdeverfahren

Gerade im Bereich sexueller Belästigungen besteht leicht die Gefahr, die betroffenen Frauen lediglich als „Opfer" wahrzunehmen und dabei unberücksichtigt zu lassen, wie wichtig für die Betroffe-

---

159 so auch in Kanada geregelt, s. Literaturverzeichnis

nen die aktive Auseinandersetzung und Bewältigung bei diesem Problem ist. Nur so können Frauen ihre Würde und ihr Selbstbewußtsein wiederherstellen, individuelle und kollektive Gegenstrategien gegen Belästigungen entwickeln und sich auch mit der Frage beschäftigen, ob und inwieweit eigene Verhaltensweisen im Umgang mit Männern eventuell geändert werden müssen. Die australischen Ausführungsbestimmungen[160] betonen immer wieder, daß es bei allen Reaktionen auf sexuelle Belästigungen darauf ankommt, was die betroffenen Frauen wollen. Dazu muß vor allem gewährleistet sein, daß der Willensbildungsprozeß frei von Druck und Angst abläuft. Als Vorstufe eines offiziellen Beschwerdeverfahrens schlägt das australische Recht eine inoffizielle Beschwerdeebene vor. Frauen müssen die Möglichkeit haben, sich an eine vertrauenswürdige Person, eine kompetente Frau, zu wenden, die sie umfassend aufklärt, berät und sie bei ihren Schritten unterstützt und zur Seite steht.

Diese Vertrauensperson muß eine Schweigepflicht haben. Entsprechend dem dualen System unserer Betriebsverfassung sollten derartige Vertrauenspersonen auf seiten der Arbeitgeber und auf seiten der Interessenvertretung innerbetrieblich angesiedelt sein. In Frage kommen – analog zu den kommunalen Gleichstellungsstellen und Frauenbeauftragten – betriebliche Frauenbeauftragte oder Frauenausschüsse der Betriebs- und Personalräte. Diese Stellen müßten mit der entsprechenden Arbeitszeitfreistellung, mit Sachmitteln und mit qualifiziertem Personal ausgestattet werden.

Daneben und ergänzend muß es einen „offiziellen" betrieblichen Beschwerdeweg geben, z. B. eine eigene Beschwerdekommission, deren Zusammensetzung gewährleistet, daß sie von Frauen als vertrauenswürdig eingeschätzt wird (Frauen müssen in der Mehrheit sein, Interessenvertreter der Betriebs- und Personalräte und Gewerkschaften beteiligt werden).

Diese Beschwerdekommission könnte den Arbeitgeber auch allgemein beraten und Vorschläge für Verbesserungen machen. Daneben und parallel dazu muß auch ein offizieller Beschwerdeweg außerhalb des Betriebes eröffnet werden, ein System, das sich bei Arbeitsschutzmaßnahmen bewährt hat. Diese außerbetrieblichen

---

160 s. Literaturverzeichnis, Richtlinie 1.21

Stellen könnten die Arbeitgeber ebenfalls beraten, Ausführungsrichtlinien erlassen und in Einzelfällen tätig werden, wenn die betroffenen Frauen entweder zu den innerbetrieblichen Stellen kein Vertrauen haben oder wenn der dortige Beschwerdeweg erschöpft ist. Es empfiehlt sich, diese außerbetrieblichen Beschwerdeinstanzen bei den Gewerbeaufsichtsämtern anzusiedeln, allerdings nur, wenn dafür weibliche Gewerbeaufsichtsbeamte eingestellt[161] und zusätzliche Kompetenzen und Stellen geschaffen werden.

Sinnvoll ist möglicherweise eine zusätzliche zentrale Stelle (z. B. eine Bundeskommission, ein beauftragtes Institut), die über Öffentlichkeitsarbeit, Forschungsaufträge, Anhörungen und Registrierung bekanntgewordener Fälle und Maßnahmen sowie über Weiterbildungskonzepte (z. B. für Richter, Rechtsanwälte, Gleichstellungsbeauftragte etc.) für eine Veränderung des öffentlichen Bewußtseins verantwortlich ist und die die Einzelmaßnahmen sinnvoll koordinieren kann.

Bei allen Beschwerdeverfahren muß neben der Respektierung dessen, wie Frauen vorgehen wollen, ihr Schutz im Mittelpunkt stehen. Gegenwärtig ist es noch vielfach üblich, bei Beschwerden den Belästiger mit den entsprechenden Vorwürfen zu konfrontieren und ihm eventuelle Zeugen, den Sachverhalt und die Beweissituation detailliert zu schildern, mit der Folge, daß diese Bekanntgabe weniger der Aufklärung als vielmehr der Vorbereitung einer Strategie gegen die beschwerdeführende Frau dient.

Wichtige regelungsbedürftige Tatbestände sind außerdem

- die Verpflichtung des Arbeitgebers, auch anonymen Beschwerden nachzugehen und

- den Sachverhalt sofort zu untersuchen und ggf. einen einstweiligen Schutz zu gewährleisten.

Geregelt werden muß außerdem die aktive Einbeziehung der Frauen in den Aufklärungsprozeß, z. B. ihr Recht auf Akteneinsicht, das Recht auf Einlegung von Rechtsmitteln, das Recht zur gewerkschaftlichen und anwaltlichen Vertretung, Rede- und Infor-

---

161 erinnert sei an die alte Forderung nach „weiblichen Fabrikinspektorinnen", vgl. Antrag zum Parteitag der Sozialdemokratischen Partei 1899 in Hannover

mationsrechte. Dies ist umso notwendiger, als es weder im Beamten- noch im Arbeitsrecht ein Nebenklageverfahren analog den strafrechtlichen Regelungen (§ 395 ff. StPO) gibt.

Die Beweislastverteilung im Beschwerdeverfahren muß sich an den Grundsätzen des § 611 a BGB orientieren,[162] d. h. die betroffene Frau muß Tatsachen glaubhaft machen, die auf eine sexuelle Belästigung schließen lassen; der Arbeitgeber und/oder der Belästiger muß nachweisen, daß er nicht belästigt hat. Der Arbeitgeber muß außerdem nachweisen, was er in seinem Betrieb und in dem entsprechenden Arbeitsbereich getan hat, um Belästigungen zu verhindern.

6.3.2.3.5. Sanktionen gegen Belästiger

Um gegen Belästigungen wirksam vorzugehen, wird es notwendig sein, Sanktionen gegen die Belästiger auszusprechen und durchzusetzen. Dazu sollte ein Maßnahmekatalog entwickelt werden, der als Sanktionen enthalten könnte

- mündliche Hinweise auf die Unerwünschtheit bestimmter Verhaltensweisen
- schriftliche Hinweise
- Aufnahme des Verbots sexistischen Verhaltens und sexueller Belästigungen in Arbeitsverträge
- Aufnahme des Verbots in die Hausordnungen, Betriebsordnungen, Satzungen etc.
- mündliche und schriftliche Verweise und Ermahnungen
- Androhung arbeitsrechtlicher Konsequenzen (Abmahnung)
- Verpflichtung zur offiziellen Entschuldigung

162 vgl. nunmehr Vorschlag für eine Richtlinie der Europ. Gemeinschaft zur Beweislast, BR-Drucks. 304/88

- Versetzung des Belästigers an einen anderen Arbeitsplatz oder Arbeitsort

- ordentliche und außerordentliche Kündigung des Arbeitsverhältnisses

- vom Betrieb eingeleitete Strafanzeigen

- ein Bußgeldkatalog je nach Schwere der Belästigung

- das Recht des Arbeitsgebers zu sofortigen (vorläufigen) arbeitsrechtlichen Maßnahmen

- das Recht des Arbeitgebers zu einseitigen Direktiven (z. B. Aufforderung zum Abhängen von Plakaten und Aufklebern, Verbot pornographischer Schriften im Betrieb).

Ob, wie und in welchem Umfang sanktioniert wird, hängt sicherlich von den Einzelumständen ab, z. B. von der Schwere der Belästigung, von dem persönlichen Verhalten und der Einsichtsfähigkeit des Belästigers und von der Frage, ob der Belästiger die Beeinträchtigungen der betroffenen Frau kannte oder hätte kennen müssen. Auch die Vorgeschichte ist zu berücksichtigen. Ziel aller Sanktionen muß es sein, die Frauen für die Zukunft vor Belästigungen zu schützen und den Belästigern den Verstoß gegen ihren Arbeitsvertrag und gegen das sexuelle Selbstbestimmungsrecht der Frauen deutlich zu machen. Durch ein präventives Vorgehen kann auch erreicht werden, daß Frauen nicht erst dann aktiv werden können, wenn bereits Belästigungen vorgefallen sind und daß die Schaffung einer nicht-sexistischen Arbeitsatmosphäre nicht nur von dem individuellen Vorgehen betroffener Frauen abhängt.

Der Maßnahmekatalog sollte auch Maßnahmen gegen außenstehende Dritte, wie generelle Hinweise auf unerwünschte sexuelle Belästigungen, Zutritts- und Hausverbote, Androhung von Strafanzeigen etc. enthalten.

Existieren betriebliche oder außerbetriebliche institutionalisierte Beschwerdeverfahren, so sollte auch geregelt sein, welche Sanktionsbefugnisse die entsprechenden Institutionen (z. B. die Beschwerdekommission) haben.

6.3.2.3.6. Ersatzansprüche der Betroffenen, Haftung des Arbeitgebers

Regelungsbedürftig ist auch der Grundsatz, daß betroffene Frauen einen Anspruch auf Ersatz des vollen materiellen und des immateriellen Schadens (Schmerzensgeld) haben. Während Bußgelder für den Verstoß gegen rechtlich verbindliche Normen festgelegt werden – sie könnten z. B. an Selbsthilfeorganisationen der Frauen abgeführt werden – dient der immaterielle Schadenersatz dazu, dem Opfer eine Genugtuung und einen Ausgleich für die erlittenen seelischen und körperlichen Verletzungen zu gewähren. Ausdrücklich geregelt werden sollte, daß der Belästiger in vollem Umfang haftet. Handelt es sich um eine nicht-vorsätzliche Belästigung mit psychischen und physischen Folgen, so haftet an Stelle des Belästigers die Berufsgenossenschaft. Neben der Haftung des Schädigers muß auch die Haftung des Arbeitgebers geregelt werden. Analog den Regelungen in Kanada und Australien[163] und dem Grundgedanken des § 611 a BGB sollte festgelegt werden, daß der Arbeitgeber zumindest immer dann haftet, wenn er keine angemessenen Schritte zur Verhinderung sexueller Belästigungen getroffen hat. Geht er (auch anonymen) Beschwerden nicht nach oder reagiert er verspätet, so wird dies als Tolerierung der sexuellen Belästigung gewertet. Auch Rubenstein[164] schlägt in seinem Gutachten für die Europäische Kommission eine solche Haftung des Arbeitgebers vor.

Je konkreter der Arbeitgeber verpflichtet ist, präventive und disziplinarische Maßnahmen gegen Belästigungen durchzuführen, desto einfacher gestaltet sich auch die Haftungsfrage. Kann der Arbeitgeber nachweisen, daß er alles Erforderliche getan hat, so entfällt auch seine Haftung.

Die Beweislastverteilung des § 611 a BGB muß in Haftungsfragen auch für das Verhältnis Belästiger – Belästigte und für eventuelle Haftungsansprüche gegen die Berufsgenossenschaft gelten.

Da die Verjährung bei unerlaubten Handlungen (§§ 823, 847 BGB) und § 611 a Abs. 3 BGB unterschiedlich geregelt ist, muß auch

---

163 siehe Literaturverzeichnis, Richtlinie Kanada 46.3; Australien 1.17 ff.

164 s. Literaturverzeichnis

diese Frage geregelt werden. Da Spätschäden auftreten können, empfiehlt sich eine längere Verjährungsfrist oder aber die ausdrückliche Klärung, daß Verjährungsbeginn erst mit Kenntnis des Schadens eintritt.

6.3.2.3.7. Kontrolle und Umsetzung

Entsprechend dem hier vorgeschlagenen Modell, sowohl betriebliche, als auch außerbetriebliche Stellen mit der Verhinderung zu beauftragen, gibt es auch eine doppelte Verpflichtung der Umsetzung dieser Rechtsgrundsätze und ihrer Kontrolle. Analog zum Vorgehen bei Frauenförderplänen sind jährliche Rechenschaftsberichte vorzulegen und gleichzeitig zu regeln, wie die Einhaltung der entsprechenden Vorschriften und ihre allgemeine Bekanntgabe gewährleistet werden kann.[165]

Hinzukommen müssen wirksame Sanktionsmöglichkeiten von außen gegenüber Arbeitgebern, die ihren Verpflichtungen zur präventiven Verhinderung und Disziplinierung nicht nachkommen (z. B. Bußgelder). Eigene Durchsetzungsrechte der betroffenen Frauen und anderen Stellen (z. B. der Gleichstellungsbeauftragten) würden die Umsetzung erheblich erleichtern und wirksamer machen (z. b. durch ausdrückliche gerichtliche Kontrollen) und die aktive Auseinandersetzung betroffener Frauen mit dem Problem fördern.

6.3.2.4. Verbesserung der betrieblichen und außerbetrieblichen Rahmenbedingungen

Wenn sexuelle Belästigung ein Herrschafts- und Ausgrenzungsproblem zu Lasten von Frauen und zugunsten männlicher Arbeitgeber und Arbeitnehmer ist, werden Frauen vor sexueller

---

165 zu den Regelungen in Frauenförderplänen vgl. die Zusammenstellung „Frauenförderpläne", Materialien des Deutschen Bundestages, Nr. 100, Oktober 1987

Belästigung vor allem dann wirksam geschützt, wenn ihre gleichberechtigte Position in den Betrieben und auf dem Arbeitsmarkt durchgesetzt ist. Voraussetzung ist, daß Frauen auf allen Hierarchiestufen mit Männern zusammenarbeiten; neben einer effektiven Frauenförderung ist dazu eine Änderung der geschlechtsspezifischen Arbeitsteilung im Beruf und in der Familie notwendig.[166]

Außerdem muß die betriebliche Struktur der Interessenvertretung (Betriebsverfassung, Personalvertretung) so geändert werden, daß Frauenbelange besser wahrgenommen und durchgesetzt werden.[167] So ist z. B. bei dem Problem der sexuellen Belästigung der freie und ungehinderte Meinungs- und Erfahrungsaustausch der Frauen untereinander in Frauenteilbetriebs- und Personalversammlungen besonders wichtig.[168]

Das Problem berührt weiterhin eine Reihe hier nicht näher behandelten Rechtsvorschriften, z. B. die Sperrfristen in § 119 AFG,[169] die ausdrückliche Aufnahme des Tatbestandes in der RVO, die Gewerbeordnung, das Opferentschädigungsgesetz, die Entwicklung einer Art Nebenklageverfahren im Disziplinarrecht und im Arbeitsgerichtsprozeß, die Überprüfung und Änderung von Ausbildereignungsverordnungen und Ausbildungsregelungen, die Mädchen, insbesondere im gewerblich-technischen Bereich, besser schützen müssen, die Erweiterung der Rechte des Kündigungsschutzgesetzes.[170] Auch die Kompetenzen und Handlungsmöglichkeiten

---

166 zum Verhältnis zwischen Frauenarbeit und Frauenrolle, vgl. insbesondere Jurczyk, Karin, Frauenarbeit und Frauenrolle. Zum Zusammenhang von Familienpolitik und Frauenerwerbstätigkeit in Deutschland von 1918 – 1974, Frankfurt/Main, New York, 3. Aufl. 1978

167 vgl. im einzelnen Entwurf eines Gesetzes zum Ausbau und zur Änderung der betrieblichen Mitbestimmung – Betriebsverfassungsgesetz 1988 – Gesetzentwurf der Fraktion der SPD vom 28.9.1988, BT-Drucks. 11/2995 und Entwurf eines Betriebsverfassungsgesetzes 1989 der GRÜNEN vom 11.5.1989, BT-Drucks. 11/4525 und hektographierte Ergänzungsvorschläge.

168 so auch § 45 ABs. 3 des Entwurfs der GRÜNEN, s. Anm. 167

169 vgl. auch Bestätigung des Präsidenten der BfA Franke, daß sexuelle Belästigung nicht zu einer Sperrfrist führen darf, Frankfurter Rundschau vom 13.5.1986

170 In den Gesetzesvorschlägen von SPD und GRÜNEN zur Änderung der Betriebsverfassung werden auch Verbesserungen des Kündigungsschutzgesetzes vorgeschlagen, z. B. ein Weiterbeschäftingungsanspruch bis zur rechtskräftigen Entscheidung über die Kündigung

der kommunalen Gleichstellungsstellen und Frauenbeauftragten müssen entsprechend erweitert werden. Überlegt werden müßte auch, wie die Finanzierung der Rechtsdurchsetzung für die betroffenen Frauen (z. B. über einen Fonds) verbessert werden kann.

Vor dem Hintergrund einer starken Ignorierung und Tabusierung sind nicht nur öffentliche Aktionsprogramme und Aufklärungsmaßnahmen, sondern auch genauere rechtliche Aufarbeitungen notwendig, z. B. das Sammeln, Registrieren und Auswerten von Rechtsprechung, Literatur, die Überprüfung einzelner Rechtsbereiche und die Auswertung und Aufarbeitung der Erfahrungen von Arbeitgebern, Betriebs- und Personalräten, Gleichstellungsstellen, Arbeitsrichtern, Rechtsanwälten, Disziplinarstellen und Gewerkschaften. Auch die Gewerbeaufsichtsämter, Berufsgenossenschaften und andere Arbeitsschutzinstitutionen[171] müssen in einen breiten Aufklärungs- und Diskussionsprozeß einbezogen werden. Die Überlegungen dieses Gutachtens sind als Anstoß in diese Richtung gedacht.

6.3.3. Die wichtigsten Rechtsvorschriften

§ 120 a Abs. 1 GewO:

Die Gewerbeunternehmen sind verpflichtet, die Arbeitsräume, Betriebsvorrichtungen, Maschinen und Gerätschaften so einzurichten und zu unterhalten und den Betrieb so zu regeln, daß die Arbeitnehmer gegen Gefahren für Leben und Gesundheit soweit geschützt sind, wie es die Natur des Betriebes gestattet.

§ 120 b Abs. 1 GewO:

Die Gewerbeunternehmer sind verpflichtet, diejenigen Einrichtungen zu treffen und zu unterhalten und diejenigen Vorschriften über

171 z. B. Sicherheitsbeauftragte gem. § 719 RVO und Betriebsärzte und Sicherheitsfachkräfte gem. Gesetz vom 12.12.1973

das Verhalten der Arbeitnehmer im Betrieb zu erlassen, welche erforderlich sind, um die Aufrechterhaltung der guten Sitten und des Anstandes zu sichern.

§ 618 BGB:

Der Dienstberechtigte hat Räume, Vorrichtungen oder Gerätschaften, die er zur Verrichtung der Dienste zu beschaffen hat, so einzurichten und zu unterhalten und Dienstleistungen, die unter seiner Anordnung oder seiner Leitung vorzunehmen sind, so zu regeln, daß der Verpflichtete gegen Gefahr für Leben und Gesundheit soweit geschützt ist, als die Natur der Dienstleistung es gestattet.

§ 611 a BGB:

Der Arbeitgeber darf einen Arbeitnehmer bei einer Vereinbarung oder eine Maßnahme, insbesondere bei der Begründung des Arbeitsverhältnisses, beim beruflichen Aufstieg, bei einer Weisung oder einer Kündigung, nicht wegen seines Geschlechts benachteiligen . . . Wenn im Streitfall der Arbeitnehmer Tatsachen glaubhaft macht, die eine Benachteiligung wegen des Geschlechts vermuten lassen, trägt der Arbeitgeber die Beweislast dafür, daß nicht auf das Geschlecht bezogene sachliche Gründe eine unterschiedliche Behandlung rechtfertigen.

§ 75 BetrVG:

Arbeitgeber und Betriebsrat haben darüber zu wachen, . . . daß jede unterschiedliche Behandlung von Personen wegen ihres Geschlechts unterbleibt.

6.3.4. Entwurf einer Betriebsvereinbarung

Sexuelle Belästigung am Arbeitsplatz

Entwurf einer Betriebsvereinbarung

Zwischen der Geschäftsleitung der Fa. . . . . .
und
dem Betriebsrat der Fa. . . . . .
wird folgende Betriebsvereinbarung gemäß § 87 Abs. 1, Nr. 1 BetrVG geschlossen:

§ 1 Grundsatz

Geschäftsleitung und Betriebsrat sind sich darüber einig, daß sexuelle Übergriffe und Belästigungen von Frauen eine erhebliche Beeinträchtigung der Betroffenen ihres Persönlichkeitsrechts, ihres Rechts auf sexuelle Selbstbestimmung und ihres Arbeitsvertrages darstellen. Sie sollen durch die Maßnahmen und Sanktionen dieser Betriebsvereinbarung verhindert werden. Geschäftsleitung und Betriebsrat werden außerdem alles in ihrer Macht stehende tun, um generell Benachteiligungen von Frauen im Betrieb zu beseitigen und um ein frauenfreundliches Klima zu schaffen und aufrechtzuerhalten. Sie sehen die Verhinderung unerwünschter sexueller Belästigungen als wichtigen Beitrag zur Umsetzung der Gleichberechtigung im Betrieb an.

§ 2 Verbot

1. Sexuelle Belästigung im Betrieb ist verboten.

2. Sexuelle Belästigung ist jedes sexuell gefärbte verbale und nicht-verbale Verhalten, das Frauen als unerwünscht empfinden oder das ein nicht unerheblicher Prozentsatz von Frauen als unerwünscht einstuft, oder das als unerwünscht unterstellt werden kann, z. B.:

- unerwünschte körperliche Übergriffe und Berührungen,
- unerwünschte Einladungen und Aufforderungen zu sexuellem Verhalten,
- entwürdigende und beleidigende Witze und Bemerkungen über Frauen,
- auf Einzelpersonen bezogene Bermerkungen über sexuelle Aktivitäten und das Intimleben, über körperliche Vorzüge und Schwächen,
- sexuell gefärbte Gesten und Verhaltensweisen (Anstarren, Hinterherpfeifen),
- das Mitbringen und Zeigen pornographischer Hefte und Bilder,
- das Zeigen und Anbringen frauenfeindlicher Aufkleber und Bilder,
- die Belästigung von Frauen durch Verfolgungen in- und außerhalb des Betriebes.

3. Als unerwünscht sind insbesondere auch alle Verhaltensweisen anzusehen, über die sich entweder eine einzelne Frau oder mehrere Frauen (auch anonym) beschweren oder die Frauen belasten.

§ 3 Sanktionen

Die Geschäftsleitung verpflichtet sich, gegen Mitarbeiter vorzugehen, die Mitarbeiterinnen oder Dritte (z. B. Kundinnen) sexuell belästigen. Sie wird sich dabei von dem Gedanken leiten lassen, daß die betroffenen Frauen keinen Nachteil aus der Belästigung und einer eventuellen Anzeige erleiden dürfen und daß der Belästiger gegen seinen Arbeitsvertrag und gegen den Betriebsfrieden verstößt. Die Sanktionen sollen künftige Belästigungen verhindern und dem Täter und allen Betriebsangehörigen vor Augen führen, daß die Geschäftsleitung solche Verhaltensweisen auf keinen Fall toleriert. Je nach Schwere der Belästigung sind folgende Sanktionen zu verhängen:

- persönliches Gespräch und Hinweis auf das Verbot der sexuellen Belästigung,
- Aktenvermerk in die Personalakte,
- mündlicher und schriftlicher Verweis,
- schriftliche Abmahnung und Kündigungsandrohung,
- Versetzung in eine andere Abteilung/an einen anderen Arbeitsort,
- Verhängung einer Geldbuße,
- fristgerechte und/oder fristlose Kündigung,
- Strafanzeige durch die Geschäftsleitung.

Dabei soll – ähnlich wie bei Alkoholismusproblemen – ein abgestuftes Sanktionsverfahren dazu dienen, dem Täter das Verbot nachdrücklich vor Augen zu führen, ihm gegebenenfalls Hilfe anzubieten (Beratung, eventuell Therapie, Einbeziehung der Angehörigen) und nötigenfalls arbeitsrechtliche Konsequenzen zu ziehen. Sind die Belästiger Kunden oder Dritte (z. B. Vertragspartner), so wird die Geschäftsleitung ihre rechtlichen und tatsächlichen Möglichkeiten ausschöpfen, um Belästigungen zu verhindern, z. B. durch

- Bekanntgabe des Verbots an Kunden und Vertragspartner,
- schriftlichen Hinweis in den Geschäftsräumen,
- Aufnahme des Verbots in die Hausordnungen, Satzungen, allgemeinen Vertragsbedingungen, Verträge,
- Androhung von Kündigung von Verträgen,
- Hausverbote,
- Kündigungen von Verträgen.

In Personalakten darf der Vorwurf der sexuellen Belästigung nicht anders begründet werden.

§ 4 Arbeitsklima

Die Geschäftsleitung verpflichtet sich, nicht nur sexuelle Belästigungen zu verbieten, sondern auch besondere Anstrengungen zu unternehmen, um ein frauenfreundliches Arbeitsklima zu schaffen. Sie verpflichtet sich, diese Grundsätze auch im Rahmen ihrer eigenen Werbemaßnahmen und ihres Auftretens nach außen zu beachten.

§ 5 Frauenbeauftragte

Die Geschäftsleitung benennt mit Zustimmung des Betriebsrats eine oder mehrere Frauenbeauftragte, die Frauen in diesen Fragen während der Arbeitszeit und unter Wahrung strengster Diskretion beraten und sie gegebenenfalls vor der Beschwerdekommission und gegenüber außerbetrieblichen Stellen vertreten.

§ 6 Beschwerdekommission

Um sexuelle Belästigungen zu verhindern, wird eine Beschwerdekommission gebildet. Eine gleiche Anzahl von Vertretern/innen werden jeweils von der Geschäftsleitung und dem Betriebsrat benennt. Frauen müssen in ihr mindestens zu 2/3 vertreten sein. Die Vorsitzende der Kommission, auf die sich beide Seiten einigen, ist eine Frau. Ist die Gewerkschaft im Betrieb vertreten, so ist eine Vertreterin berechtigt, an den Sitzungen der Beschwerdekommission mit beratender Stimme teilzunehmen.

Zu den Aufgaben der Beschwerdekommission gehört u. a.

- allen Beschwerden und Hinweisen (auch anonym) von sexuellen Belästigungen nachzugehen,

- Vorschläge für eine Verbesserung des Arbeitsklimas zu machen,

- dem Arbeitgeber Gegenmaßnahmen und Sanktionen vorzuschlagen,

- Informationen an die Belegschaft zu geben,

- Zusammenarbeit mit außerbetrieblichen Stellen.

Geht der Arbeitgeber auf Vorschläge der Beschwerdekommission nicht ein, so entscheidet die Einigungsstelle (§ 76 BetrVG). Mindestens die Hälfte der Mitglieder der Einigungsstelle müssen Frauen sein. Den Vorsitz hat eine Frau.

Die Beschwerdekommission tagt mindestens vierteljährlich während der Arbeitszeit. Die Kosten trägt die Geschäftsleitung analog § 40 BetrVG. Den Mitgliedern der Beschwerdekommission darf aus ihrer Tätigkeit kein Nachteil entstehen.

Die Freistellungsansprüche bei der Arbeitszeit und der Teilnahme an Schulungen richten sich nach § 37 BetrVG analog.

§ 7 Personelle Maßnahmen

Bei allen personellen Maßnahmen wird die Geschäftsleitung auf das Problem der sexuellen Belästigung und die potentielle Gefährdung von Frauen besonders achten. Insbesondere wird sie bei Stellenbesetzungen und -ausschreibungen auf die Befähigung von Bewerbern, sich nicht–sexistisch zu verhalten, besonderen Wert legen.

In die Einzelarbeitsverträge wird das Verbot der sexuellen Belästigung aufgenommen.

§ 8 Schadensersatz

Die Fa. . . . . . verpflichtet sich, bei allen sexuellen Belästigungen im Betrieb oder von Betriebsangehörigen den betroffenen Frauen den materiellen und den immateriellen Schaden zu ersetzen.

§ 9 Schulungen

In die betrieblichen Fortbildungsveranstaltungen wird das Thema „Sexuelle Belästigung am Arbeitsplatz" aufgenommen. Besondere Fortbildungen zu diesem Thema werden regelmäßig für alle Vorgesetzten von Frauen angeboten. Regelmäßige Fortbildungsveranstaltungen finden auch getrennt für interessierte Frauen und Männer statt.

§ 10 Umsetzung der Betriebsvereinbarung

Alle Beschäftigten erhalten ein Exemplar dieser Betriebsvereinbarung. Sie wird außerdem im Betrieb ausgehängt.

Geschäftsleitung, Betriebsrat, Beschwerdekommission und Frauenbeauftragte treffen mindestens zweimal im Jahr zusammen, um über die Umsetzung dieser Betriebsvereinbarung und um über weitere Maßnahmen zu beraten. Die Einladung und die Festlegung der Tagesordnung erfolgt durch die Vorsitzende der Beschwerdekommission.

§ 11 In-Kraft-Treten, Kündigung

Diese Betriebsvereinbarung tritt am . . . . in Kraft. Sie kann frühestens nach zwei Jahren gekündigt werden. Nach ihrer Kündigung wirken ihre Bestimmungen bis zum Abschluß einer neuen Betriebsvereinbarung nach.

6.4. Sexuelle Belästigung im internationalen Recht

Die Diskussion in den einzelnen Ländern zum Thema sexuelle Belästigung ist unterschiedlich weit entwickelt. Wohl alle Länder haben Strafrechtsvorschriften, die sexuelle Gewalt gesetzlich als Offizialdelikt verfolgen. Seit in den siebziger Jahren das Thema der sexuellen Belästigung in den Betrieben aufkam, um ein altes Problem endlich zu lösen, für das es bis dahin nur keinen Namen gegeben hatte, hat sich der Schwerpunkt der rechtlichen Lösung vom Strafrecht eher wegentwickelt. Es wurde argumentiert, daß das Strafrecht ein Instrument sei, das nur besonders schwere Vergehen erfassen kann, das aber in alltäglichen Fällen von sexueller Belästigung nicht greife. Frauen würden eher demotiviert, sich an die Gerichte zu wenden, wenn daraufhin jemand, der einen Witz erzählt oder eine unflätige Bemerkung macht, gleich angeklagt würde.

Die ersten Fassungen von Antidiskriminierungsgesetzen erwähnten den Tatbestand der sexuellen Belästigung zunächst nicht. Da eine Belästigung jedoch die Chancengleichheit der Betroffenen in einem Betrieb einschränkt und – falls nichts gegen die Belästigung unternommen wird – diese im Extremfall zur eigenen Kündigung und damit zum Verlust des Arbeitsplatzes für die Betroffene führen kann, setzte sich in den USA, in Canada und Australien die Meinung durch, daß das Thema „Sexuelle Belästigung am Arbeitsplatz" effektiv nur im Rahmen der Gleichstellungsgesetzgebung gelöst werden könne.

Die rechtliche Regelung, die in den USA für Fälle von sexueller Belästigung gilt, ist bei uns vergleichsweise die bekannteste. Catherine McKinnon, Autorin einer der ersten grundlegenden Untersuchungen über sexuelle Belästigung in den USA, faßte 1989 auf dem Pariser Colloquium die nordamerikanischen Erfahrungen folgendermaßen zusammen: „Sicher wird es – eine Zeitlang – Spannungen über die Definition von sexueller Belästigung geben und zu Auseinandersetzungen um den Gesetzesrahmen führen, der vorher geschaffen wurde. Aber es macht es den Frauen möglich, die wollen, gegen ihre Opferrolle mit Hilfe eines Gesetzes Widerstand zu leisten."[172] Ein Gesetz kann zwar nicht jede sexuelle

172 Catherine McKinnon, Referat auf dem internationalen Colloquium des AVFT in Paris, erscheint 1990 in einer Textsammlung des AVFTV

Belästigung verhindern, aber es kann das Rechtsempfinden der Frauen stärken und das von Männern sensibilisieren.

USA

Im Rahmen des Titel VII des Civil Right Act von 1964 ist gesetzlich festgelegt, daß Frauen wie andere unterprivilegierte Gruppen weder aufgrund des Geschlechts noch der Rasse benachteiligt werden dürfen. Wenn ein Arbeitgeber jemanden aufgrund seines bzw. ihres Geschlechts nicht einstellt, nicht befördert, ungleich bezahlt oder überhaupt ungleich behandelt, verstößt er gegen den Titel VII.

In der ursprünglichen Fassung aus dem Jahre 1964 war nicht eindeutig, daß auch sexuelle Belästigung am Arbeitsplatz mit Hilfe dieses Gesetz geahndet werden kann. Aus diesem Grunde – und nach mehreren Anhörungen in den Jahren 1979 und 1980 über das Problem der sexuellen Belästigung im öffentlichen Dienst und in der Armee, in denen das House of Representatives Gewerkschaften wie Arbeitgeber befragte – verabschiedete die Equal Opportunities Commission eine neue Richtlinie, das Amendment 7. Diese bedeutet eine Gesetzeserweiterung, so wurde höchstrichterlich bestätigt. In dieser Gesetzesergänzung wird Belästigung wie folgt definiert:

> „Unerwünschte sexuelle Annäherung, das Fordern von sexuellem Entgegenkommen, sowie verbale Äußerungen oder physische Gesten mit sexuellen Anspielungen erfüllen den Tatbestand einer sexuellen Belästigung, wenn
>
> 1. ein direktes oder indirektes Eingehen darauf ein Bestandteil oder eine Bedingung des Beschäftigungsverhältnisses ist
>
> 2. das Zulassen oder Zurückweisen Einfluß auf Unternehmensentscheidungen hat
>
> 3. solch ein Verhalten das Ziel oder die Auswirkungen hat, den Arbeitsablauf zu stören, indem eine einschüchtern-

de, feindselige oder aggressive Arbeitsumgebung geschaffen wird."[173]

Diese Richtlinie hat präventiven Charakter: sie soll die Frauen schützen, ehe es zu einer Belästigung kommt. Aus diesem Grunde richtet sich das Gesetz vor allem an die Arbeitgeber, die auch sonst präventiv für den Arbeitsschutz zuständig sind. Die Arbeitgeber sind durch das Gesetz verpflichtet, jeder Beschwerde nachzugehen. Geschieht das nicht, verstoßen sie gegen das Gesetz und können in Schadensersatzklagen zu hohen Geldstrafen verurteilt werden. Prävention sei das beste Mittel, um einer sexuellen Belästigung zu begegnen, argumentiert die Equal Employment Commission. Mit der Verabschiedung der Richtlinien ist die Zahl der Beschwerden von Frauen bei den US-Bundesbehörden drastisch angestiegen. Von 1980 bis 1988 gab es dort mehr als 38 500 Fälle. Kaum eine Frau hätte sich jedoch aufgrund einer ungeklärten Rechtslage an ein amerikanisches Gericht gewandt.[174]

Die amerikanischen Richtlinien gegen sexuelle Belästigung wenden sich ausdrücklich nicht an den einzelnen Belästiger. Das wäre keine Prävention, sondern eine reaktive Strafe, da der einzelne Belästiger dann bereits aktiv geworden wäre. Gegen den einzelnen Belästiger gelten die normalen Vorschriften des Gesetzes.

In den USA wird ausdrücklich zwischen der Belästigung durch einen Vorgesetzten und durch Kollegen unterschieden. Im Falle einer Belästigung durch einen Kollegen wird die Verantwortung des Unternehmers geringer angesetzt, es sei denn, er wußte von dem Fehlverhalten oder hätte davon wissen können. Sofern er versäumt hat, dann Schutzmaßnahmen für die Betroffene zu ergreifen, fällt die Verantwortung auf den Unternehmer zurück. Die Folgen lassen sich hochrechnen: Ein präventives Trainingsprogramm gegen Belästigung kostet für ein Unternehmen mit 24 000 Beschäftigten rund 200 000 $. 6,7 Millionen Dollar an Entschädigungszahlungen kostet es das Unternehmen dagegen, wenn das Problem ignoriert wird.[175] Die höchste Einzelentschädigung, die

---

173 Guidelines on Discrimination on the Basis of Sex, Equal Employment Opportunity Commission, Washington D.C., Nov 10, 1980

174 Working Women, 12/1988

175 Working Women, 12/1988

ein Gericht einer Betroffenen zusprach, betrug etwa eine Million DM. Die höchsten Kosten für ein Gerichtsverfahren kamen bereits auf ca. 4 Millionen DM. Das Ergebnis: amerikanische Firmen legen heute mehr Wert auf präventive Maßnahmen als früher. Allerdings richtet sich bis heute in den USA die Kritik vor allem gegen eine noch zu geringe Neigung mancher Firmen, solche Schulungen durchzuführen.[176]

Canada

Im Jahr 1977 erließ das canadische Parlament den Canadian Human Rights Act, ein Antidiskriminierungsgesetz, nach dem als Benachteiligung auch die sexuelle Belästigung untersagt wird.

Das canadische Justizministerium definiert sexuelle Belästigung am Arbeitsplatz deutlich aus der Perspektive der Betroffenen:

> „Sexuelle Belästigung ist ein Form der persönlichen Belästigung. Dazu gehört jedes Verhalten, Bemerkungen, Gesten oder körperlicher Kontakt sexueller Art, der beleidigend oder entwürdigend auf eine/n Beschäftigte/n wirken kann, oder der von Beschäftigten als eine Bedingung sexueller Art verstanden werden könnte, um einen Arbeitsplatz, eine Weiterbildungs- oder eine Beförderungschance zu bekommen."

Pornographische Plakate fallen ebenso wie rassistische unter dieses Gesetz. Witze und Bemerkungen über den Körper einer anderen Person zählen dazu wie Bemerkungen über das Alter, den Familienstand oder über die ethnische oder religiöse Herkunft. Ebenso wird jeder unnötige physische Kontakt dazu gezählt. Ausdrücklich erwähnt das Justizministerium, daß ein Flirt oder eine Büroromanze nicht als Belästigung zu werten seien.

Es ist die Pflicht jedes Vorgesetzten, Fälle von Belästigung abzuwenden, sobald er davon Kenntnis erlangt. Auch Kollegen haben

176 vgl. Sexual Harassment in the Federal Government: an update. Washington D.C. 1988, p. 46 f

die Pflicht, betroffene Kolleginnen zu einer Beschwerde zu ermutigen, statt sie von einer Beschwerde abzubringen. Sie sind angehalten, als Zeugen aufzutreten. Ziel der Regelung ist ausdrücklich, Nachteile für Betroffene, die sich beklagen, zu vermeiden.

Für die Untersuchung von Belästigungsfällen gibt es im canadischen Recht die Stellung des Complaint Assessors, der die Aussage der Betroffenen, des Belästigers und die von Zeugen aufnimmt. Als Untersuchungsassessoren werden vom zuständigen Minister je ein Mann und eine Frau ernannt.

Mit der Verabschiedung des canadischen Human Rights Act wurde 1977 vom Parlament eine Kommission eingesetzt, deren Aufgabe es ist, Verstöße gegen das Gesetz zu untersuchen und zu behandeln. Diese Kommission legt jährlich einen Rechenschaftsbericht über ihre Tätigkeit vor. Darin sind auch alle Fälle von sexueller Belästigung aufgeführt, die der Kommission vorgelegt wurden.

Australien

In Australien gibt es im Rahmen des Sex Discrimination Act eine gesetzliche Grundlage, nach der sexuelle Belästigung am Arbeitsplatz illegal ist. Der Passus über sexuelle Belästigung ist in zwei Teilen des Gesetzes gefaßt; einer davon bezieht sich auf allgemeine Arbeitsverhältnisse, der andere auf Schulen und Ausbildungsverhältnisse, einschließlich derjenigen an Universitäten.

Das Gesetz definiert Belästigung wie folgt:

> „Eine Person belästigt dann eine andere, wenn diese erste unerwünschte sexuelle Annäherungen, unerwünschte sexuelle Vergünstigungen von der zweiten verlangt oder sich auf eine andere Art in einer sexuell unerwünschten Weise gegenüber der zweiten Person verhält und/oder letztere begründet annehmen muß, daß ein Zurückweisen der Annäherung, ein Formulieren von Einwänden zu

Nachteilen für die zweite Person führt, die für diese mit der eigenen Arbeit, ihrer möglichen Einstellung oder Beschäftigung zusammenhängt."[177]

Eine bei der Regierung angesiedelte Gleichstellungsbeauftragte (sex discrimination officer) überwacht die Einhaltung des Gesetzes. Sie hat die Befugnis zu eigenständigen Ermittlungen und besitzt bis zum Ausgang gerichtlicher Verfahren gegenüber den Betrieben die Sanktionsmacht, Kündigungen rückgängig zu machen. Die Gleichstellungsbeauftragte kann den Ausgleich von Nachteilen veranlassen, indem zum Beispiel Entschädigungszahlungen veranlaßt werden.

Das Gesetz sieht eine Bestrafung des Täters vor. Genannt werden Geld- und Gefängnisstrafen.

Die Gleichstellungsbeauftragte kann bei Falschanzeigen Ermittlungen einleiten und in solchen Fällen Geldstrafen verhängen.

6.4.1. Europäische Gemeinschaft

Die Entwicklung in den USA und den genannten Commonwealth-Staaten führte zu einer Reihe von Resolutionen im Europäischen Parlament. Am 13. Dezember 1984 erkannte das Europäische Parlament die sexuelle Belästigung als ein Hauptproblem an, das „die Würde und die Rechte der Frauen" am Arbeitsplatz beeinträchtigt. Die Mitgliedsstaaten wurden aufgefordert, Schritte zu unternehmen, um „die Anerkennung der Würde der Frauen am Arbeitsplatz zu sichern". 1986 wurde der britische Anwalt Michael Rubenstein aufgrund eines Beschlusses des Informellen Ministerrates aufgefordert, eine Studie über das Problem der sexuellen Belästigung in den Mitgliedsstaaten der Europäischen Gemeinschaft zu erstellen. Im April 1987 billigte der Infor-

177 Sex Discrimination Act 1984, Nr. 4 of 1984

melle Ministerrat den Zwischenbericht Rubensteins, 1988 gab die Kommission der EG die Studie heraus.[178]

In der Studie von M. Rubenstein heißt es: „Es ist weder prüde noch extremistisch, gegen sexuelle Belästigung zu sein, so wie es auch weder prüde noch extremistisch ist, gegen Vergewaltigung vorzugehen. Sexuelle Belästigung am Arbeitsplatz ist kein Einzelvorkommen."[179] Studien in Belgien, Spanien, der Bundesrepublik Deutschland, den Niederlanden und Großbritannien belegten das. Sie alle zeigten, so Rubenstein, daß Millionen von Frauen in der Europäischen Gemeinschaft in ihrem Arbeitsleben unter sexueller Belästigung leiden.

Sexuelle Belästigung verstoße gegen das Prinzip der Gleichbehandlung am Arbeitsplatz, stellt Rubenstein fest. Sie habe gesundheitliche Auswirkungen und verstoße damit gegen die Sicherheit am Arbeitsplatz. Angst und Streß, die durch Belästigung hervorgerufen werden, führten zu krankheitsbedingten Fehlzeiten, zu Produktivitätseinbußen und zu hohen Fluktuationsraten unter den beschäftigten Frauen. Rubenstein: „Deshalb hat sexuelle Belästigung unmittelbare Folgen auf die Produktivität eines Unternehmens."[180] Von der Seite der betroffenen Frau her gesehen, bedeute sexuelle Belästigung eine langfristige Beeinträchtigung ihrer Aufstiegsmöglichkeiten, wenn sie gezwungen sei, ihren Arbeitsplatz zu wechseln. Sexuelle Belästigung verhindere insofern die Integration von Frauen in den Arbeitsmarkt.

Bislang verfügen die wenigsten Mitgliedsstaaten der EG über eine ausreichende gesetzliche Grundlage, um gegen sexuelle Belästigung am Arbeitsplatz vorzugehen. Kein einziges Mitgliedsland hat bislang ein besonderes Gesetz über sexuelle Belästigung verabschiedet. Die Gerichte behandeln Fälle von sexueller Belästigung unter Paragraphen, die ungerechtfertigte Entlassungen verbieten, unter dem Vertragsrecht, dem Bürgerlichen Gesetzbuch bzw. Zivil-

---

178 The Dignity of Women at work. A Report on the Problem of Sexual Harassment in the Member States in the European Community, Commission of the European Community, Brüssel, Luxemburg 1988. Bislang liegt die Studie nur in englischer und französischer Sprache vor.

179 The Dignity, a.a.O. p. 2

180 a.a.O., p. 3

recht, Gesundheitsgesetzen und Schutz am Arbeitsplatz oder dem Strafrecht. Damit ist in der Rechtsprechung einem erheblichen Maß an Willkür Platz gegeben. Der persönliche Grad der Aufgeklärtheit des einzelnen Richters entscheidet, ob eine Betroffene zu ihrem Recht kommt. In der Mehrzahl der Länder kann ein Belästiger verurteilt werden, falls er eine Frau mit dem Verlust des Arbeitsplatzes erpreßt hat, wenn sie seinen sexuellen Wünschen nicht nachkommt. In diesen Verfahren wird jedoch nicht die Belästigung selbst zum Gegenstand ihrer Klage, sondern nur die Erpressung und der Verlust des Arbeitsplatzes. Damit sind die Gerichte vielfach auf sogenannte Umwegparagraphen verwiesen, nach denen die Begleitumstände der Tat, nicht aber die Tat selbst zur Verurteilung beitragen. Lediglich Großbritannien hat aufgrund seines an Präzedenzurteilen orientierten Rechts die Möglichkeit, gegen die Belästigung vorzugehen, weil hier auch die Sicherheit des Arbeitsplatzumfeldes der Betroffenen geschützt werden muß.

Real ist die Rechtslage in den einzelnen Mitgliedsstaaten der EG jedoch sehr unterschiedlich. In Dänemark, Frankreich, der Bundesrepublik Deutschland habe man noch nicht ausreichend darüber nachgedacht, daß eine Belästigung im Betrieb mit unter das Gleichbehandlungsgebot falle, stellt Rubenstein fest. Hinweise darauf fand Rubenstein bei der Recherche für sein Gutachten jedoch nur in akademischen Publikationen. Vor Gerichten seien diese Fälle noch nicht behandelt worden. In Großbritannien und Irland gebe es dagegen bereits eine generelle Akzeptanz vor den Gerichten, eine Belästigung als eine ungesetzliche sexuelle Diskriminierung zu behandeln.

Die EG-Kommission hat, nachdem es im Jahr 1975 zu Streitigkeiten zwischen den Staaten über ein von der Kommission vorgelegtes „Memorandum zur Gleichbehandlung von Männern und Frauen im Arbeitsleben" kam, das europaweite Gesetz in drei in sich getrennte Richtlinien gefaßt, die die Lohngleichheit, die Gleichbehandlung am Arbeitsplatz und die soziale Sicherung regeln.

Artikel 5 (1) der Richtlinie zur Gleichbehandlung am Arbeitsplatz sieht vor:

> „Die Anwendung des Prinzips der Gleichbehandlung in Bezug auf die Arbeitsbedingungen, einschließlich der Bedingungen, die eine Entlassung regeln, bedeutet, daß Männern und Frauen dieselben Bedingungen garantiert

> werden müssen, ohne jede Diskriminierung aufgrund des Geschlechts."[181]

Der Europäische Gerichtshof hat in einem Urteil bereits darauf hingewiesen, daß es unmöglich sei, eine Gleichheit der Chancen herzustellen, wenn es dafür kein angemessenes System von Sanktionen gibt. Michael Rubenstein weist darauf hin, daß sexuelle Belästigung, wenn man sie korrekt versteht, unter das Verbot der Diskriminierung in den Arbeitsbedingungen fällt. Sexuelle Belästigung sei eine Frage der Gleichbehandlung, denn Männer werden in derselben oder in ähnlichen Situationen nicht sexuell belästigt. Insofern sei auch das Urteil des Europäischen Gerichtshofs anzuwenden, da sexuelle Belästigung die Chancengleichheit der Geschlechter verzögert. Zugleich seien aber die Sanktionen gegen Belästigung nicht entwickelt worden.

Die Richtlinien der EG, bzw. die EG-Anpassungsgesetze sind als nicht ausreichend zu werten. Sie enthalten – so in der BRD – einen Anspruch auf Entschädigung für den erlittenen Schaden. Der ist jedoch nach bisheriger Rechtsansicht so gering bemessen, daß im Falle einer Belästigung weder der materielle Schaden (z. B. Arbeitsplatzverlust) noch der psychisch erlittene Schaden damit gedeckt wären. Allerdings sind in der Bundesrepublik Belästigungsprozesse nach dem EG-Anpassungsgesetz noch nicht geführt worden.

In Großbritannien bedeuten die Urteile meist eine ausschließlich finanzielle Entschädigung für die Opfer. Im Fall einer sexuellen Belästigung sollte jedoch vor allem dafür Sorge getragen werden, daß diese Belästigung aufhört und sich nicht wiederholt. Hierzu fehlen Sanktionsmöglichkeiten gegen den Belästiger, die ihm bekannt sind, ehe es zum Übergriff kommt. Sanktionen und Präventionen sind allerdings im EG-Recht in der Frage der Ungleichbehandlung von Frauen nicht vorgesehen.

Schon heute verpflichten die meisten der EG-Staaten den Unternehmer, für die Sicherheit am Arbeitsplatz zu sorgen. Nach Rubenstein bietet der Weg, sexuelle Belästigung im Rahmen der **Gesundheits- und Sicherheitsgesetze** zu behandeln, mehr Möglichkeiten. Dies wäre auch im Interesse der Unternehmen selbst,

---

181 a.a.O., p.. 24

da sexuelle Belästigungen bei den Betroffenen häufig zu gesundheitlichen Störungen und damit zu Fehlzeiten führen. Eine Lebensversicherung in den USA, die Massachusetts Mutual Life Insurance Company, hat diese Erfahrung bereits in ihre Firmenpolitik aufgenommen. In einer Erklärung führt diese Lebensversicherung folgende Wirkungen einer sexuellen Belästigung auf: „Alkoholismus, exzessiver Drogenmißbrauch, familiäre Störungen, psychosomatische Krankheiten, psychische Krankheitsfolgen, Fehlzeiten am Arbeitsplatz, negative Arbeitseinstellung, Depression, geringe Motivation, Nervosität, Feindseligkeit, chronische Müdigkeit, Verlust an Stärke, Schlaflosigkeit, geringes Selbstbewußtsein und niedriges Selbstwertgefühl."

Nach Rubenstein ist der Krankheitsausbruch durch eine Belästigung ebenso „zufällig" wie der Ausbruch einer Krankheit infolge von Lärm oder durch Asbest. In den meisten der Mitgliedsstaaten der EG obliegt es Regierungsinspektoren, die Sicherheitsanforderungen am Arbeitsplatz zu überprüfen. Wollte man diese Regelung für den Problembereich der sexuellen Belästigung übernehmen, wären allerdings in den jeweiligen Mitgliedsstaaten sowohl die Sanktionen, als auch die Personen, die diese Überprüfungen durchführen, und erst recht die Prüfmethoden an den Problembereich anzupassen.

In der **Arbeits-Gesetzgebung und im bürgerlichen Recht** hat der Arbeitgeber in der Mehrzahl der europäischen Staaten dafür zu sorgen, daß die menschliche Würde und die Unverletzbarkeit der Person bzw. der Beschäftigten gewahrt bleibt. Das gegenseitige Vertrauen zwischen Beschäftigten und Arbeitgebern gilt oft genug als Basis des Vertrags. Belästigung durch einen Arbeitgeber wäre nach Rubenstein die gravierendste Störung eines solchen Vertragsverhältnisses überhaupt. Frauen, die entlassen werden, weil sie sich über eine Belästigung durch ihren Arbeitgeber beklagen, müssen besonders geschützt werden.

Im gesamten europäischen Strafrecht sind Regelungen vereinbart, die die Sanktion sexueller Belästigungen ermöglichen, wenn diese mit physischer Gewalttätigkeit verknüpft ist. Obwohl in einigen Ländern bereits Strafrechtsprozesse in dieser Sache geführt worden sind, weist Rubenstein auf den besonderen Nachteil hin, sich juristisch ausschließlich auf das Gebiet des Strafrechts zu begeben. Sein Argument: Das Strafrecht kann nur die besonders gewalttätigen Formen der sexuellen Belästigung erfassen. Es gehe notwendig immer von der Unschuld des Täters aus. Damit sei es aber unmöglich, eine Belästigung schnell abzustellen. Das Opfer hat aufgrund des langen Verfahrens körperliche und psychische Nachteile. Im Strafrecht wäre eine Umkehr der Beweislast nicht möglich. Kein Täter wird dann eine Belästigung gegenüber einer Betroffenen zugeben.

In einigen Staaten gilt der Rechtsgrundsatz, daß niemand als Zeuge in eigener Sache auftreten kann. In der Situation, in der ein Beweis für eine Belästigung sowieso schwierig zu erbringen ist, da häufig die Aussage des Belästigers gegen die der Belästigten steht, bedeutet der Wegfall der Aussage, daß für die Betroffenen meist überhaupt kein Beweismittel mehr vorhanden ist.

Eine Gesetzgebung zum Thema sexuelle Belästigung muß den Arbeitgeber in die Pflicht nehmen, damit er für die Sicherheit seiner weiblichen Beschäftigten die Verantwortung übernimmt. Das Gutachten für die EG-Kommission argumentiert hier, Belästigung sei zwar ein Problem für Frauen, müsse eigentlich jedoch eines für den Arbeitgeber sein. In der juristischen Diskussion müsse mehr Nachdruck auf Prävention und Schutz gelegt werden, denn auf Entschädigung für die erlittene Belästigung. Ein Strafgesetz wäre gegenüber dem Arbeitgeber unangemessen, ein Sanktionssystem für nicht vollzogene präventive Maßnahmen wäre jedoch denkbar, argumentiert Rubenstein.

6.4.1. Regelungen in einzelnen Staaten[182]

Belgien

Das Gleichstellungsgesetz aus dem Jahre 1978 hat sich bislang nicht als ausreichendes Mittel erwiesen, um Fälle von sexueller Belästigung angemessen zu behandeln. Gegenwärtig gibt es wenige legale Instrumente, die der betroffenen Frau helfen können: „Diese müssen noch entwickelt werden", heißt es vom belgischen Ministerium für Arbeit und Beschäftigung. Im Gegensatz zu vielen anderen Ländern Europas enthält das belgische Recht einen Passus, nachdem das Arbeitsgericht einen Arbeitgeber auffordern kann, diskriminierende Praktiken einzustellen, bzw. einen Schaden wiedergutzumachen.

1985 wurde eine Erhebung beschlossen, die als eine der ersten größeren staatlich geförderten Studien in Europa an der katholischen Universität Leuwen durchgeführt wurde. Eine Kampagne vom Cabinet du Secretaire d'État à l'Émancipation Sociale hat eine Broschüre mit dem Titel „Sex-Collègue – Ex-Collègue" herausgebracht. In der Broschüre wird bemängelt, daß eine Betroffene in den Betrieben keine Ansprechperson finde, die ihr kompetent helfen könne.

Dänemark

In Dänemark gibt es seit 1978 ein Gesetz über die Gleichstellung. Der Tatbestand taucht darin als „sexuelle Annäherung ohne Einwilligung" auf. Laut Rubenstein wurden aufgrund dieses Gesetzes noch keine Prozesse über sexuelle Belästigung geführt. Experten schätzen jedoch ein, daß sowohl Fälle sexueller Erpressung als auch sexuell aggressiver Arbeitsumgebung durch Kollegen mit

182 Dieser Länderübersicht liegen als Material die Antworten auf unsere Anfragen an Ministerien der Länder bzw. deren Botschaften sowie der bereits mehrfach zitierte Bericht von M. Rubenstein zugrunde.

Hilfe dieses Gesetzes gerichtlich entschieden werden könnten. Auch im Sinne einer Prävention könnte das Gesetz helfen, da es den Arbeitgeber verpflichtet, die Gleichbehandlungsprinzipien sowohl bei den Arbeitsplatzbedingungen als auch den Kündigungsgründen zu beachten.

Der Arbeitgeber ist laut Gleichstellungsgesetz verpflichtet, in Belästigungsfällen einzugreifen. Greift er nicht ein, kann er strafrechtlich zur Verantwortung gezogen und schadensersatzpflichtig werden.

Das dänische Strafrecht enthält einige Artikel, die einen Schutz gegen Belästigung darstellen. Dazu zählen der Mißbrauch von Macht sowie Angriffe gegen die Ehre am Arbeitsplatz.

Frankreich

Seit 1983 gibt es ein Gesetz, das die Diskriminierung aufgrund des Geschlechts im Arbeitsleben verbietet. Allerdings hat es vor Gericht noch keine erfolgreichen Klagen aufgrund dieses Gesetzes gegeben. Expertinnen nehmen an, daß Frauen der französischen Gerichtsbarkeit bei der Anwendung dieses Gesetzes nicht trauen. Betroffene Frauen klagen meist auf der Grundlage anderer Gesetzestexte des bürgerlichen Rechts.[183] Der französische Justizminister plant eine Veränderung des Strafrechts, so daß nicht nur die Vergewaltigung, sondern auch andere Formen von sexueller Gewalt strafbar werden.

Griechenland

Ein Gleichstellungsgesetz gibt es seit 1984. Fälle von sexueller Belästigung wurden nicht nach diesem Gesetz behandelt.

Das griechische Zivilrecht enthält einen Paragraphen, der den Ar-

183 Odile Dhavernas, mündliche Mitteilung: internationales Colloquium Paris 1989

beitgeber verpflichtet, seine Beschäftigten zu schützen. Auch die Würde der Person ist nach dem Zivilrecht vor Angriffen geschützt. Aber auch hier wurde sexuelle Belästigung bisher nicht behandelt.

Darüber hinaus enthält das griechische Strafgesetzbuch einen Artikel über „Belästigung mit Mißbrauch der Amtsgewalt", nach denen der Täter, der ein Beamter ist, verurteilt werden kann.

Großbritannien

Obwohl die sexuelle Belästigung am Arbeitsplatz im Sex Discrimination Act von 1975 nicht ausdrücklich erwähnt wird, ist sowohl dieses Antidiskriminierungsgesetz als auch der Employment Protection Consolidation Act aus dem Jahre 1978 für solche Verfahren herangezogen worden. Der Health and Safety Act at Work von 1974 dagegen ist bislang noch nicht Grundlage solcher Verfahren gewesen.

Eine Gesetzbestimmung im Sex Discrimination Act schützt gegen die Beleidigung von Gefühlen. Der Arbeitgeber trägt die Verantwortung für diesen Schutz. Die Arbeitsgerichte in England haben eine Vielzahl von Verfahren gegen Belästiger und auch Arbeitgeber aufgrund des Gesetzes entscheiden können. Arbeitgeber tragen nur dann nicht mehr die Verantwortung, wenn sie präventive Maßnahmen ergriffen haben und zum Schutz der Betroffenen tätig geworden sind, sobald sie von Belästigungsfällen Kenntnis erhielten.

Expertinnen sehen einen Nachteil in der Anwendung des Gesetzes nicht nur darin, daß sexuelle Belästigung nicht ausdrücklich genannt wird; sie kritisieren auch, daß die Beweislast von den Frauen erbracht werden muß. Außerdem sei eine dreimonatige Frist für das Einreichen der Klage zu kurz und das Gesetz nur anwendbar, wenn eine Betroffene ihren Arbeitsplatz verliere. Weitere Kritikpunkte sind die geringe Verantwortung der Arbeitgeber, die nicht gewährleistete Anonymität der Betroffenen und die Tatsache, daß die Gerichtsvorsitzenden meist Männer sind, die zudem für solche Verfahren nicht ausgebildet sind.

Der britische Gewerkschaftsdachverband hat das Thema 1983 in Empfehlungen behandelt. Mehrere Einzelgewerkschaften haben die Kampagne zu einem Hauptfeld ihrer Aktivität gemacht. Mit einer ganzen Reihe von Unternehmen wurden Tarifvereinbarungen zum Thema sexuelle Belästigungen getroffen. Dazu gehört z. B. der öffentliche Dienst.

Irland

In Irland ist die Diskussion um diese Thema gerade in vollem Gange. Anfang 1990 fand dazu eine große internationale Konferenz statt.

Im Gleichstellungsgesetz aus dem Jahre 1977 ist im Falle einer sexuellen Belästigung eine Entschädigung bis zu einer Obergrenze von zwei Jahreslöhnen der Betroffenen vorgesehen. Anders als in Großbritannien wird nicht ausdrücklich auf eine Verletzung der Gefühle bezug genommen. Im Jahr 1985 wurde das erste Urteil aufgrund dieses Gesetzes gefällt.

Rubenstein führt als Kritik von Experten an dem irischen Gesetz an, daß die Arbeitgeber nicht ausdrücklich für das Verhalten ihrer Beschäftigten verantwortlich seien.

Bereits 1984 verabschiedeten die Gewerkschaften eine modellhafte Fassung eines Kollektivvertrags, in dem Belästigung als Geschlechtsdiskriminierung in einem Unternehmen definiert wird. Die Unternehmenspolitik wird danach ausgerichtet, daß zu den Arbeitsplatzbedingungen ein belästigungsfreier Arbeitsplatz zählt. Jeder, der dagegen verstößt, verstößt gegen die Unternehmenspolitik. In dem Kollektivvertrag ist der Beschwerdeweg geregelt. Jede/r Beschäftigte bekommt ein Merkblatt, wie in Belästigungsfällen verfahren wird. Einige Unternehmen haben diesen Kollektivvertrag unterschrieben – u.a. der öffentliche Dienst.

Italien

Die Übernahme der EG-Gleichstellungsrichtlinien ist in Prozessen gegen sexuelle Belästigung bislang wenig genutzt worden. Das bürgerliche Recht enthält einen Passus, das die moralische und physische Integrität der Beschäftigten in die Verantwortung des Arbeitgebers legt. Im Rahmen dieses Gesetzes wäre es nach Ansicht von Experten möglich, Prozesse zu führen. Das Strafrecht enthält einen Artikel, der „gewalttätige libidinäre Handlungen" unter Strafe stellt. Erschwerend gilt darin, wenn der Täter Beamter ist.

Niederlande

Ein Verbot der sexuellen Belästigung ist in den Niederlanden nicht als Gesetz verabschiedet worden. Strafrechtlich werden unerwünschte Intimitäten am Arbeitsplatz verfolgt, wenn sie einen Angriff oder eine Vergewaltigung darstellen.

Das 1980 verabschiedete Gleichbehandlungsgesetz wird so gut wie nie in Verfahren über sexuelle Belästigung eingesetzt. Gerichtsurteile für Betroffene gibt es auf Grund des bürgerlichen Rechts. Belästigte Frauen, die von sich aus gekündigt hatten, erhielten Entschädigungen. Kritisiert wird an diesen Urteilen jedoch, daß die Geldsummen für die Betroffenen sehr niedrig liegen. Eine Voraussetzung für diese Urteile war, daß die Opfer die Kündigung eingereicht haben, und daß sie in Folge der Belästigung unter psychischen Störungen litten.

Die niederländische Regierung hat Öffentlichkeitskampagnen gegen sexuelle Belästigung durchgeführt. In Utrecht ist mit staatlicher Hilfe – auch aus EG-Mitteln – ein nationales Beschwerdebüro für Betroffene eingerichtet worden. Dort werden Schulungen für potentiell gefährdete Frauen, für Betriebs- und Personalräte sowie für das Management durchgeführt. Insbesondere werden dort auch Berater ausgebildet, die der Schweigepflicht unterliegen. Es gibt in niederländischen Betrieben bereits mehr als 100 solcher Berater. Die Mehrzahl davon arbeitet im öffentlichen Dienst.

Auch in den Niederlanden gibt es bereits Tarifvereinbarungen, die das Thema sexuelle Belästigung regeln. Zu den Betrieben, die diese Vereinbarung unterschrieben haben, zählen die Post- und Telecomdienste.

Die niederländische Gewerkschaft FNV vertritt die Position: Wenn sowohl der Belästiger als auch die Belästigte Mitglied einer Gewerkschaft ist, soll die Frau die eindeutige Unterstützung erhalten.

Portugal

Das portugiesische Gleichstellungsgesetz ist nicht so gefaßt, daß Fälle von sexuelle Belästigung danach angemessen behandelt werden könnten; auch das Strafrecht stellt Sexualverbrechen am Arbeitsplatz nicht gesondert unter Strafe.

Spanien

Seit 1980 gibt es einen Passus im Arbeitsrecht, der eine Diskriminierung aufgrund des Geschlechts des Beschäftigten untersagt. Sanktionen sind jedoch nicht vorgesehen. Insofern sei das Gesetz für Fälle von sexueller Belästigung nicht ausreichend, argumentiert Rubenstein in seiner EG-Studie.

Im Sommer 1987 veröffentlichte das Institut für Frauen eine erste Studie, in der das Problem der sexuellen Belästigung untersucht wird. Danach wurden in Spanien 27 % der Frauen einmal oder mehrmals sexuell belästigt. Vier Prozent der befragen Frauen wurden gegen ihren Willen zu sexuellen Handlungen genötigt.

1989 entschied ein spanisches Gericht aufgrund der Gesundheitsschutzgesetzgebung zugunsten einer Belästigten, die nach einer versuchten Vergewaltigung unter Depressionen und traumatischen Angstzuständen litt. Der Vergewaltigungsversuch wurde als Arbeitsunfall und damit als Grundlage für eine Invalidenrente eingestuft.[184]

---

184 taz, 18.12.1989

6.4.3. Andere europäische Staaten

Finnland

Sexuelle Belästigung ist bislang nicht gesetzlich definiert. Sie kann im Strafrecht den Sittlichkeitsverbrechen zugeordnet werden, wird dort jedoch nicht ausdrücklich erwähnt. In einigen Strafvorschriften wird die Stellung des Täters bzw. die Abhängigkeit des Opfers jedoch als Begründung für eine Strafbarkeit angeführt.

Bei der Verabschiedung der Gleichstellungsgesetze von Mann und Frau hat die finnische Regierung im Jahr 1986 auch die Belästigung angeführt. Insofern könnte das Gesetz bei entsprechenden Verfahren angewendet werden. Damals sprach die Regierung von „einer Bedrängung des zahlenmäßig geringer vertretenen Geschlechts": „Dieser Bedrängung können sich z. B. Arbeitskollegen oder Vorgesetzte schuldig machen. Arbeitgeber, die von der Bedrängung erfahren und den Fortlauf dieser Bedrängung nicht verhindern, handeln gegen dieses Gesetz."

Wird das Gleichstellungsgesetz angewandt, können die für diese Tätigkeit zuständigen Behörden dem Arbeitgeber Maßnahmen vorschlagen. Der Gleichstellungsausschuß kann – notfalls unter Androhung einer Geldstrafe – dem Arbeitgeber verbieten, sein gegen die Gleichstellung verstoßendes Verhalten fortzusetzen oder zu wiederholen. Von seinem Aufgabenbereich her ist der Arbeitsschutz zuständig für die Überwachung solcher notwendig gewordenen Maßnahmen.

Österreich

Eine spezielle gesetzliche Regelung im Hinblick auf sexuelle Belästigung gibt es in Österreich nicht. Gesetzesregelungen zum Schutz der Sittlichkeit der Arbeitnehmer lassen sich jedoch auf die betriebliche Situation anwenden. Dazu zählt das Kinder- und Jugendbeschäftigungsgesetz. Beschäftigungsverbote für weibliche Arbeitneherinnen können von der Arbeitsinspektion ausgesprochen werden, wenn für Frauen eine erhöhte Gefährdung von Leben, Gesundheit oder Sittlichkeit gegeben ist. Im Rahmen des präventiven Sittlichkeitsschutzes wurde in Österreich 1983 die Trennung der Geschlechter in Waschräumen, Umkleideräumen und Toilettenanlagen verfügt. Die Arbeitsinspektionen gelten in Österreich als die Institution, die zum Wohle der Betroffenen eingreifen müssen.

Im Ausbildungsbereich kennt das österreichische Recht für Minderjährige im Rahmen des Sittlichkeitsschutzes gesonderte Bestimmungen. Das Strafrecht enthält einen Paragraphen, nach dem der Mißbrauch eines Autoritätsverhältnisses in der Erziehung und der Ausbildung bestraft wird.

Die Fürsorgepflicht des Arbeitgebers für Leben, Gesundheit, Sittlichkeit, Ehre und Vermögen ist zwar rechtlich verankert. Im Rahmen einer Studie des Bundesministeriums für Arbeit und Soziales aus dem Jahre 1988 wird jedoch bezweifelt, ob das Gesetz im Falle der sexuellen Belästigung greift. Bemängelt werden an dem Gesetz wirksame Rechtsbehelfe zu dessen Durchsetzung.[185]

Schweden

Das Gleichstellungsgesetz für Männer und Frauen im Erwerbsleben gilt seit 1980. Ziel des Gesetzes ist es, daß der Arbeitgeber sich aktiv um die Gleichstellung bemüht. Mit diesem Ziel werden kollektive Gleichstellungsabkommen abgeschlossen. Inzwischen hat sich bereits der gesamte öffentliche Dienst und der größte Teil der Privatwirtschaft solchen Abkommen angeschlossen. Das Gesetz enthält Bestimmungen, nach denen der Arbeitgeber für gleiche Arbeitsbedingungen zu sorgen hat. Tut er das nicht, läuft er Gefahr, zu Schadensersatz- bzw. Bußgeldzahlungen verurteilt zu werden.

Die Einhaltung des Gesetzes wird von Ombudsmännern bzw.

---

185 Bundesministerium für Arbeit und Soziales, Wien 1988, hier besonders das Kapitel über das Arbeitsrecht

-rauen überwacht. Diese können in einem Diskriminierungsfall freiwillige Vereinbarungen mit dem Arbeitgeber abschließen und in kollektive Vereinbarungen eingreifen, sofern sie gegen die Gleichstellung gerichtet sind. Der Ombudsmann kann die Angelegenheit jedoch auch vor ein Arbeitsgericht bringen.

In Gerichtsverfahren wegen sexueller Belästigung zeigte das schwedische Gleichstellungsgesetz Mängel. 1987 war der Ombudsmann nicht in der Lage, die Verurteilung eines Arbeitgebers zu erreichen, der eine Frau entlassen wollte, nachdem diese sich über eine Belästigung durch einen Kollegen bei ihm beklagt hatte. Aufgrund dieses Falles legte die schwedische Regierung 1988 ein neues Gesetz vor, das einen Passus über sexuelle Belästigung enthält.[186]

Schweiz

Das Schweizer Recht kennt – wie die EG-Staaten – bislang kein spezielles Gesetz, nach dem die sexuelle Belästigung am Arbeitsplatz verhandelt werden könnte. Am ehesten enthält das Strafrecht solch einen Paragraphen, nach dem „die Bürger" geschützt sind, die durch „Mißbrauch ihrer Notlage oder durch ein Amts- oder Dienstverhältnis" zum „Beischlaf" gezwungen werden. Ein anderer Paragraph schützt jene, die „ohne bestimmten Anlaß" zu geben, „öffentlich in unzüchtiger Absicht belästigt" werden.

Gegenwärtig wird das Schweizer Arbeitsrecht neu gefaßt. Die Gewerkschaftskonferenz des VPOD hat vorgeschlagen, daß künftig darin explizit ein Passus zur sexuellen Belästigung enthalten sein soll. Die bisherigen Bestimmungen des Arbeitsrechts, nach denen ein Arbeitgeber im Arbeitsverhältnis die Persönlichkeit „des Arbeitnehmers" zu achten und zu schützen, auf dessen Gesundheit „gebührend" Rücksicht zu nehmen und für die Wahrung der „Sittlichkeit" zu sorgen hat, haben sich ebenso wie der neu eingeführte „mißbräuchliche" Kündigungsschutz in Verfahren zur sexuellen Belästigung nach Ansicht von Expertinnen nicht ausreichend bewährt.[187]

---

186 vgl. Ninni Hagman, Referat auf dem internationalen Colloquium Paris 1989

187 siehe WOZ 17. 4.1989

7. Handlungsempfehlungen

Die Ergebnisse der vorliegenden Untersuchung zur sexuellen Belästigung am Arbeitsplatz weisen auf einen erheblichen Bedarf sowohl an präventiven Maßnahmen wie auch an direkten Hilfestellungen für belästigte Frauen in der Bundesrepublik hin.

Dieser Bedarf ist größer und wird auch zunehmend deutlicher artikuliert, als bisher angenommen werden konnte: Während die betrieblichen und branchenübergreifenden schriftlichen Befragungen das starke Interesse bundesdeutscher Frauen an dem Belästigungsproblem und das große Ausmaß an konkreter Betroffenheit dokumentieren, machen die betrieblichen Fallstudien deutlich, daß das Problem der sexuellen Belästigung am Arbeitsplatz ein durchaus bekanntes – wenngleich tabuisiertes – betriebliches Phänomen darstellt, dessen Handhabung jedoch bei Personalverantwortlichen wie auch betrieblichen Interessenvertretungen als weitgehend unentwickelt bezeichnet werden kann. Die Betriebsuntersuchungen wie auch die Intensivinterviews mit belästigten Frauen haben hier gezeigt, wie groß die Unsicherheiten im Umgang mit sexueller Belästigung am Arbeitsplatz nicht nur bei den Betroffenen selbst, sondern auch bei ihren Ansprechpartnern/innen innerhalb und außerhalb der Betriebe ist.

Insbesondere Beratungshilfen und Schulungen für die betrieblichen und außerbetrieblichen Ansprechpersonen belästigter Frauen und für die Betroffenen selbst, Aufklärungsmaterialien über Rechts- und Beschwerdemöglichkeiten sowie besondere Schutzmaßnahmen für weibliche Auszubildende und Berufsanfängerinnen (vor allem auch in Klein- und Mittelbetrieben) sind Hilfestellungen, die aus den Untersuchungsergebnissen unmittelbar abgeleitet werden können (siehe Abschnitt 4.5.).

Darüberhinaus machen die vorliegenden Forschungsergebnisse deutlich, daß es einer intensiven weiteren Aufklärung der Öffentlichkeit bedarf, um zu einer Enttabuisierung des Belästigungsproblems in allen die beruflichen Belange von Frauen betreffenden Bereichen zu gelangen.

Schulungsmaßnahmen zur Wahrnehmung und zum Umgang mit dem Belästigungsproblem sollten sowohl in Betrieben, in Ausbildungsstätten und in (Berufs-)Schulen wie auch in öffentlichen oder privaten Beratungseinrichtungen ansetzen und jeweils auf die besonderen Interessen und Fragestellungen der in Betracht kommenden Zielgruppen zugeschnitten sein.

Zum einen ist hier besonders zu denken an Seminare für **betroffene und interessierte Frauen,** die mit dem Ziel durchgeführt werden, Grundlagen für ein selbstbewußteres Auftreten und eine erhöhte Bereitschaft zu offener Gegenwehr und Kritik an belästigenden Übergriffen zu vermitteln. Zum anderen erscheint es auf der Grundlage der vorliegenden Untersuchung dringend geboten, **Fortbildungsangebote für betriebliche Verantwortliche** (Vorgesetzte, Interessenvertretungen, Frauenbeauftragte, Ausbilder/innen) zu entwickeln und verbindlich einzuführen, die zu einer erhöhten Sensibilisierung für das Belästigungsproblem und zu problemangemesseneren Umgangsweisen mit konkreten Belästigungsfällen beitragen. Entsprechendes Schulungsmaterial (Kursangebote, Verhaltenstrainings) gibt es in ausgearbeiteter Form bereits in den Niederlanden und in den USA. Hier könnte eine genaue Sichtung und Adaption der Materialien für die betrieblichen Gegebenheiten in der Bundesrepublik zu einer relativ schnellen Realisierung der notwendigen Fortbildungsangebote – besonders im Hinblick auf das betriebliche Management – beitragen. Erste Erfahrungen mit Seminaren und sogenannten „Problemlösungsgruppen" zur sexuellen Belästigung am Arbeitsplatz werden derzeit aber auch bereits in einigen Städten und Kommunen der Bundesrepublik gemacht (z. B. in Hamburg, Hannover oder Düsseldorf). In diesen Seminaren erhalten die Teilnehmer/innen die Möglichkeit, verschiedene Lösungswege im Umgang mit Belästigungsfällen zu erproben und Verhaltensweisen zu entwikkeln, die das eigene Handlungsrepertoire erweitern sollen. Die Schulung der Fähigkeit zu einer einfühlsamen Gesprächsführung und Beratung stellt einen besonderen Schwerpunkt solcher Seminare dar.

Neben Schulungsmaßnahmen für unterschiedliche Adressaten/innengruppen in und außerhalb von Betrieben, ist auf der Basis der Untersuchungsergebnisse auch an die Entwicklung von gezielten Beratungskonzepten und **Handlungshilfen für Betriebe** zu denken. Ziel solcher Handlungshilfen wäre es, die in den Fallstudien erhobenen Erfahrungen im Umgang mit Belästigungsfällen weiter zu systematisieren und in Form eines Kriterienkatalogs für Regelungen im Beschwerdefall verfügbar zu machen. Adressaten/innen für solche Handlungshilfen wären hier insbesondere betriebliche Personalverantwortliche, Arbeitgeber, Betriebs-/Personalräte/innen, Frauenbeauftragte, Ausbilder/innen, aber auch Managementinstitute oder Einrichtungen und Institutionen der Arbeitgeberverbände und Gewerkschaften.

Aufklärungsmaterialien über Rechts- und Beschwerdemöglichkeiten für belästigte Frauen könnten relativ schnell auf der Basis der vorliegenden Rechtsgutachten entwickelt werden. Zu denken ist hier etwa an ein **Faltblatt für betroffene Frauen**, das anhand von drei bis vier häufig vorkommenden Belästigungssituationen die jeweils möglichen Rechtsmittel der Gegenwehr benennt und seine Möglichkeiten, aber auch Grenzen aufzeigt. Das Faltblatt könnte ferner praktische Sachinformationen und Tips für das Beschwerdevorgehen enthalten, z. B. Fragen aufgreifen wie „Was kostet der jeweilige Rechtsweg?", „Wer berät?", oder „Mit welchen Erfolgsaussichten kann im Falle einer Beschwerde oder Gerichtsverfahrens gerechnet werden?" etc. Angesichts der in der vorliegenden Untersuchung zutage geförderten großen Rechtsunsicherheit belästigter Frauen und ihrer Ansprechpartner/innen ist damit zu rechnen, daß ein solches Informationsfaltblatt auf eine starke Nachfrage stoßen wird.

Besondere **Schutzmaßnahmen für weibliche Auszubildende und Berufsanfängerinnen** dürften vor allem in Klein- und Mittelbetrieben schwer durchsetzbar sein. Gerade hier ist ein besonderes Augenmerk auf notwendige Veränderungsprozesse zu legen. So enthält die vorliegende Untersuchung eine Vielzahl von Hinweisen darauf, daß gerade in kleinen Betriebseinheiten die Situation belästigter Frauen besonders ungeschützt ist. – Hier sind vor allem **betriebsübergreifende Maßnahmen** zur Prävention und Eindämmung des Belästigungsproblems denkbar, die sich auf die Einführung von speziellen Regelungen für den Ausbildungsbereich wie auch die Erarbeitung von Empfehlungen zur Selbstkontrolle innerhalb berufsständischer Vereinigungen, Kammern usw. beziehen. Für den Ausbildungsbereich wäre anzustreben, das Thema „Sexuelle Belästigung am Arbeitsplatz" als einen festen Bestandteil in der beruflichen Erstausbildung zu verankern und diesen curricular den überfachlichen Inhalten zuzuordnen, damit gewährleistet ist, daß in jedem Ausbildungsberuf entsprechende Inhalte vermittelt werden. Ebenso sollte das Belästigungsthema im Rahmen von Ausbildungseignungsverordnungen und -prüfungen wie auch in den Meisterlehrgängen zu einem Pflichtbestandteil in den entsprechende Richtlinien und Curricula gemacht werden.

Empfehlungen, Handlungshilfen und Informationsmaterialien über das Problem der sexuellen Belästigung am Arbeitsplatz müßten in großer Zahl nicht nur den Einrichtungen der Wirtschaft, den Gewerkschaften und den Frauengleichstellungsstellen, sondern auch den Beratungseinrichtungen (therapeutische und soziale Dienste) zugänglich gemacht werden. Ferner sind im Hinblick auf eine bessere öffentliche Aufklärung und vermehrte Hilfestellungen und Prävention folgende Maßnahmen zu empfehlen:

- Broschüren bei Arbeitsämtern
- Spezielle Handreichungen für Experten/innen (Juristen/innen, Sozialarbeiter/innen, Psychologen/innen)
- Förderung von Therapieeinrichtungen/–angeboten für Belästigungsopfer
- gezielte Informationskampagnen bei
  + Arbeitgeberverbänden, Unternehmen, Management und Beratungseinrichtungen
  + Gewerkschaften
  + berufsständischen Vereinigungen und Kammern
  + berufsausbildenden Einrichtungen (Fachschulen, Techniker-, Ingenieur- und Meisterschulen, allgemeine Berufsschulen)
  + Arbeitsämtern, Beratungs- und sozialtherapeutischen Einrichtungen
  + Frauenorganisationen, politischen Gremien und Parteien auf Landes- und Bundesebene
- Verankerung des Verbots der sexuellen Belästigung am Ar-

beitsplatz in allen Frauenförderplänen öffentlicher Arbeitgeber und entsprechende Empfehlungen für Unternehmen der Privatwirtschaft.

Speziell für Großbetriebe kommen ferner folgende Maßnahmeempfehlungen in Frage:

- Förderung von Gesprächsgruppen unter den Beschäftigten (insbesondere im Hinblick auf Berufsanfängerinnen, Auszubildende, Neueinstellungen)

- Einrichtung von betrieblichen Anlaufstellen für belästigte Frauen in einzelnen Betriebsbereichen/Abteilungen als Ansprechpartnerinnen „vor Ort", um durch die Nähe zu den Beschäftigten eine Vertrauenbasis zu schaffen

- betriebsinterne Schulungen für Betriebs-/Personalräte durch externe Trainerinnen, ebenso für Management und Vorgesetzte

- Verbesserung der Arbeitsweise betrieblicher Stellen für arbeits- und disziplinarrechtliche Angelegenheiten im Falle von Belästigungsbeschwerden, z. B. durch engere Zusammenarbeit mit Frauenbeauftragter und/oder betrieblichen Interessenvertretung

- spezielle Kurse und Seminare für Auszubildende und Führungsnachwuchskräfte.

In einem Workshop mit kommunalen Gleichstellungsbeauftragten, den das Projekt 1988 auf Grundlage der ersten Projektergebnisse durchführte, wurden weitere Forderungen entwickelt, die in Handlungsempfehlungen umsetzbar sind. Zum Workshop ist eine Dokumentation erschienen, die über das BMJFFG zu beziehen ist (Braszeit u. a. 1988).

8. Literaturverzeichnis

ABEL, Maria Henriette (1988): Vergewaltigung, Stereotypen in der Rechtsprechung und empirische Befunde, Weinheim und Basel

ALFRED MARKS BUREAU (1982): Sex in the Office, Statistical Services Division, London

ASSOCIATION CONTRE LES VIOLENCES FAITES AUX FEMMES AU TRAVAIL (AVFT) (1986–1989): Cette violence dont nous ne voulons plus. Bulletins gegen Sexismus am Arbeitsplatz in Frankreich, Paris

BADINTER, Elizabeth (1988): Ich bin Du. Die neue Beziehung zwischen Mann und Frau oder: Die androgyne Revolution, München und Zürich

BENARD, Cheryl (1980): Immer nur lächeln. Sexuelle Belästigung am Arbeitsplatz,in: EMMA 12/1980, Köln

BENARD, Cheryl/SCHLAFFER, Edit, (1980): Der Mann auf der Straße, Reinbek

BENDA, Ernst (1986): Notwendigkeit und Möglichkeit positiver Aktionen zugunsten von Frauen im öffentlichen Dienst – Rechtsgutachten erstattet im Auftrag der Senatskanzlei, Leitstelle Gleichstellung der Frau, der Freien und Hansestadt Hamburg, Freiburg

BERTELSMANN, Klaus (1987): Sexuelle Beeinträchtigung im Betrieb, in: Arbeitsrecht im Betrieb, 123

BORG, Hannah (1981): Was ist los in den Büros?, in: BRIGITTE, Heft 22–24 1981, Hamburg

BRANDTSTEDT, Ursula/SCHAMBORTSKI, Heike (1989): Wahrnehmung und Bewältigungsstrategien berufstätiger Frauen bei sexueller Belästigung am Arbeitsplatz. Diplomarbeit im Fach Arbeitspsychologie, Bochum

BUNDESMINISTERIUM FÜR ARBEIT UND SOZIALES (1988): Sexuelle Belästigung am Arbeitsplatz, Frauenreferat, Wien (Autorinnen: Andrea HOPFGARTNER/Maria-Magdalene ZEICHEN)

BUNDESMINISTERIUM FÜR ARBEIT UND SOZIALORDNUNG (HRSG.) (1989): Einstellungsverhalten von Arbeitgebern und Beschäftigungschancen von Frauen, Bonn

BURGHARDT, Angelika (1985): Glaubwürdigkeitsbegutachtung als Frauendiskriminierung, Streit 1985, 3 ff

BURGSMÜLLER, Claudia (1986): Gerichtsbericht: Impressionen aus dem Berliner Gynäkologenproze , Streit 1986, 40 ff.

CANADIAN HUMAN RIGHTS ACT. CHAP. 33

CHAPMAN, Jane/GATES, Margaret (1985): The Victimization of Women. Beverly Hills, London

CHESLER, Phyllis (1982): Gesellschaftliche Ursachen psychischer Erkrankungen bei Frauen, in: Staatssekretariat für Allgemeine Frauenfragen (Hrsg.), Frau und Gesundheit, Bericht zum Internationalen Fortbildungs- und Arbeitsseminar für Frauen, Salzburg/Wien

COLLINS, Eliza/BLODGETT, Timothy (1981): Some see it . . . some won't. A Survey of HBR Subscribers, in: Harvard Business Review, Vol. 59, Harvard

COMMITTEE ON POST OFFICE AND CIVIL SERVICE. Ed. (1980): Sexual Harassment in the Federal Government, House of Representatives, Washington

COOPER, C./DAVIDSON, M. (1982): High Pressures: Working Lives of Women Managers, Glasgow

DALLINGER, Wilhelm (1974): Aus der Rechtssprechung des Bundesgerichtshofes in Strafsachen, in: MDR 544

DÄUBLER, Wolfgang (1986): Das Arbeitsrecht Band 1 und 2, 4. Auflage, Reinbek

DÄUBLER-GMELIN, Herta (1985): Gewalt gegen Frauen – Vergewaltigung, in: Sexuelle Gewalt a. a. O.

DEGEN, Barbara (1988): Sexuelle Belästigung am Arbeitsplatz, in: Der Personalrat, 174

DEGEN, Barbara/Zobeley, Christel (1987): Die Durchsetzung von Frauenförderplänen im öffentlichen Dienst, Der Personalrat, 115 ff

DOMSCH, Michel/FREDRICH, Annette (1983): Sexuelle Belästigungen am Arbeitsplatz, in: Management Forum Bd. 3, Heft 2, S– 3–12. Wien

DRÖGE–MODELMOG, Ilse/MERGNER, Gottfried (1987): Orte der Gewalt. Herrschaft und Macht im Geschlechterverhältnis, Opladen

DURAND, Emmanuèle (1977): Die Vergewaltigung. Haarlem/Berlin

ELIMINATING SEXUAL HARASSMENT (1986): Guidelines for Sexual Harassment Contact Officers and Personnel Officers, Australian Government Publishing Service, Canberra

ENGEL, Katharina, (1984): Warum eine Reform der §§ 177, 178 StGB und der dazugehörigen Vorschriften der StPO, Streit 1984, 55

ENGEL, Katharina, (1987): „Neues" Verletztenschutzgesetz, Streit 1987, 27

EQUAL EMPLOYMENT OPPORTUNITY COMMISSION (1980): Guidelines on Discrimination on the Basis of Sex, Washington DC

FARLEY, Lin (1978): Sexual Shakedown, New York

FLOTHMANN, Karin/DILLING, Jochen (1987): Vergewaltigung: Erfahrungen danach, Frankfurt/Main

FROMMEL, Monika (1988): Das klägliche Ende der Reform der sexuellen Gewaltdelikte, ZRP 1988, 233

GLÖSS, Petra (1985): Sexismus am Arbeitsplatz – Ein Bestandteil beruflicher Erfahrungen von Frauen, in: Frauenforschung, Beiträge zum 22. Deutschen Soziologentag, Frankfurt/New York

GLÖSS, Petra u. a. (1985): Frauen in gewerblich-technischen Berufen. Modellversuch zur Erschließung gewerblich-technischer Berufe für Frauen, Landesinstitut Sozialforschungsstelle Dortmund

GOSSELIN, Hélène L. (1984): Sexual Harassment on the Job. Psychological, social and economic repercussions, in: Canada's Mental Health, Vol. 32(2), Quebec 1984, S. 21– 23

GOY, Alexandra (1986): Die Inszenierung des Freispruchs durch das Gericht, Steit 1986, 35

GOY, Alexandra (1986): Stellungnahme zum Regierungsentwurf eines Gesetzes zur Verbesserung der Stellung des Verletzten im Strafverfahren, Streit 1986, 48

GOY, Alexandra (1987): Der Vorsitzende sah rot und mußte gehen. Nachtrag zum Gynäkologenprozeß, Streit 1987, 26

GOY, Alexandra (1987): Über die Frau als Rechts- und Sexualobjekt und die untergeordnete Rolle des Mannes als Liebhaber, Streit 1987, 24

GOY, Alexandra (1988): Der Berliner Gynäkologenprozeß, KJ 1988, 313

GUTEK, Barbara/MORASCH, Bruce (1982): Sex Rations, Sex-Roles Spillover and Sexual Harassment of Women at Work, in: Brewer, Marilyn/Berk,Richard (1982): Beyond Nine to Five. Journal of Social Issues, Vol. 38 Nr. 4, New York

HADJIFOTIOU, Nathalie (1983): Women and Harassment at Work, London

HENLEY, Nancy M. (1988): Körperstrategien. Geschlecht, Macht und nonverbale Kommunikation. Frankfurt

HENSCHEL, Gitti (1986): Keine Revision im Gynäkologenprozeß, TAZ vom 25. 8. 1986

HÖGBACKA, Riitta/KANDOLIN, Irja u.a. (1987): Sexual Harassment in the Workplace: Results of a Survey of Finns. Ministery of Social Affairs and Health, Finland Equality Publications, Finland

HÖGBACKE, Riitta (1987): Sexual Harassment in the Workplace, Ministry of Social Affairs and Health Finland, Equality Publictions Series E. Abstracts 2

HONIG, Michael–Sebastian (Hrsg.) (1982): Kindesmißhandlung, München

HOYMANN, Michele/ROBINSON, Ronda (1980): Interpreting the New Sexual Harassment Guidelines, in: Personell Journal, Vol. 59 (12),

HUFFZKY, Karin (1979): Wer muß hier lachen? Das Frauenbild im Männerwitz. Darmstadt und Neuwied

JUNKER, Ilka (1985): Die Begutachtung der Glaubwürdigkeit von Opferzeugenrechtlichen Grundlagen, Streit 1985, 7

KAVEMANN, B./LOHSTÖDTER, I. (1984): Väter als Täter. Sexuelle Gewalt gegen Mädchen, Hamburg

KELLER, Rainer (1984): Die Entwickung des straftrechtlichen Gewaltsbegriffes in der Rechtsprechung, JuS 1984, 109

KIEHL, Walter (1989): Das Ende der „kleinen Sexualdelikte"?, NJW 1989, 3003

KITTAY, Eva Feder (1989): Pornographie und die Erotik der Herrschaft, in: Elisabeth List/Herlinde Stüder (Hrsg.), Denkverhältnisse. Feminismus und Kritik, Frankfurt/Main, Seite 202 ff.

KLEIN, Ingrid (1989): Zonenrandgebiete, Hamburg

KLEINKNECHT/MEYER (1989): StPO, Kommentar, 39. Auflage, München

KÖBL, Ursula (1983): Meine Rechte und Pflichten als berufstätige Frau, 2. Auflage, München

KOTTHOFF, Helga (1988): Vom Lächeln der Mona Lisa zum Lachen der Hyänen. Über geschlechtsspezifische Heiterkeit, in: dies. (Hrsg.), Das Gelächter der Geschlechter, Frankfurt, Seite 123 ff.

KRAMER, Helgard (1983): Läßt sich sexistisches Verhalten verbieten? Überlegungen zum Gesetz gegen sexuelle Belästigungen am Arbeitsplatz in den USA, in: Feministische Studien NR.1, 1983, S.157–160, Weinheim

KROLL, Claudia (1989): Vergewaltigungen vor Gericht, Soziol. Diplomarbeit, Universität Hamburg

KROVOZA, Alfred: Vorüberlegungen zu einer psychogenetischen Theorie der Gewalt, in: Zum Beispiel Peter Brückner: Thesen zum Staat, S. 199–226, Frankfurt

LAUBACH, Birgit (1985): Frauen nach einer Vergewaltigung – oder wie das Opfer zum Täter wird, in: Sexuelle Gewalt, a. a. O.

LAUTMANN, Rüdiger (1984): Der Zwang zur Tugend. Die gesellschaftliche Kontrolle der Sexualitäten, Frankfurt

LEIPZIGER KOMMENTAR (1988): StGB, Berlin/New York, 10. Auflage

LIPPMANN, Christa (1986): Sexismus im Betrieb – gibt es das? in: Technik ist auch Frauensache, Hamburg

MACKINNON, Catherine, A. (1979): Sexual Harassment of Working Women. The Case of Sex Discrimination. Yale University Press, New Haven und London

MARCUS, Steven (1979): Umkehrung der Moral. Sexualität und Pornographie im viktorianischen England, Frankfurt/Main

METZ-GÖCKEL, Sigrid/MÜLLER, Ursula (1986): Der Mann, Weinheim und Basel

MEYER, Margaret (1984): Wenn der Chef die Sekretärin küßt, in: BRIGITTE 9/84, Hamburg

MÖLLER, Carola (1983): Ungeschützte Beschäftigungsverhältnisse – Verstärkte Spaltung der abhängig Arbeitenden, Beiträge zur feministischen Theorie und Praxis, Heft 9/10 S. 7 ff

MORGENTHAL, Luise (1985): Beobachtungen im Berliner Gynäkologenprozeß, in: Sexuelle Gewalt, Erfahrungen, Analysen, Forderungen; hrsg. vom Arbeitskreis „Sexuelle Gewalt" beim Komitee für Grundrechte und Demokratie, Sensbachtal, S. 91 ff

NARR, Wolf–Dieter (1985): Vergewaltigung als Staats- und Männersache. Zu ihrer politischen Produktion und den daraus folgenden Konsequenzen, in: Sexuelle Gewalt, a. a. O.

OBERLIES, Dagmar (1989): Die Rechtspolitik frömmelt – ein Beitrag zum Ende der Minderstrafendiskussion, Streit 1989, 13

PFARR, Heide A. (1988): Quoten und Grundgesetz, Notwendigkeit und Verfassungsmäßigkeit von Frauenförderung, Baden-Baden

PFARR, Heide M./BERTELSMANN, Klaus (1989): Diskriminierung im Erwerbsleben, Baden–Baden

PLOGSTEDT, Sibylle/BODE, Kathleen (1984): Übergriffe. Sexuelle Belästigung in Büros und Betrieben, Reinbek

PLOGSTEDT, Sibylle/BERTELSMANN, Klaus (1987): Sexuelle Belästigung am Arbeitsplatz, Frauen wehren sich, DGB–Bundesvorstand (Hrsg.), Düsseldorf

POLANSKY, Ellyn (1980): Sexual Harassment at the Workplace, in: Human Rights Journal, Vol. 8 (4), S. 14 – 19 und 46 – 47

QUANTER, Rudolf (1970): Die Sittlichkeitsverbrechen, 1904, Neudruck der 8. Auflage von 1926, Aalen

RAIBLE, Camillo (1981): Der Arbeitsunfall, Stuttgart, München, Hannover

RITZE, Klaus (1980): Die „Sexualbeleidigung" nach 1985 StGB und das Verfassungsgebot „nulla poena sine lege", in: JZ, S. 91 ff

RÖSSNER, Dieter (1983): Gewaltbegriff und Opferperspektive bei der Vergewaltigung, Festschrift für Leferenz, Heidelberg, S. 527 ff

RUBENSTEIN, Michael (1987): The Dignity of Women at Work, A Report on the Problem of Sexual Harassment in the Member States of the European Communities, Brüssel

SCHAPIRA, Alisa (1977): Die Rechtsprechung zur Vergewaltigung, KJ 1977, 221

SCHAUB, Günter (1985): Meine Rechte und Pflichten im Arbeitsgerichtsverfahren, 4. Aufl. München

SCHAUB, Günter (1987): Arbeitsrechtshandbuch, 6. Aufl., 125, VII Nr. 34, München S. 872

SCHLIERMANN, Brigitte/ENDERS, Margit/DÖRSCH, Manuela (1989): Der Vergewaltigungsprozeß, eine kommentierte Dokumentation, Nürnberg

SCHMERL, Christiane (1983): Die Gewalt der Bilder. Frauenfotografie im Patriarchat, in: Luise Pusch (Hrsg.), Feminismus. Inspektion der Herrenkultur, Frankfurt/Main, Seite 233 ff.

SCHNEBELE, Andrea/DOMSCH, Michel (1989): Sexuelle Belästigung am Arbeitsplatz. Eine Bestandsaufnahme zur Problematik bezogen auf den Hamburger öffentlichen Dienst. F.G.H. Forschungsgruppe Hamburg, Staatliche Pressestelle, Hamburg

SCHNEIDER, Hans-Joachim (1987): Kriminologie, Berlin/New York, S. 592

SCHÖNKE–SCHRÖDER (1988): StGB–Kommentar, 23. Auflage, München

SELIGMAN, Martin (1986): Erlernte Hilflosigkeit, München und Weinheim

SEXUALPÄDAGOGIK 2/83. Schwerpunktheft zur Gewalt gegen Frauen und Mädchen. hrsg. von PRO FAMILIA

SEXUELLE GEWALT (1985): Erfahrungen, Analysen, Forderungen. Hrsg. vom Arbeitskreis „Sexuelle Gewalt" beim Komittee für Grundrechte und Demokratie, Sensbachtal

SICHTERMANN, Barbara (1984): Weiblichkeit. Zur Politik des Privaten, Berlin

SICHTERMANN, Barbara (1988): Wer ist wie? Über den Unterschied der Geschlechter, Berlin

STADT SOLINGEN, Frauenbüro (1988): Mach mich nicht an. Vorschläge zum konstruktiven Umgang mit alltäglichen Diskriminierungen. Solingen

STAHLHACKE, Eugen (1966): Das Arbeitsrecht in der Gewerbeordnung, Neuwied

TEUBNER, Ulrike (1988): Die Situation von vergewaltigten Frauen – Welche Maßnahmen sind erforderlich? – In: „Vergewaltigt", eine Dokumentation der Bevollmächtigten der Hessischen Landesregierung für Frauenangelegenheiten, Wiesbaden

THEEDE, Peter (1967): Unzucht mit Abhängigen (§ 174 StGB), Lübeck

TILL, Frank J. (1980): Sexual Harassment. A Report on the Sexual Harassment of Students. US–Department of Education

TRADES UNION CONGRESS (1983): Sexuelle Belästigung am Arbeitsplatz. TUC–Leitfaden und Arbeitsplatzprogramm für Gewerkschafter, London

TRÖMEL-PLÖTZ, Senta (Hrsg.) (1984): Gewalt durch Sprache, Frankfurt/Main

TURNER, Diane (1987): Der Tugend Lohn. Sexualisierte Arbeitsbeziehungen, in: Das Argument 164/1987, S. 523 –535, Frankfurt

U.S. MERIET SYSTEMS PROTECTION BOARD (1981): Sexual Harassment in the Federal Workplace: is it a Problem? Office of Meriet Systems Review and Studies, Washington D. C.

U.S. MERIET SYSTEMS PROTECTION BOARD (Hrsg.) (1988): Sexual Harassment in the Federal Government: An Update, Washington D.C.

VIVA 10/1988 (Niederländische Frauenzeitschrift): Ho heeft zo'n chef het lef? (Untersuchungsreportage zur sexuellen Belästigung am Arbeitsplatz), Niederlande

VOGT, Irmgard (1989): Frauen, Gewalterfahrung und Beratung/Therapie. Projektbeschreibung. Institut für Gesundheits- und Frauenforschung. Schloß Holte-Stukenbrock

VON ROQUES, Valeska (1983): Ich möchte mich gerne wehren, aber wie? in: Der Spiegel Nr. 33. 37. JG. August 1983, Hamburg

WEISS, Kurt (1982): Die Vergewaltigung und ihre Opfer, Stuttgart

WILSON, Elizabeth (o.J.): What is to be done about violence against women?, London

WOLF, Klaus-Peter (1986): Gegen die Anmache im Büro und Betrieb, in: metall 19/86, S. 12-15

WORKING WOMEN'S UNITED INSTITUTE (1979): The Impact of Sexual Harassment on the Job. New York

ZABEL, Uwe (1988): Betriebliche Regelungen gegen sexuelle Beeinträchtigung und Belästigung, in: Arbeitsrecht im Betrieb, 299

ZEUL, Mechthild, (1987): „Alle Frauen wollen nur das Eine": Männer und ihre Weiblichkeitsbilder, in: Dunde, Siegfried O. (Hrsg.), Geschlechterneid - Geschlechterfreundschaft, Frankfurt/Main, Seite 184 ff.